중국산문간사

李景華 외 지음
이종한 • 황일권 옮김

계명대학교 출판부

역자 서문

유구한 역사와 찬란한 성취로 빛나는 중국문학사에서 산문은 출발부터 정통으로서의 지위를 유지해왔다. 중국 문화의 원류로 고대 중국인들의 총체적 정신활동의 산물인 경전에서 ≪시경(詩經)≫을 제외한 나머지 경서뿐만 아니라, 방대한 역사서와 철학서가 모두 산문체로 되어 있음은 주지의 사실이다. 게다가 현전하는 중국의 가장 오래된 문자 기록인 갑골 복사(卜辭)부터 후대의 수많은 각종 기록물들은 거의 대부분이 산문으로 되어 있다. 그런데 근대적 의미의 중국문학 연구가 시작되면서 산문문학은 시가나 소설 및 희곡과 같은 여타 장르에 비해 문학사에서 상대적으로 덜 중시된 것 또한 사실이다. 산문 연구가 미진한 데에는 여러 가지 원인이 있겠지만, 서구적인 문학 관념에 따른 근대적 문학연구에서 산문의 개념 정립과 연구의 대상 범위 설정조차 어려운 중국산문이 문학연구자들의 일차적 관심사 밖으로 밀려난 것은 어쩌면 당연한 일일지도 모른다.

그러나 1980년대 후반으로 접어들면서 중국에서 산문문학에 대한 관심이 기왕의 개별 연구를 바탕으로 고조되어, 산문의 발전 역사를 다룬 저서가 나오기 시작하였다. 이번에 번역한 이 책은 그런 시대적 조류에서 선구적 역할을 담당한 의미 있는 저술이다. 원저자들이 '머리말'(前言)에서 밝혔듯이, 이 책을 집필할 당시에는 참고할 만한 중국산문사 전문 저술을 찾기가 어려운 실정이었다. 1987년 2월에 이 책이 나온 뒤에, 이 분야의 기념비적인 저술로 150만자에 달하는 곽예형(郭預衡) 교수의 방대한 ≪중국산문사(中國散文史)≫가 완간되었다. 곽 교수의 이 저서는 1986년 5월에 상권(上卷)의 발간을 시작으로, 1993년에 중권(中卷)과 2000년에 하권(下卷)을 발간하기까지 4년에 걸쳐 이루어진 역작이다. 그 뒤에 중국산문의 역사적 발전 과정을 전체적 안목에서 다룬 통사 외에도, 중국산문을 소장르별, 시대별, 토픽별 등 다양한 시각에서 다룬 저술과 각종 선집에 이르기까지 수많은 서적들이 쏟아져 나왔다.

우리나라에서도 1990년대 초부터 개별 작가의 산문작품을 대상으로 연구한 박사학위 논문이 나오기 시작하면서, 상대적으로 미진한 산문 분야에 대한 연구진이 형성되어 나갔다. 이런 개별적 연구와 연구진의 축적을 기반으로, 1998년에는 '한국중국산문학회'가 결성되어 월례 세미나와 정기학술발표회 및 사이버토론회 등의 다양한 학술활동을 전개하고 있다. 또한 비슷한 시기부터 ≪중국현대산문사≫(김혜준 역, 1993), ≪중국우언문학사≫(오수형 역, 1994), ≪한문 문체론≫(심경호 역, 1995), ≪동성문파술론(桐城文派述論)≫(심경호 역, 1998), ≪중국 현대산문론≫(김혜준 역, 2000), ≪중국의 자전문학≫(심경호 역, 2002) 등의 번역서가 연이어 출간되었다.

역자는 1980년대 중반부터 중국산문에 대해 관심을 갖기 시작하면서 현대적 안목으로 중국 고전산문의 역사적 발전을 일목요연하게 다룬 서적의 필요성을 절감하였다. 그러던 중 본인의 지도하에 구양수의 산문에 관한 연구로 석사학위를 받고 본과에서 조교로 일하던 황일권 군 및 석사과정에 재학중인 이상천 군과 함께 1994년 초에 이 책으로 같이 공부하면서 우리말로 번역해야겠다는 생각을 하게 되었다. 그 뒤 이런저런 사정으로 미뤄오다가, 오늘에서야 이 번역서를 출간하게 되니 만시지탄을 금할 수 없다. 다만 함께 공부한 황일권 교수가 중국 부단대학교(復旦大學)에서 ≪구양수산문연구(歐陽修散文硏究)≫로 박사학위를 받고 본과에 부임하여, 공역하게 된 것은 그나마 큰 위안거리라 하겠다. 이상천 군도 남경대학교(南京大學)에서 박사학위를 받은 뒤 귀국하여, 여러 대학에서 후학들에게 중국어와 중국문학을 가르치고 있으니 매우 소중하고 뜻 깊게 생각된다.

모쪼록 이 책이 중국산문에 대한 연구와 관심을 한 단계 끌어올리는 데 일조가 되었으면 한다. 먼저 이제 우리 중국문학계에도 중국산문을 포괄적으로 다룬 전문 저서가 출현하기를 간절히 소망한다. 다음으로 중국에 대한 관심이 날로 드높아가는 현 시점에서, 이 책자가 중국인들의 심오하고 고상한 정신세계를 이해하려는 많은 독자들에게 소중한 길잡이가 되었으면 하는 마음 간절하다. 이 책의 내용이 본래 1980년대에 중국 북경의 라디오 방송을 통해 세상에 알려졌고, 근년에 들어와 CCTV의 '백가강단(百家講壇)' 프로그램에서 ≪삼국지(三國誌)≫, ≪논어(論語)≫, ≪장자(莊子)≫ 등의 고전이 선풍적인 인기몰이를 하며, 해당 방송 원고가 발행되자마자 베스트셀러로 출판계를 강타하고 있다. 우리들도 작금의 이런 중국과 중국인들을 좀더 깊이 있게 이해할 수 있도록, 중국고전의 세계에 한 걸음 더 다가갔으면 하는 바람이다.

이 책이 나오기까지 본과의 이선희 교수를 위시하여 우리말 윤문에 도움을 주신 손길들과 미심쩍은 몇 곳의 해독을 성심껏 조언해주신 부단대학교 양은봉(梁銀峰: 현재 본과 초빙교수) 교수께도 이 지면을 빌어 심심한 감사의 뜻을 전한다. 그럼에도 불구하고 우리말이 자연스럽지 못하거나 혹 잘못 옮겨진 부분이 있다면, 그것은 전적으로 역자들의 책임이다. 마지막으로 바쁜 가운데서도 이 번역서가 좋은 책으로 꾸며질 수 있도록 최선을 다해주신 우리 대학 출판부 관계자 여러분들의 노고에 대해서도 깊이 감사드린다.

2007년 5월

계명대학교 영암관 연구실에서

옮긴이 대표 이종한

한국어판 서문

한국의 이종한·황일권 두 교수가 ≪중국고대산문구강(中國古代散文九講)≫을 번역한다는 소식을 듣고, 저자 일동은 무척 기뻤습니다. 이 책이 한중문화교류의 일익을 담당하고, 한국의 독자들에게 중국 고대산문에 관한 지식을 제공할 수 있게 된 것은 매우 고무적이고 영광스러운 일입니다.

이 책은 1980년대 초기에 완성되었습니다. 당시 집필자들은 모두 북경사범대학(北京師範學院: 現 首都師範大學) 중문학과 소속의 중년 교수였습니다. 우리들은 베이징인민라디오방송의 문학지식 프로그램 사회자인 동흥문(董興文) 선생의 요청을 받아, 상호 연관성에 유의하면서 각자 시기별로 나누어 산문사 관련 지식을 시리즈로 소개하는 원고를 썼습니다. 방송이 나간 뒤 청취자들의 반응이 매우 뜨거워서, 북경출판사에서 선뜻 책으로 출간하게 된 것입니다. ≪중국고대산문구강≫은 비교적 일찍이 세상에 나온 책입니다. 이 책은 실제로는 중국 고대산문 발전 간사(簡史)로, 은(殷)·주(周) 왕조에서부터 청말(淸末)에 이르기까지 3천년 동안에 걸친 산문 발전의 맥락과 대표작가 및 작품을 간명하게 소개하였습니다. 이는 당시에 고대 산문사에 관한 지식을 보급하는 데에 상당히 큰 역할을 하였습니다. 그렇지만 1980년대 초는 개혁개방의 초창기라, 과학, 문화, 교육, 출판 등 제분야가 겨우 첫걸음을 내딛기 시작하던 때였습니다. 따라서 당시에는 참고할 만한 중국 고대산문 통사가 나오기 이전이고 학술자료와 연구 성과도 부족한 관계로, 지금에 와서 보면 이 책의 미진한 점이 다소 드러납니다. 이를테면 원·명·청 3대 산문의 소개가 지나치게 소략하여, 각 장 간의 균형이 다소 맞지 않는 점이 그 대표적 예라 하겠습니다.

이 책의 1·2장은 마소풍(馬嘯風) 교수, 3장은 왕진당(王振堂) 교수, 9장은 이앙(李泱)교수가 집필하였고, 그 나머지 다섯 장은 본인이 집필하였습니다.

20년이 지난 오늘 중국 고대산문 연구가 이미 괄목할만한 정도에 이르렀고, 출판된 고대산문통사도 몇 권이 됩니다. 그러나 이러한 현 시점에서도 이 책은 중국 고대산문의 역사를 간명하고 체계적으로 서술한 장점을 가지고 있어, 참고할 가치가 매우 크다고 믿습니다.

이 책의 한국어판 번역 출간을 축하하며, 이종한·황일권 두 교수의 진심어린 노력에 큰 고마움을 표합니다. 아울러 중한 양국의 우의가 영원하고, 문화교류가 날로 증대하기를 진심으로 축원합니다.

2007년 6월

북경 수도사범대학교에서

저자 대표 이경화

머리말

≪중국고대산문구강(中國古代散文九講)≫은 중국 고대산문의 역사적 발전을 소개한 보급용 서적이다. 이 책의 초고가 베이징인민방송(北京人民廣播電臺/RBC-Radio Beijing Corporation)의 문학지식 프로그램에서 연속으로 방송되었을 때, 각계 청중들의 열렬한 환영을 받았다.

방송 원고를 기초로 우리들은 폭넓은 의견을 수렴하여 고쳐 쓰고 더 보태었다. 따라서 방송 원고에 비해 설명이 더욱 상세해지고 분석도 한층 더 명확해졌다. 아울러 간명하고 알기 쉬운 문장으로, 중국 고대산문의 역사적 발전에 관한 기본지식을 전면적이고 체계적으로 소개하도록 힘썼다. 그러나 지금까지 참고할 만한 중국산문사와 같은 학술 저서가 없어, 단지 우리 몇 사람의 미력으로 10여 만자의 편폭에 3,000년에 달하는 산문사의 개황을 서술한 관계로, 소략하거나 빠뜨린 부분이 있을 것이므로 많은 독자들의 아낌없는 질정을 바란다.

이 책의 1장과 2장은 마소풍(馬嘯風) 동지, 3장은 왕진당(王振堂) 동지, 9장은 이앙(李泱) 동지가 집필하고, 나머지 부분은 모두 이경화(李景華) 동지가 집필하였다. 이미 작고한 축세금(祝世金) 동지는 선진(先秦) 제자산문(諸子散文) 부분의 라디오 방송 원고를 집필하였다. 동흥문(董興文) 동지는 마지막으로 원고 전체의 체제를 통일하고 자구의 윤색을 담당하였다.

북경출판사의 장해천(莊海泉) 동지는 이 책의 출판을 열렬히 지지하면서, 시종 끈기 있게 원고를 꼼꼼히 살피고 여러 군데 바로잡아 주었다. 이 지면을 빌어 심심한 경의를 표한다.

1985년 1월 28일
수도사범대학교(首都師範大學) 중문과에서
편찬자

일러두기

1 이 책은 1987년 2월에 출간된 ≪중국고대산문구강(中國古代散文九講)≫(北京 : 北京出版社, 192쪽/12만자 분량)을 우리말로 옮긴 것이다. 원서는 이경화(李景華), 마소풍(馬嘯風), 왕진당(王振堂), 이앙(李泱), 동흥문(董興文) 등 5인의 교수가 공동 편찬한 것이다.
2 원서는 중국식 약자인 간체자(簡體字)로 되어 있는데, 이 책에서는 모두 번체자(繁體字) 곧 원래의 정자로 바꾸었다.
3 원서의 본문이나 인용 예문 중에서 문맥상 오자가 명백하다고 판단되는 것은 원전을 확인한 뒤 별도의 역주를 달지 않고 바로 고쳤다. 특히 인용 예문의 경우 출전의 판본이 밝혀져 있지 않기 때문에, 판본에 따른 글자의 차이는 그대로 두고 명백한 오류로 보이는 경우에 한하여 바로잡았다. 오자와 중국식 간체자가 맞물려 오역을 할 뻔한 예를 하나 소개하고자 한다. 제3장에서 ≪사기(史記)≫의 뛰어난 성취를 언급하면서, 모곤(茅坤)의 견해를 노신(魯迅)의 ≪한문학사강요(漢文學史綱要)≫에서 재인용하여 "讀<李廣傳>卽欲立斗"라고 인용한 예가 있는데, "이광의 전기를 읽으면 바로 그 자리에서 싸우고 싶어진다"로 번역하고 나니 좀 부자연스럽게 느껴졌다. 그래서 모곤의 ≪모록문선생문집(茅鹿門先生文集)≫ 권1에 실린 <여채백석태수논문서(與蔡白石太守論文書)>를 확인한 결과 '力鬪'로 되어 있어 바로잡은 뒤 "힘써 싸우고"로 번역하였다. 여기서 '斗'자는 물론 '鬪'의 간체자이다. 간체자로 된 중국 서적을 읽을 때 세심한 주의를 요하는 대목으로 생각되어, 특별히 이곳 일러두기에 기록해둔다.
4 가능한 한 원문의 틀을 유지하며 원문의 한 글자도 놓치지 않고 충실하게 옮기려고

최대한 노력하였지만, 번역문이 매끄럽고 쉬운 우리말이 되도록 하는데도 주의를 기울였다. 따라서 만연체로 너무 긴 문장을 두세 문장으로 나누거나 단락을 구분한 것도 있고, 원문에서 서술문에 삽입된 인용문이 너무 긴 경우에는 줄을 바꾸어 인용문으로 처리하기도 했다.

5 인용 예문의 경우에 번역문의 글투 또는 화법을 원작의 소장르적 특성이나 상황에 맞는 문체로 옮겨, 독립적 생명력을 지닌 개별 작품으로서의 존재 의의를 부각시키고자 노력하였다.

6 서명 또는 편명과 작품명은 번역하지 않고 우리말 독음을 달았다. 그러나 어떤 책의 한 편으로 독립한 경우가 아니거나, 현대 중국어로 씌어져 우리말 독음을 달면 이상하게 느껴지는 경우에는 우리말로 옮기고 원문을 괄호 속에 병기하였다.

7 역주는 전체의 균형을 고려하여 일관된 체제로 모두 붙인 것이 아니라, 문맥의 이해에 필요하다고 판단되는 경우에 한해 다는 것을 원칙으로 하고 '옮긴이 주'라는 말을 넣어 표시하였다. 그리고 출전을 명시하지 않고 인용한 경우에 출전을 주석으로 달기도 했다.

8 한자는 우리말 독음을 다는 것을 원칙으로 삼았지만, ( ) 속에 부연 설명된 것이나 인용된 글의 경우에는 독음을 달지 않았다.

9 한자는 가급적 적게 쓰고 반복 사용을 피하려고 했지만 한자 교육의 필요성을 환기한다는 점에서, 고유명사와 전문 용어 및 의미 전달의 혼란을 초래할 수 있는 말을 중심으로 필요하다고 생각되는 경우에는 괄호 속에 표기하였다.

10 원서에서 밝히지 않은 인물의 생졸년이나 연호 사용 연대도 가급적 믿을 만한 사전에 근거하여 가급적 많이 보충해 넣으려고 노력하였다.

11 이 책에는 무수한 산문 작품이나 원전 자료가 전문이 아닌 일부분만 인용되어 있어 의미 파악이 힘든 경우도 간혹 있었다. 따라서 번역 과정에서 널리 알려진 국내의 산문 작품 번역서와 중국의 주석본 등을 두루 참고하였다. 번거로움을 피하기 위하여 일일이 밝히지는 않지만, 이 지면을 빌어 여러분들의 노고에 심심한 사의를 표한다.

12 이 책에 쓰인 주요 부호는 다음 원칙에 따랐다.

' ' 중요한 의미를 지닌 어구나 용어를 강조할 때
" " 인용할 때
( ) 인용 원문을 제시하거나 한자를 표기할 때
≪ ≫ 책이름을 표기할 때
< > 책의 편명 또는 작품명을 표기할 때

제1장 선진(先秦) 역사산문(歷史散文)

온갖 꽃이 울긋불긋 만발한 중국 고전문학의 정원 속에는 눈부시도록 화려하고 다채로운 산문의 화단이 있다.

여기서 말하는 산문은 근대의 이른바 '순문학 산문'과 비교하면 개념상의 범위가 훨씬 넓다. 선진(先秦)과 양한(兩漢) 시기는 문학과 역사와 철학이 아직 분화되지 않아서, 일부 역사나 철학 이론 저술이 동시에 문학 작품이 되기도 한다. 위진남북조(魏晉南北朝) 이후로 문학의 개념이 차츰 명확해지면서 서정성과 묘사성 산문의 창작도 서서히 많아졌다. 그러나 많은 수의 우수한 '정치 평론'(政論)과 '역사 전기'(史傳) 및 학술적이고 실용적인 글들은 생동감 있고 활기차고 문체도 매우 뛰어나서, 문학작품으로 여기고 읽을 수 있다. 이처럼 중국의 3천 년에 걸친 산문 유산은 상당히 풍부하다.

중국 고대 산문의 발전은 그 역사가 매우 길다. 그 가운데서도 선진 산문은 지극히 중요한 지위를 차지하고 있다. '선진(先秦)'은 진나라 왕조가 중국을 통일하기 이전의 역사 시기를 가리키는데, 매우 오랜 연대까지 거슬러 올라갈 수 있다. 원시사회의 기나긴 세월 동안은 아직 문자가 생겨나지 않았기 때문에 산문이 출현할 수 없었다. 하(夏), 상(商), 서주(西周), 춘추(春秋)는 노예사회에 속하는데, 언어와 논리 사유의 진일보한 발전과 문자의 정형화 추세에 발맞추어 산문도 출현하게 되었다. 노예제 시대의 문화는 대부분 '오경(五經)'에 집중되어 있는데, ≪시경(詩經)≫을 제외하면 모두 산문 저작이다. 전국(戰國) 시기에 초기 봉건사회로 진입하면서 경제적 번영이 문화의 발전을 위한 물질적 기초를 제공하여, 격렬한 사회 변혁과 사상 전선에 있어서의 '백가쟁명(百家爭鳴)', 곧 '온갖 학파들이 그들의 학설을 다투어 주장하는' 현상이 산문의 글쓰기를 대대적으로 촉진함에 따라 산문 창작이 빠르게 성숙해졌다. 이로 말미암아 독창성과 전투적 성향이 풍부한 다량의 역사서와 학술 이론 저술들이 마치 찬란한 뭇별과 같이 그 광채가 사방으로 발하여 산문사상 최초의 절정을 이루었다. 이들이 이룩한 예술 성취는 후세의 본보기가 되었다. 여기서는 먼저 선진의 역사산문을 소개하기로 한다.

선진(先秦) 역사산문(歷史散文)의 발전 과정은 대체로 3단계로 나눌 수 있다. 제1단계는 비교적 원시적인 문자 기록에 속하는데, 갑골(甲骨) 복사(卜辭)와 동기(銅器) 명문(銘文) 및 ≪주역(周易)・괘효사(卦爻辭)≫를 대표작으로 들 수 있다.

갑골 복사는 점칠 때 쓴 '거북의 등껍데기'(龜甲)나 '짐승의 뼈'(獸骨) 위에 새겨져 있는 글이다. 청(淸)나라 말 이후에 하남성(河南省) 안양현(安陽縣)에서 출토된 복골(卜骨)은 전부 은상(殷商) 중후기의 유물로, 지금부터 이미 3천 2-3백년 이전의 것이다. 상(商)나라 왕조의 통치자는 '하늘을 높이 받들고 귀신을 섬겨'(尊天事鬼) 전쟁, 제사, 출행, 수렵

등을 할 때마다 모두 신령에게 기도를 올렸다. 왕실에서 점복(占卜)을 관장하던 '무당'(巫者)이 갑골을 불에 태워 그 윗부분의 갈라지는 무늬에 근거하여 이른바 '신의 뜻'(神意)을 알아차리고 길흉을 판단하여, 일이 끝난 뒤에 관련 상황을 갑골 위에 기록하였다. 이로써 갑골 복사는 바로 은나라 때 왕실에서 점을 친 기록임을 알 수 있다. 다만 그것은 개괄적으로 문답의 말만을 기록한 것이어서 '글귀는 있으되 글의 질서가 없었다.'(有句無章.) 그러나 복사 중에서 이미 3천 5백여 개의 갑골문자가 발견되었는데, 상형자(象形字)에 그치지 않고 형성자(形聲字)의 수량이 매우 많으며, 지사(指事), 회의(會意), 가차(假借), 전주(轉注) 등의 부류에 속하는 글자도 있다. 설령 갑골문자가 아직 완전히 정형화되지 않았다고 하더라도, 서면 기록을 위한 수단을 마련해준 셈이다. 게다가 일부 복사는 비교적 완전하여 서사(敍事 : 점을 친 날짜, 무당의 성명), 명사(命辭 : 점을 친 내용), 점사(占辭 : 징조를 관찰하고 얻은 신의 답사), 험사(驗辭 : 영험 여부의 정황) 등의 몇 가지 부분을 포괄하고 있는데 맹아기의 산문으로 볼 수 있다. 다음의 예를 보자.

계사일(癸巳日)에 점을 치는데, 점을 치는 사람인 각(殼)이 묻는다.

"하순 안에 재앙이 없을는지요?"

왕이 조짐을 관찰하고 나서 말한다.

"귀신의 농간이 있어서 아마도 재앙이 닥칠 것이리라."

5일 뒤인 정유일(丁酉日)이 되자 과연 재앙이 임하여 서쪽으로부터 닥쳐왔다.

대장 지성(沚盛)이 보고하여 말한다.

"토방(土方)이 우리나라의 동쪽 변경을 침략하여 두 개의 성읍을 함락시켰고, 공방(邛方)은 서쪽 지역을 침략하였습니다."

(癸巳卜, 殻, 貞 : "旬無禍?" 王占曰 : "有祟! 其有來戚." 乞至五日, 丁酉, 允有來戚, 自西. 沚盛告曰 : "土方征我東鄙, 災二邑. 邛方亦侵我西鄙田.")

이 인용문은 나진옥(羅振玉)의 ≪은허서계정화(殷墟書契菁華)≫ 제2편(片)에 보인다. 글자상의 출입은 나진옥의 이 책에 따라 역자가 교정하였는데, 고자(古字)는 현대에 통용되는 글자로 교체하였다. 여기서 토방(土方)은 상나라 수도 서북쪽의 현 내몽고 자치구 포두(包頭) 부근에 있는 제후국으로 험윤(獫狁 : 흉노)의 대족의 하나이며, 공방(邛方)은 토방보다 더 서쪽에 있는 제후국이다. 지국(沚國)은 토방과 공방의 중간에 위치한 제후국이다.

동기 명문은 상(商)나라와 주(周)나라 양대의 청동기 위에 씌어진 글을 가리키는데, 금문(金文) 또는 종정문(鐘鼎文)이라고도 한다. 당시의 왕공(王公) 귀족들은 항상 청동제의 제기나 기념품 위에 문자를 주조해 넣었는데, 내용은 대부분 공적이나 훈계와 포상을 기록한 것이다. 명문은 반드시 먼저 모형 위에 새긴 뒤에 주물을 부어서 만들어야 한다. 그 당시의 공예 수준과 기물 표면적의 협소함 때문에 명문의 글귀는 일반적으로 간단하고 판에 박힌 것이었다. 상나라 때의 명문은 매 편이 몇 글자 또는 10여 글자에 불과하여 기본적인 의사만 어렵사리 겨우 표현할 수 있을 뿐이었다. 양주(兩周)의 명문은 좀 길어져 길이가 300자 내지 500자에 달하는 것도 일부 있어서, 비교적 완전하게 역사상의 대사건을 기록할 수 있었다. 명문은 대부분 산문체이지만, 간혹 운문을 사용한 것도 있다. 주선왕(周宣王) 때의 <괵계자백반명(虢季子白盤銘)>은 그릇을 만든 사람이 북방 종족인 험윤(獫狁)과 싸워 공을 세우고 상을 하사받은 상황을 서술하고 있다.

낙수(洛水)의 북쪽에서 험윤족을 크게 정벌하여 적병 500명을 참수하고, 신문할 만한 죄인 50명을 잡아 앞서 보내었다.

(博我獫狁, 於洛之陽, 折首五百, 執訊五十是以先行.)

왕이 4필의 말이 끄는 수레 한 대를 하사하고 그것으로 왕을 보좌하게 했다. 활과 붉은 칠을 한 화살을 하사하였는데 색깔이 매우 선명하였다. 도끼를 하사하여 그것으로 남만(南蠻)을 정벌하게 했다. 자자손손 만수무궁할지로다!

(王賜乘馬, 是用佐王. 賜用弓彤矢其央. 賜用鉞征蠻方. 子子孫孫萬年無疆!)

그러나 총체적으로 볼 때, 명문은 아직 문자 기록의 초기 단계에 머물러 있다.

유가(儒家)에서 경전으로 떠받드는 ≪주역(周易)≫은 사실상 점복용(占卜用)의 책으로, '경(經)'과 '전(傳)'의 두 부분으로 나뉜다. '경'은 곧 괘사(卦辭 : 한 괘를 총체적으로 설명한 것)와 효사(爻辭 : 매 괘를 이루고 있는 각 효를 해석한 것)로, 기본적으로 서주(西周) 초기에 씌어졌다. 그것은 본래 미신적인 예언과 참언(讖言)에 속하지만, 상(商)과 주(周) 교체기의 역사적 사실과 민속도 언급되어 있다. 괘사와 효사는 거의 대부분이 조리가 없는 단편적인 어구로, 끌어다 붙여 연역하는데 편리하게 하기 위하여 편찬자가 상징적 의미가 있거나 철학적 이치가 포함된 말을 받아들이거나 만들기도 했으며, 어떤 것은 민요에서 취하기도 했다. 이를테면, <곤(坤) · 초육(初六)>의 "서리를 밟고 서서 장차 얼음이 얼 것을 안다"(履霜, 堅冰至)라는 것은 어떤 일이 일어나기에 앞서 먼저 그 조짐이 나타남을 비유한다. 어떤 것들은 정취가 풍부하고 운어(韻語)를 사용하여 ≪시경(詩經)≫의 짧은 시와 비슷하다. 이를테면 <중부(中孚)·구이(九二)>에 "학이 그늘에서 우니, 그 짝이 화답하여 운다. 나에게 좋은 술잔이 있으니 내 그대와 함께 그것을 쓰리라"(鶴鳴在陰, 其子和之. 我有好爵, 吾與爾靡之)라는 것이 있는데, 여기서 '자(子)'는 암수 두 마리의 학이 서로 친밀하게 부르는 호칭이다. 이 몇 구절은 하늘을 나는 한 쌍의 학이 서로 화답하는 것을 빌어, 부부나 연인 사이에 번갈아 술을 권하며 감정이 매우 친밀함을 상징한다.

복사와 명문 그리고 괘사와 효사는 그 성질로 말하면 모두 역사의 기록은 아니고, 단지 후대에 사료적 가치만 남기고 있을 뿐이다. 문자 표현 방면에 있어서도 상당히 거칠고 유치하여 문학적 흥취가 있는 것은 그다지 많지 않다.

선진 역사산문 발전의 제2단계에서는 간결하면서도 질박한 역사서가 출현하였는데, ≪상서(尙書)≫와 ≪춘추(春秋)≫를 대표작으로 들 수 있다. '상서(尙書)'는 곧 '상고의 역사책'이라는 뜻이다. ≪상서≫는 줄여서 ≪서(書)≫라고 불리기도 하는데, 한대(漢代) 유학자들에 의해 경전으로 떠받들어졌다. 이것은 중국 최초의 역사 자료 집성이다. ≪한서(漢書)·예문지(藝文志)≫의 견해에 의하면, 상(商)나라와 주(周)나라 때부터 조정에 이미 사관을 두었다. 좌사(左史)는 사실을 기록하고, 좌사(左史)는 언론을 기록하였다. 언론을 기록한 책은 ≪상서≫라 부르고, 사실을 기록한 책은 ≪춘추≫라 칭하였다. 전국(戰國)에서 진한(秦漢)에 이르기까지 유학자들이 전수한 ≪상서≫는 상고 시대의 사료를 수집하고 있는 것으로, 대략 춘추 시기에 책이 이루어졌는데(후인이

덧붙인 것까지 포함) 우(虞), 하(夏), 상(商), 주(周) 4대의 문헌을 포괄하고 있다. 그러나 우나라와 하나라 두 부분은 분명 구전되어 내려온 선조의 훈계로 후인이 소급하여 기록한 것인데, 순전히 위작일지도 모른다. ≪상서≫의 <반경(盤庚)> 상·중·하 세 편은 원본으로 믿을 만하지만, 역시 주나라 사람의 손에 의해 윤색되어 씌어진 것이다. <주서(周書)>는 반수 이상이 주나라 초기의 사관이 기록한 당시의 군왕이나 귀족들의 명령이나 지시 또는 담화로, 본래의 모습과 가장 가깝다. 진(秦)나라와 한(漢)나라에 이르러 ≪상서≫는 대부분 뿔뿔이 흩어져 사라지거나 더러는 마구 개작되기도 했다. 그 후로 위서(僞書)가 여러 차례 나타나 진(晉 : 4c 무렵의 東晉을 가리킴－옮긴이 주)나라 때의 ≪(위)고문상서((僞)古文尙書)≫는 위작 부분이 반을 차지한다.

<주서>에 실린 모든 편들은 구성이 비교적 완전하여, 이미 편(篇)과 장(章)의 체제를 갖추고 있다. <무일(無逸)>편은 주공(周公)이 성왕(成王)에게 훈계한 말을 기록한 것이다. 첫머리에서 "임금은 놀이를 즐기지 않는 법이다"(君子所其天逸)라는 관점을 제기하여, 왕위에 있는 임금은 탐욕스럽게 안일과 향락을 도모해서는 안 된다는 점을 지적하였다. 이어서 정과 반 양면의 대비를 통하여 "안일하지 않는 것"(無逸)의 중요성을 논증하고, 아울러 백성들의 원망과 비방에 대처하는 정확한 태도를 설명하였으며, 말미에 결론을 내리고 있다. 전문의 중심이 명확하고 글의 순서도 매우 분명하다. <고명(顧命)>편은 성왕의 죽음과 강왕(康王)의 즉위를 적고 있다. 먼저 성왕이 매우 위독하여 임종 시에 국가 대사를 분부한 것을 기록하고, 다음으로 강왕 즉위 시의 의식을 서술하였으며, 그 다음에 제후들이 조정에 들어와 주나라 왕을 알현하는 것과 강왕이 군신들과 나눈 대화를 적고 있다. 중간에 다음과 같이

당시의 진열품과 호위병의 장면을 묘사하고 있다.

제례를 주재하는 관리인 적인(狄人)이 문과 창문 사이에 검고 흰 도끼 무늬가 있는 병풍을 치고 선왕이 남긴 예복을 거기에 놓았다. 문과 창 사이의 남쪽으로는 대껍질로 만든 자리를 겹으로 깔았는데 도끼무늬 병풍의 가장자리는 검고 흰 비단으로 둘렀으며, 오색의 구슬로 장식된 평소에 쓰던 안석을 놓았다. 서쪽 행랑의 동쪽으로는 가는 대로 총총히 짠 대자리를 겹으로 깔았는데 자리 위에는 그림이 짜여 있으며, 무늬 있는 조개로 장식된 평소에 쓰던 안석을 놓았다. 동쪽 행랑의 서쪽으로는 왕골자리를 겹으로 깔았는데 그 위에는 구름의 형상이 그려져 있으며, 조각한 구슬로 장식된 평소에 쓰던 안석을 놓았다. 서쪽 옆방의 남쪽으로는 푸른 대껍질로 만든 대자리를 겹으로 깔았는데 검은 색의 비단실로 가장자리가 달려져 있으며, 그 사이에 칠을 한 평소에 쓰던 안석을 놓았다.

(狄設黼扆綴依. 牖間南嚮, 敷重篾席, 黼純, 華玉仍几. 西序東嚮, 敷重底席, 綴純, 文具仍几. 東序西嚮, 敷重豐席, 畵純, 雕玉仍几. 西夾南嚮, 敷重筍席, 玄紛純, 漆仍几.)

보배로운 기물과 다섯 겹의 구슬을 진열하고, 붉은 구슬칼, 선왕의 훈계가 적힌 서적, 큰 구슬, 위가 둥근 옥홀과 위가 뾰족한 옥홀은 서쪽 행랑의 동향 좌석에 진열하였다. 화산(華山)에서 나는 큰 구슬, 동북 변방에서 나는 구슬, 옹주(雍州)에서 바쳐온 하늘색 구슬, 황하에서 나온 지도는 동쪽 행랑의 서향 좌석에 진열하였다. 윤(胤)이 지은 춤옷, 큰 조개, 큰 북은 서쪽 방에 진열하였다. 태(兌)가 만든 창, 화(和)가 만든 활, 수(垂)가 만든 대나무화살은 동쪽 방에 진열하였다.

(越玉五重, 陳寶. 赤刀、大訓、弘璧、琬琰在西序. 大玉、夷玉、天球、河圖在東序. 胤之舞衣、大貝、鼖鼓在西房. 兌之戈、和之弓、垂之竹矢在東房.)

왕이 타는 가장 큰 구슬로 꾸민 수레는 빈객들이 오르는 서쪽 섬돌 앞에 놓고, 금으로 꾸민 두 번째 큰 수레는 주인이 오르는 동쪽 섬돌 앞에 놓고, 상아로 꾸민 수레는 왼편 문간방 앞에 놓고, 나무로 만든 수레는 오른편 문간방 앞에 놓았다.

(大輅在賓階面, 綴輅在阼階面, 先輅在左塾之前, 次輅在右塾之前.)

두 사람이 검붉은 고깔을 쓰고 세모창을 들고 묘당의 문 안에 서 있었다. 네 사람이 검푸른 고깔을 쓰고 날이 바깥쪽으로 향하도록 창을 들고 두 섬돌을 끼고 대면하여 섬돌 양쪽 옆에 서 있었다. 한 사람이 면류관을 쓰고 끝이 뾰족한 도끼를 들고 묘당 동쪽에 서 있었다. 한 사람이 면류관을 쓰고 큰 도끼를 들고 묘당 서쪽에 서 있었다. 한 사람이 면류관을 쓰고 긴 삼지창을 들고 묘당 동편 옆에 서 있었다. 한 사람이 면류관을 쓰고 삼지창을 들고 묘당 서편 옆에 서 있었다. 한 사람이 뾰족한 창을 들고 묘당 북편 섬돌에 서 있었다.

(二人雀弁, 執惠, 立於畢門之內. 四人綦弁, 執戈上刃, 夾兩階戺. 一人冕, 執劉, 立於東堂. 一人冕, 執鉞, 立於西堂. 一人冕, 執戣, 立於東垂. 一人冕, 執瞿, 立於西垂. 一人冕, 執鋭, 立於側階.)

작자는 묘사하는 사람과 사물을 좌석 배치, 기물, 수레와 말, 병기와 호위관의 네 부류로 나누고, 다시 공간의 위치에 따라 차례대로 기록하였는데, 조리 정연하면서도 들쑥날쑥 변화가 있다.

≪상서≫ 속에는 때로 생동적인 비유, 형상적 언어, 격언식의 경구가 들어 있다. <상서(商書) · 반경(盤庚)>은 상나라 왕 반경(盤庚)이 천도할 때 신하와 백성들에게 훈계한 말인데, 그 속에 "그물에 벼리가

있어야 조리가 있어 어지러워지지 않는 것과 같다"(若網在綱, 有條而不紊), "들에 불이 타올라서 가까이 갈 수 없는 것과 같다"(若火之燎于原, 不可嚮邇)는 말이 있고, "사람은 옛 사람을 구하지만 그릇은 옛 그릇을 구하지 않고 새 것을 구한다"(人惟求舊, 器非求舊, 惟新)와 같이 말은 간략하나 뜻은 풍부한 문구도 있다.

<주서(周書)・목서(牧誓)>는 주나라 무왕(武王)이 은(殷)나라의 마지막 임금인 주(紂)를 정벌할 때 목야(牧野)에서 군사들을 모아 놓고 한 맹세의 말을 기록한 것인데, 그 속에서 "암탉은 아침을 알리지 않는 법이니, 암탉이 아침을 알리면 집안이 망한다"(牝鷄无晨, 牝鷄之晨, 惟家之索)는 비유를 빌어 주왕(紂王)의 총애하는 왕비인 달기(妲己)가 국사에 간여하여 나라에 화를 불러오고 백성에게 재앙을 끼치게 한 것을 풍자하고 있다.

언론을 기록한 것은 말하는 사람의 말투나 어조를 어느 정도 전달할 수 있어, 창작에 있어 ≪상서≫의 진일보한 측면을 잘 나타내준다. 군주가 신하에게 한 일부 훈계는 간단하고 거친 것으로 보이지만, 아랫사람이 윗사람에게 한 말은 이와 상반된다. <무일(無逸)>을 예로 들면, 주공(周公)은 다음과 같이 말하고 있다.

> 오오! 지금으로부터 왕위를 계승하는 임금께서는 만백성이 진상하는 세금으로 지나치게 구경만 일삼고 무사안일하거나 놀이와 사냥에 빠지지 마십시오. "오늘은 마음껏 즐겼다"고 말할 틈이 없게 하십시오. 이와 같이 하는 것은 백성들이 교훈으로 삼는 바도 못 되고 하늘이 따르는 바도 아니니, 이런 사람은 이에 곧 과오를 저지르게 되는 것입

니다. 은(殷)나라 임금 수(受 : 紂王의 이름－옮긴이 주)처럼 미혹되고 어지러워져서 술주정하는 버릇을 부리지 마십시오.

(嗚呼! 繼自今嗣王, 則其無淫于觀于逸于游于田, 以萬民惟正之供. 無皇曰 : "今日耽樂." 乃非民攸訓, 非天攸若, 時人丕則有愆. 無若殷王受之迷亂, 酗於酒德哉!)

주공은 성왕(成王)의 숙부로 신분은 정사를 보좌하는 대신인데, 그가 연장자로서 간곡하게 타이르는 가르침과 진지하고 간절한 태도가 말 한 마디 한 마디에 흘러넘친다고 이를 만하다.

≪상서≫는 서면 기록이 새로운 단계로 발전했음을 분명히 나타주지만, 읽기가 매우 어려워서 옛것을 대단히 좋아한 한유(韓愈 : 768-824)조차도 "<주서(周書)>의 훈계의 말씀과 <상서(商書)>의 <반경(盤庚)>은 울퉁불퉁 난삽하여 읽기 어렵다"(周誥殷盤, 佶屈聱牙 : 이는 한유의 <진학해(進學解)>라는 글에 나오는 표현으로 <주서> 중의 <대고(大誥)>, <강고(康誥)>, <주고(酒誥)> 등 훈계의 말씀과 <상서>의 <반경> 상 · 중 · 하편의 문장 특징을 평한 말인데, 길굴오아(佶屈聱牙)는 지금 '매우 난삽하여 읽기 어려운 문장'을 가리키는 일반적인 성어로도 널리 쓰임－옮긴이 주)고 하였는데, 바로 <주서>의 모든 고(誥)와 <상서>의 <반경> 등은 읽을 때 특히 발음하기 어렵고 거북함을 말한다. 읽기 어려운 원인은 결코 내용 자체가 훌륭하거나 심오해서가 아니고, 주나라 초기의 언어가 전국(戰國) 이후의 언어와 큰 차이가 있고 기록자가 간략함과 생략을 추구하기 위해 구어를 축약시킨 관계로 시대가 바뀌고 환경이 달라지면서 후인들이 이해할 수가 없게 된 것이다. 바로 이런 이유 때문에≪상서≫는 후대 문학에

결코 큰 영향을 끼치지 못했다.

≪춘추(春秋)≫는 원래 노(魯)나라의 사관이 개요식으로 대사건을 기록한 것인데, 마땅히 봉작을 받은 때부터 기록하기 시작했을 것이나 애석하게도 앞부분이 빠지고 남아 있지 않다. 공자(孔子 : 551-479 B. C.)가 일찍이 그것들을 정리했다고 한다. 공자는 춘추 말기에 예악(禮樂)이 붕괴되는 국면을 불만스럽게 생각하고 역사적 사실에 대한 품평을 통하여 선을 드높이고 악을 징벌하려는 의도 하에, "임금은 임금답고, 신하는 신하다우며, 아버지는 아버지답고, 자식은 자식다워야 한다"(君君, 臣臣, 父父, 子子)는 '주나라의 예법'(周禮)을 옹호하여, '명분을 바로 세우고'(正名), '주나라 왕실을 우러러 받들고 오랑캐를 물리치는'(尊王攘夷) 등의 원칙을 관철하려고 했다. 그는 만년에 제자들과 더불어 관방에 보존된 사료들을 찾아 구하여 ≪춘추≫에 수정을 가하였다. 이것은 중국 고대 최초의 편년체(編年體) 역사서로 노나라 왕의 재위 순서에 따라 은공(隱公) 원년(722 B. C.)에서 애공(哀公) 14년(481 B. C.)까지 모두 242년간의 주나라 왕실과 각 제후국의 역사적 대사건들을 기록하고 있는데, ≪좌전(左傳)≫의 기록과 합쳐 볼 때 임금을 시해한 것 36건, 나라가 망한 것 52건, 전쟁 및 군사 행동 483건, '제후가 천자를 알현하거나 제후들끼리 만나서 맹약을 맺은 것'(朝聘盟會) 450건 등을 포함하고 있다. 이밖에도 다루고 있는 분야가 매우 넓고 다양하여 지극히 진귀한 사료이다.

≪춘추≫는 뜻이 심오하고 은밀하며 칭찬과 폄하의 논평을 담고 있어 행간마다 작자의 정치적 경향성이 투영되어 있는데, 이것이 바로 유학자들이 말하는 '간단하지만 심오한 말로 큰 뜻을 이야기하는 것'

(微言大義)과 '역사를 권선징악의 윤리적 입장에서 엄정하게 평가한 춘추의 필법'(春秋筆法)이라고 하는 것이다. 이를테면, <은공(隱公) 원년>에 "정나라 임금이 언 땅에서 숙단을 물리쳤다"(鄭伯克段于鄢)라는 말이 있다(그 사건의 개요는 아래 글 참조). ≪좌전≫의 해석에 의하면, 이 말은 매우 정교하게 공들인 점이 있다. 숙단(叔段)은 일 처리가 동생답지 않아서 그의 이름 앞에 '제(弟)'자를 붙이지 않았고, 형제가 서로 다투는 것이 마치 두 임금이 대립하는 것과 같아서 '물리치다'(克)라고 불렀다. 그리고 장공(莊公)을 '정백(鄭伯)'이라 칭하여 그 작호를 쓴 것은 그가 동생을 가르쳐 일깨우지 않은 것을 풍자한 것이고, 숙단이 핍박당하여 도망쳤다고 말하지 않은 것은 정백이 본래 동생의 악한 마음을 조장시켜 제거하고자 하려 했음을 비난한 것이다. 이것은 집필자가 정백 형제의 주나라 예법 파괴 행동에 대해 불만을 나타낸 것임을 표명한다. 또 다른 예를 들면 <희공(僖公) 28년>에 "천자가 하양 땅에서 사냥하였다"(天王狩于河陽)고 하였는데, 사실은 진(晉) 문공(文公)이 초(楚)나라와 싸워 이긴 뒤 제후들을 모아 온읍(溫邑)으로 가서 회맹할 것을 약속하고, 아울러 주나라의 양왕(襄王)을 불러오게 한 것이다. 주나라 예법에 따르면 신하가 군주를 부르는 것은 법도에 맞지 않기 때문에, ≪춘추≫에서는 다만 모호하게 주나라 왕이 하양(河陽) 일대에 사냥하러 갔다고 함으로써, 천자의 체면을 세워 준 동시에 진 문공의 불경을 꺼려 피하고 있는 것이다. 작자는 우러러 받들 사람과 친한 사람 및 현인을 위하여 꺼려 피하는 데에 매우 큰 고심을 한 것이다.

≪춘추≫는 사건의 기록이 지나치게 간략하여, 마치 지금 사람들이 달력에 써 놓은 비망록과 같다. 그러나 그것은 하나하나의 기술마다 모두 시간, 장소, 인물과 사건을 명기하고 있어서 역사의 기록이 반드

시 필요로 하는 몇 가지 요소를 갖추고 있다. 또한 사건의 서술이 분명하고 요점을 찌르고 있으며, 또 어떤 조목은 일의 전개 과정과 사람들의 사고 논리에 부합된다. 이를테면 <희공 16년>에 "봄 정월 무신 초하루에 송나라에 운석 다섯 덩어리가 떨어졌다. 이 달에 여섯 마리의 큰 물새가 거꾸로 날아 송나라의 수도를 지나갔다"(春, 王正月, 戊申朔, 隕石于宋五. 是月, 六鷁退飛過宋都)라는 기록이 있는데, ≪공양전(公羊傳)≫에서는 다음과 같이 해석하고 있다.

> 무엇 때문에 먼저 '떨어진다'(隕)는 것을 말하고 나중에 '돌'(石)을 말하였는가? 운석(隕石)은 귀로 들은 것을 기록한 것인데, 그것이 떨어지는 소리를 듣고 보니 돌이고, 자세히 관찰하니 다섯 덩어리였다. …… 무엇 때문에 먼저 '여섯'(六)을 말하고 나중에 '큰 물새'(鷁)를 말하였는가? 여섯 마리의 큰 물새가 거꾸로 나는 것은 눈으로 본 것을 기록한 것인데, 보니 여섯이고 자세히 관찰하니 큰 물새였으며 천천히 살피니 거꾸로 물러났다.
>
> (曷爲先言隕而後言石? 隕石記聞, 聞其磌然, 視之則石, 察之則五. …… 曷爲先言六而後言鷁? 六鷁退飛, 記見也, 視之則六, 察之則鷁, 徐察之, 則退也.)

앞 조목은 귀로 들은 것을 적은 것인데, 어떤 사물이 하늘에서 떨어져 조사한 뒤에 운석인줄 알고, 송(宋)나라 땅에 떨어져 세어 보니 모두 다섯 덩어리였다. 뒤 조목은 눈으로 본 것을 적은 것인데, 먼저 하늘에 여섯 개의 비행 물체만을 보았다가 큰 물새인줄 판별하고 자세히 관찰하니 거꾸로 날아가고 있었으며, 시력이 미치는 데까지 멀리 보고서 송나라의 수도로 날아가는 것을 알았다. ≪공양전≫은 ≪춘추≫를 해석함에 있어 지나치게 자구에 얽매여서 상관없는 것까지 억지로 끌어다 붙인 흔적을 면할 수 없지만, 이 조목에 대한 천명은 작자의 공들인 구상에 부합하는 것 같다.

≪춘추≫의 언어 특징은 첫째, '수수하고 질박하다'(平實)는 것인데, 구사한 단어의 뜻과 글의 구성 방식이 전국(戰國)과 진한(秦漢) 때와 비슷하기 때문에 ≪상서≫에 비해 읽기가 쉽다. 둘째, '간략하게 개괄하고 함축적이다'(簡括含蓄)는 것인데, 위 단락에서 인용한 것이 그 적절한 예이다. 셋째, '정확하고 적절하다'(準確切當)는 것인데, 같은 전쟁 행위를 기록한 것이면서도 제각기 10여 개의 서로 다른 글자를 가려 사용하고 있다. 죄상을 밝혀 징벌을 나서며 종과 북의 진용을 당당히 갖추는 것을 '정벌한다'(伐)고 하고, 종과 북을 갖추지 않거나 사용하지 않는 것을 '침략한다'(侵)고 하며, 날랜 군사로 상대가 준비되어 있지 않은 태세에서 기습하는 것을 '습격한다'(襲)고 했다. 또한 똑같이 사람을 죽인 것을 기록하면서도, 작자는 행위의 성질과 자신의 태도에 따라 '죽인다'(殺)고 하거나 '시해한다'(弑)라고 부르고 있는데 개념이 매우 명확하다. ≪춘추≫는 언어를 다지는 데에 정성을 쏟아 한 글자라도 함부로 하지 않아서, 상고 시대의 규범화된 언어의 형성과 발전에 중요한 촉진제 역할을 하였다. 한유(韓愈)가 "≪춘추≫는 근엄하다"(≪春秋≫謹嚴 : <進學解>에 보이는 말임－옮긴이 주)라고 했는데, 지극히 정곡을 찌른 말이다.

≪상서≫와 ≪춘추≫는 '언론을 기록하고'(記言), '사실을 기록하는'(記事) 대략적인 양식을 제공하고 언어의 수사 면에서도 많이 향상되었지만, 아직 역사문학이라고 부르기에는 많은 거리가 있다.

선진 역사산문의 제3단계는 전국(戰國) 시기에 완성되었다. 이때는 경제의 대발전, 정치의 대변혁, 사상의 대해방을 거친 시대이다. 격렬한 계급투쟁과 복잡한 사회 모순은 각국의 통치자들에게 제때에 역사와 현실의 경험과 교훈을 총결하여, 그 가운데에서 거울로 삼을 만한 것을 찾도록 요구하였다. 게다가 역사의 재료가 상당히 축적되고 필기도구도 갈수록 간편해지며 작자 역시 표현 수법에 더욱 골몰한 결과, 새로운 형태의 역사 거작인 동시에 문학 거작인 ≪좌전≫과 ≪국어≫ 및 ≪전국책≫ 등이 출현하였다.

≪좌전(左傳)≫은 공자와 동시대의 사람인 좌구명(左丘明 : 6C-5C B.C.)이 엮은 책이라고 전해 오지만, 그다지 신빙성은 없다. 이 책의 편자는 마땅히 전국 초기의 사료에 매우 밝은 사람으로, 아마도 한 사람의 손을 거친 것이 아니고 책이 완성된 뒤에 좌씨(左氏)의 이름을 빌어와서 붙였을 것이다. 한(漢)나라 사람들은 ≪춘추좌씨전(春秋左氏傳)≫이라 불러 그것이 ≪춘추≫와 밀접한 관계가 있음을 표명했으나, ≪좌전≫은 조금 뒤에 나온 ≪공양전(公羊傳)≫이나 ≪곡량전(穀梁傳)≫과는 달리 ≪춘추≫의 '간단하지만 심오한 말로 큰 뜻을 이야기하는 것'(微言大義)만 전적으로 언급한 것이 아니고, 구체적인 역사적 사실로써 ≪춘추≫를 보충하고 풍부하게 하는 데에 진력하였다. ≪좌전≫의 사건 기술 연대는 ≪춘추≫와 대체로 일치한다. 그것은 하층 백성들이 반항하고 투쟁한 사료를 보존하고 있어, 민심의 향배를 중시하는 '민본(民本)' 사상을 선명하게 구현하고 있다. 천자의 권력이 쇠퇴하고 정권이 아래로 옮겨가는 변혁의 추세도 반영하고 있는데, 정치를 개선한 진보적인 군신과 포악함에 대항하는 애국지사들을 찬양하고, 통치자의 우둔함과 잔악함, 부끄러운 줄 모르는 방탕한 추태 등을 극력

폭로하였다. 아울러 군대와 국가의 대사를 기록하는 것 외에 사회생활의 각개 영역을 두루 망라하여 반영하고 있다. 작자의 사상 경향은 보수적이어서 옛날의 등급 제도와 도덕관념을 옹호하고 있지만, 개선의 요구도 들어 있고 역사 편찬 태도 또한 비교적 객관적이다.

≪좌전≫의 예술 성취는 '사실의 서술'(敍事), '인물의 묘사'(寫人)와 '언론의 기록'(記言)이라는 세 방면에 나타나 있다.

≪좌전≫의 '사실의 서술'은 개략적으로 역사적 사실을 총괄하고 숫자를 나열하며 사건의 인과 관계를 설명하는 것에 그치지 않고, 이야기 줄거리도 자주 상세하고 완전하게 서술하여 ≪춘추≫와 같은 개요식 기록의 틀을 탈피하였다. 이를테면 ≪춘추≫에서 "정나라 임금이 언 땅에서 숙단을 물리쳤다"(鄭伯克段于鄢)라는 겨우 여섯 글자의 글을 ≪좌전≫에서는 600여 글자의 문장으로 부연하여 정(鄭)나라 장공(莊公)의 모자와 형제간에 얽힌 권력 다툼과 이익 쟁탈의 추한 장면, 곧 장공의 모친인 강씨(姜氏)가 장공을 낳을 때 난산한 관계로 무고한 큰아들을 미워하고 작은아들인 숙단(叔段)을 편애한 것을 기록하고 있다. 강씨는 별의별 궁리를 다하여 숙단이 근거지를 쟁취하여 권력을 잡도록 도우고, 심지어 그가 무장 반란을 일으키는 데도 협조를 아끼지 않았다. 노련하고 주도면밀한 장공이 표면적으로는 모친에 순종하고 동생을 애호하며 동생 숙단의 탐욕스럽고 교만한 행위에 대해 거듭 참고 양보하는 척하였지만, 이는 실제로 큰 것을 잡기 위해 일부러 풀어놓고 숙단의 악행을 조장시켜 적당한 시기에 뿌리째 뽑아버리기 위한 것이었다. 후에 장공은 마침내 몸소 대군을 이끌고 언 땅에서 숙단을 쳐서 물리치고 강씨를 내쫓은 뒤에, 황천에 가기 전에는 영원히 서로 만나지 않겠다고 맹세하기까지 했다. 이 일이 있은 뒤, 그는 "어머

니는 자애롭고 자식은 효성스러워야 한다"(母慈子孝)는 너울을 찢어버리는 것이 자신에게 불리함을 느꼈다. 그래서 모자의 관계도 회복하고 자신이 애당초에 한 맹세의 말도 지키기 위해, 땅 속에 굴을 파고 강씨와 그 속에서 만나 처음처럼 다시 화목해지는 한 바탕의 익살극을 연출하였다. 오래 전에 맺힌 모순의 발단, 발전, 절정, 결말이 고리처럼 서로 얽혀 있다. 또 다른 예를 보면 ≪춘추・희공 33년≫에는 "진(晉)나라 군대가 강성(姜姓)의 융족(戎族)과 함께 진(秦)나라 군대를 효산(崤山)에서 패배시켰다"(晉人及姜戎敗秦師於崤)라는 한 마디 말로 한 차례의 전쟁을 간략히 개괄하였는데, 교전 당사자와 싸움터 및 결과만을 설명하고 있다. 반면에 ≪좌전≫은 예술적인 가공을 하여 예닐곱 개의 희극적 요소가 풍부한 장면, 곧 죽은 진 (晉) 문공(文公)의 신통력 발휘, 진(秦)나라 노신(老臣) 건숙(蹇叔)의 진나라 군대 출정에 대한 통곡, 왕손만(王孫滿)의 진(秦)나라 군대에 대한 논평, 정(鄭)나라 상인 현고(弦高)의 지략에 의한 진(秦)나라 군대 퇴치, 진(晉)나라 대부(大夫) 선진(先軫)의 진(秦)나라 군대 정벌론, 진(晉) 문공(文公) 부인 영씨(嬴氏)의 포로로 잡힌 진(秦)나라 장수 석방, 진(秦) 목공(穆公)의 패전 뒤의 자책 등등을 가려 취하여 진(秦)나라와 진(晉)나라가 효산에서 벌인 일련의 연속적인 전쟁의 줄거리를 구성하였는데, 전개 과정의 기복 변화 및 긴장과 이완의 엇물림이 사람을 황홀한 경지로 이끌어 형상적으로 역사를 반영하고 있다.

≪좌전≫은 복잡하게 뒤엉켜 있는 사건, 특히 각종 유형의 전쟁을 기록하고 서술하는데 뛰어났다. 전쟁은 관련되는 영역이 광범위하고 정황이 순식간에 천변만화하므로 핵심을 포착하기가 쉽지 않다. ≪좌전≫은 짜임새가 엄정하고 조직이 세밀하며 중간에 복잡하게 얽히고

설킨 줄거리와 흥미진진한 장면을 삽입하여, 규모가 크고 기세가 웅장한 고대의 전쟁 장면을 펼쳐 놓았다. 유명한 '오대 전역(五大戰役)' 가운데 희공 27년과 28년에 벌어진 성복(城濮)에서의 전쟁이 규모가 가장 큰데, 10여 개의 제후국들이 관련되고 걸린 시간도 2년에 달한다. 작자는 진(晉)나라와 초(楚)나라의 패권 쟁탈이라는 주된 모순을 포착하여 전쟁 이전과 전시 및 전후의 순으로 단계적으로 경위를 그려내고 있다. 교전의 과정을 서술할 때 진나라 측의 상·중·하 3군과 초나라 측의 좌·중·우 3군의 대치 관계가 매우 선명하여 복잡하면서도 혼란스럽지 않다. 진과 초 양국을 중점적으로 표현한 것 외에, 기타 8~9개 제후들의 활동도 적절하게 언급함으로써 일반적인 것도 빠뜨리지 않고 두루 살폈다. 대체로 이것은 작자가 높은 지붕 위에서 병에 든 물을 붓는 것과 같은 유리한 위치에서 본 관찰력과, 그물 벼리를 잡고 옷깃을 거머쥐듯 요점을 간명하게 제시하는 소재의 구성 솜씨를 충분히 과시한 것이다. 작자는 또 참전한 인물들의 주장, 대치하고 있는 쌍방의 배치, 관병들의 전쟁 중의 실제 행동 등을 통하여 전쟁 승부의 원인을 강하게 드러내었다. <진과 초의 성복에서의 전쟁(晉楚城濮之戰)>을 읽은 뒤에 사람들은 다음과 같은 결론을 얻을 수 있을 것이다. 진(晉)나라는 정의의 편에 서서 충분한 정치적 준비를 하고 굳세고 힘 있는 작전 지휘본부 하에, 매우 성공적인 외교 투쟁을 전개하고 교전 시에 신의를 중시하며 정확한 전술 원칙을 운용하였으므로 승리를 거두게 된 게 우연이 아니었다. 반면에 초(楚)나라 측은 군신이 서로 뜻이 맞지 않아 정책 결정의 착오가 많아 실패하지 않을 수 없었던 것이다. 사실을 서술하는 가운데 이와 같이 주도면밀한 분석이 결합되어 있는 것은 작자의 전략가적 안목을 드러내준다. 생동적인 장면과 세부 묘사가 잘 된 예도 적지 않다. 쌍방의 주력 부대가 만나 싸운 전쟁의 정경에 대하여 다음과 같이 묘사하고 있다.

기사일(己巳日 : 4월 4일-옮긴이 주)에 진(晉)나라 군대는 신(莘)의 북쪽에 진을 쳤다. 서신(胥臣)이 하군(下軍)의 부장으로서 진(陳)나라와 채(蔡)나라의 군대에 대항하였다. 초(楚)나라의 대장인 자옥(子玉)은 약오씨(若敖氏)의 600병졸로 중군(中軍)을 통솔하고, "오늘이야말로 반드시 진(晉)나라 군대를 섬멸시키리라!"고 하였다. 초나라 장군 자서(子西)는 좌군(左軍)을 통솔하고, 자상(子上)은 우군(右軍)을 통솔하였다. 서신이 전마를 호랑이 가죽으로 뒤집어씌우고 먼저 진(陳)나라와 채(蔡)나라의 군대로 쳐들어가자 진과 채의 군사들이 달아남에 초나라의 우군은 궤멸되었다. 진(晉)나라 상군(上軍)의 대장인 호모(狐毛)가 2개의 깃발을 세우고 대장이 군대를 끌어내 퇴각하는 척하였다. 진(晉)나라 하군(下軍)의 대장인 난지(欒枝)가 전차 뒤에 나뭇가지를 끌고 (먼지를 날리며) 도망치는 척하자, 초나라 군대가 그 뒤를 추격해 왔다. 진(晉)나라 중군의 대장인 원진(原軫 : 先軫-옮긴이 주)과 부장인 극진(郤溱)이 중군(中軍)의 친위 정예 부대로 그들을 측면에서 공격하였다. 호모와 호언(狐偃)도 상군을 거느리고 자서를 협공하자, 초나라의 좌군은 궤멸되었다. 초나라의 군대는 대패하였다. 자옥은 일찍이 병사들을 거두어들이고 움직이지 않았으므로 중군은 패멸하지 않았다.

(己巳, 晉師陳於莘北. 胥臣以下軍之佐當陳、蔡. 子玉以若敖之六卒將中軍, 曰 : "今日必無晉矣!" 子西將左, 子上將右. 胥臣蒙馬以虎皮, 先犯陳、蔡, 陳、蔡奔 ; 楚右師潰. 狐毛設二旆而退之. 欒枝使輿曳柴而僞遁, 楚師馳之. 原軫、郤溱以中軍公族橫擊之. 狐毛、狐偃以上軍夾攻子西, 楚左師潰. 楚師敗績. 子玉收其卒而止, 故不敗.)

초(楚)나라의 영윤(令尹) 겸 대장군인 자옥(子玉)은 고집불통으로 남의 말을 듣지 않고 안하무인격으로 오만방자하게 "오늘이야말로 반드시 진(晉)나라의 군대를 섬멸시키리라!"고 하였다. 그러나 진(晉)나라의 서신(胥臣)은 하군(下軍)의 일부를 거느리고, 범의 가죽으로 전마 위를 덮어씌운 채로 진(陳)나라와 채(蔡)나라의 군대로 조직된 초나라의 우익을 궤멸시켰다. 난지(欒枝)는 하군의 나머지 일부를 거느리고 전차에 나뭇가지를 끌고 패주하는 것처럼 하여, 먼지를 날아 올려 초나라의 군대를 깊숙이 유인한 뒤에 진(晉)나라의 중군(中軍)이 측면에서 공격하고 상군(上軍)이 협공하여 또 초나라의 좌군(左軍)을 궤멸시켰다. 그 결과 초나라 군대는 대패하게 되었다. 자옥은 어렵사리 겨우 몇몇 가련한 직속 부하들의 목숨만을 부지하였을 뿐이었다. 글의 필치가 간결하여 사람의 심금을 울린다.

작자는 위주(魏犨)가 사면을 구하는 세목을 묘사함에 있어, 생생하고 흥취가 있어 말소리와 표정이 살아 있는 듯하다. 진(晉)나라의 장군인 위주는 군령을 어겼을 뿐 아니라 흉부에 상처까지 입었다.

진(晉) 문공(文公)은 그를 죽이려 했으나 그의 재주를 애석하게 여겼다. 사람을 보내어 문병을 하고 또 그의 병세를 살피게 하였는데, 만약 상처가 심하면 그를 죽이려 하였다. 위주는 가슴을 천으로 싸매고 사자를 만나서 말하기를 "임금님의 은혜를 입었는데 편하지 않을 리가 있겠습니까?"라고 하며, 앞으로 뛰기를 여러 번하고 위로 뛰기를 여러 차례 하였다. 이에 그를 용서하였다.

(公欲殺之而愛其材. 使問, 且視之, 病, 將殺之. 魏犨束匈見使者曰 : "以君之靈, 不有寧也?" 距躍三百, 曲踊三百. 乃舍之.)

위주는 진 문공이 사람을 시켜 자신의 상태를 살피려는 의도를 간파하여, 만약 자신의 상처가 중한 걸로 알려지면 바로 죽임을 당하게 될 것임을 알아차렸던 것이다. 따라서 상처를 싸매고 사자의 면전에서 여러 차례 위로 뛰기도 하고 앞으로 뛰기도 하여 상처가 경미함을 보여줌으로써 결과적으로 피살을 면했던 것이다. 요컨대, ≪좌전≫은 크고 작은 것을 가리지 않고 전쟁의 전모를 남김없이 드러내어 이야기의 줄거리를 부각시키는 특성이 매우 강하다.

≪좌전≫은 인물의 형상을 묘사하는데 매우 큰 주의를 기울였다. 작자는 인물을 모순이 충돌하는 가운데에 놓고 인물의 언행을 통하여 그 개성적 특징을 드러내었는데, 이따금 몇 글자 되지 않는 필치로 윤곽을 그려내기도 하여 회화의 속사(크로키)와 매우 흡사하다. 이 책 속에는 중점 인물의 사상적 특성이 선명한데, <희공 23 · 24년>에서 망명중인 중이(重耳)를 묘사한 예를 들어보자. 중이는 진(晉) 헌공(獻公)의 공자인데 부친이 총애하는 여인의 참소를 받아 외국에서 19년이나 망명 생활을 하여 천하를 두루 돌아다니며 온갖 고초를 다 겪었다. 뒤에 진(秦) 목공(穆公)의 지원 하에 귀국하여 군주의 자리를 탈취하고 춘추 시대의 유명한 패주가 되었다. 문장은 중이가 어떻게 평범하고 연약한 귀공자에서 심지가 강하고 식견이 있으며, 도량이 넓고 담력과 지략을 갖춘 성숙한 정치가로 단련되어 갔는지를 묘사하고 있다. 중이가 종자들을 데리고 위(衛)나라를 지날 때에, 배가 고파 창자에서 꼬르륵 소리가 나서 밭에서 일하는 농부에게 구걸하였다. 농부는 자신도 배불리 먹지 못하는 터에, 이렇게 몰락한 귀족의 가소로운 광경을 보고서 흙 한 덩이를 던져 주며 그들을 조롱하였다. 중이는 즉각 크게 화를 내며 농부를 채찍으로 때리려 하고 조금도 뒷일을 생각하지 않았다.

중이는 제(齊)나라에 도착한 뒤 배불리 먹고 따뜻한 옷을 입고 안일함을 탐하며 차라리 거기에서 늙어 죽기를 원하였다. 종자들이 술로 그를 취하게 하고는 슬그머니 길을 나서 버렸다. 중이는 술에서 깬 뒤 크게 화를 내며 창을 움켜쥐고 쫓아가 그 일의 주모자인 외숙을 죽였다. 이 두 사건은 중이가 얼마나 이기적이고 제멋대로이며, 세상 물정에 어둡고 가슴에 큰 뜻을 품고 있지 않음을 설명해 준다. 그러나 중이는 그 뒤에 크게 변하였다. 진(秦)나라에 있을 때 한 번은 세수를 한 뒤에 목공(穆公)의 딸인 아내에게 세숫물을 뿌려 그녀를 매우 화나게 한 적이 있었다. 중이는 진(秦)나라의 지원을 받기 위해 감히 미움을 사서는 안 되므로, 즉각 웃옷을 벗어 마치 죄수처럼 사죄하여 작은 분노를 감추고 큰 계획을 이루었다. 중이가 망명한 뒤 귀국하기까지의 기간 동안에는 기록할 만한 대사건이 적지 않았다. 작자가 때로는 간단하게 처리하면서도 유달리 이러한 부류의 세목에는 필묵을 아끼지 않았는데, 이는 인물을 생동감 있게 묘사하는 데에 그 목적이 있었다. ≪좌전≫은 각양각색의 인물들을 묘사하였는데, 독자에게 선명한 인상을 남기고 있는 것만도 10가지에 달한다. 자산(子産)은 분명하게 관찰하고 잘 판단하며, 선진(先軫)은 충성스럽고 용감하고 강직하고 열렬하며, 조순(趙盾)은 공명정대하며, 진(晉) 영공(靈公)은 오만불손하고 흉악하고 잔인하며, 제(齊) 장공(莊公)은 호색하고 장수를 탐하며, 송(宋) 양공(襄公)은 시대에 뒤떨어지고 가소롭다고 한 것들은 하나같이 살아 있는 것처럼 생동감이 넘쳐 고대 역사 인물의 화랑을 대폭 풍부하게 해준다.

≪좌전≫은 '사실의 기록'(記事)과 '언론의 기록'(記言)을 동시에 담고 있는데, 충고나 간언의 기록, 특히 외교사령은 지극히 뛰어나서 역대에 걸쳐 사람들의 칭송을 받아 왔다. 춘추 시기에 제후들 간의

회맹이나 교전과 방문외교 활동이 상당히 빈번하여 파견되는 사신은 매우 큰 사명을 짊어지고 있었다. 강자가 약자를 능멸하고, 다수가 소수를 포악하게 다루는 시대에서 약소국가는 수차례에 걸쳐 수모를 당하기 일쑤였다. 외교 활동은 약자가 자신의 이익을 보호하고 생존을 쟁취하는 일종의 수단이 되어, 외교관이 날카로운 변설로 승리할 수 있는지의 여부가 왕왕 국가의 존망 및 안위와 직결되었기 때문에 외교 사령을 중시하지 않을 수 없었다. 이들 '외교관'(行人)은 모두 귀족 출신으로 비교적 높은 문화적 소양을 지니고, 역사에 밝고 현실을 통찰하며, 인정과 세태를 알고 말재주가 뛰어났다. ≪좌전≫은 그들의 점잖고 예절 바른 군자다운 풍도, 간략하면서도 투철하게 설파하는 이치, 교묘하면서도 완곡한 사령을 표현하고 있다. 많은 언사가 표면적으로는 여유롭고 겸손하고 차분하고 냉정하여, 용어가 지나치게 과격하고 어휘 구사가 너무 직설적이거나 태도가 과도하게 딱딱한 따위의 폐단은 없다. 그러나 그 이면은 굳세고 강경하고 속으로 비수를 숨기고 글자마다 준엄한 풍상이 서려 있어 매우 힘이 있으므로, 완곡하면서도 불분명하지 않고 뚜렷하면서도 튀지 않는 특색을 갖추고 있다.

이를테면, <희공 30년>의 <촉지무가 진나라 군대를 물리치다(燭之武退秦師)>라는 글을 보자. 이 해에 진(晉)나라는 진(秦)나라와 규합하여 정(鄭)나라를 병탄할 것을 기도하였다. 진(晉)나라 군대가 성 아래에 들이닥친 위급한 고비에 정나라의 대부(大夫)인 촉지무(燭之武)가 은밀하게 진(秦) 목공(穆公)을 만난 뒤 다음과 같이 말하였다.

> 진(秦)나라와 진(晉)나라가 정(鄭)나라를 포위하였으니 우리 정나라는 이미 망하게 될 줄을 알고 있습니다. 만약 정나라를 멸망시켜서

임금님에게 이익이 된다면 감히 임금님을 수고롭게 하십시오. '다른 나라'(晉)를 넘어서 '먼 곳에 있는 나라'(鄭)를 변방 고을로 삼는 것이 어려울 줄 임금님께서 아실 터인데, 어찌하여 정나라를 멸망시켜서 '이웃 나라'(晉)에게 영토를 늘려 주십니까? 이웃 나라가 증강되는 것은 임금님의 나라가 약해지는 결과가 됩니다. 만약에 정나라를 남겨 두어 동쪽 길의 주인으로 삼아 사신이 왕래할 때 그들의 곤란이나 물질의 궁핍을 해결해 주도록 하신다면, 임금님께도 또한 해가 되는 일은 없을 것입니다. 게다가 임금님께서는 일찍이 진(晉) 혜공(惠公)에게 은혜를 베푸심에 진(晉)나라에서 초(焦)와 하(瑕)의 두 읍을 임금님께 허락했는데, 아침에 황하를 건너간 뒤 저녁에 거기에 성을 쌓은 것은 임금님께서 아시는 바입니다. 대체로 진(晉)나라가 어찌 만족함이 있겠습니까? 이미 동쪽에 정나라를 국경으로 삼고, 또 그 서쪽 국경을 신장시키고자 합니다. 만약 진(秦)나라 영토를 깎아내지 않으면, 장차 어디에서 그 땅을 취하겠습니까? 진(秦)나라를 깎아서 진(晉)나라에 이익이 될 것이니 오직 임금님께서는 잘 생각해보시옵소서!

(秦、晉圍鄭, 鄭旣知亡矣! 若亡鄭而有益於君, 敢以煩執事. 越國以鄙遠, 君知其難也, 焉用亡鄭以陪隣? 隣之厚, 君之薄也. 若舍鄭以爲東道主, 行李之往來, 共其乏困, 君亦無所害. 且君嘗爲晉君賜矣 許君焦、瑕, 朝濟而夕設版焉, 君之所知也! 夫晉何厭之有? 旣東封鄭, 又欲肆其西封. 若不闕秦, 將焉取之? 秦以利晉, 唯君圖之!)

촉지무는 만나자마자 스스로를 낮추어 정(鄭)나라의 존망에 대해서는 말하지 않고, 오로지 진(秦)나라를 위하는 것처럼 하여 그의 진언이 진(秦)나라의 기호에 영합하도록 하였다. 그 뒤에 그는 진(晉)나라가 진(秦)과 정(鄭)나라 사이에 위치한 객관적 사실로 조성된 진(秦)과 진(晉)의 모순을 이용하여, 우선 정나라가 망하면 진(秦)나라에 무익하고 유해하다는 점을 들어 진(秦)나라 임금을 일깨우고, 다음으로 정나라가 남아 있는 것이 진(秦)나라에 유익하고 무해하다는 점으로 진(秦)나라 임금을 안심시킨 뒤, 끝으로 진(晉)나라가 야심만만하다는 것으로 진(秦)나라 임금을 위협하였다. 순전히 일의 형세에 따라 논리를 펴서 설득력이 매우 크다. 진(秦) 목공(穆公)은 일방적으로 군대를 철수했을 뿐만 아니라, 정나라와 동맹을 맺고 3명의 대장을 파견하여 정나라를 도와 진(晉)나라의 군대를 방어하도록 했다. 일이 이렇게 된 것은 결코 감언이설 때문만이 아니다.

다음으로, <성공(成公) 3년>의 <초나라가 진나라의 지앵을 돌려보내다(楚歸晉知罃)>는 글은 초(楚)나라와 진(晉)나라가 전쟁 포로를 교환함에 있어서 진나라의 포로로 잡힌 귀족 지앵(知罃)이 초나라 왕과 나눈 일단의 대화를 묘사한 것이다.

> 초나라의 공왕(共王)이 지앵(知罃)을 전송하면서 말한다.
>
> "그대는 아마도 나를 원망하는가?"
>
> 대답하여 말한다.
>
> "두 나라(晉과 楚－옮긴이 주)가 전쟁을 함에 저는 재주가 없었던 까닭에 제 임무를 감당하지 못하여 초나라의 포로가 되었는데, 임금님께서는 저를 죽여 그 피로 북에 칠하지 않고 본국으로 돌려보내어 처형되도록 해주시니 임금님의 은혜이옵니다. 저는 실로 재주가 없사오니 또 감히 누구를 원망하겠습니까?"
>
> 왕이 말한다.
>
> "그렇다면 나를 덕스럽게 생각하는가?"
>
> 대답하여 말한다.
>
> "두 나라가 서로 국가의 안정을 도모하고 그 백성들의 고통을 덜어

주기 위하여, 제각기 일시적인 원한을 억누르고 서로 용서하여 쌍방이 구금하고 있는 포로를 석방함으로써 그 우호 관계를 맺으려고 하는 것입니다. 두 나라가 우호 관계를 맺는 일에 저는 관여하지 않았으니 어찌 감히 누구의 은덕이라고 여기겠습니까?"

왕이 말한다.

"그대가 귀국하면 무엇으로 나에게 보답하겠소?"

대답하여 말한다.

"저는 임금님에 대해 원망할 것이 없으며 임금님 역시 저로부터 은덕을 받을 것이 없사옵니다. 원망도 없고 은덕도 없으니 보답할 바를 알지 못하겠습니다."

왕이 말한다.

"비록 그렇다고 하더라도 반드시 나에게 고하라."

대답하여 말한다.

"임금님의 은덕으로 구금된 제가 뼈라도 가지고 진(晉)나라로 돌아가게 되었으니, 저희 임금님께서 저를 처형하신다면 죽더라도 오히려 이름은 썩어 없어지지 않을 것입니다. 만약 임금님의 은덕에 힘입어 저를 사면해 주셔서 임금님의 외신(外臣 : 타국의 임금에게 자국의 신하를 부르는 말-옮긴이 주)인 순수(荀首 : 知罃의 부친-옮긴이 주)에게 저를 넘겨주시어 순수가 장차 저희 임금님께 청하여 저를 조상의 사당에서 죽인다면, 역시 죽더라도 오히려 이름은 썩어 없어지지 않을 것입니다. 만약 저의 부친이 저희 임금님으로부터 저를 이렇게 죽이라는 명령을 받지 못하고 조상의 직위를 잇게 해서 순서에 따라 군무를 통솔하는 직무를 담당하게 하여 소속 군대를 거느리고 국경을 지키게 하신다면, 비록 임금님의 측근 장수를 만난다고 하더라도 감히 회피하지 않을 것입니다. 전력을 다 기울여 목숨을 바치더라도 두 마음을 품지 않고 저희 임금님께 신하된 도리를 다하는 것이 임금님께 보답하는 길이옵니다."

(王送知罃曰："子其怨我乎?" 對曰："二國治戎, 臣不才, 不勝其任, 以爲俘馘, 執事不以釁鼓, 使歸卽戮, 君之惠也. 臣實不才, 又誰敢怨?" 王曰："然則德我乎?" 對曰："二國圖其社稷, 而求紓其民, 各懲其忿, 以相宥也, 兩釋累囚, 以成其好. 二國有好, 臣不與及, 其誰敢德?" 王曰："子歸, 何以報我?" 對曰："臣不任受怨, 君亦不任受德. 無怨無德, 不知所報." 王曰："雖然, 必告不穀." 對曰："以君之靈, 累臣得歸骨於晉, 寡君之以爲戮, 死且不朽. 若從君之惠而免之, 以賜君之外臣首, 首其請於寡君, 而以戮於宗, 亦死且不朽. 若不獲命, 而使嗣宗職, 次及於事, 而帥偏師以修封疆. 雖遇執事, 其弗敢違. 其竭力致死, 無有二心, 以盡臣禮, 所以報也.")

지앵(知罃)은 초(楚)나라 왕이 제기한 "나를 원망하는가?"(怨我), "나를 덕스럽게 생각하는가?"(德我), "나에게 보답하겠는가?"(報我) 등의 문제에 대해 직접 대답을 피하고 있는데, 비굴하지도 거만하지도 않다. 초나라 왕이 거듭 재촉하자 그는 비로소 대답하여, 진(晉)나라로 돌아가 본국의 임금이나 부친에 의해 죽임을 당하든 간에 여전히 초나라 임금의 큰 은혜를 잊지 않을 것이며(이것은 역설로 실제로는 큰 원수를 잊지 않겠다는 말임), 만약 사면을 받게 된다면 장차 군대를 이끌고 초나라 군대와 만나게 될 경우 결코 피하지 않고 끝까지 싸워 죽은 뒤라야 그만둘 것이니 이것이 바로 당신에게 보답하는 방법이라고 하였다. 쉽게 드러내지 않는 가운데 첨예함이 나타나고 유머 가운데 엄숙함이 드러나 있는데, 초나라 왕이 듣고 탄식해마지 않았다. 이밖에 <자산이 진나라 관의 담장을 허물다(子産壞晉館垣)>, <구지가 진나라에 굴복하지 않다(駒支不屈於晉)>, <음이생이 진나라 임금에게 대답하다(陰飴甥對秦伯)>, <여상이 진나라와 절교하다(呂相絶秦)>와 같은 글은 모두 외교사령으로 뛰어난 최고 작품들이다.

근대 사람인 양계초(梁啓超 : 1873-1927)가 ≪좌전≫을 극찬하였는데, 그의 다음과 같은 일단의 평론이 전대 사람들의 의견을 대표한다.

≪좌전≫은 문장이 우아하고 아름다운데, 사실을 기록한 글은 지극히 복잡한 사항, 이를테면 5대 전역 등에 대해서 요점의 제시가 간단명료하여 극도로 근엄하고 분명하며, 줄거리의 서술이 매우 상세하고 간결하여 표현 기술 능력을 모두 다 나타내었다고 이를 만하다. 언론을 기록한 글은 깊이 있고 아름다우며 생기발랄하여 그보다 뒤에 나온 것도 아마 그것과 비견될 만한 작품이 없었다. 또한 그 문장이 비록 시대적으로는 매우 오래되었으나 울퉁불퉁 난삽하여 읽기 어려운 병폐가 없어 낭송하고 익히기가 대단히 쉽다. 따라서 오로지 문장을 배우는 것으로 목적을 삼으면 ≪좌전≫도 마땅히 정독해야 할 대열에 들어 있어야 한다. (≪요적해제 및 그 독법 : 좌전 · 국어≫)

(≪左傳≫文章優美, 其記事文對於極複雜之事項, 如五大戰役等, 綱領提?得極嚴謹而分明, 情節敍述得極委曲而簡潔, 可謂極技術之能事. 其記言文淵懿美茂, 而生氣勃勃, 後此亦殆未有其比. 又其文雖時代甚古, 然無佶屈聱牙之病, 頗易誦習. 故專以學文爲目的, ≪左傳≫亦應在精讀之列也.) (≪要籍解題及其讀法 : 左傳 · 國語≫)

≪좌전≫을 뒤이어 나온 책으로는 ≪국어(國語)≫가 있다. 그것은 아마도 열국(列國)의 원시 사료의 집성으로, 비록 이 역시 정리를 거쳤다고는 하나 ≪좌전≫처럼 체계가 완전하지 않으며 문장에 많은 윤색이 가미되었다. 사실을 기록한 문장은 서주(西周) 목왕(穆王)부터 시작하여 동주(東周) 정정왕(貞定王)에서 끝나고 있는데, 사료는 주(周), 노(魯), 제(齊), 진(晉), 정(鄭), 초(楚), 오(吳), 월(越) 나라의 순으로 배열하여

나라별로 역사를 서술한 체제의 효시가 되었다.

≪국어≫ 또한 일정한 진보적 사상 경향을 반영하고 있으나 선명성과 뚜렷함에서 ≪좌전≫에는 미치지 못하는데, 천명과 귀신을 선양한 미신적 성격이 더욱 짙어서 어떤 자료는 신화와 전설에서 취한 것으로 생각된다.

총체적으로 보면 ≪국어≫의 문학적 성취는 ≪좌전≫에 비해 뒤떨어지는 편이어서, 사실의 기록이 평범하여 무미건조하고 언어 역시 거칠고 서투르다. 다만, 일부 편과 장 및 단락은 상당히 뛰어나다. <진어(晉語)>는 1만여 글자의 길이로 처음부터 끝까지 진(晉) 헌공(獻公) 때 벌어진 한 바탕의 내란과 중이(重耳)의 망명 이야기를 있는 그대로 생생하게 서술하고 있다. 헌공의 어리석음과 여희(驪姬)의 교활함이 마치 부르면 달려 나올 것 같이 매우 생동적이며, 기타 관련 인물들도 제각기 나름대로의 개성과 사정 및 말투를 지니고 있다. 일부분의 줄거리와 세목은 전설에 근거하여 부연한 것이 분명한데, 과장과 상상이 섞여 있어서 ≪좌전≫에 비해 섬세하고 흥미롭다.

≪국어≫는 '언론의 기록'(記言)을 위주로 하여, 국왕과 귀족간의 대화, 훈계의 말, 충고와 간언 등을 모아 놓았다. <주어(周語)>상(上)의 <소공이 왕의 과실을 질책하지 못하도록 하는 것을 간하다(召公諫弭謗)>는 문장에서는 글의 처음과 끝에만 사건의 원인과 결과를 밝히고 있는데, 주나라의 여왕(厲王)이 포악하여 백성들의 질책을 받게 되었다는 것이다. 여왕이 무당을 시켜 감시하게 하고 마음대로 살육을 하자, 백성들은 감히 말을 하지 못하고 길에서 만나도 눈으로 서로 보기만 했다. 그는 소공(召公)의 권고를 듣지 않다가, 3년 뒤에 백성들이 봉기하자 쫓겨 달아나게 되었다. 그 글의 중간은 소공(召公)이 설파한 일단

의 간언이다.

백성들의 입을 막는 것은 하천을 막는 것보다 더 심한 일입니다. 하천이 막혀서 둑이 터지면 반드시 사람을 많이 상하게 할 것입니다. 백성들도 이와 같습니다. 이런 까닭에 하천을 다스리는 이는 그것을 터서 물이 거침없이 흐르게 하고, 백성들을 다스리는 이는 그들의 입을 열어 하고픈 말을 하게 합니다. …… 백성들에게 입이 있는 것은 대지에 산천이 있는 것과 같아 재화와 용품이 여기에서 나오고, 대지에 넓고 평탄한 땅이나 저습지, 낮고 평탄한 땅이나 강물로 관개할 수 있는 땅이 있는 것과 같아 의복과 식품이 여기에서 생산됩니다. 백성들의 입이 자유롭게 말을 하게 되면 정치의 성공이나 실패가 그 가운데서 제기됩니다. 좋은 것을 시행하고 그른 것을 방비하는 것은 재화와 용품 및 의복과 식품을 풍부하게 하는 방법입니다. 대체로 백성들이 마음속으로 생각하여 입으로 그것을 펼쳐 내는 것은 무르익어서 자연스럽게 흘러나오는 것이니 어찌 막을 수 있겠습니까? 만약 그들의 입을 막으신다면, 이에 동조하는 이가 얼마나 되겠습니까?

(防民之口, 甚於防川. 川壅而潰, 傷人必多, 民亦如之. 是故爲川者決之使導, 爲民者宣之使言. …… 民之有口, 猶土之有山川也, 財用於是乎出；猶其有原隰衍沃也, 衣食於是乎生. 口之宣言也, 善敗於是乎興. 行善而備敗, 其所以阜財用衣食者也. 夫民慮之於心, 而宣之於口, 成而行之, 胡可壅也. 若壅其口, 其與能幾何?)

이 단락의 말은 논리가 엄밀하고 비유와 의론이 잘 융합되어 있으며, 언어가 평이하고 변체(騈體)와 산체(散體)가 섞여 있어 ≪국어≫의 문장 특징을 잘 보여준다.

유종원(柳宗元 : 773-819)은 일찍이 <비국어(非國語)>라는 글 수십 편을 지어 그것의 미신 사상과 허황하여 실제에 맞지 않는 점을 지적하였다. 그러나 그는 자신의 창작 학습의 경험을 총괄할 때, "≪국어≫를 참고하여서 그 흥취를 확대하였다"(參之≪國語≫以博其趣 : <답위중립논사도서(答韋中立論師道書)>에 보임－옮긴이 주)라고 하여 정취가 풍부함을 긍정하기도 했다.

선진 시대에는 또 ≪전국책(戰國策)≫이라는 책이 있는데, 기본적 내용은 지모가 뛰어난 신하와 책략가들의 언행록이다. 종횡가(縱橫家)의 저술과 책략가로서 활동하고자 하는 사람들의 습작이 섞여 있기도 하여 모두가 진실 되고 믿을 만한 역사로 간주할 수는 없다. ≪전국책≫ 계통에 속하는 책들은 최초에는 세상에 각기 다른 판본이 유행하고 있었는데, 서한(西漢)의 유향(劉向 : 77-6 B. C.)이 정리 교정하여 12국의 배열 순서로 나누고 ≪전국책≫이라 명명하였다. 1973년에 마왕퇴(馬王堆)의 한묘(漢墓)에서 출토된 ≪전국종횡가서(戰國縱橫家書)≫(지금에 와서 명명한 것)도 마땅히 당초 저본의 일종일 것이지만, 사마천(司馬遷 : 145?-86? B. C.)과 유향이 모두 본 적이 없었던 것 같고, 내용은 지금 통용되는 판본과 같은 것도 있고 다른 것도 있다.

≪전국책≫이 다루고 있는 내용은 상당히 풍부하다. 기본적으로 제(齊), 초(楚), 연(燕), 한(韓), 조(趙), 위(魏), 진(秦)의 칠웅(七雄)이 천하를 쟁탈하는 가운데 종횡무진으로 펼쳐지는 정치와 군사 및 외교 투쟁을 둘러싸고, 책략가와 지략이 뛰어난 신하들이 정치 무대에서 활약하는 상황을 두드러지게 표현하는 동시에, 그들의 정신세계를 묘사하고 각종 '기이한 책략과 특이한 지혜'(奇策異智)를 기록하고 있다. 이들 책략가와 종횡가들은 저마다 특색이 있어 어떤 사람의 언행은 시대정신을

구현하거나 높은 도덕적 수준을 갖추고 있는 반면에, 명예와 이익을 추구하고 오로지 투기만을 일삼는 정객도 적지 않다. 작자는 제왕과 장상 등에는 그다지 치중하지 않는 대신에, 유세하는 선비들의 개인적 역할을 과대 포장하여 심지어 그들의 음모와 흉계 및 변화무쌍하게 농간부리는 기량을 부각시킨 경우도 있다. 모든 국가의 책(策)에 걸쳐 합종(合縱)을 고취하고 연횡(連橫)을 반대하는 의론과 진(秦)을 호랑이와 이리같이 잔인무도하고 탐욕스러우며 흉악한 나라라고 질책한 내용이 많이 실려 있는데, 이는 진나라가 다른 나라들을 아우르는 가운데서 살육과 속임수를 자행한 정책과 관련이 있다. 요컨대 이 책의 사상 경향은 비교적 복잡하여, 종횡가의 사상을 반영한 것이 대부분을 차지하고 유가(儒家), 묵가(墨家), 도가(道家)의 관념을 곁들이고 있기도 하지만, 옛 도덕이나 전통을 맹렬하게 공격한 것이 많아 유가 사상 일변도인 ≪좌전≫과 선명한 대비를 이룬다.

≪전국책≫은 문학적 흥취도 매우 농후하다. ≪좌전≫은 편년사(編年史)이므로 일개 인물이나 사건이 몇 년으로 나뉘어 들어가게 되면 그 기술이 단편성을 띠지 않을 수 없게 된다. ≪전국책≫은 나라별로 된 체제이므로, 편마다 중심을 둘러싸고 처음과 끝이 잘 융합되어 있다. 이를테면 <형가가 진나라 왕을 찔러 죽이려 하다(荊軻刺秦王)>, <노중련이 의리상 진나라를 황제로 받들지 않다(魯仲連義不帝秦)>와 같은 글은 모두 짜임새가 완벽하고 줄거리가 복잡하게 얽힌 대문장들인데, 이런 글들이 결코 드물게 보이는 것은 아니다. ≪좌전≫에 비해 ≪전국책≫은 인물 형상의 묘사에 더욱 치중하여, 감정이나 사물을 남김없이 분방하게 그려내고 있다. 사람들이 익히 알고 있는 <제책(齊策)>의 <추기가 제나라 왕이 간언을 용납하도록 풍간하다(鄒忌諷齊王

納諫)>, <조책(趙策)>의 <촉룡이 조태후에게 유세하다(觸龍說趙太后)> 등과 같은 문장은 감정을 묘사하고 자태를 그려낸 것이 매우 세밀하여 마치 살아 있는 것처럼 생동감이 있다. <진책(秦策)>의 <소진이 연횡으로써 진나라 왕에게 유세하다(蘇秦以連橫說秦王)>라는 글은 더욱 여러 종류의 예술적 수단을 동원하였다. 소진(蘇秦)이 진(秦)나라의 유세에 실패한 뒤 실의에 빠져 돌아가자 집안사람들이 냉대하는 정황을 다음과 같이 그려내고 있다.

> 다리에는 각반을 차고 발에는 짚신을 신고 등에는 책을 짊어지고 어깨에는 전대를 두르고 있는데, 모습은 바짝 야위고 안색은 검게 타 부끄러워하는 기색이 있었다. 집으로 돌아오니 아내는 베틀에서 내려오지도 않고, 형수는 밥을 지어 주지도 않으며, 부모는 그에게 말도 하지 않았다.
>
> (羸滕履蹻, 負書擔囊, 形容枯槁, 面目黧黑, 狀有愧色. 歸至家, 妻不下紝, 嫂不爲炊, 父母不與言.)

이후 그는 분발하여 애써 독서에 열중하였는데, 잠이 오면 송곳으로 허벅지를 찌르기도 하여 저도 모르게 혼잣말로 "어찌 임금에게 나아가 유세함에 금옥과 비단을 내놓지 않을 것이며, 공경과 재상의 존귀한 자리를 내주지 않겠는가?"(安有說人主不能出其金玉錦繡, 取卿相之尊者乎?)라고 중얼거렸다. 병법에 대한 이해와 안목이 깊고 성숙하게 되자 또 기쁨을 감추지 못하며 내심으로 독백하기를 "이제야 정말로 당대의 임금에게 유세할 수 있겠다!"(此眞可以說當世之君矣!)라고 하였다. 그는 과연 조(趙)나라 왕에게 유세한 뒤 왕의 기호에 영합하여 봉작을 받고 재상에 임명되었는데, 고향을 지나갈 때의 모습이 다음과 같이 그려져 있다.

부모가 이 소식을 듣고 집안을 청소하고 길을 소제하고 음악을 연주하고 음식을 차려놓고는 교외 30리 밖까지 마중 나왔다. 아내는 감히 똑바로 쳐다보지 못하고 눈을 곁으로 돌리고 보며 귀를 기울이고 들었다. 형수는 뱀처럼 기어와 엎드려 네 번 절하고 스스로 무릎 꿇고 사죄하였다.

소진(蘇秦)이 말한다.

"형수님! 어찌 전에는 거만하더니만 지금은 비굴하시오?"

형수가 대답한다.

"도련님의 지위가 높고 재물이 많기 때문이지요."

소진이 말한다.

"아! 가난할 때엔 부모도 자식으로 여기지 않더니만 부귀해지니 집안의 부모형제도 두려워하나니, 사람이 이 세상을 살아가면서 권세나 지위와 금전이나 재물을 어떻게 소홀히 할 수 있겠는가?"

(父母聞之, 淸官除道, 張樂設飮, 郊迎三十里. 妻側目而視, 傾耳而聽. 嫂蛇行匍伏, 四拜自跪而謝. 蘇秦曰 : "嫂! 何前倨而後卑也?" 嫂曰 : "以季子之位尊而多金." 蘇秦曰 : "嗟乎! 貧窮則父母不子, 富貴則親戚畏懼, 人生世上, 勢位富厚, 盖可以忽乎哉!")

인물의 언어가 지극히 개성적이고 인물 형상이 생생하여 마치 살아있는 듯하다. 주목할 것은 ≪전국책≫이 일부 책사(策士)나 협사(俠士)와 은사(隱士)의 형상을 묘사할 때, 자신도 모르게 전형화의 수법을 쓴 점인데, 이를테면 소진(蘇秦)의 형상은 실재의 인물이나 사실과는 자못 차이가 나는 것 같다. 작자는 세상에 전해오는 소진에 관한 소문을 받아들이고, 또 신령스러운 말이 빨리 뛰는 것과 같은 무수한 상상이라든가 종횡무진으로 뒤얽힌 이야기, 또는 군주에게 유세하는 수단 등을 모두 작품 속의 소진 한 사람에 집중시킴으로써 그가 창조한 인물이 대표성을 갖추도록 하였다. 이것이 이 책의 몇몇 편이나 장에 소설적 흥취를 띠게 하여, 전통적인 전기문학(傳記文學)의 창작을 촉진시켰다.

≪전국책≫ 중 왕에게 유세하고 사리를 논하거나 따져서 밝힌 다량의 글들은 이미 성숙한 설리문(說理文)의 수준에 도달해 있다. 사실을 논하고 학설을 세울 때, ≪좌전≫이나 ≪국어≫와 같이 경전을 인용하여 증거로 제시하는 데 치중하거나 비교적 단순한 비유를 사용하는 데에 한정되지 않고, 우언(寓言)을 섞어 쓰고 있다. 책사들은 평상시에 민간의 우언을 수집하는 데 유의하고, 스스로도 통속적이고도 알기 쉬운 이야기를 만들어내어 이를 통해 도리를 천명하고자 했다. 이로써 형상이 선명하고 흥미진진하여 귀가 솔깃하고 사람들이 깊은 사색에 잠기도록 유도하여 중요한 문제를 해결하고, 또 직언으로 인해 당할 수 있는 질시를 피하기도 했다. 책 속에 나오는 '여우가 호랑이의 위세를 빌린다'(狐假虎威), '뱀을 그리면서 다리를 덧붙여 넣다'(畵蛇添足), '수레채는 남쪽으로 하고 바퀴자국은 북쪽으로 향하게 한다'(南轅北轍), '도요새와 큰 조개가 서로 다툰다'(鷸蚌相爭) 등과 같은 우언은 일찍이 누구나 다 알고 있는 것이다.

≪전국책≫의 문장 풍격은 사방으로 막힘없이 치달리고 잔뜩 펼쳐 늘어놓은 특징이 있어, 잘 다져져 함축적이며 온화하고 우아한 ≪좌전≫과는 큰 차이가 있다. 종횡가는 항상 언론을 펼침에 거리낌이 없어 회피하는 바가 없는지라, 입을 벌리면 이해관계를 말하고 입을 닫으면

권모술수에서 떠나지 않았다. 소진(蘇秦)은 드러내놓고 부귀영화를 추구한다고 말했을 뿐 아니라, 자기는 "미덥지 못한 사람"(不信之人)이라고 자인하였다. 그는 옛사람 중에서 효자, 청렴한 이, 미더운 이는 모두 개인의 명예와 절개를 위한 것이므로 "진취적인 도가 아니며"(非進取之道也), "제가 미덥지 못한 것이 그대의 복이니"(臣之不信, 是足下之福也) 바로 임금께서 큰 공을 이루는 데 쓰일 점이라고까지 하였다(<연책(燕策)>의 <사람 중에 연나라 왕에게 소진을 헐뜯는 이가 있다(人有惡蘇秦於燕王者)>라는 글에 보임). 이런 말들은 모두 이전 사람들이 감히 입에 담지 못하던 것이다. 그들은 군주의 마음을 움직이기 위하여 또 일부러 과격한 말을 해 사람을 놀라게 하거나 비분강개한 말들을 늘어놓기도 하였다. <초책(楚策)>의 <장신이 초 양왕에게 아뢰다(莊辛謂楚襄王)>라는 글은 장신(莊辛)의 말을 기록하고 있는데, 그는 만약 안일에 빠져들게 되면 반드시 후환이 미칠 것임을 강조하려고 점층식 비유를 써서 "사마귀가 매미를 잡으니 참새가 뒤에서 기다리고 있다"(螳螂捕蟬, 黃雀在後)라는 도리를 천명함으로써 듣는 사람들의 모골이 송연하게 하였다. 범저(范雎)가 진(秦)나라 소왕(昭王)을 알현하고 태후(太后)와 양후(穰侯)의 세력을 제거하는 책략을 올림에 있어, 단지 활을 당기기만 하고 쏘지는 않듯이 왕이 스스로 깨닫도록 하기 위하여 개인의 죽음이나 궁색함과 치욕은 근심할 바 아니지만, 자신이 충성을 다하고도 죄를 얻어 천하의 현명한 신하들로 하여금 "입을 막고 발을 싸매어 아무도 진나라로 향하려 하지 않게 하는"(杜口裹足, 莫肯向秦) 것이 걱정스럽고, 대왕이 목전에 처한 상황이 쌓아올린 계란과 같이 위급한 점이 두렵다고 힘써 말하였다. 소왕이 설득을 당하여 감격하며 눈물을 흘리자 범저는 비로소 그 계책을 매우 자세하게 말하였다(<진책(秦策)>의 <범저가

진나라에 이르다(范雎至秦)>는 글에 보임). 수사와 언어 구사의 측면에서 유세의 말들은 대대적인 과장과 대구를 일삼고 다방면에 걸친 논증을 가하여, 통쾌하고 남김없이 그 의도를 다 말해내어 뜻을 철저하게 설파하는 데 온 힘을 기울였다. 언어도 명백하고 유창하며 표현이 화려하고 아름다우며, '비슷한 구조나 리듬을 지닌 어구의 배열'(排比)이나 대구와 같은 문장 형식을 많이 구사하고 자구의 다지기와 성조의 조화에 주의를 기울였다. 이를테면 소진(蘇秦)이 진(秦)나라가 천하 쟁패의 조건을 갖추고 있음을 추켜세울 때, 그가 한 말이 도도히 흘러 끊이지 않아 그 입이 마치 거꾸로 매달린 물줄기와 같았다.

> 대왕의 나라는 서로는 파촉(巴蜀)과 한중(漢中)의 이점이 있고, 북으로는 호(胡) 땅의 담비 가죽과 대(代) 땅의 좋은 말을 쓸 수 있으며, 남으로는 무산(巫山)과 검중(黔中)의 요새가 있고, 동으로는 효산(崤山)과 함곡관(函谷關)의 견고함이 있습니다. 땅은 기름지고 백성은 많고 부유하며, 전차가 만승이요 날쌘 군사가 백만에 달하며, 비옥한 들판이 천리나 되고 비축된 물자가 많으며, 지리 환경이 공격하고 지키기에 편리하니 이는 이른바 '천연의 보고'인지라 천하에서 가장 강대한 나라입니다. 대왕의 현명함, 백성의 많음, 전차와 기병의 쓰임, 병법의 훈련으로 제후를 아우르고 천하를 병탄하여 황제를 칭하고 제후를 다스릴 수 있습니다.
>
> (大王之國, 西有巴蜀漢中之利, 北有胡貉代馬之用, 南有巫山黔中之限, 東有崤函之固. 田肥美, 民殷富, 戰車萬乘, 奮擊百萬, 沃野千里, 蓄積饒多, 地勢形便, 此所謂天府, 天下之雄國也. 以大王之賢, 士民之衆, 車騎之用, 兵法之教, 可以幷諸侯, 呑天下, 稱帝而治 : 이 글은 <소진이 처음에 연횡책으로(蘇秦始將連橫)> 진(秦)나라 혜왕(惠王)에게 유세한 내용에 나옴—옮긴이 주)

이 단락의 글은 그 속에 강렬한 정감이 요동치고 문장의 기세가 드높아서 선동하는 힘이 매우 강하다.

선진 역사산문은 간략함에서 번잡함으로, 소략함에서 치밀함으로 나아가는 발전 과정을 거쳤는데, 거칠고 간략한 사실과 언론의 기록에서 사실의 서술이 생동적이고 묘사가 형상적이며 의론이 바람처럼 일어나는 '역사 전기'(史傳) 문학으로 진전하여 후세의 역사 소설이나 희극과 사부(辭賦)와 설리(說理) 문장 등에 모두 큰 영향을 끼쳤다.

제2장 선진(先秦) 제자산문(諸子散文)

선진(先秦) 산문에는 ≪좌전(左傳)≫, ≪국어(國語)≫, ≪전국책(戰國策)≫ 등 사실을 기록한 역사서 외에, 그것과 함께 찬란하게 빛을 발하는 다량의 이론 저술, 곧 제자산문이 있다.

춘추(春秋) 후기에서 전국(戰國) 말기까지 생산력의 발전은 생산 관계와 사회 제도의 대변혁을 불러일으켜 신흥 지주 계급이 점차 노예주 계급을 대체하였고, 제후들의 분쟁 국면은 마침내 통일로 귀착되었다. 이러한 거대한 변동은 사상과 의식 분야의 격렬한 투쟁을 초래하여 '초야에 묻혀 사는 선비들이 기탄없이 자기의 주장을 펼치고'(處士橫議), '온갖 학파들이 그들의 학설을 다투어 주장하는'(百家爭鳴) 현상이 출현하였다. 이른바 '백가(百家)'는 결코 정확한 수치가 아니라, 당시 학술 분야에서 각종 유파가 매우 많은 것을 과장하여 한 말이다. 한(漢)나라 초기의 사마담(司馬談)은 그들을 육가(六家)로 합쳤고, 반고(班固 : 32-92)는 ≪한서(漢書)·예문지(藝文志)≫에서 십가(十家), 곧 유(儒), 도(道), 음양(陰陽), 법(法), 명(名), 묵(墨), 종횡(縱橫), 잡(雜), 농(農), 소설(小說) 등의 10개 학파로 나누어 표시하였다. 이들 유파와 학술 단체는 '사인(士人)'들로 결성되었다. '사인'은 서주(西周) 시대에 가장 낮은 귀족 계급에 속했는데, 춘추 이후로 예악이 허물어지고 학술이 하향 이동함에 따라 이들 계층의 역량이 끊임없이 강대해졌다. 그들은 문화적 소양을 갖추고 역사에 밝고 정치 투쟁에 정통하여 신구 통치자들이 중시하는 스카우트 대상이 되었다. 오랜 시간이 지나자 출신이 다르고 사회적 지위가 복잡한 자유로운 지식인군이 형성되어 점차 활약하기 시작하였다. 당시의 사회 현실은 사람들에게 일련의 문제를 제기했는데, 이를테면 어떻게 개혁을 실현하여 지주 계급의 정권을 굳건히 할 것이며, 어떻게 전국의 통일을 완성시킬 것이며, 어떻게 물질 생산과 정신 생산의 추진을 가속화시킬 것인가 하는 등등이다. 제각기 다른 계급과 계층 및 집단의 이익을 대표하는 사인들은 각자 자신들의 사상 체계를 수립하고 각양각색의 주장을 제기하여, 분분하게 무리를 모아 학문을 강론하고 도처에서 유세하며 저술을 하고 학설을 세워 서로 갑론을박하였다. 당시의 특수한 역사적 조건하에서 사상은 전에 없이 해방되어 각 학파는 하고 싶은 말을 마음대로 터놓고 하고 자신들의 견해를 토로할 수 있어서 서로 투쟁하기도 하고 받아들이기도 하였으니, 참으로 뭇별이 하늘에서 빛나고 만 개의 골짜기가 흐름을 다투는 듯하여 도리를 설파하는 산문의 발전을 최고조로 끌어올렸다. 제자(諸子)들의 저술은 중국 고대 학술 사상의 비조로 2천 년간에 걸쳐 상부 구조와 이데올로기, 작가의 세계관과 창작 경향 등에 매우 깊은 영향을 끼쳤고, 동시에 정도의 차이가 있기는 하지만 각기 나름대로의 아름다운 문학적 색채를 구비하고 있기도 하여 문학 산문의 중요한 원천이 되었다.

선진 제자산문도 간략함에서 번잡함으로, 소략함에서 치밀함으로 나아가는 발전 과정을 거쳐, 짤막한 어록에서 장편의 전문적인 테마에 관한 논설 문장으로 옮아갔다. 이것은 자각적 저술이라는 의식이 점차 제고되고, 책의 전체적 구성이 점점 엄정해지고, 도리를 설명하는 것이 갈수록 세밀해지고, 문장 기교를 더욱 더 중시하여 각 학파가 모두 독특한 풍격을 이루고 있는 점에 잘 나타나 있다. 아래에서 3단계로 나누어, 유가, 묵가, 도가, 법가, 잡가 등 다섯 학파의 여덟 권의 저술을 각기 간략히 소개하고자 한다.

제1단계는 춘추와 전국 교체기의 ≪논어(論語)≫와 ≪묵자(墨子)≫를 대표작으로 들 수 있다.

≪논어≫는 기본적으로는 공자(孔子)의 언행록이면서 공자 문하의 제자와 당시 사람들의 언행도 담고 있는 것으로, 공자의 직접 제자와 손제자들이 기록을 모아 이룬 것이다. 토론하면서 편찬하였기 때문에 ≪논어≫라는 이름이 붙었는데, '토론을 거쳐 편찬한 말씀'이라는 뜻이다. 책은 대략 전국 초기 무렵에 완성되었다.

공자(551-479 B. C.)는 이름이 구(丘)이고 자가 중니(仲尼)이며, 춘추 말기 노(魯)나라 추읍(郰邑 : 지금 山東省 曲阜) 사람으로 유가의 창시자이다. 그는 한 차례 귀족의 지위에 오른 적이 있지만, 일생 동안 주된 신분은 역시 사(士)였다. 공자는 어릴 때부터 노예제도 하의 예악을 배워 '주나라의 예법'(周禮)에 정통한 성인(聖人)이 되었다. 그의 정치 태도는 보수적이어서 정치, 경제, 사상 등 여러 방면의 중대한 변혁에 모두 반대하는 입장을 견지하고 '주례'의 부흥을 극력 고취하였다. 그도 개량적인 주장을 일부 제기하기도 했지만, 출발점은 흔들흔들 곧 무너지려는 노예제도를 돕기 위한 것이었다. 그는 전통적인 '민본(民

本)' 사상의 기초 위에서 '인(仁)'이라는 도덕관을 체계적으로 천명하고 뚜렷이 강조하여, 인(仁)과 예(禮)의 경지로 들어가고자 했다. '인'의 기본 내용은 귀족계급 내부에서 함께 자각적으로 주례를 옹호할 수 있도록 동정과 양보를 제창하는 것이다. 이와 동시에 공자는 백성의 힘은 두렵고 백성의 마음은 이용할 수 있음을 인식하고, '인'을 통치자와 노동자의 관계를 조절하는 데 응용하도록 요구하였다. 따라서 "때에 맞게 백성을 부리고"(使民以時 : <학이(學而)>편에 보임－옮긴이 주), 백성들을 기르고, 이롭게 하고, 풍요롭게 하고, 교육해야지 단순히 형벌과 종교적인 기만에 의거해서는 절대 안 된다고 제후들에게 호소하였다. 물론 이 가운데 합리적인 요소가 있음은 인정해야 하지만, 그가 열국(列國)을 두루 돌아다녔음도 불구하고 도처에서 벽에 부딪치고 그의 의견을 받아들인 군주가 없었다는 점이 안타깝다. 만년에 그는 오로지 문화 교육 활동에만 종사하였다. 공자는 개인 저술의 기풍을 연 창시자로 ≪시(詩)≫, ≪서(書)≫, ≪역(易)≫, ≪예(禮)≫를 정리하고 ≪춘추(春秋)≫를 편정하였다고 하는데, 이런 작업은 고대의 전적(典籍)을 보존하는 데에 아주 큰 보탬이 되었다. 학문을 강론하는 중에 그가 피력한 문예에 관한 견해도 매우 심오하고 예리하다. 또한 공자는 개인이 학교를 운영하는 기풍을 창시하고 "가르침에 있어 신분상의 차별을 두지 않는다"(有教無類 : <위령공(衛靈公)>편에 보임－옮긴이 주)는 주장을 펼쳐, 전후에 걸쳐 가르친 제자가 많게는 3천명에 달했다. 이것은 바로 "학문하는 일을 관청에서 전담하고"(學在官府) 귀족이 문화를 독점하는 국면을 타파하여, 제한적이나마 문화 지식을 보급하고 학술 사상을 활발하게 하였는데, 그의 주관적인 의도가 어떠했든지간에 대단한 공헌이라 하지 않을 수 없다. 공자는 장기간에 걸친 교육

실천을 통하여 귀중한 교육 원칙과 방법을 총괄해내었는데, 이를테면 인물의 특성에 맞는 교육의 실시, 스스로 알려고 분발하도록 일깨워주는 계발식 유도 교육, 후천적인 노력, 가르침과 배움의 상호 보완적 상승 작용, 배움과 사고의 결합 등을 강조하고, 주관적 선입견을 반대하며, 있는 그대로의 사실에 근거하여 진리를 탐구하도록 제창한 것 등등은 오늘에 이르기까지도 거울로 삼을 만하다. 공자의 철학, 정치, 윤리, 문화, 교육 등 각 방면의 사상은 모두 ≪논어≫ 속에 들어 있다.

≪논어≫는 철학적 이치나 원리를 다룬 초기 저술로, 언어 기록이 예스럽고 질박한 색채를 띠고 있다. 전체 책은 단편적이고 산만한 어록들이 모여 이루어진 것이어서, 매 편마다 대부분 중심이 없고 각 편 내의 각 장도 필연적인 연관 관계가 결여되어 있다. 각 장의 어구가 간단하고, 문장 표현도 연결 고리나 논리적 연관성이 없이 행문의 낙차가 크고, 어떤 관점을 천명할 때 결론만 있고 논증은 없다. 이는 당시 산문이 아직 충분히 발달하지 못하고, 필기도구가 간단하고 조잡하며, 공자 본인의 언사가 허황되고 화려한 것을 좋아하지 않는 것과 관련이 있다.

그러나 ≪논어≫의 문학적 요소는 소홀히 할 수 없다. 간략하고 비근하지만 의미가 풍부하고 심오한 언어, 여유 있고 함축적이며 조용하고 촉박하지 않은 표현이 이 책의 기본적 풍격이다.

> 어떤 것에 대해 단순히 지식적으로 알기만 하는 것은 그것을 좋아하는 경지만 못하고, 어떤 것을 좋아하는 것은 그것을 즐기는 경지만 못하다.
>
> (知之者不如好之者, 好之者不如樂之者.) <옹야(雍也)>

어진 사람을 보면 그와 같아져야 하겠다고 생각하고, 어질지 못한 사람을 보면 나의 내면에 그와 같은 점이 있는지 마음속으로 살펴본다. (見賢思齊焉, 見不賢而內自省也.) <이인(里仁)>

언어가 짤막하면서도 의미가 깊고 소박한 가운데 풍부한 철학적 이치를 함축하고 있다. 특히 형상이 선명하고 서정적인 맛이 농후한 몇몇 표현들은 독자에게 자못 미적 향수를 느끼게 한다. "날씨가 차가워진 뒤에야 소나무와 측백나무가 늦게 시듦을 알 수 있다"(歲寒, 然後知松柏之後凋也 : <자한(子罕)>)라고 하여 엄동설한을 두려워하지 않는 소나무와 측백나무로 위험과 재난 가운데에서도 굳센 군자를 상징하였다. "가는 것은 이와 같구나! 밤낮을 쉬지 않으니"(逝者如斯夫! 不舍晝夜 : <자한>)라고 하여 멈추지 않고 도도히 흐르는 물로 세월이 쉬 지나감을 연상하였다. 이와 유사한 예가 아주 많은데, 후대에 이르러 사람들의 입에 살아 있는 격언이나 성어로 된 것도 많다. 이를테면 "세 사람이 길을 가면 반드시 그 가운데 내 스승이 있다"(三人行, 必有我師焉 : <술이(述而)>편에 보임－옮긴이 주), "인에 당면해서는 양보하지 않는다"(當仁不讓 : <위령공(衛靈公)>편에 보임－옮긴이 주), "빨리 이루어지기를 바라면 오히려 달성하지 못한다"(欲速則不達 : <자로(子路)>편에 보임－옮긴이 주), "배우는 데에 싫증내지 않는다"(學而不厭 : <술이>편에 보임－옮긴이 주), "남을 가르치는 일에 게으름을 피우지 않는다"(誨人不倦 : <술이>편에 보임－옮긴이 주) 등등 정말이지 일일이 다 열거할 수 없을 정도로 많다. ≪논어≫의 언어는 평이하고 알기 쉬우며 구어체의 색채가 농후하다. "이러한 일마저 거리낌 없이 할 수 있는데 무슨 일인들 차마 할 수 없겠는가?"(是可忍也,

孰不可忍也? : <팔일(八佾)>), "누가 추읍 사람의 아들이 예를 안다고 말했던가? 주공을 모신 사당인 태묘에 들어와 집례하며 일마다 묻고 있는데"(孰謂鄹人之子知禮乎? 入太廟, 每事問 : <팔일>)와 같은 말들은 어기사를 많이 사용하여 살아 움직이는 듯 생동감이 있는데, 바로 구어의 직접적 기록이다. ≪논어≫ 중에는 사실을 기록한 부분도 다소 들어 있는데, 기록하는 사람이 인물의 표정과 말투를 포착하는데 뛰어나 약간의 묘사를 가미함으로써 그들의 개성을 상당히 잘 드러내고 있다. <선진(先進)>편의 '네 제자가 모시고 앉아 있는'(四子侍坐) 장은 공자와 네 제자가 인생의 포부를 논한 한 차례의 담화를 기술하고 있는데, 300자의 짧은 글 속에 간결한 대화와 생생한 동작을 통해 스승과 제자 다섯 사람 각자의 성격적 특징을 펼쳐내고 있다. 자로(子路)의 솔직하고 거침, 염유(冉有)와 공서화(公西華)의 겸손하고 정중함, 증석(曾晳)의 느긋하고 소탈함, 그리고 공자의 깊이 있고 겸허 온화함과 차근차근 잘 타일러 이끌어가는 자태가 모두 지면에 생생하게 살아 움직이는 듯하다.

≪묵자(墨子)≫는 묵가(墨家) 학파의 저술 총집으로 묵적이 학문을 강론한 기록을 포괄하고 있는데, 비교적 늦게 책으로 이루어져 그의 제자들이 전국시대 초기에 완성하였다. 묵적(墨翟 : 468?-376? B. C.)은 송(宋)나라 사람으로, 아마도 수공업자 출신이었다가 뒤에 사(士)의 지위에 오른 것 같다. 그는 본래 유가 문하의 제자였으나 훗날 유가와 노선을 달리하여 묵가학파를 창립했다. 이 학파는 소생산업자의 이익을 대표했기 때문에 하층 군중들에게 큰 영향을 끼쳐, 유가와 어깨를 나란히 하는 '인기 있는 학파'(顯學)가 되었다. 묵자의 학설은 10대 강

령으로 개괄할 수 있는데, '차별 없이 서로 사랑하는 것'(兼愛)과 '의롭지 않는 공격을 하지 않는 것'(非攻)이 그 핵심이다. 그는 각 계급이 친소를 가릴 것 없이 서로 사랑하고 이롭게 할 것을 힘써 주장하고, 의롭지 못한 침탈과 공격을 반대했다. ≪묵자≫에서 묵자의 언론을 기록한 문장은 어록체이지만, 그 기록이 한두 마디의 단편적인 토막글이 아니라 이론적인 담론과 개괄적인 논변의 말로 결론과 함께 논증도 중시하여 연역과 귀납이 다 있어, '논의하고 변론한 문장'(論辯文)의 첫 장을 열었다. 묵자는 '고(考)' 곧 역사를 통해 고찰하고, '원(原)' 곧 군중의 정서를 통해 근원을 추론하며, '용(用)' 곧 실제 효과로 검증하는 세 가지 논증 방법을 분명하게 제시하였다. 그는 또 유추의 도구를 발견하여 항상 실생활의 사례를 통해 일반적 결론을 이끌어 낸 다음 이를 본 논제에 응용했다. 이를테면, <비공(非攻)>편은 남의 복숭아나 오얏을 도적질하거나, 타인의 개와 닭을 훔치거나, 다른 사람의 소와 말을 취하는 따위의 의롭지 못한 행위를 통해 약소국을 침범하는 것이 큰 불의에 속함을 추론해내고, 나아가서 전쟁을 좋아하는 자가 조그마한 비리만 견책하고 오히려 큰 불의는 감싸고도는 강도와 같은 논리를 폭로함으로써 아주 강한 설득력을 지닌다. 묵가는 실질을 숭상하여 바탕을 중시하고 수식을 거부하였기 때문에, 그 문장 기풍이 질박하고 화려한 수식이 없다.

선진 제자산문의 제2단계는 ≪맹자(孟子)≫와 ≪장자(莊子)≫를 대표작으로 한다. 두 책은 지난날의 성취를 이어받아 계속 발전시켜, 제1단계에서 제3단계로 넘어가는 과도기적 상태에 있다. ≪맹자≫는 짤막한 어록체에서 장편의 논설 문장으로 넘어가는 교량으로, 기본적으로 맹자가 직접 지은 것이지만 제자들이 참여한 것도 있고 후인들의 증보와 윤색을 거치기도 했다. 맹자(孟子 : 372?-289? B. C.)는 이름이 가(軻)이고 자가 자여(子輿)이며, 전국 중기 추(鄒 : 지금 山東 鄒縣 동남쪽) 사람이다. 일찍이 공자의 손자인 자사(子思)의 문인에게 수업을 받았는데, 공자 학문의 주요 계승자로 송원(宋元) 이후에는 아성(亞聖), 곧 '성인에 버금가는 대현인'으로 받들어졌다. 맹자는 학술 관점에서 공자와 일맥상통하지만 두 사람의 계급적 입장은 달랐는데, 맹자는 봉건지주 계급의 개량파이다. 그는 전국 시기의 폭정과 전란에 대한 인식에 근거하여 공자의 '인의 학문'(仁學)을 정치 분야에 운용, '어진 정치'(仁政)의 학설을 제기했다. 그는 민심의 향배를 중시하여 "백성이 가장 귀중하고, 사직이 그 다음이고, 왕은 하찮은 존재이다"(民爲貴, 社稷次之, 君爲輕 : <진심하(盡心下)>에 보임—옮긴이 주)라고 공언하고, 통치자들은 민생 문제를 해결하는 데 주의를 기울여 "백성들이 즐거워하는 것을 즐거워하고"(樂民之樂 : <양혜왕하(梁惠王下)>에 보임—옮긴이 주), "백성들이 근심하는 것을 근심하라"(憂民之憂 : <양혜왕하>에 보임—옮긴이 주)고 권고했다. 이른바 '군주와 신하의 대의'(君臣大義)에 대해 그는 서로 상대적인 해석을 하여 "군주가 신하를 흙이나 초개같이 여기면 신하는 군주를 원수같이 여기게 된다"(君之視臣如土芥, 則臣視君如寇讐 : <이루하(離婁下)>에 보임—옮긴이 주)고 했다. 지주 계급의 항구적인 이익을 위해 그는 심지어 민심을 잃은 폭군을 죽여 없애도록 주장하여, 은(殷)나라의 주왕(紂王)과 같이 '민심을 잃고 백성을 해치는 포악한 독재자'(獨夫民賊)를 죽인 것은 군주를 시해한 것으로 볼 수 없다고 공언하기까지 했다. 맹자의 어진 정치의 강령은 대체로 세 가지 측면을 포함한다. 즉 백성의 생산을 조절하고 세금을 적게 거둬들이는 것, 형벌을 줄이고 교화를 시행하는 것, 덕으로 백성을 복종시켜 천하를 통일하는 것이다. 어진 정치의 학설에 이론적 근거를 제공하기 위해 그는 성선설(性善說)을 소리 높여 외치고, 인간의 본성은 다 선하여 모두 인(仁), 의(義), 예(禮), 지(智) 등 천부적 도덕관념을 갖추고 있다고 하였다. 이로써 지주계급의 도덕규범은 자연히 이치에 합당하므로 위배해서는 안 된다는 점을 논증하는 동시에, 통치자가 민생의 고통에 관심을 가지고 어진 정치를 베풀어나갈 수 있다고 설명하였다. 맹자는 공자의 학문을 선전하는 것을 자신의 임무로 여겼기 때문에 여러 차례 많은 사람들과 논전을 벌였다. 그리고 양(梁) 혜왕(惠王)과 제(齊) 선왕(宣王) 등의 제후들에게 유세함으로써, 관직에 나아가 임용되어 천하를 평안하게 다스리기를 바랐다. 그러나 그의 이러한 인의 도덕의 설교는 속임수와 무력으로 천하를 탈취하려고 한 당시의 시대 풍조와 맞지 않아 곧이곧대로 믿는 사람이 없었다. 맹자는 만년에 물러나 ≪시(詩)≫와 ≪서(書)≫를 논하고 제자를 가르치면서 지난날의 언론을 모아 ≪맹자≫를 편찬하였다.

맹자는 논변에 뛰어났는데 <양혜왕>편의 <제 환공과 진 문공의 일(齊桓晋文之事)>을 예로 들어 설명하고자 한다. 이 글은 왕도(王道)와 패도(霸道)에 관한 맹자와 제 선왕의 대담을 적고 있다. 제 선왕은 춘추 시기의 제(齊) 환공(桓公)과 진(晋) 문공(文公)의 패업을 동경하여, 나라 안에서 착취에 박차를 가한 다음 무력으로 제후들을 압도하고자 했다. 맹자는 천하의 패주(霸主)가 되려는 상대방의 심리를 포착한 뒤, 왕도를 실행하여 전국을 통일하는 방법을 제시함으로써 화제를 성공적으로 전환시켰다. 선왕이 애민의 정치를 실시할 수 있음을 믿게 하기 위해, 맹자는 실제 있었던 사소한 사건을 그 자리에서 당장 끌어왔다.

즉 선왕이 차마 소를 죽이지 못하는 이야기를 통해 선왕에게 측은지심(惻隱之心)이 있음을 인정함으로써, 선왕을 기쁘게 하여 신속하게 쌍방의 감정적 거리를 단축시켰다. 바람에 돛 단 듯이 바로 뒤이어 맹자는 교묘한 비유를 설정하여 자애로운 마음을 정치에 확장한 것이 바로 어진 정치로, “백성을 편안하게 해주고서 왕 노릇하는 것”(保民而王 : <양혜왕상(梁惠王上)>에 보임－옮긴이 주)은 결코 어렵지 않은바 선왕이 ‘할 수 없는’(不能) 것이 아니라 ‘하지 않은’(不爲) 따름이라는 점을 설명했다. 이어서 그는 연속적으로 따져 물으며 선왕에게 천하를 취하려면 반드시 전쟁을 일으켜야 되니 백성을 사랑하기가 어렵다는 마음속의 말을 하게끔 압박하였다. 이때 맹자는 정반 양면을 통해 무력에 의지하는 방법은 통하지 않고 어질고 의로운 길은 광활하다는 도리를 천명하여 선왕의 정신적 병통을 제거했다. 선왕이 마음을 비우고 가르침을 받으려 하자 맹자는 단숨에 어진 정치를 베푸는 필요성과 순서 및 그 내용을 거침없이 논함으로써 예기한 목적을 달성하였다. 맹자의 논점이 정확했는지, 선왕이 진정으로 기꺼이 방침을 바꾸려고 했는지는 잠시 따지지 않고 두어도 무방하다. 그러나 맹자가 선왕의 심리를 헤아리는 데 뛰어나고 상황에 따라 유리하게 끌어가는 수완은 사람들이 공인하는 점이다. 맹자는 논변할 때 늘 먼저 논적에게 흥미진진하게 알기 쉽고 구체적인 생활 주변의 현상을 들어서 상대방이 그 속에 들어 있는 일반적인 도리를 인정하도록 유도한 뒤에, 유추를 통해 본론으로 끌어들여 굴복하지 않을 수 없도록 하였다. 기회가 무르익게 되면 그는 멈추지 않고 도도하게 자신의 견해를 적극적으로 알렸다. 그러나 그가 유추할 때 어떤 때는 성질이 서로 다른 사물을 억지로 끌어 붙여 비교하고, 때로는 아주 극단적인 변칙적 예를 일반적인 것으로 확대하여 '범주 오류'(無類邏輯)의 논리적 착오를 범하기도 했다.

맹자 문장의 두드러진 특색의 하나는 기세(氣勢)가 풍부하다는 것이다. 그는 뛰어난 연설가답게 말할 때 감정이 충만하고 경향이 뚜렷하며 말투가 날카로웠다. 자신이 옳다고 여기는 점은 극력 칭찬하여 더 이상 보탤 수 없도록 하고, 자신이 그르다고 여기는 점을 공격할 때는 이를 갈며 몹시 증오하여 조금도 용서하지 않았다. 물론 너무 독단적이어서 다소 횡포라는 느낌도 없지 않다. 맹자 문장의 기세가 웅장한 것은 첫째 그의 주장이 상당히 정의롭고 이치에 맞아 당당하기 때문이고, 둘째 형식 논리가 매우 엄밀하여 반박을 허용하지 않기 때문이며, 셋째 언어가 종횡가들의 응대하는 말의 영향을 받아 화려한 표현을 잔뜩 늘어놓고 일련의 대구를 많이 사용하여 아주 명쾌하고 힘이 있기 때문이다. 다음 글은 <공손추하(公孫丑下)>에서 인용한 것인데, 철저하고 호방하여 기세등등함을 감당할 수 없을 지경이다.

하늘의 때는 지형의 유리함만 못하고, 지형의 유리함은 사람들의 화합만 못하다. 3리 사방의 성과 7리 사방의 외성을 갖춘 고장을 포위하고 공격한다 하더라도 이길 수 없는 경우가 있다. 대체로 포위를 하고 그곳을 공격하게 된 것은 반드시 하늘의 때를 얻었기 때문일 것이다. 그런데도 이기지 못한다면 그것은 하늘의 때가 지형의 유리함만 못하기 때문이다. 성이 높지 않는 것도 아니고 해자가 깊지 않는 것도 아니며, 무기와 갑옷이 예리하고 단단하지 않은 것도 아니고 군량이 많지 않은 것도 아니건만 버리고 그곳을 도망치는 경우가 있는데, 이것은 지형의 유리함이 사람들의 화합만 못하기 때문이다. 그러므로 "백성들을 보전하는 것은 나라의 경계로 하는 게 아니고, 나라를 견고히 하는 것은 산이나 계곡의 험준함으로 하는 게 아니며, 천하에 위세를 떨치는 것은 무기와 갑옷의 훌륭함으로 하는 것이 아니다" 라고 하는 것이다. 올바른 도를 터득한 사람에게는 돕는 자가 많고, 도를 잃은 사람에게는 돕는 자가 적은 것이다. 돕는 자가 적어지는 것이 극에 달하면 친척들도 그를 배반하게 되고, 돕는 자가 많은 것이 극에 달하면 온 천하가 그를 따르게 된다. 결국 왕이 된 자는 온 천하가 그를 따르는 조건 아래 친척조차도 배반하는 상대를 공격하게 되는 것이기 때문에, 군자는 전쟁을 하지 않으면 그뿐이지만 싸우면 반드시 이기는 것이다.

(天時不如地利, 地利不如人和. 三里之城, 七里之郭, 環而攻之而不勝. 夫環而政之, 必有得天時者矣；然而不勝者, 是天時不如地利也. 城非不高也, 池非不深也, 兵革非不堅利也, 米粟非不多也；委而去之, 是地利不如人和也. 故曰："域民不以封疆之界, 固國不以山溪之險, 威天下不以兵革之利." 得道者多助, 失道者寡助. 寡助之至, 親戚叛之；多助之至, 天下順之. 以天下之所順, 攻親戚之所畔, 故君子有不戰, 戰必勝矣.)

사람들이 잘 알고 있는 다음 글은 <고자하(告子下)>에서 인용한 것이다.

그러므로 하늘이 이러한 사람에게 큰 임무를 내리려 할 때에는 반드시 먼저 그의 마음과 뜻을 괴롭히고, 그의 근육과 뼈를 고달프게 하고, 그의 사지와 살갗을 굶주리게 하고, 그 몸을 텅 비고 궁핍하게 하고, 그의 하는 일이 하려는 일과 어긋나게 한다. 그것은 그의 마음을 격동시키고 성격을 참을성 있도록 해주어 그가 할 수 없었던 일도 더 많이 할 수 있도록 해주기 위해서이다. …… 그렇게 되고 난 뒤에야 우환 속에서는 살고 안락 속에서는 죽게 된다는 것을 알게 된다.

(故天將降大任於是人也, 必先苦其心志, 勞其筋骨, 餓其體膚, 空乏其身, 行拂亂其所爲, 所以動心忍性, 增益其所不能. …… 然後知生於憂患而死於安樂也.)

이 글은 탁월한 인물이 고난을 겪으며 연마되는 과정을 다지고 다져 기발하게 개괄한 것인데, 기세가 드높아 읽으면 낭랑하게 힘이 있어 사람의 심금을 울린다.

형상성이 풍부한 것은 ≪맹자≫ 문장의 또 하나의 특색이다. 언어가 상당히 생동적이고 정취가 끊임없이 생겨나는데, 특히 도리를 설파하는 가운데 비유와 우언을 다량으로 끼워 넣고 있다. 이들 비유와 우언은 대부분 현실 생활에서 제재를 취하여서 알기 쉽고 평이하고 직관적이고 적절하여 글에 짙은 문학적인 맛을 더해 준다. "나무에 올라 물고기를 구한다"(緣木求魚), "50보 간 것으로 100보 간 것을 비웃는다"(以五十步笑百步), "싹을 뽑아 올려 빨리 자라도록 도운다"(揠苗助長), "밤에는 동정을 구걸하면서 낮에는 남에게 교만 떤다"(昏夜乞憐而白晝驕人) 등과 같은 수많은 정교하고 아름다운 비유는 가가호호 모든 사람들이 다 알고 있다.

장편 어록인 ≪맹자≫는 논리에서 구성, 방법에서 기교, 논증에서 기세에 이르기까지 모두 이치를 설파한 문장의 수준을 대대적으로 끌어 올렸다. 게다가 문장이 명쾌하고 매끄러우며 실용적이고 매우 모범적이어서 중국 고대 산문사상 높은 지위를 차지한다.

맹자와 동시대의 또 다른 제자산문 작가는 장자(莊子)이다. 그는 노자(老子)를 계승한 사람이다. 장자를 소개하기 전에 먼저 노자라는 인물과 ≪노자≫라는 책을 설명할 필요가 있다.

노자(老子)는 이이(李耳)로 자가 담(聃)이고, 춘추 말기 초(楚)나라 고현(苦縣) 사람으로, 연배가 공자보다 약간 많은 도가 학파의 창시자로 전해진다. 그의 사상은 ≪노자(老子)≫에 남아 있지만, ≪노자≫는 이이가 직접 지은 것이 결코 아니고, 대략 전국 중기 무렵에 책으로 이루어졌기 때문에 전국 시대 이후에 형성된 관점도 일부 뒤섞여 있다. 노자는 중국 역사상 최초로 '도(道)'라는 관념을 철학의 최고 범주로 제시하였는데, 그가 말한 '도'는 시공을 초월하는 일종의 '절대정신'이다. 노자는 초기 변증법 사상을 풍부하게 지닌 사람으로, 사물 내부에는 모순이 존재하며 모순되는 쌍방이 서로 의존하기도 하고 서로 바뀌게 하기도 한다는 점을 인식하였다. 이들 사상이 사회생활과 군사 방면에 응용되어 "부드럽고 약한 것이 굳세고 강한 것을 이긴다"(柔弱勝剛強)는 등의 신조가 파생되어 나왔다. 노자는 여러 차례 통치계급을 규탄하였는데, "하늘의 도는 남는 것을 덜어 부족한 것을 보태지만, 사람의 도는 그렇지 않아 부족한 것을 덜어서 남는 것에다 바친다"(天之道, 損有餘而補不足 ; 人之道則不然, 損不足以奉有餘), "백성이 굶주리는 것은 그들의 윗사람이 세금을 많이 소비하기 때문이다"(民之飢, 以其上食稅之多), "백성들이 죽음을 두려워 않는데 어찌하여 죽음으로 그들을 겁주는가?"(民不畏死, 奈何以死懼之)라고 하여 첨예한 사회적 모순을 겨냥하여 일침을 가하고, "작은 나라 적은 백성"(小國寡民)의 시대로 되돌아가 군주는 청정무위(淸靜無爲)하고 그 자연에 순응하여 '아무 일을 하지 않아도 잘 다스려지도록'(無爲而治) 해야 한다고 주장했다. ≪노자≫는 기타 제자서와 비교할 때 풍격이 특이한 5천자로 된 철리시(哲理詩)이다. 전체 책은 기본적으로 ≪시경(詩經)≫의 4언 형식을 그대로 사용하였으며, 대체로 압운이 되어 있고 언어가 간결하고 리듬이 잘 어울린다. 철학적 이치를 자세히 밝힐 때에 민간의 가요나 속담을 섞어 취하고, 형상적 비유의 힘을 빌리는 데 주의를 기울였다. 또한 간략하고 단순하게 묘사하는 수법으로 선명한 그림을 그려내기도 하였다. 다음 예를 보자.

> 작은 나라에 적은 백성이 살아 수많은 무기가 있더라도 사용하지 않고, 백성들이 생명을 중시하여 멀리 옮겨가는 일이 없도록 한다. 비록 배와 수레가 있더라도 탈 필요가 없고, 갑옷과 무기가 있어도 그것을 쓸 일이 없을 것이다. 백성들에게 새끼줄을 묶어 약속의 표시로 사용하는 시대로 돌아가게 한다. 그들의 음식을 달게 여겨 먹게 하고, 그들의 의복을 아름답게 여겨 입게 하고, 그들의 거처를 안식처로 여겨 살게 하고, 그들의 풍속을 즐겁게 여기도록 하면, 이웃 나라가 바로 앞에 서로 바라다보이고 닭과 개소리가 서로 들리는 곳에 있을지라도 백성들은 늙어 죽을 때까지 서로 왕래하는 일이 없을 것이다.
> (小國寡民, 使有什伯之器而不用, 使民重死而不遠徙. 雖有舟輿, 無所乘之 ; 雖有甲兵, 無所陳之, 使人復結繩而用之. 甘其食, 美其服, 安其居, 樂其俗. 隣國相望, 鷄犬之聲相聞, 民至老死不相往來.) <80장>

사회적 이상으로서 그리 취할 만한 것은 못되지만, 글속에 펼쳐져 있는 생활 정경은 마치 눈앞에 있는 것 같다.

≪장자(莊子)≫는 ≪묵자≫와 마찬가지로 한 학파의 총서로 현재 33편이 남아 있는데, 일반적으로 '내편(內篇)'은 장자가 직접 지은 것이고, '외편(外篇)'과 '잡편(雜篇)'은 그의 문인과 도가(道家)의 후학들이 쓴 것으로 알려진다. 책 전체의 주도적인 부분에 장자의 사상이 관철되

어 있다.

장자(莊子 : 369-286 B. C.)는 이름이 주(周)이고 송(宋)나라 몽(蒙 : 지금 河南省 商丘縣) 사람인데, 도가의 대가로 노자와 병칭된다. 그는 궁벽한 산간벽지 마을에서 살면서 생활해나갈 방도가 없었지만, 스스로 담백함을 즐기며 통치자에게 협력하기를 거부하고 난세에 그럭저럭 목숨을 부지할 뿐, 제후들에게 명성이 알려져 등용되기를 구하지 않았다고 한다. 장자는 노자의 학설을 이어받아 소극적 방향으로 더욱 더 멀리 나아갔다. 자연관에 있어 그도 세계의 본체를 '도(道)'라 여기고, 도의 비물질성을 더욱 더 과장하여 '어찌할 도리가 없는 것'을 '명(命)'으로, '거슬러 떨어질 수 없는 것'을 '천(天)'이라고 소리 높여 주장하였다. 인식론에서 그는 상대주의에 빠져들어 옳고 그름, 선과 악, 삶과 죽음, 장수와 요절 등의 객관적 차이와 한계를 없애고 객관적 진리를 부인하였다. 모든 것을 부정하는 이러한 태도는 사람들에게 정신적 마취 효과를 가져왔다. 인생관에서 그는 비관적이고 염세적이어서 살아 있는 것을 영원한 비애로 여기고, 다른 한편으로는 사회 속에 섞여 들어가 "두께가 없을 정도로 날카로운 칼날로 뼈의 틈 사이로 들어가고"(以無厚入有間), "재목과 재목이 못되는 사이에 처한다"(處於材與不材之間)라고 하면서 상황에 맞춰 적절히 처신하고 물결이 흐르는 데로 따라 살았다. 그는 이와 같이 하는 것도 고뇌로 느껴, 나아가 일종의 절대적인 정신의 자유를 추구함으로써 "천지가 나와 함께 생존하고, 만물이 나와 하나가 되는"(天地與我幷生, 萬物與我爲一) 신학적 환상의 경계에 도달하였다. 정치면에서 그는 절대적으로 무위를 주장하고 일체의 지혜와 문명을 부정하였는데, 그 결과 자연히 모든 사회를 파괴할 수밖에 없었다. 이로써 학술계 일파에서는 장자를 몰락한 계급의 사상적 대표자로 여기기도 한다. 그리고 장자의 사상이 시대의 고민을 반영한 바, 세상의 모든 불합리한 모습에 대한 정직한 지식인의 분개와 증오가 나쁜 쪽으로 발전한 것이라고 하는 논자도 있다.

≪장자≫의 내용 중에 취할 만한 점은 다른 일면에 있다. 장자와 그의 제자들은 모두 대단히 총명한 사람들로, 사색하는 데 부지런한 뛰어난 사상가이다. 비록 그들의 사상 체계가 유심주의적이고 궤변론으로 가득 차 있기는 하지만, 그들이 논술할 때 사용한 자료가 포함하고 있는 도리와 몇몇 사물에 대한 구체적인 분석에는 지혜의 불꽃이 번득인다. 이를테면 <추수(秋水)>편에서는 우물에 앉아 하늘을 관찰하는 좁은 시야를 타파하고, <제물론(齊物論)>편에서는 사람의 주관적 인식은 시비를 판단하는 표준으로 간주될 수 없다고 여겼다. 또 '윤편이 수레바퀴를 깎는'(輪扁斲輪) 이야기는 사상을 정확하고 분명하게 표현하는 것이 매우 힘들므로 책을 읽어 정수와 찌꺼기를 구별하는 법을 깨우쳐야 한다고 설명하고, '포정이 소 잡는'(庖丁解牛) 이야기는 인류의 창조적 노동의 특징을 반영하여 사물에는 제각기 법칙성이 있으니 장기간의 실천을 거쳐 그것을 파악해야 반의 노력으로 배의 효과를 거둘 수 있음을 객관적으로 표명하였다. 그리고 장자와 그의 제자들은 현실에 극도의 불만을 품고 있었기 때문에, 고금을 꿰뚫어보는 예리한 안목으로 사회를 관찰하여 그 안의 폐단을 발견하고 날카로운 비판을 가하였다. <재유(在宥)>편에서 전국(戰國) 시대는 고해(苦海)라고 가차 없이 지적하여, "지금 세상에는 목이 잘려 죽은 시체가 서로 베개 삼고, 형틀에 매인 자들이 서로 밀치고, 형벌을 받아 폐인이 된 사람이 서로 바라본다"(今世, 殊死者相枕也, 桁楊者相推也, 刑戮者相望也)고 했다. <거협(胠篋)>편에서는 당시 사회의 본질을 언급하여, "허리띠 고리 같이 돈 안 되는

물건을 훔친 사람은 목이 잘려 죽지만 나라를 훔친 사람은 제후가 된다. 제후의 문 안에는 인의가 존재한다"(竊鉤者誅, 竊國者爲諸侯 ; 諸侯之門而仁義存焉)고 했다. 불공평한 사회에 대한 얼마나 강력한 규탄인가! 이것은 강한 권력이 곧 정당한 도리이고, 예의와 법도는 늘 큰 도둑 편에 서 있다고 말하는 것과 같다. 글속에서는 또 이른바 성인의 지혜로운 법도는 국가를 도적질하는 큰 도둑의 도구에 지나지 않는다고 대담한 심판을 내리기도 했다. <마제(馬蹄)>편에서는 백락(伯樂)이 말을 잘 볼 줄 아는 것으로 비유하여 예법을 제정한 성인이 사실은 인성을 속박하고 망가뜨리는 죄인이라고 비난하고, '조나라 상인이 진나라에 사신으로 간'(曹商使秦) 이야기로 벼슬길의 추악함을 비꼬고, '혜자가 양나라에서 재상이 된'(惠子相梁) 것으로 권세가의 음험한 심리를 폭로하고, '유생이 무덤을 파헤친'(儒生發冢) 것으로 입 안에는 인의 도덕을 가득 담으면서 뱃속에는 온통 도둑이나 창녀와 같은 행실로 가득 차 있음을 조롱하였다. 요컨대 장자와 그의 제자들은 착취 계급과 그 제도상의 몇몇 주요 폐해를 정확하게 지적하고, 예법 위에 걸쳐져 있던 신성한 베일을 벗겨 내었다. 그들의 말은 자유분방하고 조금의 거리낌도 없어 귀머거리도 들을 수 있었으므로, 사람들의 사상을 해방시키는 데 커다란 도움을 주었다. 만약 이것이 몰락한 귀족의 지주계급 벼락부자에 대한 비판이라면, 진한(秦漢) 이후 계급 관계에 변화가 일어날 때 그것들은 봉건예교에 불만을 가진 사람들이 봉건을 뒤집어엎는 사상적 무기로 바뀌었을 것이다.

≪장자≫는 어록체(語錄體)의 형식을 탈피하기 시작하여 일부 글은 전문적인 테마에 관한 논설 문장의 단계에 진입하였다. 물론 몇몇 글속에는 어록체의 흔적이 남아 있지만, 그것은 실제 대화의 기록이 아니

라 허구로 꾸며낸 것으로 사상을 표현하는 일종의 수단이었다.

≪장자≫ 산문의 예술적 성취는 선진 제자산문 중에 일류로, 독특한 예술 풍격을 지니고 있다. ≪장자≫ 문장의 가장 큰 특징은 우언을 통해 이치를 설명하는 것이다. 글 속에는 우언(비유 포함)이 차지하는 비중이 매우 커서 때로는 한 편 전체가 온통 이야기를 하거나 비유를 들고 있는 반면 추상적인 논의는 극히 적어, 이야기하는 가운데 관점을 기탁함으로써 추상적인 이론 문장을 생동하는 문학 작품으로 바꾸어 놓았다. 가장 기발한 점은 작자가 사변(思辨)과 형상(形象)을 고도로 결합시켜 철학적 이치 성분과 문학 성분을 물과 젖이 섞이듯 밀접하게 융합시킴으로써 양자 사이에 명확한 경계선을 그을 수 없도록 한 것이다. <포정이 소 잡는(庖丁解牛)> 글은 전체에 걸쳐 소 잡는 이야기를 하고 있지만, 실제로 소의 몸체로 사회를 비유하고, 소 잡는 것으로 처세를 비유하고, 소 잡는 칼로 처세하는 사람의 마음을 비유하였다. 이른바 칼을 마음대로 놀릴 수 있도록 큰 틈이 있어 칼날을 상하지 않게 한다는 것은 전적으로 사람이 세상을 살아감에 허를 타고 들어가 심신을 상하지 않게 해야 함을 상징하는데, 이로써 둥글둥글 원만하여 거리낌이 없는 처세(處世) 철학을 교묘하게 설명하였다. 포정은 분명 진정한 요리사이자 철학자 장자 자신의 화신이기도 하다.

≪장자≫의 창작 방법은 낭만주의적인데, 지면이 온통 "터무니없는 이야기, 황당한 말, 끝이 없는 말"(謬悠之說, 荒唐之言, 無端崖之辭)로 가득하다고 자칭하였다. 장자는 상상력이 기발하고 과장이 대담하다. 글 속의 우언은 대부분 허구로 신화적인 이야기나 가탁한 이야기가 많다. 산, 시내, 풀, 나무, 새, 짐승, 벌레, 물고기, 이미 작고한 성현, 죽은 사람의 해골이 다 자기의 사상을 선전하는 매개물로 충당되었으

니, 손 가는 대로 끌어오고 붓 가는 대로 정취가 나서 뜻이 속세 밖으로 초탈하고 기이함이 붓 끝에서 생긴다고 할 수 있다. <소요유(逍遙遊)>에는 두 가지 두드러진 형상이 있는데 그 중의 하나가 '커다란 붕새'(大鵬)이다.

> 북해에 물고기가 있는데 그 이름이 곤(鯤)이다. 곤은 아주 커서 몇 천리나 되는지 알 수 없다. 그것이 변하여 새가 되는데 그 이름이 붕(鵬)이다. 붕새의 등은 몇 천리나 되는지 알 수 없다. 날개를 펼치고 날면 그 날개가 하늘가를 뒤덮는 구름 같다. 이 새는 바다가 움직이면 남해로 옮겨가게 된다. 남해는 바로 천지이다. …… 붕새가 남해로 옮겨 갈 때 날개로 바닷물을 치니 물결이 삼천리나 튀어 오르고, 빙빙 돌며 회오리바람을 타고 9만 리까지 올라가며, 6개월이나 날고서야 쉰다.
>
> (北冥有魚, 其名爲鯤. 鯤之大, 不知其幾千里也 ; 化而爲鳥, 其名爲鵬. 鵬之背, 不知其幾千里也 ; 怒而飛, 其翼若垂天之雲. 是鳥也, 海運則將徙于南冥. 南冥者, 天池也. 鵬徙于南冥也, 水擊三千里. 轉扶搖而上者九萬里 ; 去以六月息者也.)

큰 붕새가 날개를 펼치고 날아 유람하는 묘사는 끝없이 푸른 하늘의 배경을 펼쳐 보이고 더할 나위 없이 웅장하고 기이한 경지를 조성하여, 광활한 우주 공간에 대한 작자의 놀라운 상상력을 체현하였다. 또 다른 형상은 '막고야산의 신인'(邈姑射神人)이다.

> 막고야(邈姑射) 산에 신인(神人)이 산다. 피부는 얼음이나 눈 같고, 아름답기가 처녀와 같고, 오곡을 먹지 않고, 바람을 마시고, 이슬을

먹고, 구름 기운을 타고 나는 용을 몰고서 세상 밖을 노닐었다. 그의 정신이 모이면 만물이 상하거나 병들지 않게 하고 곡식도 잘 익어 풍년이 들게 한다.

(藐姑射之山, 有神人居焉. 肌膚若氷雪, 綽約若處子 ; 不食五粟, 吸風食露 ; 乘雲氣, 御飛龍, 而游乎四海之外 ; 其神凝, 使物不疵癘, 而年穀熟.)

이것은 작자가 이상 속에 그리는 미인인데, 신인(神人)을 저와 같이 고아하고 신성하고 순결하고 아득하게 묘사하여 가까이 가서 볼 수 없는 장엄한 아름다움을 나타내 보임으로써 신선을 형상화하는 데에 새로운 경계를 열었다. 장자 문장의 자유분방한 구상과 행간에 스며져 있는 서정적 분위기는 모두 낭만주의 색채를 가중시킨다. 장자의 문장은 시인의 문장이라고 할 수 있다.

장자는 뛰어난 언어 구사능력을 가지고 있다. ≪장자≫의 언어는 깊이 있고 세밀하고 곡절하며, 어휘가 풍부하고, 글의 구성에 변화가 많다. 글을 짓는 가운데 기뻐 웃거나 화가 나 욕하는 맛이 많이 들어가 때로는 완곡하고 때로는 신랄하다. 필치가 소탈하고 거리낌이 없고, 심각한 것을 간단하게 처리하여 생각이 떠올랐다하면 바로 써내고, 써내었다 하면 철저하게 말하였다. 또 미묘하여 형언하기 어려운 철학적 이치를 귀가 솔깃하게 말하고, 감정이나 상태의 묘사가 생동적이고 핍진하다. <추수(秋水)>편 끝부분에 다음과 같이 씌어져 있다.

장자(莊子)가 혜자(惠子)와 호수가의 둑을 거닐고 있었다.

장자가 말했다.

"피라미가 나와서 유유히 헤엄치고 있는데 이것이 물고기의 즐거움이군요."

혜자가 말했다.

"자네는 물고기가 아닌데 어떻게 물고기의 즐거움을 아는가?"

장자가 말했다.

"자네는 내가 아닌데 어찌 내가 물고기의 즐거움을 알지 못하는 것을 아는가?"

혜자가 말했다.

"나는 자네가 아니어서 본디 자네를 알지는 못하네. 자네도 본디 물고기가 아니니 자네가 물고기의 즐거움을 알지 못한다는 것은 틀림 없네."

장자가 말했다.

"그 문제의 근원을 따라가 보세. 자네가 '그대가 어떻게 물고기의 즐거움을 아는가?'라고 물은 것은 이미 내가 그것을 안다는 것을 알고 물은 것이네. 나는 호수가에서 물고기와 일체가 되어 그들의 즐거움을 알고 있었던 것이라네." (자네가 내가 아닌데도 내가 물고기의 즐거움을 알지 못하는 것을 미루어 알 수 있다면 나도 비록 물고기가 아니더라도 내가 노니는 즐거움을 통해 물고기가 즐거운 것임을 미루어 짐작할 수 있다는 뜻이다.)

(莊子與惠子游於濠梁之上. 莊子曰 : "儵魚出游從容, 是魚之樂也." 惠子曰 : "子非魚, 安知魚之樂?" 莊子曰 : "子非我, 安知我不知魚之樂?" 惠子曰 : "我非子, 固不知子矣 ; 子固非魚也, 子之不知魚之樂全矣." 莊子曰 : "請循其本. 子曰'女安知魚樂'云者, 旣已知吾知之而問我. 我知之濠上也.") (意謂你不是我, 却可以推知我不知魚之樂, 那麽我雖不是魚, 也可以由自己游玩之樂推想魚是快樂的.)

비록 궤변이 섞여 있긴 하지만, 이 얼마나 의미심장한 소품문(小品文)인가! 노신(魯迅 : 1881-1936)은 ≪장자≫의 예술성을 높이 평가하여 "그 문장은 웅장한 스케일로 여닫히고 온갖 자태가 다채로운데, 주나라 말기 제자의 저술 중에 이보다 앞서는 것이 없다"(其文郎汪洋闢闔, 儀態萬方, 晩周諸子之作, 莫能先也 : ≪한문학사강요(漢文學史綱要)≫)고 하였다.

선진 산문의 제3단계는 후기 유학의 대가인 순황(荀況)과 법가의 대표적 인물인 한비(韓非)의 산문 작품 및 잡가(雜家)의 모습으로 출현하여 각 가의 사상을 총망라한 ≪여씨춘추(呂氏春秋)≫를 대표작으로 들 수 있다.

순자(荀子 : 313?-230 B. C.)는 이름이 황(況)으로 순경(荀卿) 또는 손경(孫卿)으로도 불리는데, 전국 말기 조(趙)나라 사람이다. 그는 선진 시기의 마지막 유가의 대가인 동시에, 중국의 저명한 초기 유물주의 사상가요 정치 평론가요 교육가요 문학가이다. 순황은 50세 때 제(齊)나라에 유학하였고, 제 양공(襄王) 때 세 차례 좨주(祭酒 : 나이가 많고 덕망이 높아 의식을 행할 때 맨 앞자리로 추대됨)가 되었다. 뒤에 제나라 사람에게 참소 당하자 초(楚)나라로 가서 난릉령(蘭陵令 : 난릉은 지금 山東省 棗莊市)을 역임하고 그곳에서 늙어 죽었는데, 수만 자에 달하는 저술을 남겼다. 순황은 일찍이 진(秦)나라와 연(燕)나라의 시찰을 통하여, 폭넓은 사회 경험과 학식을 갖추었다. 그는 선진 시기 각 학파의 학자들을 많이 비판하였는데, ≪순자(荀子)·비십이자(非十二子)≫편에서는 선진 학술계를 집대성한 학자답게 유(儒), 묵(墨), 명(名), 법(法) 등 각 가의 득실을 종합적으로 서술하고 있다.

현재 남아 있는 ≪순자≫ 32편은 순황의 정치와 학술 사상 및 문학 성취를 두루 반영하고 있다. 순자는 '하늘과 인간은 서로 분별된다'(天

人相分)는 관점으로 초기 유가의 '천명론(天命論)'을 비판하였다. 그는 '천(天)'은 '의지가 없는 대자연'으로 자체의 법칙에 따라 운행되며, 사회가 태평하거나 혼란스럽고 사람들이 좋고 나쁜 것과 무관하다고 여겼다.

> 천체의 운행에는 상도가 있는데, 요(堯)임금 때문에 존재하지도 않고 걸왕(桀王) 때문에 없어지지도 않는다. 태평함으로 응하면 길하고, 혼란스러움으로 응하면 흉하게 된다. 근본을 강하게 하고, 비용을 절제하면 하늘은 사람을 빈곤하게 하지 않고, 양생의 도가 갖추어지고 때에 맞게 행동하면 하늘은 병들게 하지 않는다.……
>
> (天行有常, 不爲堯存, 不爲桀亡. 應之以治則吉, 應之以亂則凶. 强本以節用, 則天不能貧 ; 養備而動時, 則天不能病.……)

순황은 대자연이 객관적 법칙에 따라 운행 발전할 뿐 좋은 사람이나 나쁜 사람이 나타난다고 해서 그 법칙을 바꾸지 않는다고 여겼다. 사람들이 그 법칙에 적응하면 사회는 오랫동안 잘 다스려져 평안하고, 이와 반대로 하면 동란과 재앙이 일어난다. 만약 사람들이 농업 생산을 강화하고 지출을 줄이며 비축에 주의하고 때맞추어 경작한다면 '하늘'(上天)은 해를 끼칠 방법이 없는 것이다. 이것은 정확한 언어로 표현된 소박한 유물주의이다.

≪순자≫는 체제가 엄정하고 이치 분석이 정밀하다. 순자의 문장은 대부분 장편의 논설인데, 필치가 중후하고 힘이 있으며 비유에 뛰어나고, 이치의 설명에 능숙하고, 치밀한 논리성도 갖추고 있다. 이를테면 학문 연구 경험을 천명한 저 유명한 <권학(勸學)>편은 다음과 같이 적혀 있다.

군자(내)가 말한다. 배움은 멈출 수 없는 것이다. 청색 물감은 쪽에서 추출되어 나온 것이지만 쪽보다 더 푸르고 얼음은 물이 얼어서 된 것이지만 물보다 더 차갑다. 나무가 곧으면 먹줄에 맞지만 불에 쪼아 휘게 하여 수레바퀴를 만들면 그 굴곡진 것이 컴퍼스에 들어맞아 비록 땡볕에 말리더라도 다시 펴지지 않는 까닭은 불에 쪼아 휘게 해놓았기 때문이다. 그런 까닭에 나무는 먹줄을 받으면 곧아지고, 쇠붙이는 숫돌에 갈면 날카로워지며, 군자는 두루 배우고 날마다 거듭 스스로를 반성하면 지혜가 밝아지고 행실이 허물이 없게 되는 것이다.
(君子曰：學不可以已. 靑, 取之於藍, 而靑於藍；氷, 水爲之, 而寒於水. 木直中繩, 輮以爲輪, 其曲中規, 雖有槁暴不復挺者, 輮使之然也. 故木受繩則直, 金就礪則利, 君子博學而日參省乎己, 則知明而行無過矣.)

순황은 사람이 학습을 통하여 진보할 수 있다는 사상을 "청색 물감은 쪽에서 추출되어 나온 것이지만 쪽보다 더 푸르다"(靑, 取之於藍, 而靑於藍)는 말로 정확하게 개괄하였는데, 오늘날까지 사람들의 구어 속에 남아 있다. 개인의 사상 도덕과 학식을 향상시키기 위하여 순황은 후천적 교육과 수양을 강조하였다. 목재는 목수가 먹줄을 대어 곧게 가공하면 곧아서 쓸모 있는 재목이 될 수 있고, 쇠는 숫돌로 갈아야 날카롭게 될 수 있다. 이런 견해는 정밀하고 표현도 분명하다. 순황은 사람들이 각고하여 학습할 것을 격려했지만, 학습은 또 실제와 접촉하여 외물의 힘을 빌어서 지식을 늘여야 한다고 했다.

나는 전에 종일 생각에 잠겨 보았지만 잠깐 배우는 것보다 못했고, 발돋움하고서 바라보았지만 높은 곳에 올라가 두루 살피는 것만 못했다. 높은 곳에 올라가 손짓하여 부르면 팔이 더 길게 뻗어가지 않는데도 보는 사람은 더욱 멀리에서도 볼 수 있고, 바람을 타고서 소리쳐 부르면 소리가 더욱 크게 질러지지 않는데도 듣는 이는 분명하게 들을 수 있다. 수레와 말을 이용하는 사람은 걸음이 빠른 발이 아닌데도 천리에 이르고, 배와 노를 이용하는 사람은 헤엄치지 못하는데도 양자강과 황하를 건널 수 있다. 군자는 태어나면서부터 특이한 것이 아니라 외물을 잘 이용한다.

(吾嘗終日而思矣, 不如須臾之所學也 : 吾嘗跂而望矣, 不如登高之博見也. 登高而招, 臂非加長也, 而見者遠 ; 順風而呼, 聲非加疾也, 而聞者彰. 假輿馬者, 非利足也, 而致千里 ; 假舟楫者, 非能水也, 而絶江河. 君子生非異也, 善假於物也.)

생동하는 언어와 적절한 비유로 이치를 설명하는 것은 심오한 내용을 알기 쉽게 풀어내는 효과를 거둘 수 있다. ≪순자≫에는 긴 문장으로 큰 도리를 논한 글이 많으나 작자가 형상적 수법으로 논의하고 이치를 설명하는 데 뛰어난 데다, 내용 전개의 순서가 분명하고 어휘가 풍부하기 때문에 사람들에게 쉽게 받아들여진다.

순자는 문학에 대해서도 자신의 독특한 견해를 가지고 있었다. ≪순자≫에는 <부(賦)>편이 있는데 한(漢)나라 때 성행한 부의 최초의 기원으로 공인되고, '부'라는 명칭이 문학 양식의 일종으로 굳어진 것은 바로 여기에서 시작되었다. <부>편은 '예(禮)', '지(智)', '운(雲)', '잠(蠶)', '침(箴)'의 다섯 소부(小賦)를 포함하고 있는데, 겉으로는 사물을 읊은 것이지만 사실은 이치를 설파한 것이다. 이 글의 끝부분에는 <궤시(佹詩)> 2수가 붙어 있는데, '궤(佹)' 는 '기이하다'는 뜻이다. 순자의 부는 4언의 운문을 위주로 하고 있으며, 수수께끼와 꼭 흡사하다. 이를테면 <침>부는 '바늘'을 묘사한 것이다. 그것은 "산언덕에서 태어나 방에서 살고, 아는 것도 없고 재주도 없지만 옷을 잘 깁고, 도적질하지도 훔치지도 않으면서 벽을 뚫거나 담을 타넘어 들어가고, 밤낮으로 만났다 헤어졌다 함으로써 무늬를 이룬다"(生於山阜, 處於室堂 ; 無知無巧, 善治衣裳 ; 不盜不竊, 穿窬而行 ; 日夜合離, 以成文章)는 등의 어구로 '바늘'의 효용을 암시하였다.

이 밖에 ≪순자≫에는 또 <성상(成相)>편이 있는데 문인이 쓴 중국 최초의 통속문학이다. 전체가 모두 56장인데, 각 장은 여섯 구절로 이루어져 있다. 매 장의 첫째와 둘째 구절은 3언, 셋째 구절은 7언, 넷째와 다섯째 구절은 4언이고, 여섯째 구절도 3언이다. 제1장을 예로 들어보자.

> 제게 북을 치며 상(相)의 노래를 부르게 하시니 세간의 재앙은 우매하고 어리석은 소인이 현량한 인물을 망가뜨리는 것이고, 군주에게 어진 신하가 없는 것은 마치 소경에게 부축해 주는 사람이 없는 것과 같으니 얼마나 망망할까!
>
> (請成相, 世之殃, 愚暗愚暗墮賢良. 人主無賢, 如瞽無相, 何倀倀!)

대체적인 의미는 제게 이 '상(相)'의 노래를 부르게 하시거늘 세상의 재앙은 우매한 소인이 어진 군자를 망가뜨리는 것이고, 군주에게 보좌할 어진 신하가 없다면 그것은 마치 소경에게 부축해 주는 사람이 없는 것과 같으니 장차 얼마나 망망할까라는 뜻이다. <성상>편은 분명히 중국 최초의 설창문학(說唱文學)으로, 선인들이 '후대 탄사의 비조'(後世彈詞之祖)라고 한 것은 일리가 있다.

순황의 학생인 한비는 선진 시기 또 한 사람의 주요 사상가이다.

한비(韓非 : 280?-233 B. C.)는 전국 말기 한(韓)나라 사람으로 선진 법가(法家)의 집대성자이다. 그는 이사(李斯)와 함께 순경에게 사사하였는데, 이사가 자기는 한비만 못하다고 여겼다. 한비는 한나라 공자의 한 사람으로 나라의 힘이 날로 쇠약해져가는 것을 보고, 일찍이 왕에게 변법(變法)을 건의하여 위정자는 마땅히 부국강병에 힘써야 함을 주장하였지만 애석하게도 받아들여지지 못하였다. 그리하여 그는 분발하여 <고분(孤憤)>와 <오두(五蠹)> 등의 10여 만자에 달하는 책을 저술하였는데, 오늘날 ≪한비자≫란 책으로 남아 있다. 책이 진(秦)나라에 전해지자, 그 내용이 진나라의 천하 통일 수요에 부합하여 진시황에게 중시되었다. 진시황이 그와 교유하지 못함을 한스럽게 여기고, 서둘러 군대를 일으켜 한나라를 공격하였다. 한나라는 한비를 즉각 진나라에 사신으로 파견하였는데, 진나라 왕은 그를 머무르게 하였으나 등용하지는 않았다. 뒤에 그는 이사 등의 시기와 참소로 옥중에서 억울하게 죽었다.

한비는 법가의 걸출한 대표 인물이다. 그의 학설은 '법(法)', '술(術)', '세(勢)' 삼자의 상호 결합을 주장하여, '국가의 법령'과 '군주의 권모술수' 및 '정치적 권력'을 치국의 대계로 보았다. 그는 형벌과 법을 엄하게 하고, 공적과 이익을 숭상하고, 농사지으며 전쟁하는 것을 장려해야 한다고 주장했는데, 이러한 것은 객관적으로 국가의 통일과 사회의 발전에 진보적인 작용을 하였다. 한비는 사상 분야에서 선대의 성왕을 본보기로 삼는 유가의 사상에 대대적으로 반대하였다. 매사를 때에 맞게 처리할 것을 적극 주장하여 "이로써 성인은 굳이 옛 도를 닦으려고 하지 않고, 늘 옳다고 하는 것을 본보기로 삼지 않고, 당시 세상의 일을 논하여 그것에 대한 적절한 대비책을 세운다"(是以聖人不期修古,

不法常可, 論世之事, 因爲之備 : <오두>)고 했다. 또 송(宋)나라 사람이 '나무 그루터기를 지키고 서서 토끼를 기다린다'(守株待兎)는 이야기로, "선왕의 정치로 당시의 백성을 다스리는"(以先王之政, 治當時之民) 복고주의자들을 신랄하게 조소하였다. 한비의 저술은 진나라의 천하통일 과업에 효과적인 사상적 무기를 제공하였다.

한비의 문장은 그의 법치 사상과 마찬가지로 안목이 예리하고 이치의 설파가 빈틈없으며, 언어가 각박하고 논리가 주도면밀하다. 이를테면 <난일(難一)>은 바로 깊이 연구하고 성찰하여 상대방의 급소를 치면서 논박하는 문장이다. "역산의 농부가 밭두둑을 침범하였다"(歷山之農者侵畔)는 글에서 유가의 '덕치(德治)'는 옳은 것이 하나도 없지만 법가의 '법치(法治)' 주장은 하나하나 사리에 들어맞는다고 하였다. 먼저 역산(歷山)의 농민들은 농토의 경계를 서로 침탈하고, 강가에서 고기 잡는 사람들은 발 디디고 설 곳을 쟁탈하고, 동이(東夷)의 도공들이 만드는 생산품은 조잡하였으나, 위대한 순임금이 덕으로 감화시켜 좋게 바뀌도록 했다는 전설을 끌어 왔다. 그런 뒤에 이 때 요임금은 어디에 있었는가라고 물음을 제기한다. 덕치를 주장하는 사람들은 요임금이 바로 천자가 되었다고 말한다. 물음을 제기하는 사람은 성인으로서의 요임금과 순임금 양자가 모두 온전할 수는 없다고 지적한다. 즉 요임금이 성인이라면 천하에 나쁜 일이 없어야 하고, 순임금이 또 사회의 잘못을 고쳐야 했다면 요임금에게 과실이 있었음을 지적하는 것이 된다. 그 다음에 작자는 우언으로 "순임금을 현명하다고 여긴다면 요임금이 명철하다는 것을 부정해야 하고, 요임금을 성스럽다고 여긴다면 순임금의 덕화를 부정해야 한다"(賢舜, 則去堯之明察 ; 聖堯, 則去舜之德化)는 양립할 수 없는 모순을 설명하였다.

초나라 사람 중에 방패와 창을 파는 이가 있었는데 방패를 자랑하여 말한다.

"내 방패는 견고하여 어떤 물건도 뚫지 못합니다."

또 자신의 창을 자랑하여 말한다.

"내 창은 날카로워 어떤 물건도 뚫지 못하는 것이 없습니다."

어떤 사람이 말한다.

"당신의 창으로 당신의 방패를 찌르면 어떻게 됩니까?"

그 사람은 대답을 하지 못하였다.

(楚人有鬻盾與矛者, 譽之曰 : "吾盾之堅, 物莫能陷也." 又譽其矛曰 : "吾矛之利, 於物無不陷也." 或曰 : "以子之矛, 陷子之盾, 何如?" 其人弗能應也.)

마지막에 한비는 다음과 같이 말한다.

게다가 몸소 고난을 겪고 난 다음에 백성을 교화하는 것은 요순도 하기 어려운 일이고, 권세를 가지고 아래 사람을 바로잡는 것은 어리석은 군주도 하기 쉬운 일이다. 장차 천하를 다스리고자 함에 있어 어리석은 군주도 하기 쉬운 길을 버리고, 요순도 하기 어려운 일을 말한다면 더불어 정치를 할 수 없다.

(且夫以身爲苦而後化民者, 堯舜之所難也 ; 處勢而驕下者, 庸主之所易也. 將治天下, 釋庸主之所易, 道堯舜之所難, 未可與爲政也.)

한비의 문장은 선전 선동 효과가 매우 커서 아주 설득력이 있다. 그의 문장이 이러한 경지에 이르게 된 원인은 우언 이야기와 역사적 사실을 다량으로 써서 이치를 말한 것과 관련이 있다. ≪한비자≫ 속에서는 다량의 우언으로 추상적인 도리를 형상적으로 분명하게 설명하였다. 이를테면 한비가 당시의 일부 학자들이 선인들의 저술 내용을 끌어오고 해석할 때 왕왕 견강부회하고 구름 잡듯 허황되게 하자 '영 땅의 사람이 쓴 편지를 연 땅의 사람이 잘못 해석하는'(郢書燕說) 이야기를 다음과 같이 쓰고 있다.

영(郢) 땅의 사람 중에 연(燕)나라 상국에게 편지를 보내는 사람이 있었는데, 밤에 편지를 쓰면서 불이 밝지 않자 초를 들고 있는 사람에게 "초를 들어라"고 하고는 "초를 들다"라고 잘못 썼다. "초를 들다"는 편지의 뜻이 아니었다. 연나라 상국이 편지를 받고 기뻐하며 "초를 든다는 것은 밝음을 숭상한다는 뜻이다. 밝음을 숭상한다는 것은 현명한 이를 천거하여 관직을 맡긴다는 뜻이다"고 하였다. 연나라 상국이 왕에게 아뢰자 왕은 크게 기뻐하였고, 이로써 나라는 잘 다스려졌다. 잘 다스려진 건 잘 다스려진 것이지만 편지의 뜻은 아니었다. 오늘날의 학자는 대부분 이런 부류와 유사하다.

(郢人有遺燕相國書者, 夜書, 火不明, 因謂持燭者曰 : "擧燭!" 而誤書擧燭. "擧燭", 非書意也. 燕相國受書而悅之, 曰 : "擧燭者, 尙明也. 尙明也者, 擧賢而任之." 燕相白王, 王大悅, 國以治. 治則治矣, 非書意也. 今世學者多似此類.) <외저설좌상(外儲說左上)>

한비는 군주가 권신에게 기만과 농간을 당해 유능한 인재가 뒷걸음치도록 하여 임금에게 등용되지 못하는 것을 설명하기 위해 다음 이야기의 '사나운 개'(猛狗)로 비유하였다.

송나라 사람 중에 술을 파는 이가 있어 술을 술그릇에 가득히 담고, 손님을 매우 조심스럽게 대하며, 술을 아주 맛있게 빚고, 간판을 아주 높이 내걸었는데도 술이 팔리지 않았다. 술이 시어서야 그 까닭을 이상하게 여겨 자신이 알고 지내는 이장 양천(楊倩)에게 물었다.

양천이 말한다.

"자네 집의 개가 사나우냐?"

(술을 파는 사람이) 대답한다.

"개는 사납지만 술은 무엇 때문에 팔리지 않습니까?"

(양천이) 말한다.

"사람들이 무서워하기 때문이네. 어떤 이는 아이에게 돈을 주어 술주전자를 들고 술가게로 가게 하는데, 개가 뛰어 나와 아이를 깨물고 하니 이것이 술이 시도록 팔리지 않는 까닭이네."

(宋人有沽酒者, 升概甚平, 遇客甚謹, 爲酒甚美, 懸幟甚高著, 然而不售. 酒酸, 怪其故, 問其所知里長者楊倩. 倩曰 : "汝狗猛耶?" 曰 : "狗猛則酒何故而不售?" 曰 : "人畏焉! 或令孺者懷錢, 挈壺甕而往沽 ; 而狗迓而齕之, 此酒所以酸而不售也.") <외저설우상(外儲說右上)>

술을 파는 사람이 비록 손님에게 술을 많이 주고, 서비스도 친절하고, 술의 품질도 좋고, 술파는 간판도 아주 높이 내걸어 놓았지만 술은 팔리지 않았다. 술이 모두 시게 되었어도 무슨 까닭인지 몰랐지만, 사실은 그 집에 사나운 개가 문을 지키고 있어 사람들이 감히 사러가지 못한 때문이다. 여기에서 한비는 군주에게 인재를 초빙하기 위해서는 반드시 '사나운 개'를 없애야 함을 훈계하고 있는데, 정리에 꼭 맞는 말이다.

≪한비자≫의 우언 이야기는 매우 많은데, 유명한 것으로 '생황을 불지 못하는 사람이 악대에 끼여 머리 숫자만 채우다'(濫竽充數 : <내저설상(內儲說上)>), '상자를 사고 구슬을 돌려주다'(買櫝還珠 : <외저설좌상(外儲說左上)>), '정나라 사람이 신발을 사다'(鄭人買履 : <외저

설좌상)>), '말라빠진 못의 뱀'(涸澤之蛇 : <설림상(說林上)>), '이 세 마리가 돼지를 먹어치우다'(三蝨食豕 : <설림하(說林下)>) 등이 있다. 모두 독자로 하여금 깊이 생각하게 하는 우언 이야기이다.

진시황(秦始皇)이 중국을 통일하기 이전에 책이 이루어진 ≪여씨춘추(呂氏春秋)≫도 선진 제자산문으로 간주해야 한다. ≪여씨춘추≫는 진나라의 상국(相國)인 여불위(呂不韋 : ?-235 B. C.)의 주관 하에 그의 문객들이 집단으로 편찬한 잡가(雜家)에 속하는 저술이다. 책 전체는 모두 26권으로 12기(紀)·8람(覽)·6론(論)으로 나누어지는데, 모두 160편, 20여만 자이다. ≪여씨춘추≫는 여러 사람의 손에서 이루어져 제각기 들은 바를 기록하였기 때문에, 비록 형식적으로는 스스로 체계를 이루고 있지만, 사상면에서는 일가를 이루지 못하고 내용이 상당히 번잡하고 질서가 없다. 그것은 유가, 도가, 법가, 음양가, 병가, 농가, 묵가 등 여러 사상적 경향을 겸비한 저술로 각 학파의 학설을 절충한 조화적 색채를 분명히 띠고 있고, 심지어 자체 모순되고 앞뒤가 중복되는 곳도 있다.

≪여씨춘추≫는 문장이 깊고 넓고 웅장하고 아름다우며, 언어가 가지런하고 정련되어 있다. 각 편은 의론으로 첫머리를 연 다음 예증을 들고 사실이나 비유로 이치를 설명한 뒤, 맨 마지막에 첫머리에서 제기한 논점을 매듭짓고 있다. 그 중에는 선진 시대의 우언 이야기가 많이 남아 있어 문학적 가치가 아주 높다. 이를테면 <신대람(愼大覽)>에 들어 있는 <찰명(察命)>편은 "세상이 바뀌고 시대가 옮겨가니 법이 바뀌는 것은 마땅하다"(世易時移, 變法宜矣)는 진보적 역사관과 변혁사상을 설명하는 데 취지가 있다. 이 편의 끝부분에서 '배에다 칼을 빠뜨

린 표시를 해 두었다가 칼을 찾고'(刻舟求劍), '어린 아이를 끌어다가 강에 던지는'(引嬰投江) 짤막한 두 가지 이야기로, 때에 맞춰 법을 바꾸지 않고 진부한 규범과 고루한 관습을 그대로 따르다가 빚어지는 심각한 결과를 설명하였다.

> 초나라 사람 중에 양자강을 건너는 이가 있었는데 그의 칼이 배에서 강물로 빠지자 급히 그 배에다 표시를 하고는 "여기가 내 칼이 빠진 곳이다"고 했다. 배가 목적지에 도달하자 그가 표시해 놓은 곳을 따라서 물속으로 들어가 칼을 찾았다. 배는 이미 이동했지만 칼은 이동하지 않았다. 이와 같이 칼을 찾으니 어째 어리석지 않는가?
> (楚人有涉江者, 其劍自舟中墮于水, 遽契其舟曰 : "是吾劍之所從墮." 舟止, 從其所契者入水求之. 舟已行矣, 而劍不行. 求劍若此, 不亦惑乎?)

> 강가를 지나가는 사람이 있었는데, 어떤 이가 막 어린 아이를 끌어다 물속으로 던지려고 하니 어린 아이가 우는 것을 보았다. 강가를 지나가던 사람이 그 까닭을 물으니 "이는 이 아이의 애비가 헤엄을 잘 치기 때문입니다"고 했다. 그 아이의 아버지가 비록 헤엄을 잘 친다고 해서 어찌 그 아들이 급작스럽게 헤엄을 잘 치겠는가! 이러한 식으로 사물을 맡으면 틀림없이 그르칠 것이다.
> (有過于江上者, 見人方引嬰兒而欲投之江中, 嬰兒啼. 人問其故, 曰 : "此其父善游." 其父雖善游, 其子豈遽善游哉! 以此任物, 亦必悖矣.)

선진 제자산문에는 위에서 서술한 몇 대가 이외에 ≪관자(管子)≫, ≪안자춘추(晏子春秋)≫, ≪공손룡자(公孫龍子)≫ 등의 저술이 있는데, 문학적 가치가 높지 않기 때문에 일일이 소개하지 않는다.

선진 제자산문은 중국 고전산문 발전의 최고봉의 하나이다. 각 대가의 정치관과 인생관의 차이로 인해, 문학 풍격에 표현된 것도 제각기 나름대로의 특색을 지닌다. 곽말약(郭沫若 : 1892-1978) 선생이 ≪십비판서(十批判書)≫에서 "맹자 문장의 날카로움, 장자 문장의 자유분방함, 순자 문장의 중후함, 한비 문장의 깎아지른 듯 준엄함 등 단지 문장만 가지고 말한다면, 실로 제각기 저마다의 장점을 가지고 있다"(孟文的犀利, 莊文的恣肆, 荀文的渾厚, 韓文的峻峭, 單拿文章來講, 實在是各有千秋)고 했는데, 이러한 판단은 정곡을 찌른 것이다. 선진 제자는 후대 문학에 커다란 영향을 끼쳤다. 유가인 공자와 맹자의 문장은 봉건시대에 지식인의 필수 과정으로, 사상과 문장 기풍의 영향이 심원하여 근대 이전의 문인 중에 ≪논어≫와 ≪맹자≫의 훈도를 받지 않은 이가 없었다. 한(漢) 나라 초기의 정치가인 가의(賈誼 : 200-168 B. C.)와 조조(晁錯 : 200-154 B. C.)가 공자, 맹자, 순자, 한비자 및 종횡가의 영향을 받았고, 위진(魏晋) 이후에는 노장사상이 유행하여 완적(阮籍 : 210-263)과 혜강(稽康 : 224-263)의 산문은 장자 문장의 영향을 깊이 받았다. 당송(唐宋) 고문 대가는 고도(古道)의 회복을 기치로 하고, 선진 제자의 문장을 본보기로 삼아 전심전력으로 깊이 연구하고 힘써 본받았다. 한유(韓愈 : 768-824)는 맹자의 사람 됨됨이와 학풍을 높이 받들어 자신의 재주를 모두 드러내 보이고 사람을 몰아붙이듯 기세등등한 맹자 문장의 전투적 풍격을 계승하고 새로운 것을 창조하였다. 소식(蘇軾 : 1037-1101)의 문장은 여러 사람들의 장점을 두루 모아 정수를 취하고 널리 활용하였는데, 특히 웅장하고 자유분방한 장자의 문장 기풍에 경도되었다. 이로써 선진 제자산문의 유풍과 여운은 지금까지 줄곧 영향을 끼치고 있다고 할 수 있다.

제3장 진한(秦漢) 산문

기원전 221년에 진(秦)나라 왕조가 장기간에 걸친 전국(戰國)의 분쟁국면을 끝내고 통일된 봉건제국을 세웠는데, 이것은 중국역사의 발전에 진보적인 영향을 끼쳤다. 그러나 진시황(秦始皇)은 전제주의적 문화정책을 실시하여 문학의 발전을 제한한 데다가, 진나라 왕조는 15년밖에 존립하지 않아 연조(年祚)가 짧았기 때문에 문학적 성취가 별로 없다.

청대(淸代) 엄가균(嚴可均 : 1762-1843)이 편찬한 ≪전상고삼대진한삼국육조문(全上古三代秦漢三國六朝文)≫에 전진문(全秦文)은 한 권 뿐이고 16인의 작품을 수록하고 있는데, 대다수의 작품은 전체가 아니라 겨우 몇 마디 말만 남아 있을 뿐이다.

진대(秦代) 산문의 유일한 대표 작가는 이사이다.

이사(李斯 : ?-208 B. C.)는 전국 시대 후기 초(楚)나라 사람이다. 그는 일찍이 순자(荀子)를 사사하여 '제왕의 술책'(帝王之術)을 배운 뒤에, 훗날 서쪽 진나라로 가서 진왕 영정(嬴政)에게 중용되었다. 유명한 <간축객서(諫逐客書)>는 그가 일찍이 진나라에서 객경(客卿)으로 있을 때, 진왕에게 올린 편지글이다.

전국 말기에 진나라의 세력이 날로 강대해지자, 한(韓)나라는 진나라의 공격을 두려워하여 '치수 담당 기술자'(水工)인 정국(鄭國)을 진나라로 파견하여 진왕에게 관개수로 건설을 권고함으로써, 진나라의 국력을 소모시켜 한나라를 공격할 힘을 견제하려고 했다. 진나라에서 이러한 저의를 알아차린 뒤에, 진왕은 종실 귀족들의 건의를 받아들여 모든 객경들을 추방하라는 명령을 내렸는데, 이사도 추방 대상에 들어 있었다. 그리하여 그는 진왕 10년(237 B. C.)에 <간축객서>를 쓰게 되었다.

첫 번째 단락에서는 역사상 8명의 객경이 진나라에 끼친 공헌을 열거하여 객경이 진나라를 저버리지 않았는데, 만약 이전 네 진나라 왕들이 외국에서 온 객경들을 내치고 천하의 현명한 인재들을 멀리하였다면, 진나라는 '부유하고 이롭다는 실질'(富利之實)과 '강대하다는 명성'(强大之名)을 얻을 수 없었을 것임을 분명히 하였다.

두 번째 단락은 더욱 근사하게 씌어져 있다.

> 지금 폐하께서는 곤륜산(昆崙山)의 옥을 가져오게 하고, 수후주(隨侯珠)와 화씨벽(和氏璧)을 지니고, 명월주(明月珠)를 드리우고 계시고, 태아검(太阿劍)을 차고, 섬리(纖離)라는 좋은 말을 타고, 비취새 깃으로 봉황의 모양을 만든 깃발을 꽂고, 신령스런 악어가죽으로 만든 북을 세워놓고 계십니다. 이 몇 가지 보물들은 진나라에서 하나도 생산되지 않는 것이건만, 폐하께서 그것들을 좋아하시니 무슨 이유 때문이십니까? 반드시 진나라에서 생산된 것이라야 한다면 이 야광 구슬이 조정을 장식하지 못하고, 무소뿔과 상아로 만든 기물을 애용할 수 없고, 정(鄭)나라와 위(衛)나라의 여자들이 후궁을 채우지 못할 것이

며, 결제(駃騠)와 같은 준마들로 마구간을 채우지 못하고, 강남(江南)의 금과 주석이 사용되지 못하고, 서촉(西蜀)의 단청이 채색으로 쓰이지 못할 것입니다. 후궁을 장식하고, 시첩을 채우며, 마음과 기분을 즐겁게 하고, 눈과 귀를 기쁘게 하는 것들이 반드시 진나라에서 나온 것이라야 한다면, 완(宛) 땅의 구슬로 장식된 비녀, 모난 구슬이 달린 귀걸이, 아(阿) 땅의 고운 흰 비단옷, 비단에 수놓은 장식들이 폐하의 앞에 바쳐지지 못할 것이며, 유행 따라 곱게 치장한 조(趙)나라의 미녀들이 폐하의 옆에 서 있지 못할 것입니다.

(今陛下致昆山之玉, 有隨、和之寶, 垂明月之珠, 服太阿之劍, 乘纖離之馬, 建翠鳳之旗, 樹靈鼉之鼓. 此數寶者, 秦不生一焉, 而陛下說之, 何也? 必秦國之所生然後可, 則是夜光之璧不飾朝廷, 犀象之器不爲玩好, 鄭、衛之女不充後宮, 而駿良駃騠不實外廐, 江南金錫不爲用, 西蜀丹青不爲采. 所以飾後宮、充下陳、娛心意、說耳目者, 必出於秦然後可, 則是宛珠之簪、傅璣之珥、阿縞之衣、錦繡之飾不進於前 ; 而隨俗雅化、佳冶窈窕趙女不立於側也.)

이사는 진왕이 사방의 특산품들을 좋아하면서도 외국에서 온 객경들을 배척하는 모순을 포착하고, 한 걸음 더 나아가 시비곡직을 가리지 않고 모든 객경을 추방하라는 명령을 내린 처사는 진나라가 제후들을 굴복시키고 천하를 통일하는 데 대단히 불리하다고 지적하였다. 글의 맨 마지막에서는 또 진왕에게 널리 인재를 초빙하여 제왕의 대업을 이루라는 건의를 하였다.

이 편지글은 정곡을 찌르고 있기 때문에, 진왕은 마침내 이사의 건의를 받아들여 이미 내린 명령을 철회하고 객경의 추방을 중지시켰으며, 사람을 보내 이사를 쫓아가 돌아오게 하여 중임을 맡겼다.

<간축객서>는 관점이 뚜렷하고, 비슷한 부류의 사물을 나열하고 과장적으로 늘어놓아, 전국 시대 종횡가(縱橫家) 문장의 유풍이 남아 있는바 문학적 가치가 있는 정치 평론 산문이다.

이 밖에 이사는 또 진시황의 중국 통일을 찬양한 내용을 돌에 새긴 명문(銘文) 몇 편과 <행독책서(行督責書)>, <옥중상진이세서(獄中上秦二世書)> 등의 산문을 남겼는데, 문학적 가치는 별 볼 것이 없다.

기원전 206년에 한(漢) 고조(高祖) 유방(劉邦)은 한나라 왕조를 세운 뒤 '생활을 안정시키고 원기를 회복하게 하고'(休養生息), '농업을 중시하고 상업을 억제하는'(重農抑商) 정책을 실시하여 사회와 경제가 회복되었다. 한나라 초기에는 또 진대의 협서율(挾書律)을 폐지하여, 학술문화의 발전을 촉진시켰다.

한대(漢代) 산문은 선진 산문의 훌륭한 전통을 계승하여 위대한 성취를 이루었다. ≪사기(史記)≫ 등의 '역사 전기 산문'(史傳散文) 이외에, '사실 기록 산문'(記事散文)과 '이치 설명 산문'(說理散文)도 모두 탁월한 성과를 거두었다. ≪전상고삼대진한삼국육조문(全上古三代秦漢三國六朝文)≫에 한대의 산문 작가 804명의 작품을 수록하고 있는 것으로 보아, 한대 산문의 성취가 매우 뛰어남을 알 수 있다.

서한(西漢) 초기의 유명한 산문 작가인 가의와 조조는 모두 온 정성을 다하여 나라를 잘 다스릴 방법을 강구한 정치가이다. 그들의 글은 대부분 당시의 정치와 경제 분야의 중대한 문제를 겨냥하여 자신의 견해를 피력하였는데, 건립된 지 얼마 안 되는 서한 왕조를 공고히 하기 위하여 내놓은 건의와 대책들이다.

가의(賈誼 : 200-168 B. C.)는 서한(西漢) 초기의 정치가이자 문학가로 낙양(洛陽 : 지금 河南省 낙양 동쪽) 사람이다. 18세 때 이미 재능이 아주 뛰어나다는 명성이 자자하였고, 21세에 박사(博士)와 태중대부(太中大夫)에 임명되었다. 그는 제도를 개혁해야 한다는 주장을 제기하여 문제(文帝)의 총애를 받았으나, 권세가들에게 배척당해 장사왕(長沙王)의 태부(太傅)로 좌천되고, 뒤에 양회왕(梁懷王)의 태부가 되었다가 겨우 33세를 일기로 세상을 떠났다.

가의의 글은 유향(劉向 : 77-6 B. C.)이 ≪신서(新書)≫ 10권으로 편찬하였는데, 그 가운데 <과진론(過秦論)>, <진정사소(陳政事疏)>, <논적저소(論積貯疏)>가 가장 유명하지만 대표작은 <과진론>을 으뜸으로 친다.

'과진(過秦)'은 바로 진나라 왕조의 과실을 지적한 것이다. 한나라 초기 근 백년간은 '진나라가 망한 원인과 한나라가 건립된 원인'(秦所以失, 漢所以得)을 총결산한 글이 매우 많이 지어졌는데, 세상에 가장 널리 유포된 것이 바로 <과진론>이다. 이 전문 테마의 정치 평론에서 작자는 다량의 역사적 사실을 운용하고, 선명한 대비와 화려하게 배열하는 필치 및 웅변적인 필봉으로 진나라가 비록 강성하였으나 '인의(仁義)'를 행하지 않아 백성들의 원망과 분노를 샀기 때문에 마침내 멸망하게 되었다는 글의 주제를 부각시켰다.

글은 진나라가 지형적 우세와 사람들의 뛰어난 책략 덕분에 강성하게 되었다는 점부터 쓰기 시작하여, 6대를 거쳐 진시황이 중국을 통일할 때에 이르러서는 국위의 강성함이 절정에 달하였다고 했다.

진시황에 이르러 6대의 조상이 남긴 위세를 떨쳐 긴 채찍을 휘둘러

천하를 말 몰 듯 몰고, 동주(東周)와 서주(西周)를 삼키고 제후들을 멸망시켜 황제의 자리에 올라 천지사방을 통치하며, 짧은 매와 긴 막대기를 잡고 천하 백성을 채찍질 하니 위세가 온 세상에 떨쳤다. 남쪽으로는 백월(百越)의 땅을 탈취하여 계림(桂林)과 상군(象郡)으로 삼으니 백월의 군왕은 머리를 숙이고 목에 새끼줄을 매고 와서는 목숨을 말단 관리에게 맡겼다. 이에 몽염(蒙恬)을 시켜 북쪽에 장성을 쌓아 변방을 지키게 하고, 흉노(匈奴)를 7백여 리나 물러가게 하였다. 오랑캐들은 감히 남쪽으로 내려와 말을 풀어 먹이지 못하고 육국(六國) 사람들은 감히 활을 당겨 원한을 갚으려 하지 못하였다.

(及至始皇, 奮六世之餘烈, 振長策而馭宇內, 呑二周而亡諸侯, 履至尊而制六合, 執捶拊以鞭笞天下, 威振四海. 南取百越之地, 以爲桂林、象郡 ; 百越之君, 俯首係頸, 委命下吏. 乃使蒙恬, 北築長城而守藩籬, 却匈奴七百餘里 ; 胡人不敢南下而牧馬, 士不敢彎弓而報怨.)

진시황은 기세가 등등하여 안하무인격이었다. 그는 스스로 관중(關中)의 험난하고 견고함이 마치 천리나 되는 견고한 성(城)과 해자(垓字)가 방어해주는 것 같으니 자자손손 만대까지 이어질 것으로 여겼다. 그러나 진나라는 15년이 채 못 되어 진섭(陳涉)을 우두머리로 하는 농민봉기에 의해 전복되고 만다. 글은 중국 역사상 최초의 농민봉기를 이렇게 묘사하고 있다.

진시황은 이미 죽었어도 남은 위세가 풍속을 달리하는 곳까지 떨쳤다. 그런데 진섭은 깨진 옹기 주둥이로 창문을 삼고 새끼로 문을 단 가난한 집안의 자식이고, 천한 백성으로 죄지어 변방을 지키러 가야 하는 무리였다. 재능은 보통 사람에도 미치지 못하고, 공자(孔子)나 묵자(墨子)의 현명함이나 도주(陶朱)나 의돈(猗頓)의 부유함도 가지지 못하였다. 병사의 행렬 사이에 끼여 있다가 밭둑길에서 비천한 몸을 일으켜, 지치고 흩어진 병사를 이끌고 궐기하여 진나라를 공격하였다. 나무를 베어 병기로 삼고 대나무를 세워 깃대를 삼으니, 천하의 사람들이 구름처럼 모이고 메아리처럼 호응하며 식량을 짊어지고 그림자처럼 따랐다. 효산(崤山) 동쪽 지방 여러 나라의 호걸들도 다 같이 일어나서 진나라 일족을 멸망시켰다.

(始皇既沒, 餘威振於殊俗；然而陳涉, 甕牖繩樞之子, 甿隸之人, 而遷徙之徒也, 才能不及中人, 非有仲尼、墨翟之賢, 陶朱、猗頓之富. 躡足行伍之間, 而倔起阡陌之中, 率罷散之卒, 將數百之衆, 轉而政秦. 斬木爲兵, 揭竿爲旗, 天下雲集而響應, 贏糧而景從. 山東豪俊, 遂幷起而亡秦族矣.)

이 단락에서는 진섭이 일으킨 의거의 위대한 공적과 백성들이 폭력정치에 반항한 드높은 기세 및 거대한 위력을 열렬하게 찬양하였다.

<과진론>은 또 진나라 왕조의 '과실'을 분석하고, 진나라 왕조가 급속히 멸망한 원인을 탐구하였다. 가의가 이 정치 평론문을 쓴 목적이 한(漢)나라 왕조의 통치자가 진나라가 멸망한 교훈을 받아들여 한나라의 천하가 장기간 태평하고 오래도록 안정되어 만대까지 이어지기를 바라는 데 있음을 분명히 알 수 있다.

조조(晁錯/鼂錯 : 200-154 B. C.)는 서한 전기의 유명한 정치가이자 사상가로 영천(潁川 : 지금 河南省 禹縣) 사람이다. 문제(文帝) 때 일찍이 태자가령(太子家令)에 임명되었으며 '지낭(智囊)', 곧 '꾀주머니'로 불렸다. 경제(景帝)가 즉위한 뒤 그는 어사대부(御史大夫)에 임명되어 조정의 법령과 제도를 많이 개정하였다. 기원전 154년에 오(吳)와 초(楚) 등 일곱 군국(郡國)이 "조조를 죽여 군주의 측근을 깨끗이 한다"(誅

鼂錯, 淸君側)는 명분으로 군대를 동원하여 반란을 일으키자, 경제는 무섭고 두려워하여 바로 조조를 죽였다. 조조의 중요한 정치 평론 산문으로는 <현량문학대책(賢良文學對策)>, <언병사소(言兵事疏)>, <수변권농소(守邊勸農疏)> 등이 있는데, 그 가운데 가장 유명한 글은 <논귀속소(論貴粟疏)>이다.

<논귀속소>는 그가 한나라 초기에 국가의 비축 양곡이 부족하여 자연재해와 전란에 대처하기 어려운 실제 상황을 두고 문제(文帝) 유항(劉恒)에게 올린 상소문으로, 주된 내용은 국가가 '중농귀속(重農貴粟)', 다시 말해서 '농업을 중시하고 곡식을 귀하게 여겨야 함'을 천명한 것이다. 글은 농민과 상인의 빈부 격차가 현저한 생활을 다음과 같이 생생하게 묘사하고 있다.

> 지금 다섯 식구의 농부 집에 노역에 동원되는 사람이 두 사람을 넘고, 경작할 수 있는 땅은 백 무(畝)에 지나지 않으며, 백 무의 토지에서 나는 수확은 백 석을 넘지 못합니다. 봄에는 밭 갈고 여름에는 김매며 가을에는 수확하고 겨울에는 갈무리합니다. 땔나무를 베고 관청을 수리하며 부역을 합니다. 봄에는 바람과 먼지를 피하지 못하고, 여름에는 더위를 피하지 못하고, 가을에는 찬비를 피하지 못하고, 겨울에는 차디찬 추위를 피하지 못합니다. 사시사철 쉴 날이 없습니다. 또 개인적으로는 왔다가 가는 사람을 배웅하고 찾아오는 사람을 영접하며, 죽은 사람을 조문하고 병든 사람을 위문하며, 고아를 양육하고 어린 자식을 기르는 비용 모두 농사지어 얻은 수입에서 지출됩니다. 이와 같이 부지런히 일하고 고생하지만, 홍수와 가뭄의 재난을 당하기도 합니다. 세금을 갑자기 거두고 가혹하게 부과하며 때에 맞지 않게 거두어들이고, 아침에 명령해놓고 저녁에 바꿉니다. 세금을

낼 때 양식이 있는 사람은 반값에 팔고, 양식이 없는 사람은 꾼 돈의 배로 이자가 붙는 돈을 빌립니다. 이리하여 논밭과 집을 팔고 자손을 팔아 빚을 갚는 사람이 생겨나게 되었습니다. 장사치로 규모가 큰 장사를 하는 사람은 물품을 쌓아두고서 이윤을 배로 늘리고, 규모가 작은 장사를 하는 사람은 앉아서 물건을 좌판에 늘여놓고 파는데, 그것의 이윤을 파악하러 날마다 시장을 돌아다니다가 관청에서 긴급하게 필요로 하는 기회를 이용하여 파니 판매 가격은 틀림없이 배가 됩니다. 따라서 남자들은 밭 갈고 씨 뿌리지 않으며, 여자들은 누에 치고 베 짜지도 않지만, 옷은 반드시 화려하고 음식은 틀림없이 좋은 쌀과 고기입니다. 농부의 고생은 하지 않으면서 밭두둑에서 나는 이득은 있습니다. 그들은 많은 재물로 왕과 제후들과 내왕하니 권력이 관리의 위세를 넘고, 이득에 따라 서로 마음을 기울여 천 리 먼 곳까지 가서 구경하는데 관복과 수레의 덮개가 서로 바라볼 수 있을 정도로 많고, 견고한 수레를 타고, 살진 말을 몰고, 비단 신을 신고, 흰 비단의 옷자락을 끌고 다닙니다. 이것이 바로 상인들이 농민들을 겸병하는 까닭이며, 농부가 유랑하는 이유입니다.

(今農夫五口之家, 其服役者, 不下二人 ; 其能耕者, 不過百畝, 百畝之收, 不過百石. 春耕夏耘, 秋穫冬藏. 伐薪樵, 治官府, 給繇役. 春不得避風塵, 夏不得避暑熱, 秋不得避陰雨, 冬不得避寒凍. 四時之閒, 亡日休息. 又私自送往迎來, 弔死問疾, 養孤長幼在其中. 勤苦如此, 尙復被水旱之災. 急政暴虐, 賦斂不時. 朝令而暮改. 當其有者半賈而賣, 亡者取倍稱之息. 於是有賣田宅, 鬻子孫, 以償債者矣. 而商賈, 大者積貯倍息, 小者坐列販賣, 操其奇贏, 日遊都市, 乘上之急, 所賣必倍. 故男不耕耘, 女不蠶織 ; 衣必文采, 食必粱肉. 亡農夫之苦, 有阡陌之得. 因其富厚, 交通王侯, 力過吏勢, 以利相傾. 千里游遨, 冠蓋相望, 乘堅策肥, 履絲曳縞. 此商人所以兼幷農人, 農人所以流亡者也.)

작자는 선명한 대비의 수법으로 상인을 억눌러야만 '농업을 중시하고 곡식을 귀하게 여긴다'(重農貴粟)는 도리를 세밀하고 생생하게 설명했는데, 강한 설득력과 감화력을 지닌다. 이 상소문은 당시의 병폐를 분명하게 꼬집었기 때문에, 한나라 문제는 그의 건의를 받아들였다. 20~30년의 세월이 흘러 한나라 무제(武帝) 초기에 이르자 "큰 창고의 곡식이 묵고 묵어서 가득히 채우고도 넘쳐흘러 밖에다 쌓아 두니, 썩어 먹을 수 없는 지경에 이르는"(太倉之粟, 陳陳相因, 充溢露積于外, 至腐敗不可食) 풍족한 모습이 나타났다. 조조의 <논귀속소>가 서한 전기 농업생산의 발전에 상당히 적극적인 역할을 하였다고 해야 한다.

가의와 조조의 정치 평론 산문은 입론이 예리하고 치밀하며, 언어 표현이 직설적이고 격렬하다. 노신(魯迅 : 1881-1936) 선생은 '서한 시기의 위대한 글'(西漢鴻文 : ≪한문학사강요(漢文學史綱要)≫에 보임)이라고 칭찬하였다. 그들의 문장은 정치 평론 산문의 본보기가 되어 후대에 깊은 영향을 끼쳤다.

가의와 조조보다 조금 뒤에 등장한 유안도 한번 거론할 만한 산문 작가이다. 유안(劉安 : ?-122 B. C.)은 한나라 고조(高祖) 유방(劉邦)의 손자로 문제 때 회남왕(淮南王)이라는 세습 봉작을 계승하였다. 그는 책읽기와 거문고 타기를 좋아하고, 글쓰기에도 뛰어났다. 한나라 무제는 그에게 <이소전(離騷傳)>(屈原의 <離騷>를 해석한 최초의 글로, <이소>를 매우 높이 평가하였음)을 쓰게 하였는데, 이른 새벽에 명을 받고 아침 식사 시간에 완성하였다. ≪회남자(淮南子)≫는 유안이 빈객들을 불러 모아 집단 편찬한 책으로 모두 21권인데, 내(內)・중(中)・외편(外篇)이 있었으나 중・외편은 지금 전해지지 않고 내편

21권만 남아 있다. 이것은 잡가(雜家)의 저술로, 저자들은 역사 전설과 신화 이야기로 이치를 능숙하게 설명하고 있다. 그 가운데에는 <공공이 노하여 부주산을 들이받다(共工怒觸不周山)>, <여와가 하늘의 이지러진 데를 깁다(女媧補天)>, <후예가 하늘의 해를 쏘다(后羿射日)> 등과 같은 진귀한 신화와 전설을 많이 보존하고 있다. ≪회남자 · 설림훈(說林訓)≫에 있는 '발을 깎아 신발에 맞추는'(削足適履) 이야기는 지금까지도 다른 나라와 다른 사람의 경험을 받아들이는 사람이 현실을 기초로 하지 않고, 남의 것을 기계적으로 모방하는 어리석은 행위를 풍자하는 데에 자주 쓰인다.

서한 산문의 최고 성취로 가장 큰 영향을 끼친 것은 사마천의 ≪사기(史記)≫이다.

사마천(司馬遷 : 145-86? B. C.)은 서한의 위대한 역사가이자 문학가요 사상가로, 자는 자장(子長)이고 하양(夏陽 : 지금 陝西省 韓城) 사람이다. 그의 부친인 사마담(司馬談)은 태사령(太史令)이 되어 조정의 역사와 역법 및 제례 등의 일을 관장하였고, 학문이 매우 깊었다.

사마천은 어려서부터 독서에 힘써 10세 때에 벌써 많은 전적들을 낭송할 수 있었다. 그는 일찍이 당시의 대 경학자인 동중서(董仲舒 : 179?-104 B. C.)로부터 ≪공양춘추(公羊春秋)≫를 배우고, 공자의 후손인 공안국(孔安國)에게서 ≪상서(尙書)≫를 배웠다. 20세 때부터 그는 여러 차례 이곳저곳을 살피며 돌아다녔는데, 발자취가 거의 전국에 두루 미쳤다. 유람하면서 그는 각 지역의 풍토와 인정을 알고, 고적지를 방문하여 고인이나 옛일을 추모하고, 역사 인물의 사적과 전설을 수집하여 지식의 폭을 넓혔을 뿐만 아니라, 더욱 중요한 것은 각계각층 사람들의 생활과 광범위하게 접촉하고 그들의 사상과 감정을 이해할 기회를 가졌다는 점이다. 이러한 것들은 그가 훗날 ≪사기≫를 집필하는 데 대단히 중요한 의미를 지닌다.

35세 때에 사마천은 역사서를 저술하라는 부친의 유언을 받았다. 3년 뒤에 그는 부친의 업무를 계승하여 태사령이 되었다. 이로써 그는 황실의 장서를 광범위하게 읽을 수 있는 조건을 갖추었고, 또 몇 년의 준비를 거쳐 대략 42세 무렵에 정식으로 ≪사기≫를 집필하기 시작하였다. 47세 때에 한나라의 명장인 이광(李廣)의 손자 이릉(李陵)이 흉노(匈奴)와 싸우다가 패하여 투항하자, 사마천은 이릉을 변호하다가 한나라 무제의 노여움을 사서 잔혹한 궁형(宮刑)을 당하였다. 이것은 그에게 엄청나게 큰 손상이자 타격이었다. 그는 자살하고 싶었으나 ≪사기≫의 집필을 아직 마치지 못했기 때문에, 큰일을 위해 치욕을 참고서 발분하여 저술할 결심을 하였다. 그는 모든 심혈과 정력을 ≪사기≫ 저술에 지속적으로 투입하였다. 대략 그의 나이 53세 무렵에 ≪사기≫는 대체로 완성되었다.

≪사기≫는 중국 최초의 기전체(紀傳體) 통사(通史)이자 중국 최초의 전기문학(傳記文學) 총집이다. ≪사기≫는 본기(本紀 : 제왕의 사적을 기록한 것) 12편, 표(表 : 각 역사 시기의 대사건을 기록한 것) 10편, 서(書 : 천문, 역법, 경제, 문화 등 영역의 역사적 상황을 기록한 것) 8편, 세가(世家 : 귀족과 제후의 역사를 기록한 것) 30편, 열전(列傳 : 왕이나 제후 이외 기타 인물의 역사를 기록한 것) 70편으로 나뉜다. 합계 130편, 526,500자이다. 방대한 규모와 완벽한 체계로 중국의 상고시대부터 한나라 초기까지 3천 년간의 정치, 경제, 문화 등 각 방면의 역사 발전 상황을 상세하게 기술한 중국 고대 역사의 위대한 총결산이다.

≪사기≫ 중의 본기·세가·열전은 모두 인물 전기로 황제(黃帝) 헌원(軒轅)에서 한나라 무제까지 3천년 동안의 각종 인물의 역사 활동을 기록하였는데, 이 100여 편의 전기에는 일련의 역사 인물의 형상을 창조하여 고도의 문학적 가치를 지닌 글이 매우 많다. 이를테면 <항우본기(項羽本紀)>, <진섭세가(陳涉世家)>, <신릉군열전(信陵君列傳)>, <염파인상여열전(廉頗藺相如列傳)>, <노중련추양열전(魯仲連鄒陽列傳)>, <회음후열전(淮陰侯列傳)>, <위기무안후열전(魏其武安侯列傳)>, <이장군열전(李將軍列傳)>, <흉노열전(匈奴列傳)>, <화식열전(貨殖列傳)> 등이 그 예들이다.

<진섭세가>는 ≪사기≫ 가운데서도 빼어난 글의 하나이다. 사마천은 절절한 감정으로 진나라 말에 중국 역사상 최초의 농민 봉기가 일어나 발전하고 실패하는 전 과정을 진실하고 생생하게 묘사하여, 우리들에게 아주 진귀한 역사 자료를 남겨주고 있다.

진섭은 "남에게 고용되어 농사일을 제공하는"(與人傭耕) 머슴살이 농부로, 진이세(秦二世)의 잔혹한 착취와 압박 아래에서 어쩔 수 없이 가난과 고통에 찌든 농민 9백명을 이끌고 대택향(大澤鄉)에서 의거를 일으켰는데, 그들은 "무도한 자를 토벌하고 포악한 진나라 왕족을 죽이자"(伐無道, 誅暴秦)고 외치며 국호를 장초(張楚)라고 하였다. 진섭이 세운 정권이 비록 겨우 6개월밖에 존속하지 못했지만, 사마천은 매우 높이 평가하여 "걸(桀)과 주(紂)가 정도에서 벗어나자 탕(湯)과 무(武)가 혁명을 일으키고, 주(周)나라 왕실이 정도에서 벗어나자 ≪춘추≫가 지어졌으며, 진나라가 올바른 정치를 하지 못하자 진섭이 뜻을 세웠다. 제후들이 바람이 일고 구름이 피어오르듯 난리를 일으켜 마침내 진나라 왕조를 멸망시켰다. 새로운 천하 탄생의 실마리는 진섭이 반란을

일으키고부터 시작되었다"(桀紂失其道而湯武作, 周失其道而《春秋》作, 秦失其政而陳涉發迹. 諸侯作難, 風起雲蒸, 卒亡秦族. 天下之端, 自涉發難 : 《사기 · 태사공자서(太史公自序)》에 보임)고 하였다. 여기에서 진섭의 의거를 상(商)나라의 탕(湯) 임금이 걸(桀)을 죽이고, 주(周)나라의 무왕(武王)이 주(紂)를 토벌하고, 공자가 《춘추》를 지은 것과 대등하게 논하고, 포악한 진나라를 멸망시킨 공을 진섭이 앞서서 난을 일으킨 데 돌림으로써 진섭 등의 역사적 지위와 위대한 공적을 십분 인정하였다.

《사기》는 또 일부 사회 중하층의 역사 인물들을 묘사하였다. <자객열전(刺客列傳)>에서는 포악함을 두려워하지 않고 죽음조차 아랑곳하지 않는 섭정(聶政)과 형가(荊軻) 등 인물의 영웅 정신을 찬양하였다. <유협열전(游俠列傳)>에서는 주가(朱家)와 곽해(郭解) 등 인물의 형상을 묘사하여, "자신의 개인적인 용무보다 다른 사람의 위급한 일로 먼저 달려가고"(趨人之急, 甚己之私), "다른 사람의 생명을 구하고도 그 공을 뽐내지 않고"(振人之命, 不矜其功), "말은 반드시 진실하게 하고 행동은 반드시 결과를 만들어내는"(言必信, 行必果 : 《논어 · 자로(子路)》편에 보이는 말로, '선비'(士)의 다음다음 등급에 속하는 사람의 언행을 가리키는데, 《맹자 · 이루하(離婁下)》에 보이는 "말을 한다고 반드시 그 신용을 지키지는 않고, 행동한다고 해서 반드시 처음 목표했던 데까지 해내지는 않는다. 오직 의가 있는 곳에 따라 갈 뿐이다"(言不必信, 行不必果, 唯義所在)고 한 대인의 덕목과 대비됨 — 옮긴이 주) 고귀한 품성을 칭송하였다. 남에게 무시당하고 수모를 받으며 사회적 지위가 낮은 의사, 점쟁이, 천문가, 관상쟁이, 상인, 광대 등의 인물에 대해서도, 사마천은 그들의 전기를 쓰고 적절한 평가를 하였다. 《사기》는 또 일련의 나라를 사랑하는 장군과 재상 및 사상가와 문학가를 묘사하였다. 즉, <염파인상여열전(廉頗藺相如列傳)>에서는 전반적인 정세를 고려하여 "국가의 위급함을 우선시하고 개인의 사사로운 원한을 뒤로 하는"(先國家之急而後私讎) 인상여의 고상한 인품을 찬양하고, <이장군열전(李將軍列傳)>에서는 병사들과 동고동락하며 백성들의 우러름을 받은 애국 장군인 이광(李廣)을 칭송하고, <공자세가(孔子世家)>와 <굴원열전(屈原列傳)>에서는 역사적으로 커다란 공헌을 한 사상가인 공구(孔丘)와 위대한 애국 시인인 굴원(屈原)을 찬미하였다.

≪사기≫는 역사 인물의 아름다운 언론과 선행을 인정하고 칭송하면서, 다른 한편으로는 통치계급의 악행과 졸렬한 행적을 폭로하고 풍자하기도 하였다. 예를 들면, 하(夏)나라의 걸(桀)과 은나라의 주(紂) 및 진시황 등과 같은 전제 군주의 전횡과 포학함, 한(漢)나라 개국 황제의 추악한 모습에 대해서는 추호도 가차 없이 규탄하고 풍자하였다. <고조본기(高祖本紀)>에서는 유방(劉邦)이 황제가 된 뒤 미앙궁(未央宮)의 앞 전각에서 열린 연회 석상에서 문무백관들을 마주하고서 득의양양하게 부친인 유태공(劉太公)에게 "애초에 부친께서는 늘 저를 쓸모없는 인간으로, 재산을 모을 능력도 없어 중형(仲兄)만 못하다 하셨소. 지금 제가 이룬 성취가 중형과 견주어 누가 더 낫습니까?"(始, 大人常以臣無賴, 不能治産業, 不如仲力. 今某之業所就, 孰與仲多?)라고 한 것을 기술하고 있는데, 짤막한 몇 마디의 말은 "천명을 받아 황제가 된"(受命而帝) 고조 유방의 무뢰한 성품을 사람들 앞에 드러내 보인다.

≪사기≫는 또 중국의 각 형제 민족이 서로 왕래한 역사를 기록하고 있다. <흉노열전(匈奴列傳)>에서는 "흉노는 그 선조가 하후씨의 후손이다"(匈奴其先祖夏后氏之苗裔也)고 하고, <하본기(夏本紀)>에서는

"우임금은 황제의 현손이고 전욱의 손자이다"(禹者黃帝之玄孫, 而帝顓頊之孫也)라고 하였다. 흉노는 하(夏)나라 우(禹)임금의 후손이고 하나라 우임금은 황제(黃帝)의 현손이니, 흉노족과 한족은 모두 황제의 자손이 되는 셈이다.

≪사기≫는 고도의 사상성을 표현하고 있을 뿐만 아니라, 높은 수준의 예술성도 갖추고 있다.

사마천은 중대한 역사 사건을 통하여 인물의 성격적 특징과 정신상태를 묘사하는데 뛰어났다. <항우본기(項羽本紀)>는 8천여 자 밖에 안 되지만 111명의 인물을 묘사하고 있는데, 그중 항우(項羽), 유방(劉邦), 장량(張良), 번쾌(樊噲) 등은 인물의 성격이 매우 선명하여 사람들에게 깊은 인상을 남겨준다. 이 글은 항우 일생의 중대한 활동을 줄거리로 하여, 소년 시절부터 성인 시기까지, 의거를 할 때부터 성공할 때까지, 패권을 잡은 때부터 실패할 때까지의 모든 비극적인 역사를 진실되게 기록하고 있다. '거록에서의 전투'(巨鹿之戰), '홍문에서의 잔치'(鴻門宴), '해하에서의 포위'(垓下之圍)는 이 글의 세 클라이막스이다. '거록에서의 전투'는 전체 글의 하이라이트의 하나이다.

항우가 이미 경자관군(卿子冠軍)을 죽인 뒤에, 위엄이 초(楚)나라에 진동하고 이름이 제후에게 소문이 났다. 이에 당양군(當陽君)과 포장군(蒲將軍)을 파견하여 졸병 2만을 거느리고 황하를 건너서 거록(鉅鹿)을 구하게 하였다. 싸움이 불리하자, 진여(陳餘)가 다시 군대를 청하였다. 항우는 모든 병사를 이끌고 직접 황하를 건너간 뒤, 모든 배를 가라앉히고, 솥과 시루를 깨뜨리고, 장막을 다 태우고, 삼일 분의 군량만 휴대함으로써, 사졸에게 반드시 죽어 한 명도 돌아오지 않겠다는 결심을 보였다. 이에 거록에 도착하자마자 왕리(王離)를 포위하고 진

(秦)나라 군대와 마주쳐서 아홉 번 싸워 그 양쪽으로 담을 쌓은 복도를 끊고 크게 격파하여 소각(蘇角)을 죽이고 왕리(王離)를 사로잡으니, 섭간(涉間)은 초나라에 항복하지 않고 스스로 불타죽었다.

바로 이때에는 초나라 군대가 제후 군대 가운데에서 으뜸이었다. 거록을 구하러 온 제후군이 십여 진영이나 되었지만, 어느 누구도 감히 병사들을 풀어놓지 못하였다. 초나라 군대가 진나라 군대를 격파하는 것을 여러 장수가 모두 자기 진영에서 바라보았다. 초나라 병사 한 명이 열 사람을 당하지 않는 법이 없고 초나라 병사의 고함소리가 하늘을 울리니, 제후 군사로 두려워하지 않는 이가 없었다. 진나라 군대를 격파한 뒤에 항우가 제후 장수를 불러 보고자 하니, 이들이 항우의 군영 문으로 들어올 때 무릎으로 기어 앞으로 나아오지 않는 자가 없고, 아무도 감히 쳐다보지 못했다. 이로부터 항우가 비로소 제후군의 상장군(上將軍)이 되고, 제후들이 모두 그 밑에 예속되었다.

(項羽已殺卿子冠軍, 威震楚國, 名聞諸侯. 乃遣當陽君、蒲將軍將卒二萬渡河, 救鉅鹿. 戰少利, 陳餘復請兵. 項羽乃悉引兵渡河, 皆沈船, 破釜甑, 燒廬舍, 持三日糧, 以示士卒必死, 無一還心. 於是至則圍王離, 與秦軍遇九戰, 絶其甬道, 大破之, 殺蘇角, 虜王離. 涉間不降楚, 自燒殺.

當是時, 楚兵冠諸侯. 諸侯軍救鉅鹿下者十餘壁, 莫敢縱兵. 及楚擊秦, 諸將皆從壁上觀. 楚戰士無不一以當十, 楚兵呼聲動天. 諸侯軍無不人人惴恐. 於是已破秦軍, 項羽召見諸侯將, 入轅門, 無不膝行而前, 莫敢仰視. 項羽由是始爲諸侯上將軍, 諸侯皆屬焉.)

이상의 두 단락은 매우 호쾌한 필치로 봉기군의 젊은 우두머리인 항우의 단호하고 과감하고 용맹스런 정신과 군사 지휘 능력을 표현했을 뿐 아니라, 그가 이끄는 봉기군의 강대한 위엄과 역량도 나타내고 있다.

사마천은 세세하고 사소한 세부 묘사를 통하여 역사 인물의 성격적 특징을 묘사하는 데 뛰어났다. <이사열전(李斯列傳)>의 첫머리를 보자.

> 이사가 소시 적에 군의 말단 관리가 되었을 때, 관사의 화장실 안에 있는 쥐가 더러운 것을 먹다가 사람이나 개가 가까이 가면 자주 놀라고 겁내는 것을 보았다. 이번에는 창고에 들어가 창고 속에 있는 쥐들을 보았는데 가득 쌓여 있는 곡식을 먹으며 커다란 집속에 살면서도 사람이나 개에게 발각될 염려가 없었다. 그리하여 이사는 탄식하며 말하였다. "사람의 현명하고 못남은 비유하자면 저 쥐와 같은 것으로 스스로 처하는 곳에 달렸을 따름이로다!"
>
> (年少時爲郡小吏, 見吏舍厠中鼠食不潔, 近人犬, 數驚恐之. 斯入倉, 觀倉中鼠, 食積粟, 居大廡之下, 不見人犬之憂. 於是李斯乃歎曰 : "人之賢不肖, 譬如鼠矣, 在所自處耳!")

'이사가 쥐를 보고 탄식한'(李斯嘆鼠) 사소한 세목을 통하여 이기적이고 봉록과 지위를 탐하는 이사의 성격적 특징을 형상적으로 나타내었다. <만석군장숙열전(萬石君張叔列傳)>을 보자.

> 석건(石建)이 낭중령(郎中令)을 지낼 때 상소문을 올렸는데, 문서에 의견이 적혀 내려왔다. 석건이 그것을 읽어보고는 "글자를 틀리게 썼구나. '마(馬)'자는 꼬리를 표시한 획까지 다섯 획이 되어야 할 것인데, 이제 보니 네 획으로 한 획이 부족하다. 황제께서 문책하시어 사형에 처할 것 같다"고 하며, 매우 두려워하였다. 그가 삼가 조심스러워함은 다른 일에 있어서도 다 그러하였다. 만석군(萬石君)인 석분(石奮)의 막내아들 석경(石慶)이 태복(太僕)이 되어 임금의 수레를 몰고 외출

하게 되었다. 임금이 묻기를 "수레에 몇 필의 말이 끄느냐?"고 하였다. 석경이 채찍으로 말을 다 세어보고, 손을 들고 말하기를 "여섯 필입니다"라고 하였다. 석경은 여러 아들 중에서 그 성품이 가장 소탈한 편이었는데도 오히려 이와 같았다.

(建爲郎中令, 書奏事, 事下, 建讀之, 曰 : "誤書! 馬字與尾當五, 今乃四, 不足一. 上譴死矣!" 甚惶恐. 其爲謹愼, 雖他皆如是. 萬石君少子慶爲太僕, 御出, 上問"車中幾馬?", 慶以策數馬畢, 擧手曰 : "六馬." 慶於諸子中最爲簡易矣, 然猶如此.)

'석건이 글자를 잘못 쓰거나'(石建誤書) '석경이 말을 세어본'(石慶數馬) 것과 같이 세세하고 사소한 일을 통하여 석분(石奮) 일가의 '온순하게 행동하고 삼가 효도하는'(馴行謹孝) 성격적 특징과 그들이 관직에 있으며 처세하는 신중한 태도를 표현하였다.

사마천은 또 인물의 신분에 부합하는 개성적인 언어를 골라 취하는 데 뛰어나서, 인물의 성격적 특징과 심리 상태를 핍진하게 전달하였다. <진섭세가>에서는 진섭이 남에게 고용되어 농사일을 할 때 다른 머슴살이들에게 탄식하여 "아! 뱁새가 어찌 기러기와 고니의 뜻을 알리요!"(嗟乎! 燕雀安知鴻鵠之志哉!)라고 말한 것을 써서, 그가 평소에 큰 뜻을 품고 있었으므로 훗날 중국 역사상 최초로 농민 봉기를 일으킨 인물이 되었음을 표현하였다. <항우본기>에서는 항우가 회계(會稽)에서 진시황이 순행하는 것을 구경하다가 자신도 모르게 입에서 "내가 저자를 대신할 거야!"(彼可取而代也!)라고 말한 것을 쓰고 있는데, 이처럼 호쾌하고 솔직하나 지략이 모자라는 성격적 특징은 항우의 일생에 일관되게 나타나 있다. <고조본기>에서는 유방이 함양(咸陽)에서 진시황이 순행하는 것을 보고 "크게 탄식하여 이르기를 '아! 대장부는 마땅히 저와 같아야지!'"(喟然太息曰 : "嗟乎! 大丈夫當如此也!")라고 한 것으로, 가슴속에 포부를 품고 권세를 부러워하는 유방의 성격적 특징을 정확하게 전달하였다. 이상 세 문장의 독백은 각각 세 인물의 서로 다른 성격적 특징이 상호 뒤바뀔 수 없는 것임을 나타내준다.

이 밖에 사마천은 민요나 속담과 속어를 다량으로 끌어와 역사 사건과 역사 인물에 대한 인식을 한층 더 심화시켰다. <이장군열전>에서는 "복숭아와 오얏은 말이 없으나 그 아래에는 저절로 길이 생긴다"(桃李不言, 下自成蹊)는 속담을 인용하여 이광의 인품이 고상함을 비유하였다. <영행열전(佞幸列傳)>에서는 "힘써 농사일하는 것은 풍년을 만나는 것만 못하고, 벼슬생활 잘하는 것은 뜻이 통하는 군주를 만나는 것만 못하다"(力田不如逢年, 善仕不如遇合)라는 말을 인용하여, 간신들이 아첨하여 총애를 얻는 추악한 행위를 풍자하였다.

≪사기≫는 높은 수준의 사상성과 예술성을 완벽하게 결합시켜 강렬한 예술적 효과를 자아내고 있다. 이를테면 명대(明代)의 문학가인 모곤(茅坤 : 1512-1601)이 "협객들의 전기를 읽으면 생명을 가벼이 여기고 싶어지고, 굴원과 가생의 전기를 읽으면 눈물을 흘리고 싶어지고, 장주와 노중련의 전기를 읽으면 세상을 피하여 은둔하고 싶어지고, 이광의 전기를 읽으면 힘써 싸우고 싶어지고, 석건의 전기를 읽으면 몸을 낮추어 겸손해지고 싶어지고, 신릉군과 평원군의 전기를 읽으면 인재를 기르고 싶어진다"(讀<游俠傳>卽欲輕生, 讀<屈原>、<賈生傳>卽欲流涕, 讀<莊周>、<魯仲連傳>卽欲遺世, 讀<李廣傳>卽欲力鬪, 讀<石建傳>卽欲俯躬, 讀<信陵>、<平原君傳>卽欲養士 : 노신의 ≪한문학사강요≫에 보임)고 한 것이 바로 이를 잘 말해주고 있다.

≪사기≫는 위대한 역사 저술로, 중국 문학사에서 높은 지위를 점

하며 후세에 매우 큰 영향을 끼쳤다. 송(宋)나라의 정초(鄭樵 : 1103-1162)는 <통지총서(通志總序)>에서 "백대 이후로 사관들은 그 필법을 바꿀 수 없고, 학자들은 그 책을 버릴 수 없었다"(百代而下, 史官不能易其法, 學者不能舍其書)고 하였다. ≪사기≫ 이후 ≪한서(漢書)≫에서 ≪청사고(淸史稿)≫까지 25종의 단대사(斷代史)는 대부분 ≪사기≫의 필법을 모방하였다. ≪동주열국지(東周列國志)≫와 ≪서한통속연의(西漢通俗演義)≫등의 소설은 ≪사기≫에서 직접 소재를 취하였다. 당대(唐代) 전기(傳奇)에서부터 명청(明淸) 소설의 창작에 이르기까지 모두 직접적으로 ≪사기≫의 영향을 받았다. ≪사기≫에서 소재를 취한 유명한 희극인 <조씨고아(趙氏孤兒)>, <장상화(將相和)>, <홍문연(鴻門宴)>, <패왕별희(霸王別姬)> 등은 끊임없이 희극 무대에서 상연되고 있다.

중국산문사에서 ≪사기≫는 더더욱 오랜 세월에 걸쳐 광범위한 영향을 끼쳤다. 당송팔대가(唐宋八大家)의 산문에서 명청(明淸) 고문파(古文派)의 산문에 이르기까지 거의 대부분 ≪사기≫를 본받았다. ≪사기≫는 중국산문사에서 최고봉에 이른 찬란하게 빛나는 걸작으로, 노신이 "역사가의 절창이며, 운을 밟지 않은 <이소>"(史家之絶唱, 無韻之離騷)라고 일컬은 것은 천추의 정설이라고 할 수 있다.

사마천 이후에 서한 산문의 발전은 저조해졌다. 서한 후기의 비교적 특색 있는 산문 작가는 환관과 유향이다.

환관(桓寬 : 생졸년 미상)은 서한 시기의 여남(汝南 : 지금 河南省 上蔡縣) 사람으로, 자는 차공(次公)이다. 그의 ≪염철론(鹽鐵論)≫은 독특한 정치 평론 산문이다. 한나라 소제(召帝) 때 조정에서 60여 명이 참가

하여 소금과 철의 국영화와 주류의 전매 등 경제 정책 문제를 토론하는 회의가 한차례 개최되었다. 환관은 회의의 문건에 근거해 손질하고 요약하여 ≪염철론≫ 60편을 썼다. 이 책은 서한 중엽의 경제 사상에 관한 사료를 많이 보존하고, 빈부가 고르지 못한 사회현상을 반영하기도 한다. 작자는 60여 명의 토론과 반박을 '어사대부(御史大夫)'와 '현량문학(賢良文學)' 쌍방의 대화로 요약하고, 인물의 성격을 생생하게 묘사하여 문학적 색채가 상당히 풍기도록 했다.

유향(劉向 : 77-6 B. C.)은 본명이 갱생(更生)이고 자는 자정(子政)이며 패(沛 : 지금 江蘇省 沛縣) 사람인데, 서한 후기의 산문 작가요 경학자이자 목록학자이다. 그는 무려 20여 년 동안 고대 서적의 교정과 정리 작업에 종사하여, 학술 문화 방면에 중요한 공헌을 하였다. 저서로는 ≪신서(新序)≫, ≪설원(說苑)≫, ≪열녀전(列女傳)≫, ≪열선전(列仙傳)≫ 등이 있다.

≪신서≫와 ≪설원≫은 유향이 춘추 · 전국에서 진한 시기까지의 많은 역사 이야기와 민간 전설에 근거하여 편집하고 완성한 책으로, 그 중의 일부 편과 장들은 높은 문학적 가치를 지니고 있다. 예를 들면 ≪신서 · 손숙오(孫叔敖)≫에서는 어린 시절 손숙오가 머리가 둘 달린 뱀을 죽여 땅에 묻은 이야기를 통하여 자신을 희생해서 남을 보호하는 데 거리낌이 없는 그의 고귀한 성품을 찬양하였다. ≪신서 · 섭공호룡(葉公好龍)≫에서는 허황된 말들을 좋아하면서 실제에 힘쓰지 않는 사람을 풍자하고 있는데, 우언의 색채가 풍부하여 오늘날에 이르기까지 사람들이 이 이야기를 자주 인용하고 있다. ≪신서 · 조양자음주(趙襄子飮酒)≫, ≪설원 · 괘우두매마육(掛牛頭賣馬肉)≫ 등의 이야기는 소

설적인 맛이 매우 풍부하다. ≪열녀전≫은 한나라 이전 여자들의 행적을 기록한 것인데, 그중에서 <제상어처(齊相御妻)>, <조장괄모(趙將括母)> 등의 편들은 내용이 건전하고 이야기가 감동적이며 소설적인 맛도 물씬 풍긴다.

이 밖에 서한 시기에는 몇몇 편지글이 있는데, 이를테면 추양(鄒陽)의 <옥중상양왕서(獄中上梁王書)>, 사마천의 <보임안서(報任安書)>, 양운(楊惲)의 <보손회종서(報孫會宗書)> 등과 같은 것은 유명한 산문 작품이기도 하다.

동한(東漢) 전기의 대표적인 역사 산문 저작은 반고의 ≪한서(漢書)≫이다. 반고(班固 : 32-92)는 자가 맹견(孟堅)이고, 부풍(扶風) 안릉(安陵 : 지금 陜西省 咸陽縣) 사람이다. 그는 어려서 총명하고 배우기를 좋아했으며, 9세 때 글을 지을 수 있고 16세 때 태학(太學)에 들어가 뭇 서적들을 두루 탐독하였다. 26세 때 부친의 유업을 계승하여 개인적으로 ≪한서≫를 집필하기 시작하였다. 어떤 사람이 그가 사사로이 나라의 역사를 고치려 한다는 상소를 올려 고발한 일로, 체포되어 투옥된 적이 있었다. 그의 아우인 반초(班超)가 상소문을 올려 변론하자, 한나라 명제(明帝)가 ≪한서≫의 초고를 읽어 보고는 반고를 칭찬하며 그에게 큰 상을 내리고 난대영사(蘭臺令史)로 삼았다. 그리하여 그는 황제의 조칙을 받들고 ≪한서≫를 계속 집필하게 되었다. 20년에 걸친 심사숙고와 각고의 노력 끝에 ≪한서≫는 거의 완성되었다. 다만 '8표(八表)'와 <천문지(天文志)>는 그가 죽은 뒤에 누이동생인 반소(班昭)와 동향 사람인 마속(馬續)의 손에 의해 씌어졌다.

≪한서≫는 중국 최초의 기전체(紀傳體) 단대사(斷代史)이다. 체제는 대체로 ≪사기≫와 일치하는데, 다만 '서(書)'를 '지(志)'로 고치고 '세가(世家)'를 없애서 '열전(列傳)'에 집어넣었을 뿐이다. 12본기(本紀), 8표(表), 10지(志), 70열전(列傳) 등 합계 100편, 80여 만자로, 한나라 고조 유방에서 왕망(王莽) 시기에 이르기까지 229년간의 역사를 기술하고 있다. ≪한서≫ 전반부(한나라 무제 이전)의 역사적 사실은 대부분 ≪사기≫의 원문을 그대로 따오고, 후반부는 대부분 작자가 새로 썼다. ≪한서≫는 또 많은 사부(辭賦) 작품과 편지글이나 상소문 및 학술 논저들을 옮겨 적어놓아, 많은 중요한 글들이 후세에 전해질 수 있도록 하였다. 특히 '10지'는 법령 제도와 학술 문화의 역사를 기록하였는데, ≪사기≫의 '8서'에 비해 자료가 훨씬 더 풍부하고 자세하다. ≪한서≫의 사상적 의의와 예술적 성취는 비록 ≪사기≫만 못하나, 작자의 집필 태도가 근엄하고 객관적 사실을 중시하였으며, <주매신전(朱買臣傳)>, <진만년전(陳萬年傳)>, <곽광전(霍光傳)> 등과 같은 많은 인물 전기도 대단히 성공적으로 씌어졌다.

<소무전(蘇武傳)>은 ≪한서≫중에서 가장 유명한 인물 전기이다. 그것은 소무(蘇武)가 왕명을 받들고 흉노(匈奴)에 사신으로 갔다가 흉노왕에게 19년 동안 억류당해 있으면서 오랜 세월 동안 투쟁을 고수한 매우 감동적인 행적을 묘사하였다. 그중에서 '눈을 먹고 담요를 삼키며'(齧雪呑旃), '북해에서 양을 친'(北海牧羊) 이야기는 널리 전해지고 있다.

(선우는) 이에 소무를 가두었는데, 곡식 저장 굴속에 집어넣고는 음식을 전혀 주지 말도록 하였다. 하늘에서 눈이 내리자 소무는 누운

채 눈을 먹고 담요 털과 함께 삼켰지만, 며칠이 지나도 죽지 않자 흉노는 신이라 여겼다. 이에 사람이 살지 않는 북해로 옮겨서 숫양을 치게 하고는 숫양이 새끼를 낳으면 돌려보내 주리라 했다. 부하인 상혜(常惠) 등은 다른 곳에 따로 떼어 놓았다. 소무는 북해의 바닷가에 도착한 뒤 식량이 오지 않자 굴을 파서 들쥐를 뒤지고 풀씨를 따서 먹었다. 한나라 사신의 부절을 짚고 다니며 양을 쳤는데, 자나 깨나 손에 쥐고 있어 부절에 붙어 있던 물소 꼬리가 다 떨어져 나갔다.

((單于)乃幽武, 置大窖中, 絶不飮食. 天雨雪, 武臥齧雪, 與旃毛幷咽之, 數日不死, 匈奴以爲神. 乃徙武北海上無人處, 使牧羝, 羝乳乃得歸. 別其官屬常惠等, 各置他所. 武旣至海上, 廩食不至, 掘野鼠去草實而食之. 杖漢節牧羊, 臥起操持, 節旄盡落.)

상세하고 섬세한 묘사는 소무의 지극히 힘들고 빼어난 투쟁정신을 두드러지게 하고, 조국과 민족에게 충성하는 소무의 영웅 형상을 잘 그려내었다.

직접적인 묘사 이외에 작자는 또 위율(衛律)과 이릉(李陵)을 통해 소무의 영웅 형상이 더욱 돋보이게 하였다. '위율이 투항을 권유하는'(衛律誘降) 단락은 매우 선명하고 생생하게 씌어져 있다.

위율이 말한다.

"소군! 내가 일찍이 한나라를 배반하고 흉노에 귀순했지만 다행히 큰 은혜를 입고 호를 하사받아 왕으로 불리며, 다스리는 백성이 수만이고 기르는 말이 산에 가득하니 이와 같이 부유하고 존귀하다오! 소군도 오늘 항복하기만 한다면 내일은 또 그렇게 될 것이오. 헛되이 몸을 던져 초원의 거름이 된다 한들 누가 다시 알아줄 것이오?"

소무는 대꾸조차 하지 않았다.

위율이 다시 말한다.

"그대가 나로 인해 항복한다면 나는 그대와 형제가 될 것이오. 지금 내 생각을 따르지 않는다면 뒤에 나를 다시 만나려 한들 이루어질 수 있겠소?"

소무는 위율을 꾸짖어 말한다.

"당신은 다른 사람의 신하와 자식이면서도 은애와 의리를 생각지 않고 임금을 배신하고 부모를 저버리고서 오랑캐에게 붙잡혀 항복했으니, 무엇 때문에 다시 당신 같은 자를 만나려 하겠소!……"

(律曰 : "蘇君, 律前負漢歸匈奴, 幸蒙大恩, 賜號稱王, 擁衆數萬, 馬畜彌山, 富貴如此. 蘇君今日降, 明日復然. 空以身膏草野. 誰復知之!" 武不應. 律曰 : "君因我降, 與君爲兄弟, 今不聽吾計, 後雖欲復見我, 尙可得乎?" 武罵律曰 : "汝爲人臣子, 不顧恩義, 畔主背親, 爲降虜於蠻夷, 何以汝爲見!……")

여기에서 적에게 빌붙어 치욕을 영예로 여기는 위율의 추악한 형상을 반면으로 묘사하여, 재물과 녹봉에 유혹되지 않고 민족의 기개와 절개를 지킨 소무의 고상한 지조를 더욱 돋보이게 하였다.

'이릉이 항복을 권하는'(李陵勸降) 단락도 마찬가지로 매우 근사하게 씌어져 있다.

얼마 후 선우(單于)는 이릉(李陵)을 북해의 바닷가로 파견하여 소무를 위하여 주연을 베풀고 음악을 연주하게 했다. 분위기를 틈타 이릉이 소무에게 말한다.

"선우께서는 내가 평소에 자경(子卿 : 蘇武의 字)과 친한 사이임을 알고 계시기 때문에 나를 파견하여 그대를 설득하라고 하셨으니, 이는 선우께서 마음을 비우고 그대를 대우하고자 함입니다. 그대는 어차피 한나라로 돌아가지 못할진대 헛되이 아무도 없는 외로운 땅에서 스스로를 괴롭힌들 그 신의를 누가 알아나 주겠습니까? 이전에 장군(長君 : 蘇武의 형인 蘇嘉의 字)께서 폐하를 수행하여 옹(雍)의 역양궁(棫陽宮)에 갔을 때 수레를 붙잡고 문 안의 돌층계를 내려가다가 기둥에 부딪쳐 수레끌채를 부러뜨린 적이 있는데, 큰 불경죄로 몰려 칼로 스스로 목을 찔러 죽자 2백만 전을 하사하여 장사지내게 하셨습니다. 유경(孺卿 : 蘇武의 동생인 蘇賢의 字)이 하동(河東)에서 후토제(后土祭)를 지내러 가는 폐하를 수행할 때 환기(宦騎)가 황문부마(黃門駙馬)와 배를 다투다가 황문부마를 떠밀어 황하에 빠져죽게 했습니다. 환기가 달아나자 유경에게 조칙을 내려 추격하여 붙잡게 했지만, 붙잡지 못하자 유경은 황공하여 독약을 마시고 죽어 버렸습니다. 그대가 여기로 올 무렵 태부인(太夫人 : 蘇武의 모친)께서는 이미 돌아가시어 제가 양릉(陽陵)까지 장송을 하였습니다. 자경의 부인은 아직 젊어 이미 재가했다고 합니다. 여동생 두 분과 두 따님과 아드님 하나밖에 남아 있지 않았으나, 그것도 이제 또 10년이 지났으니 생사조차 알 길이 없습니다. 사람의 목숨이란 아침 이슬과 같은 것인데, 왜 이렇듯 오랫동안 고생만 하고 지내려 하십니까? 저도 항복하고 얼마동안은 멍청하여 미친 사람과 같았습니다. 한나라를 배반했다는 사실 때문에 가슴이 아픈데다가 노모께서 궁중의 옥에 갇혀 있었으니, 지금 자경께서 항복하지 않으려 하신다지만 착잡한 심정이 어찌 저보다 더하시겠습니까! 게다가 폐하께서는 이미 연로하시어 법령에 원칙이 없는지라 대신 중에는 죄가 없는 데도 일가족이 몰살된 자가 수십 명에 이르니 안위를 알 수 없습니다. 자경께서는 도대체 누구를 위하여 돌아가려 하십니까? 제발 내 말을 따르시오, 아무 말씀 하지 마시고."

소무가 말한다.

"우리 부자는 아무 공덕이 없는데도 폐하의 은혜를 입어 모두 장군의 자리에 서고 통후(通侯)의 작위를 받아, 형제들은 모두 폐하를 가까이서 모실 수 있었으니 항상 간과 뇌를 땅에 쏟아 충성을 다하기를 바랐소. 지금 목숨을 던져 충성을 다할 수만 있다면 비록 도끼에 찍히거나 가마솥에 삶겨진다 해도 진정으로 달갑고 즐거울 것이오. 신하가 임금을 섬기는 건 자식이 아버지를 섬기는 것과 같을진대, 자식으로 아버지를 위해 죽은들 억울할 것 없소이다. 부디 다시는 아무 말하지 마시오."

이릉은 소무와 더불어 수일간 더 술 마시고 지낸 다음 다시 말한다.

"자경께서는 한번만 더 내 말을 들어 보시오."

소무가 말한다.

"나는 이미 죽은 지 오래되었다고 생각하오. 그대가 꼭 나를 항복시키려 한다면, 오늘 하루 즐거운 자리를 파하고 그대의 앞에서 시원스레 죽어 보이겠소!"

이릉은 소무의 지극한 충정을 보고 서글피 한숨을 쉬며 탄식하여 말한다.

"아아! 의로운 사람이로다! 나와 위율의 죄는 하늘에 알려질 것이다."

그로 인하여 눈물이 옷깃을 적시며 이릉은 소무에게 작별을 고하였다.

(久之, 單于使陵至海上, 爲武置酒設樂, 因謂武曰 : "單于聞陵與子卿(蘇武字)素厚, 故使陵來說足下, 虛心欲相待. 終不得歸漢, 空自苦亡人之地, 信義安所見乎? 前長君(蘇武兄蘇嘉)爲奉車, 從至雍棫陽宮, 扶輦下除, 觸柱折轅, 劾大不敬, 伏劍自刎, 賜錢二百萬以葬. 孺卿(蘇武弟蘇賢)從祠河東后土, 宦騎與黃門駙馬爭船, 推墮駙馬河中溺死. 宦騎亡, 詔使孺卿逐捕, 不得, 惶恐飮藥而死. 來時, 大夫人已不幸, 陵送葬至陽陵. 子卿婦年少, 聞已更嫁矣. 獨有女弟二人, 兩女一男, 今復十餘年, 存亡不可知. 人生如朝露, 何久自苦如此! 陵始降時, 忽忽如狂, 自痛負漢, 加以老母繫保宮, 子卿不欲降, 何以過陵? 且陛下春秋高, 法令亡常, 大臣亡罪夷滅者數十家, 安危不可知. 子卿尙復誰爲乎? 願聽陵計, 勿復有云." 武曰 : "武父子亡功德,皆爲陛下所成就, 位列將, 爵通侯, 兄弟親近, 常願肝腦塗地. 今得殺身自效, 雖蒙斧鉞湯鑊, 誠甘樂之. 臣事君, 猶子事父也 ; 子爲父死, 亡所恨. 願勿復再言!" 陵與武飮數日, 復曰 : "子卿壹聽陵言." 武曰 : "自分已死久矣! 王必欲降武, 請畢今日之驩, 效死於前!" 陵見其至誠, 喟然歎曰 : "嗟乎, 義士! 陵與衛律之罪, 上通於天!" 因泣下霑衿, 與武決去.)

이릉에 대한 작자의 묘사는 아주 적절한 편인데, 그가 비록 위율처럼 간을 빼주듯 적을 섬기지는 않지만 개인의 득실과 가문의 영욕을 중시하고 국가와 민족을 경시하는 의식은 매우 심각하다. 정기가 늠름한 소무의 면전에서 그는 흐느껴 눈물 흘리며 자신의 추악함을 부끄러워하지 않을 수 없었다. 이것은 바로 변함없는 충정을 지녀 사사로운 정 때문에 흔들리지 않는 소무의 애국정신을 더욱 더 돋보이게 한다.

≪한서≫는 상세함과 간략함의 취사선택에 유의하고 구성에 빈틈이 없으며, 서사가 상세하고 세밀하다. 또 언어가 간결하고 정연하며, 대구의 성분을 많이 지녀서 그 나름대로의 독특한 특색을 갖추고 있다. 후세 사람들은 ≪한서≫를 높이 평가하여 늘 '사기와 한서'(史(記)·漢(書))라고 병칭하였다. 유명한 산문 작가인 유종원(柳宗元 : 773-819)과 소식(蘇軾 : 1037-1101) 등은 모두 ≪한서≫에 정통하였고, 송대(宋代)의 강서파(江西派) 시인인 황정견(黃庭堅 : 1045-1105)은 "사흘 동안 ≪한서≫를 읽지 않으면 속된 기운이 사람에게 닥쳐오는 것이 느껴진다"(三日不讀漢書, 便覺俗氣逼人)고 했다. ≪한서≫는 ≪사기≫의 뒤를 이어 높은 성취를 이룩한 전기문학 총집의 하나로, 2천년 동안 중국 산문의 발전에 큰 영향을 끼쳤다.

동한(東漢) 전기의 이치를 설파한 산문은 왕충의 ≪논형(論衡)≫이 대표작이다. 왕충(王充 : 27-101?)은 자가 중임(仲任)이고, 회계(會稽 : 지금 浙江省 上虞縣) 사람이다. 그는 ≪논형 · 자기(自紀)≫에서 자신의 가계, 생애, 사상 및 그가 쓴 ≪논형≫ 등 책의 요지를 서술하였다. 왕충은 출신이 미천하였지만 각고의 노력을 기울여 공부하였다. ≪후한서(後漢書) · 왕충전≫의 기록에 따르면 "(왕충은) 집안이 가난해 책이 없어 늘 낙양의 저자 거리를 돌아다니면서 팔려고 내놓은 책을 읽었는데, 한번 보면 바로 암송하고 기억하여 마침내 수많은 학파와 온갖 사상가들의 주장에 두루 통달하게 되었다"((王充)家貧無書, 常游洛陽市肆, 閱所賣書, 一見輒能誦憶, 遂博通衆流百家之言)고 한다. 그는 30년의 정력을 쏟아 부어 ≪논형≫ 85편을 완성하였는데, 철학, 정치, 종교, 문화 등 각 방면의 문제를 언급하고 있다. 이 책의 근본 사상은 '허망함을 싫어하는'(疾虛妄) 것으로, 선진(先秦)과 양한(兩漢) 이후 중국 유물주의 발전의 중요한 단계를 보여준다. ≪논형≫은 당시의 통치계급이 주장한 참위학(讖緯學) 등 미신 사상과 일부 전통 관념을 대담하고 깊이 있게 비판하였다. <정귀(訂鬼)>편은 그중에서 미신 사상을 반대한 것으로 유명하다. '정귀'는 귀신의 존재 여부 문제를 논평한 것이다. 그 글에서 "귀신이 있다면 사람이 죽은 뒤에 정신이 그렇게 되는 것이 아니라, 다 사람이 생각하여 상상 속에 담아둔 소치이다"(有鬼, 非人死精神爲之也, 皆人思念存想之所致也)라고 했다. 이는 바로 사람이 죽으면 귀신으로 변한다고 생각하는 세상 사람들의 미신 사상을 타파한 것이다. <자기(自紀)>, <일문(佚文)>, <초기(超奇)>, <예증(藝增)> 등의 편은 왕충의 진보적인 문학관을 반영하고 있다. 그는 <자기>편에서 당시의 문단이 모방을 일삼으며 옛것을 중시하고 현재의 것을 경시하는 나쁜 경향을 반대하고, 개혁하고 새 것을 창조해야 한다는 주장을 분명하게 제기하였다. 그는 <일문>편에서 "글이 어찌 한갓 먹을 찍어 붓을 놀리는 것만으로 아름다운 볼거리를 만들 수 있는 것이겠는가! 사람의 행동을 싣고, 사람의 이름을 전해야 한다. 선한 사람은 실리기 원하여 선행에 힘쓸 생각을 하고, 사악한 사람은 실리기 싫어하여 애써 악행을 금하고 줄인다"(文豈徒調墨弄筆, 爲美麗之觀哉? 載人之行, 傳人之名也. 善人願載, 思勉爲善 ; 邪人惡載, 力自禁裁)고 하여, 문학은 반드시 '권선징악(勸善懲惡)', 곧 '선을 권하고 악을 징벌하여' 좋지 못한 기풍을 바꾸는 데 기여해야 한다고 여겼다. 그는 또 <자기>편에서 "세상에 유용한 것은 백 편이라도 해로울 게 없지만, 세상에 쓸모가 없는 것은 한 장이라도 보탬이 없다"(爲世所用者, 百篇無害 ; 不爲用者, 一章無補)고 하여, 문학은 마땅히 실용을 중시하고, 허망하고 화려한 것을 반대해야 한다고 했다. <초기>편에서는 또 문학은 "안과 밖, 겉과 속이 자연스레 서로 부합해야 한다"(外內表裏, 自相副稱)고 주장하여, 문학의 내용과 형식이 반드시 통일되도록 힘써야 함을 강조하였다. 왕충의 이러한 문학관은 후대의 문학이론에 매우 큰 영향을 끼쳤다.

≪논형≫은 창작 방법면에서도 특색이 있다. 폭넓은 비유와 반복적인 추리 및 다방면에 걸친 논증은 선진의 제자산문, 특히 묵자(墨子)와 순자(荀子) 산문의 전통을 계승한 것으로, 논리가 치밀하여 풍부한 일깨움과 설득력을 함께 갖추고 있다.

동한 후기는 사회가 혼란하고 조정이 부패하여 정치를 논하는 풍조가 성행하였다. 이 때문에 시대의 폐단을 경고하는 정치 평론 산문이 많이 출현했는데, 한나라 말기의 '삼자(三子)'가 가장 유명하다.

왕부(王符 : 85?-162)는 자가 절신(節信)이고 안정(安定) 임경(臨涇 : 지금 甘肅省 鎭原) 사람이며, 한나라 말기의 진보적 사상가요 산문가이다. 그는 출신이 가난하고 보잘 것 없었으나, 열심히 공부하기를 좋아했다. 당시의 어두운 현실에 불만을 품고 은거하여 저술에 몰두하였는데, 대표작은 ≪잠부론(潛夫論)≫이다. 이 책은 10권 36편으로 이루어져 있는데, 나라를 다스리고 백성을 편안하게 하는 방법을 토론한 정치평론문이 대부분이고, 철학적인 문제를 다룬 것은 소수에 불과하다. ≪잠부론≫은 동한 후기의 정치적 암흑과 부패, 관리들의 탐욕과 비열함, 사회 기풍의 타락과 문란을 반대하고, 현명한 인재를 존중하고 유능한 사람을 등용하여 정치를 개혁하며, 농업을 중시하여 백성들을 편안하게 하고 변방을 잘 지켜야 함을 주장하였다. ≪잠부론·부치편(浮侈篇)≫에서는 "왕이 된 사람은 사해를 한 집안으로 여기고 억조창생을 자식으로 여긴다. 한 범부라도 농사짓지 않으면 천하 사람들이 그 만큼의 배고픔을 당하고, 한 아녀자라도 베를 짜지 않으면 천하 사람들이 그 만큼의 추위를 당하게 된다"(王者以四海爲一家, 以兆人爲子. 一夫不耕, 天下受其饑 ; 一婦不織, 天下受其寒)고 하여, 사회생산에 있어서 노동자의 중요한 역할을 명확히 지적하였다. 이 글은 또 한 걸음 더 나아가 귀족들의 호사스런 생활은 노동자를 잔혹하게 착취하는 바탕 위에서 이루어진다는 점을 지적하였다. 왕부의 글은 소박하고 꾸밈이 없으며, 필봉이 예리하고 대구로 늘어놓는 데에 능숙하여 동한 산문 중에서 '빼어난 존재'(佼佼者)로 불려졌다.

최식(崔寔 : ?-170?)은 자가 자진(子眞) 또는 원시(元始)이고 일명 태

(台)라고도 하는데, 탁군(涿郡) 안평(安平 : 지금 河北省에 속함) 사람이다. 대표작은 ≪정론(政論)≫인데, 원서는 본래 6권이었지만 현재는 한 권만 남아 있다. ≪정론≫에서는 "정치가 오염되고 명령이 가벼이 여겨지고, 위아래 할 것 없이 태만하고, 풍속이 시들고 피폐해져 백성들은 교묘한 수단으로 남을 속이는"(政令垢玩, 上下怠懈, 風俗雕敝, 人庶巧僞) 한나라 말의 어두운 현실을 강력하게 비난하고 있다. 중장통은 ≪정론≫을 매우 중시하여 "무릇 군주가 되면, 한 통에 써서 앉는 자리 곁에 두어야 한다"(凡爲人主, 宜寫一通, 置之坐側)고 했다.

중장통(仲長統 : 180-220)은 자가 공리(公理)이고 산양(山陽) 고평(高平 : 지금 山東省 金鄕縣) 사람이며, 한나라 말의 철학자요 정치 평론가이다. 그는 어려서부터 학문을 좋아하고 글재주가 뛰어났으며, 대담하게 직언하고 사소한 일에 구애되지 않았으며, 침묵할 때와 말할 때가 일정하지 않아 사람들로부터 '미치광이 서생'(狂生)으로 불려졌다. ≪후한서 · 중장통전≫에서는 그가 "고금과 시속의 일들을 논설할 때마다 항상 분통을 터뜨리며 탄식하였고, 그로 인하여 논저를 ≪창언(昌言)≫이라고 이름 하였는데, 모두 34편에 10여만 자이다"(每論說古今及時俗行事, 恒發憤歎息, 因著論名曰昌言, 凡三十四篇, 十萬餘言)라고 했다. ≪창언≫은 천명설과 참위의 미신을 반대하여 "인간사가 바탕이고 천명은 말단이다"(人事爲本, 天命爲末)라는 관점을 주장하였다. 안타깝게도 책이 이미 산실되어 <이란(理亂)>, <손익(損益)>, <법계(法誡)>의 3편만 남아 있다. 작자는 <손익>편에서 봉건 통치자들이 "천하의 기름진 음식을 지져 먹고 백성들의 골수까지 착취하며"(熬天下之脂膏, 斲生人之骨髓), "백성을 어육같이 마구 짓밟아 그들의 욕심을 채우고, 뼈와 피를 짜내어 쪄 먹으며 그들의 마음을 즐겁게 한다"(魚肉百姓, 以盈其欲 ; 報蒸骨血, 以快其情)고 날카롭게 지적하여, 통치자의 탐욕스럽고 포악한 착취의 본질을 남김없이 다 들추어내었다. 유희재(劉熙載 : 1813-1881)는 ≪예개(藝概)·문개(文概)≫에서 "≪창언≫은 우뚝 빼어남이 대체로 가장사(賈長沙 : 賈誼)에 가깝다"(≪昌言≫俊發, 略近賈長沙(賈誼))고 하였다. 확실히 왕부와 최식과 중장통의 산문은 모두 가의와 조조의 정치 평론 산문의 훌륭한 전통을 계승하였는데, 사상과 문장의 수사면에서 약간의 손색이 있을 뿐이다.

총체적으로 말하자면 양한 시기는 중국산문 발전의 중요한 단계이다. 사마천의 ≪사기≫는 역사산문의 최고 성취를 보여주며, 후세 전기문학의 모범이 되었다. 양한의 정치 평론 산문은 비록 선진 제자산문처럼 풍부하고 다채롭지는 못하지만, 사회 모순을 깊이 반영하고 있어서 후세의 이치를 설파한 산문에도 적극적인 영향을 끼쳤다.

제4장 위진남북조(魏晉南北朝) 산문(상)

동한(東漢) 말기의 건안(建安) 시대부터 수(隋)나라가 중국을 통일하기까지 약 400년의 기간은 바로 중국문학사에서 통상 위진남북조(魏晉南北朝 : 196-589) 시기로 일컬어진다. 이 시기는 중국이 장기간의 분열과 동요의 국면에 처해 있어서 역사적 상황이 매우 복잡하게 뒤얽혀 있다. 위(魏), 촉(蜀), 오(吳)가 천하를 삼분하였다가 사마씨(司馬氏)의 서진(西晉)에 이르러 단기간 통일되었지만, '팔왕의 난'(八王之亂)이 소수 민족의 궐기를 야기하여 서진의 멸망과 동진의 건국을 초래한 때로부터 남북의 분열과 대치가 시작되었다. 남방의 동진(東晉), 송(宋), 제(齊), 양(梁), 진(陳)은 중국의 한쪽 구석에 안주한 채 반 동강난 산하를 통치하고, 북방은 '오호십육국(五胡十六國)'과 북위(北魏) 탁발씨(拓跋氏)의 통일을 거쳐, 뒤에 또 동위(東魏), 서위(西魏), 북제(北齊), 북주(北周)로 분열되었다. 이 시기에 비록 민족과 계급 및 통치계급 내부의 갈등이 모두 첨예하고 격렬하였지만, 사회는 앞으로 발전해나갔다. 북방은 전란의 과정 속에서 민족의 대융합이 촉진되고, 남방은 상대적으로 안정된 환경 속에서 경제적으로 큰 발전을 이루었다. 장기간의 동요는 사회사상의 급격한 변화를 불러일으켰다. 한(漢)나라 무제(武

帝) 이래로 사상과 정치 영역에서 지속되어온 유가(儒家) 독존의 지위에 동요가 일어났다. 새로운 현실적 요구로 말미암아 명가(名家), 법가(法家), 병가(兵家), 종횡가(縱橫家)의 사상이 모두 정도의 차이는 있지만 새로이 대두하고 활약하기 시작하였다. 서진의 시인 부현(傅玄 : 217-278)은 "위(魏) 무제(武帝 : 曹操를 가리킴)가 법가의 학술을 좋아하니 천하가 다 형명을 중시하였다"(魏武(指曹操)好法術, 而天下貴刑名 : ≪진서(晉書)·부현전(傅玄傳)≫)고 했다. 조조는 일대의 야심 찬 영웅으로, 법가의 사상과 기풍이 매우 분명하게 드러난다. 진(晉)나라 때는 또 노장(老莊)사상이 유행하고, 남조(南朝)에 이르러서는 불교 사상도 널리 전파되었다. 요컨대 건안 시기부터 사상 영역에는 일종의 자유롭고 개방적인 추세가 나타나기 시작하였다.

사상의 활기는 문학의 발전을 선도하였다. 위진남북조는 중국 문학사상 중대한 새로운 진전을 이룬 시기이다. 문학 창작이 점차 사람들의 자각적인 사회활동이 되고, 문학의 사회적 작용과 미학적 가치도 인식하기에 이르러 문학의 개념과 특징도 날로 분명해졌다. 이 시기에 사람들은 문장이 질박하고 꾸밈이 없는 실용문을 '필(筆)'로, 글의 수식이 화려하고 감정을 토로한 문학 작품을 '문(文)'으로 나누어 부르기 시작하였다. '문'과 '필'을 엄격히 구분한 점을 통해, 당시 사람들이 문학의 특징을 강조하고 문장의 예술성을 강구하였음을 알 수 있다.

건안 시기의 산문은 혹자는 위대(魏代)나 삼국(三國) 시기의 산문으로 부르기도 하는데, 양한(兩漢) 시기에 비해 현저하게 발전하고 변화하였다. 노신(魯迅 : 1881-1936) 선생은 <위진 풍격 및 문장과 약과 술의 관계(魏晉風度及文章與藥及酒之關係)>라는 글에서 "한나라 말기와 위나라 초기의 문장은 청준 통탈하다"(漢末魏初的文章是淸峻通脫)고 했다. '청준(淸峻)'은 문장이 '간략하고 엄격공정하다'는 뜻이고, '통탈(通脫)'은 '자연스럽고 아무데도 구애되지 않는' 글쓰기 방법이다. 노신은 "통탈은 제멋대로 하다는 뜻이다"(通脫卽隨便之意)고 했는데, 조조의 산문은 이러한 특색을 전형적으로 체현하였다.

조조(曹操 : 155-220)는 자가 맹덕(孟德)이고 어릴 때 자는 아만(阿瞞)이며, 패국(沛國) 초(譙 : 지금 安徽 亳縣) 사람이다. 동한 말기의 뛰어난 군사 전문가이자 정치가요 문학가이다. 그는 형명(刑名)을 숭상하여 오직 인재만을 등용하고 겸병을 억제하여 세도가에 타격을 주고, 둔전(屯田)을 실시하고 북방을 통일하여 중국 역사의 발전에 중대한 공헌을 하였다. 문학 창작면에서도 그는 제창자이자 작가인데, 노신은 그를 '문장 개조의 창시자'(改造文章的祖師)라고 불렀다. 조조는 담력이 매우 커서 문장을 지음에 꺼리는 바가 없이 마음속에서 생각한 대로 붓끝으로 써내었다. <양현자명본지령(讓縣自明本志令 : 식읍을 돌려주며 일생의 포부를 스스로 밝힌 명령이라는 뜻—옮긴이 주)>은 조조 산문의 대표작으로, 그의 문집에서 유일하게 1,000자가 넘는 글이다. 이 글은 건안 15년(210)에 지어졌는데 조조의 만년에 해당된다. 2년 전에 발발한 적벽(赤壁)에서의 전투는 위, 촉, 오의 삼국이 정립(鼎立)하는 형세를 열었다. 세 나라 가운데 조조의 세력이 가장 컸는데, 그가 "천자를 끼고서 제후를 호령하며"(挾天子以令諸侯) 혼자서 북방의 정권을 한 손에 거머쥐고 북방의 실질적인 최고 통치자가 되자, 한갓 이름뿐인 한(漢)나라 헌제(獻帝) 유협(劉協)은 조조의 손바닥 위에서 놀아나는 꼭두각시에 불과하였다. 조조가 한 걸음 더 나아가 전국을 통일하려는 망상을 하고 있을 때, 어떤 사람은 그가 마음속에 '불손한 뜻'

(不遜之志)을 품고 있다고 하였는데, 이는 그가 한나라 왕조를 찬탈하여 황제를 칭하려고 한 것을 말한다. 조조는 여론의 비난에 대응하기 위하여 이 <양현자명본지령>이란 글을 썼다. 소박하고 자연스러운 글 속에 마음속으로 생각한 것을 숨김없이 있는 그대로 표현하였다. 그는 먼저 자신의 역사적 공적을 서술하여 당시 역사에 끼친 자신의 대단한 역할을 충분히 평가하고, "만약 나라에 내가 없었다면 몇 사람이 황제라 칭하고 몇 사람이 왕이라 칭하였을지 모른다"(設使國家無有孤, 不知當幾人稱帝, 幾人稱王)고 솔직하게 잘라 말하였다. 사실 또한 분명히 이와 같았는데 조조는 일생동안 군무에 분주하면서 할거 세력들을 하나하나 제거하고, 몇몇 야심가들에게 망설이는 마음이 생기게 함으로써 감히 함부로 왕이라 칭하거나 패권을 부르짖지 못하게 하였다. 글은 이어서 한 걸음 더 나아가 경서(經書)를 끌어오고 전고(典故)에 근거하고 옛것을 빌어 현금을 논하여, 속마음을 속속들이 밝힘으로써 자신이 황권을 찬탈하여 자립하려는 야심이 있다는 것을 단연코 부인하였다. 그러나 그는 또 자신의 권력을 결코 가볍게 내놓지는 않을 것임을 명확하게 밝혔다.

그러나 제가 이와 같이 맡았던 병사와 무리를 편의대로 팽개치고 그들을 관리인들에게 되돌려 주고서 무평후(武平侯)의 봉지로 돌아가기를 바라기는 하지만, 정말로 그렇게 할 수는 없습니다. 무엇 때문이겠습니까? 진실로 제가 병영을 떠나면 남에게 화를 입을까 두려워하기 때문입니다. 한편으로는 자손을 위해 계책을 세우고 한편으로는 내가 패하면 국가가 기울어 위태로워질 터인지라, 이 때문에 허울뿐인 이름을 흠모하다가 실질적인 화를 당할 수는 없으니 이것이 할 수 없는 까닭입니다. 이전의 임금께서 은혜로이 세 아들을 제후로 봉하셨을 때 애써 사양하고 받지 않았지만, 지금은 다시 그것을 받고자 합니다. 다시 영화로움을 누리려는 것이 아니라 외부의 원조로 삼아 만인이 편안한 계책으로 삼으려는 것입니다.

(然欲孤便爾委損所典兵衆, 以還執事, 歸就武平侯國, 實不可也. 何者? 誠恐己離兵爲人所禍也. 旣爲子孫計, 又己敗則國家傾危, 是以不得慕虛名而處實禍, 此所不得爲也. 前朝恩封三子爲侯, 固辭不受, 今更欲受之. 非欲復以爲榮, 欲以爲外援爲萬安計.)

조조는 뛰어난 재주와 원대한 책략을 가졌으며, 지혜가 풍부하고 계책이 많았다. 그는 "강호가 조용하지 않음"(江湖不靜)을 느끼고, "자리를 내놓을 수 없다"(不可讓位)고 밝혔다. 정치적 권위는 하나의 근본적인 원칙 문제이기 때문에 양보할 수도 타협할 수도 없다. 그렇지만 국가에서 그에게 준 네 현(縣)의 봉지(封地)중에서 세 현은 내놓을 수 있다고 하여 여론에 대한 회답으로 삼았다. 이러한 지엽적인 문제에 있어 조조는 정치가적인 융통성 있는 수완을 지닌 사람이었다. 이 글은 조탁과 수식을 가하지 않고, 감정이 진실하고 의미가 간절하다. 조조는 진퇴양난의 고충을 정리(情理)에 맞고 흥미진진하여 귀가 솔깃하게 서술함으로써, 노련한 정치가의 고심과 사회적 책임감을 충분히 나타내었다. 조조의 기타 몇몇 조령(詔令)도 '통탈'한 특징을 지니고 있다. 인재 등용의 문제에 있어 조조는 "오로지 인재만 등용한다"(唯才是擧 : <구현령(求賢令)>)고 주장하였다. 그는 "능력 있는 인재라고 반드시 등용될 수 있는 것도 아니고, 등용된 선비가 반드시 유능한 것도 아니다"(有行之士, 未必能進取 ; 進取之士, 未必能有行)라고 굳게 믿었기 때문에, "선비가 편협되고 모자람이 있더라도 어찌 버릴 수 있겠는가!"(士有偏短, 庸可廢乎! : <칙유사취사물폐편단령(敕有司取士勿廢偏短令)>)라고 하였다. 그는 <거현물구품행령(擧賢勿拘品行令)>에서 심지어 공공연히 다음과 같은 견해를 제기하였다.

> 지금 천하는 지극한 덕이 없는 사람을 찾아 민간에 두면, 진실로 용감해야 할 때에 이르러 몸을 돌아보지 않고 적을 만나면 힘껏 싸웁니다. 문장이 보잘것없는 벼슬아치가 재주가 높고 기질이 특이하여, 어떤 사람은 장군이 되어 나라를 지키면서 더럽고 욕된 이름을 걸머지고 웃음거리가 되는 행동을 하고, 어떤 사람은 어질지 못하고 효성스럽지 못하지만 나라를 다스리고 군대를 운용하는 술책이 있으니 그들이 제각기 알고 있는 사람을 천거하거든 버리는 이가 없도록 하십시오.
>
> (今天下得無有至德之人放在民間, 及果勇不顧, 臨敵力戰 ; 若文俗之吏, 高才異質 ; 或堪爲將守, 負汚辱之名, 見笑之行 ; 或不仁不孝, 而有治國用兵之術 : 其各擧所知, 勿有所遺.)

이처럼 경전에서 벗어나 상도에 어긋나는 '통탈'한 언론은 2천여 년에 걸친 중국 봉건사회에서 아주 보기 드문 것이다.

조조의 차남인 조비(曹丕 : 187-226)는 자가 자항(子杭)으로 조조가 죽은 뒤 한나라를 대체하여 위나라를 세웠는데, 한나라 문제(文帝)의 '무위이치(無爲而治)'를 본받아 7년 동안 황제로 있으면서 여러 가지 좋은 일을 하였다. 그는 조씨 부자의 주위에 모여 있던 업하문인(鄴下文人) 집단의 영도자적 인물로, 그의 제창과 격려 하에 문단에는 인재가 단시간에 배출되었다. 조비 자신도 시문에 뛰어나 문학 비평사상

더욱 중대한 공헌을 하였다. ≪전론논문(典論論文)≫은 중국 최초의 전면적이고 전문적인 문학비평 논문이다. 조비는 이 글에서 '건안칠자(建安七子)'('鄴下七子'라고도 하는 孔融, 陳琳, 王粲, 徐幹, 阮瑀, 應瑒, 劉楨)에 대해 따뜻한 격려와 적확한 비평을 하였다. 동시에 문학 창작에 있어서 법칙성을 띤 문제들, 이를테면 문학의 역사적 가치와 사회적 작용, 작가의 개성과 풍격, 문학의 특징과 분류, 문예 비평의 표준과 태도 등을 탐색하였다. 입론이 공평타당하고 전면적이며, 분석이 깊이 있고 구체적이어서 건안문학의 번영을 크게 촉진시켰다. 조비의 <여오질서(與吳質書)>는 우수한 서정산문이다. 오질(吳質)은 자가 계중(季重)이고, 조비와 조식(曹植)의 친구로 역시 문장을 잘 지었다. 건안 22년(217)에 역병이 돌아 건안칠자 중 서간, 진림, 응양, 유정이 "한꺼번에 죽자"(一時俱逝) 조비는 몹시 비통해 하고, 그 이듬해에 오질에게 이 한 통의 편지를 썼다. 편지에서 또 한 차례 '건안칠자'의 문학적 성취를 평하여 서술하고, 친구에 대한 깊고 진지한 안타까움과 그리움도 표출하였다. 다음은 업하문인들이 생활하던 모습을 회상하고, 사후에 그들이 남긴 글을 편집하는 심정을 토로한 것이다.

지난날 나들이하던 곳에는 길을 가면 수레가 이어지고 멈추면 나란히 함께 앉았으니, 언제 잠시라도 서로 떨어져 있었던가? 술잔에 술을 따라 잔을 돌리며 마실 때마다 현악기와 관악기가 어우러져 연주되고, 거나하게 술에 취해 귀가 후끈 달아오르면 고개를 들고 시를 읊었다. 그때에는 무슨 즐거움이 있는 지도 스스로 깨닫지 못하였다. 다들 백년토록 장수하며 영원히 함께 할 수 있으리라 여겼는데, 어찌 몇 년 사이에 낙엽 지듯 거의 다 죽어갈 줄 상상이나 하였던고? 말하자니 정말 가슴이 미어지는구려! 지금 그들이 남긴 글을 편집하여 한 문집에 다 모았는데, 그 성명을 살펴보니 이미 귀신 명부에 올려져 있다. 지난날 놀던 일을 돌이켜 생각해보니 아직도 눈앞에 있는 것 같지만, 이 여러 벗들은 진토로 변하였으니 다시 무슨 말을 하겠는가!

(昔日遊處, 行則連輿, 止則接席, 何曾須臾相失? 每至觴酌流行, 絲竹幷奏, 酒酣耳熱, 仰而賦詩. 當此之時, 忽然不自知樂也. 謂百年己分, 可長共相保, 何圖數年之間, 零落略盡, 言之傷心! 頃撰其遺文, 都爲一集, 觀其姓名, 已爲鬼錄. 追思昔遊, 猶在心目, 而此諸子, 化爲糞壤, 可復道哉!)

문장에 깊은 정이 가득 담겨 있어 건안 시기 산문의 걸작이라 일컬을 만하다.

조식(曹植 : 192-232)은 자가 자건(子建)이고, 조비의 친동생이다. 그는 건안문학의 대가요 빛나는 대표인물이다. 문학 창작에 있어 시, 문, 부(賦)의 성취를 막론하고 모두 그의 부친과 형을 뛰어넘었다. 지금 남아 있는 조식의 산문과 사부(辭賦)는 모두 170여 편이다. 그는 "난리 중에 태어나 군대에서 자랐다"(生乎亂, 長乎軍 : <진심거소(陳審擧疏)>)고 자칭하였는데, 생애는 조비가 황제를 칭한 시점(220년)을 경계로 전후 두 시기로 나눌 수 있다. 전기에는 주로 업성(鄴城)에서 생활하였는데, 업하문인들과 함께 술을 마시고 시를 읊으며 귀공자의 삶을 살았다. 풍요롭고 여유 있는 환경 덕분에 그는 앞길을 매우 낙관적으로 바라보고, 정치적으로 큰 성과를 내려고 갈망하였다. 이 점은 <여양덕조서(與楊德祖書)>라는 글에 뚜렷하게 나타나 있다. 그는 시를 읊고 부를 짓는 것은 그의 이상이 아니라고 여기고, 정치적으로 국가에 보답하고 백성을 복되게 하여 이름을 후세에 남기고자 하였다.

사부(辭賦)는 본래 보잘것없는 기예인지라 큰 도리를 널리 발양하고 후대에 빛나게 보이기에는 진실로 부족합니다. 옛날 양자운(揚子雲 : 揚雄－옮긴이 주)은 전대 왕조(西漢을 가리킴－옮긴이 주)에서 창을 잡고 황제를 호위하는 말단 신하였을 따름이었지만, 그럼에도 불구하고 대장부는 이런 글을 짓지 않는다고 말하였습니다. 나는 비록 덕이 없지만 제후의 지위에 있어 상국(上國 : 魏나라－옮긴이 주)을 위해 힘을 합쳐 아래 백성들에게 널리 은혜를 베풀고 세상에 영원할 업적을 세워 쇠나 돌에 새겨지는 불후의 공을 세우기를 바라니, 어찌 헛되이 글로 공적을 삼고 사부로 군자가 되려 하겠습니까!

(辭賦小道, 固未足以揄揚大義, 彰示來世也. 昔揚子雲先朝執戟之臣耳, 猶稱壯夫不爲也. 吾雖德薄, 位爲藩侯, 猶庶幾戮力上國, 流惠下民, 建永世之業, 流金石之功, 豈徒以翰墨爲勛績, 辭賦爲君子哉!)

양덕조(楊德祖), 곧 양수(楊修)는 건안 시기의 중요한 문인으로, 조식 측근 중의 한 사람이다. 조식은 이 편지에서도 그의 문예관을 털어놓아, 작가는 자신이 능숙한 형식을 운용하여 창작해야 하고, 마음을 비우고 다른 사람의 의견을 청취해야 한다고 여겼다. 문학 비평가에 대해서는 문학적 소양과 창작의 체험을 가져야지 단지 주관적 호오에 따라 제멋대로 비평을 가해서는 안 된다고 여겼다. 민간 문학의 가치에 대해서도 조식은 깊이 있고 예리한 견해를 가졌다. <여양덕조서>는 글의 흐름이 물 흐르듯 시원스럽고 정열이 넘쳐흐르며 언어가 간절한데, 작자의 젊은 시절의 개성과 포부를 충분히 표현하였다.

조식 후기의 12년 동안은 위 문제 조비와 그의 아들인 위 명제(明帝) 조예(曹叡)의 배척과 공격을 당해 여섯 차례나 작위가 바뀌고 세 차례 봉지가 옮겨졌는데, 이른바 "호칭이 여섯 번 바뀌고 거처가 세 차례 옮겨졌다. 연달아 척박한 땅에서 살면서 의복과 음식이 끊기는"(號稱六易, 居室三遷, 連遇瘠土, 衣食不繼 : <천도부서(遷都賦序)>) 정도였으니 지나온 날은 걸핏하면 죄를 얻는 연금 생활이었다. 이러한 상황하에 그는 의기소침해져 나아가나 물러나나 의지할 곳이 없었으며, 문학 창작이 비록 멈춰지지는 않았지만 작품의 풍격과 면모는 이미 완전히 바뀌었다. 이 시기의 작품은 대부분 내심의 두려움과 울분을 토로한 것이다. 그의 후기의 산문은 <구자시표(求自試表)>를 대표작으로 들 수 있는데, 이 글은 위 명제 태화(太和) 2년(228)에 지어진 것으로 국가에 보답하여 공을 세우고자 하는 포부와 당시 정치적으로 억압당하는 괴로움을 표현하였다. ≪삼국지(三國志)·진사왕식전(陳思王植傳)≫에 "조식은 뛰어난 재능을 품고도 펼칠 곳이 없음을 늘 분해하고 원망하면서 상소하여 자신이 쓰이기를 바랐다"(植常自憤怨, 抱利器而無所施, 上疏求自試)고 하였는데, 바로 이 글을 가리켜 한 말이다. 조식은 "우리 안에서 길러지는 동물"(圈牢之養物) 마냥, "한갓 자신의 몸을 영화롭게 하고 사지를 살찌게 하여, 살아서는 일에 보탬이 되지 않고 죽어도 숫자에 덜어짐이 없이 헛되이 높은 자리를 맡아 많은 녹봉을 더럽히는"(徒榮其軀而豐其體, 生益於事, 死無損於數, 虛荷上位而忝重祿) 것을 달갑게 여기지 않았다. 그는 벼슬아치가 자리만 차지한 채 녹봉을 축내는 것을 원하지 않고, 공적을 세우고 전장에 나가 오(吳)나라와 촉(蜀)나라와 싸워 천하를 통일하기를 바랐다.

> 제 나름대로 스스로의 힘을 헤아리지 않은 채 목숨 바쳐 일하는 데에 뜻을 두고, 머리카락 같이 하잘 것 없는 공이라도 세워 받은 은혜에 보답하기를 바랍니다. 만약 폐하께서 세상에 보기 드문 뛰어

난 조칙을 내시어 신에게 보잘 것 없는 쓰임을 다하게 해주셔서 서쪽으로 대장군(大將軍)을 맡기신다면 한 부대를 대적하고, 동쪽으로 대사마(大司馬)를 맡기신다면 작은 배를 통솔하는 임무를 맡아 틀림없이 위태로움을 무릅쓰고 위험한 곳으로 달려가 배를 빨리 몰고 검은 말을 치달려 칼날에 부딪치고 칼끝에 베이며 사졸들보다 앞장서겠습니다. 비록 아직 손권(孫權)을 사로잡고 제갈량(諸葛亮)을 목 베지는 못했지만, 장차 그들의 걸출한 장수를 포로로 잡고 그 같은 무리들을 섬멸하여 반드시 아주 짧은 시간에 민첩함을 다 바침으로써 평생의 부끄러움을 없애서 이름이 역사의 기록에 남게 하고 일이 조정의 문서에 나열되게 하기를 바랍니다. 비록 몸이 촉(蜀)나라 땅에서 산산조각 나고, 머리가 오(吳)나라 궁궐 문에 내걸릴지라도 오히려 그것이 제가 사는 연수입니다.

(竊不自量, 志在效命, 庶立毛髮之功, 以報所受之恩. 若使陛下出不世之詔, 效臣錐刀之用, 使得西屬大將軍, 當一校之隊；若東屬大司馬, 統偏師之任, 必乘危蹈險, 騁舟奮驪, 突刃觸鋒, 爲士卒先. 雖未能擒權馘亮, 庶將虜其雄率, 殲其醜類, 必效須臾之捷, 以滅終身之愧, 使名掛史筆, 事列朝策. 雖身分蜀境, 首懸吳闕, 猶生之年也.)

국가를 위해 헌신하고픈 웅대한 이상과 포부가 부르면 걸어 나올 정도로 생생하여 폐부를 찌를 듯이 깊은 감명을 주지만, 명제는 아무런 감동도 받지 않고 아예 거들떠 봐 주지도 않았다.

<낙신부(洛神賦)>는 예술성이 매우 높은 서정산문으로, 천고에 전송되어온 불후의 명작이다. 이 부는 정치 이상에 대한 조식의 생애 후기의 집착과 추구를 곡진하게 표현하였는데, 아름다운 앞날을 멀리서 바라볼 수 있을 뿐 가까이 다가갈 수 없는 데 대한 일종의 망연한 심정을 속 시원히 다 털어놓고 있다. <낙신부>는 송옥(宋玉)의 <신녀

부(神女賦)>의 영향을 받아 신화의 제재를 운용하고 꿈과 환상의 경계를 통하여 사람과 신 사이의 비극적 사랑을 묘사하였다. 작자는 낙수(洛水)의 여신을 깊이 사랑하고, 낙수의 여신도 작자에게 줄곧 은근히 깊은 애정을 품고 있어서 차마 헤어지기 어려웠다. 그러나 끝내 "사람과 신의 길이 다르기"(人神之道殊) 때문에 너무나 아쉬워하면서 이별할 수밖에 없었다. 다음에서 낙수 여신의 풍채를 묘사한 대목을 보자.

그녀의 모습
가볍게 나부낌은 놀란 기러기인 듯
부드럽기는 헤엄치며 노는 용인 듯
번성하고 빛나기는 가을 국화요
아름답고 무성하기는 봄 소나무요
어슴푸레하기 옅은 구름이 달을 가린 듯
흩날림은 회오리바람이 눈을 휘감아 돌리는 듯하네.
먼발치서 바라보면 아침노을 헤치고 떠오르는 해 같고
가까이 다가가서 살피면
환히 빛나는 모습 맑은 물결을 뚫고 나온 연꽃 같네.
살지지도 여위지도 않고 균형 잡힌 몸매
작지도 크지도 않고 알맞은 키
깎아 다듬은 듯 매끄럽게 완만히 흐르는 어깨선
흰 비단을 휘감은 듯 잘록한 허리
시원스레 쭉 빠져 돋보이는 갸름한 목
드러나 보이는 새하얀 살결
향기로운 기름도 바르지 않고
흰 분도 바르지 않았다네.
구름처럼 높게 빗어 올린 머리

가늘게 휘어진 긴 눈썹
밖에서 빛나는 붉은 입술
안에서 선명한 하얀 치아
곁눈질하며 반짝이는 눈동자
광대뼈를 받들고 있는 예쁜 보조개
아름답고 속기 없는 진기한 자태
조용한 거동과 품위 있는 몸가짐
부드러운 표정과 너그러운 태도
나긋나긋한 말솜씨
기이한 옷은 세상에 드물고
골격은 그림처럼 아름답네.
반짝반짝 빛나는 얇은 비단옷을 걸치고
아름다운 옥으로 만든 귀걸이를 하고 있네.
머리에는 금빛 물총새 깃털로 장식된 꾸미개를 꽂고
몸에는 포개진 진주가 빛나고 있네.
수놓인 원유(遠遊) 꽃신을 신고
안개처럼 얇은 비단으로 된 가벼운 치맛자락을 끌며
향내 그윽한 유란(幽蘭)에 보일 듯 말 듯 숨고
산모퉁이를 멈칫멈칫 느긋하게 거니네.
이때 갑자기 경쾌하게 몸을 날려
즐겁게 노니는데
왼쪽으론 채색한 깃발에 기대고
오른쪽으론 계수 장대 깃발 그늘에 숨으며
흰 팔뚝을 신성한 물가에 내뻗어
여울의 검은 영지를 캐네.
(其形也, 翩若驚鴻, 婉若遊龍.
榮曜秋菊, 華茂春松.

仿佛兮若輕雲之蔽月，飄颻兮若流風之迴雪.
遠而望之，晈若太陽升朝霞，
迫而察之，灼若芙蕖出淥波.
襛纖得衷，脩短合度.
肩若削成，腰如約素.
延頸秀項，皓質呈露.
芳澤無加，鉛華弗御.
雲髻峩峩，脩眉聯娟.
丹脣外朗，皓齒內鮮.
明眸善睞，靨輔承權.
瓌姿艷逸，儀靜體閑.
柔情綽態，媚於語言.
奇服曠世，骨象應圖：
披羅衣之璀粲兮，珥瑤碧之華琚;
戴金翠之首飾，綴明珠以耀軀.
踐遠遊之文履，曳霧綃之輕裾.
微幽蘭之芳藹兮，步踟躕於山隅.
於是忽焉縱體，以遨以嬉.
左倚采旄，右蔭桂旗.
攘皓腕於神滸兮，采湍瀨之玄芝.)

이 부는 상상이 날개 치듯 하고 묘사가 세밀하며, 언어 표현이 화려하고 음률이 잘 어울려 예술적으로 흠잡을 데가 없다.

<구통친친표(求通親親表)>는 작자가 세상을 떠나기 1년 전에 쓴 작품으로, 친척간의 정상적인 관계를 요구하고 명제(明帝)에게 금령을 해제하여 제후 왕이 황제와 왕래하는 것을 허락하도록 하는 요청을

반영하고 있다. 당시 위나라의 최고 통치자는 온갖 모양으로 종실을 시기하고 배척하여, 마침내 "친척끼리 혼인이 이루어지지 않고 형제간의 왕래가 영원히 끊기며, 길흉의 물음이 막히고 경조사의 예의가 사라져 은정의 교류가 소원해짐이 길가는 사람보다 심하고, 틈이 생겨 서로 이해하지 못하는 거리가 북방 호(胡) 땅과 남쪽 월(越) 땅보다 멀어졌다." (婚媾不通, 兄弟永絶, 吉凶之問塞, 慶弔之禮廢, 恩紀之違, 甚於路人 ; 隔閡之異, 殊於胡越.) 조식에 대한 조비 부자의 경계가 극에 달해 있었다.

'건안칠자' 가운데 나이가 비교적 많은 사람은 한나라 말의 중요한 산문 작가인 공융이다. 공융(孔融 : 153-208)은 자가 문거(文擧)이고 노(魯 : 지금 山東省 曲阜)나라 사람이며, 공자의 20대손으로 당시의 명사였다. 역사서에는 그가 "인재를 좋아하고 후진을 이끌어 도와주는 것을 즐겨 하여"(好士, 喜誘益後進) "현명한 인재를 천거하고 높은 자리에 오르게 하여, 벼슬길로 나아가도록 장려한 일이 많았다"(薦達賢士, 多所奬進 : ≪후한서(後漢書)·공융전(孔融傳)≫)고 하였다. 그의 우수한 산문 작품인 <논성효장서(論盛孝章書)>와 <천예형표(薦禰衡表)>는 모두 그의 이러한 기풍을 잘 나타내고 있다. 전자는 장차 손책(孫策)에게 박해를 당할 성헌(盛憲 : 자가 孝章)을 구할 대책을 강구하라고 조조에게 권유한 글이고, 후자는 "깨끗한 성품과 곧은 신의를 가지고 꽃다운 재능이 탁월한"(淑質貞亮, 英才卓躒) 예형(禰衡 : 173-198)을 중용할 것을 조정에 요청한 문장이다. 성헌과 예형은 모두 당시의 명사로, 이 두 편의 글에는 인재를 아끼고 선비를 사랑하는 깊고 두터운 정이 응집되어 있다. 공융의 다른 문장에는 더러 희롱한 내용이 섞여 있는데, 자주 조조를 조롱하기도 하여 훗날 조조가 이를 핑계로 살해하였다.

왕찬(王粲 : 177-217)은 자가 중선(仲宣)이고 산양(山陽) 고평(高平 : 지금 山東省 鄒縣) 사람으로, '건안칠자' 가운데 출중한 인물이다. 유협(劉勰 : 465?-532?)이 "왕찬은 재기가 흘러넘치고, 사고가 민첩하면서도 주도면밀하며, 글에 많은 장점을 겸비하고 언어 표현에 흠이 적었는데, 그의 시나 부를 떼어보면 칠자 중에 으뜸이로다!"(仲宣溢才, 捷而能密, 文多兼善, 辭少瑕累, 摘其詩賦, 則七子之冠冕乎! : ≪문심조룡(文心雕龍)·재략(才略)≫)라고 하였다. 왕찬은 젊은 시절을 동란 속에서 살았는데, 17세 때 떠돌아다니다 형주(荊州)에 머물며 피난살이를 하던 중에 15년 동안 유표(劉表)에게 의지하였지만, 중용되지 못하니 재주를 품고도 때를 만나지 못하여 마음이 우울하였다. <등루부(登樓賦)>는 바로 당시의 이러한 의식을 잘 반영하고 있다.

혼란스러운 세상을 만나 거처를 옮겨 살며
열두 해 긴 세월 지나 오늘에 이르렀네.
마음속으로 고향을 그리워하며 돌아가고 싶어 하니
이내 수심 그 누가 견딜 수 있으리오!
난간에 기대어 멀리 바라보면서
북풍을 향해 옷깃을 열어젖힌다.
평원은 멀고멀어 눈 가는 데까지 바라보지만
형산(荊山)의 높은 봉우리에 가려 보이지 않네.
길은 구불구불 길게 멀리 나 있고
시냇물은 흘러넘쳐 건너기에 깊구나.
옛 고향 가는 길 막히고 먼 것을 슬퍼하며
하염없이 흐르는 눈물 금할 길 없네.
(遭紛濁而遷逝兮, 漫逾紀而迄今.
情眷眷而懷歸兮, 孰憂思之可任!

憑軒欄以遙望兮，向北風而開襟.
平原遠而極目兮，蔽荊山之高岑.
路逶迤而修迥兮，川既漾而濟深.
悲舊鄉之壅隔兮，涕橫墜而弗禁.)

개인의 신세로 말미암은 고민이 불러온 깊은 망향의 정을 아주 잘 표현하고 있다. <등루부>는 건안 시기 '정감을 토로한 짤막한 부'(抒情小賦)의 역작으로, 겉치장이 지나쳐 장식적인 한부(漢賦)를 완곡하고 서정적인 소부로 변화시킨 성공적인 작품이다.

건안문학의 번성은 주로 위(魏)나라 쪽에서만 나타났고, 서촉(西蜀)과 동오(東吳)에는 문학이라 일컬을 만한 것이 거의 없었다. 다만 촉한의 승상인 제갈량의 전후 <출사표(出師表)>만은 인구에 회자되는 걸작으로 사람들에게 널리 전송되었다.

제갈량(諸葛亮 : 181-234) 자는 공명(孔明)이고, 낭야(琅邪) 양도(陽都 : 지금 山東省 沂南) 사람이다. 그는 중국의 가가호호에 다 알려진 걸출한 정치가이자 군사 전문가이다. 전후 <출사표>는 모두 제갈량이 만년에 후주(後主)인 유선(劉禪)을 보좌하며 몸소 군대를 이끌고 북으로 중원을 정벌할 때 쓴 것인데, <후출사표>는 역사적 사실과 어긋나는 것이 많아 어떤 사람은 제갈량의 손에서 나온 것이 아니라고 여기기도 하지만 아직까지 정론이 없다. 여기서는 <전출사표>만 소개하기로 한다. 서기 227년에 제갈량이 한중(漢中)에 군대를 주둔하고 북으로 위나라를 정벌하려고 할 때, 출발하기 전에 유선에게 이 표문을 올렸다. 유선에게 어진 인재를 존중하고 간언을 받아들이며, 상벌을 분명히 하고 "현명한 신하를 가까이하고 소인을 멀리 하라"(親賢臣, 遠小人)고 간곡하게 타일렀다. 그 가운데에서 자신의 심경을 밝힌 다음 단락이 가장 감동적이다.

> 신은 본래 평범한 백성으로 남양(南陽) 땅에서 몸소 경작하였습니다. 간신히 어지러운 세상에서 생명을 보전하고 제후에게 알려져 영달하기를 바라지 않았습니다. 선제(先帝)께서는 신을 천하고 비루하다 여기지 않으시고 외람되게도 몸소 몸을 낮추시고 세 번씩이나 초가집으로 신을 찾아오셔서 신에게 현금의 당면한 일을 물으셨습니다. 이로 말미암아 감격하여 마침내 선제를 위해 진력할 것을 승낙하였습니다. 훗날 전쟁에서 져서 국운이 기울어짐을 당하여, 패전한 시기에 중임을 받고 위급하고 어려운 가운데서 명령을 받들어, 그때로부터 지금까지 21년이 흘렀습니다. 선제께서는 신이 신중함을 아시고 임종하실 적에 신에게 큰일을 맡기셨습니다. 명령을 받은 뒤로 이른 아침부터 밤늦게까지 걱정하고 탄식하기를, 당부하신 일이 제대로 되지 않아 선제의 명철하심을 손상시킬까봐 두려워하였습니다.
>
> (臣本布衣, 躬耕於南陽. 苟全性命於亂世, 不求聞達於諸侯. 先帝不以臣卑鄙, 猥自枉屈, 三顧臣於草廬之中, 咨臣以當世之事. 由是感激, 遂許先帝以驅馳. 後置傾覆, 受任於敗軍之際, 奉命於危難之間, 爾來二十有一年矣. 先帝知臣謹愼, 故臨崩寄臣以大事也. 受命以來, 夙夜憂歎, 恐托付不效, 以傷先帝之明.)

전문은 감정과 언사가 간절하고 말이 간단명료하고 장황하지 않으며, 충성스런 마음이 언표에 흘러넘친다. <출사표>는 후세의 충신과 뜻있는 선비들에게 깊은 영향을 미쳤는데, 남송(南宋)의 애국 시인인 육유(陸游 : 1125-1210)는 시로 찬양하여 "출사표가 참으로 세상에 이름을 날리니, 천년 동안 누가 비견할 수 있겠는가!"(出師一表眞名世, 千載誰堪伯仲間! : <서분(書憤)>)라고 했다.

건안문학의 뒤를 이은 위나라 말기의 문학을 사람들은 습관적으로 정시문학(正始文學)이라고 하는데, '죽림칠현(竹林七賢)' 중의 완적과 혜강이 대표 작가이다. 정시 시기의 정치 국면도 건안 시기와 꼭 같아 황제의 권한이 타인의 손으로 넘어가 왕조의 교체가 임박해 있었다. 사마씨(司馬氏)가 이미 조씨(曹氏)의 정권을 확고히 제압하고 고압적인 통치를 자행하면서, 자기들과 견해가 다른 인사들을 제거하여 정치가 매우 암담하였다. 완적과 혜강을 필두로 하는 위나라에 경도된 작가들은 모두 제각각 나름대로의 박해를 받았는데, 그들은 '자연에 맡기는'(任自然) 노장(老莊)의 처세(處世) 철학으로 대항하면서 불합리한 세상을 분개하고 증오하는 시문을 창작해냈다.

완적(阮籍 : 210-263)은 자가 사종(嗣宗)이고 진류(陳留) 위씨(尉氏 : 지금 河南省에 속함) 사람이며, '건안칠子'의 한 사람인 완우(阮瑀 : 165?-212)의 아들이다. 위진(魏晉) 교체기에 살면서 야심만만하던 사마씨의 공포 정치 아래에서, 완적은 젊은 시절의 '세상을 구제하려던 뜻'(濟世志)을 실현할 길이 없었고 생명마저도 시시각각으로 위협받았다. 이렇게 되자 방향을 바꾸어 노장 철학을 숭상하면서 소극적이고 반항적인 태도를 취하였다. 그의 <영회(詠懷)>시 82수와 우수한 산문 작품인 <대인선생전(大人先生傳)>은 바로 이러한 사상의 산물이다. <대인선생전>은 부(賦)의 체제로 된 전기(傳記)로, 문학적인 정취가 매우 짙다. '대인선생(大人先生)'이란 작자가 허구로 만들어낸 이상화된 긍정적 인물로, 당시의 저명한 은둔 선비인 손등(孫登)을 모델로 삼아 형상화한 것이다. 대인선생은 세속을 초월하여 세상을 버리고 혼자 사는데, 완적은 그의 입을 빌어 봉건 세속의 명분과 교화를 사정 없이 비판하고 신랄하게 풍자하였다. 글 속에서 '무군론(無君論)'에 가까운 견해를 제기하여 "대체로 군주가 없어도 뭇 사물은 제자리를 찾고, 신하가 없어도 만사는 이치대로 되며"(蓋無君而庶物定, 無臣而萬事理), "군주가 서니 포악함이 일어나고, 신하가 세워지니 도적이 생기고, 앉아서 예법을 제정하여 아래 백성을 속박한다"(君立而虐興, 臣設而賊生, 坐制禮法, 束縛下民)고 하였다. 군주의 권력에 대한 규탄이 상당히 심각함을 분명히 알 수 있다. 봉건 예교의 비호 아래 예법에 얽매인 인사들은 작자의 붓끝에서 그 말로가 아주 좋지 못하였다.

> 하물며 그대는 유독 이가 잠방이 안에서 살다가 깊숙한 재봉 선으로 도망가고, 낡은 솜 속에 숨어 있으면서 스스로 좋은 집이라고 여기는 것을 보지 못하였는가! 가더라도 감히 바느질한 경계를 벗어나지 못하고, 움직여도 감히 잠방이를 넘지 못하면서 스스로 법도를 얻었다고 여긴다. 배고프면 사람을 깨물어 먹으면서 스스로 먹을 것이 무궁하다고 여긴다. 그러나 남방의 열기가 흘러와 고을을 그을리고 도읍을 훼멸할 때에 뭇 이들은 잠방이 안에서 죽을 뿐 탈출하지 못하니, 너희 군자들이 인간 세상 속에 사는 것이 또한 저 뭇 이들이 잠방이 안에서 사는 것과 무엇이 다르겠는가?
>
> (且汝獨不見夫蝨之處于於褌中, 逃乎深縫, 匿乎壞絮, 自以爲吉宅也. 行不敢離縫際, 動不敢出褌襠, 自以爲得繩墨也. 飢則囓人, 自以爲無窮食也. 然炎邱火流, 焦邑滅都, 群蝨死於褌中而不能出, 汝君子之處寰區內, 亦何異夫蝨之處褌中乎!)

<대인선생전>은 글 전체가 혼연일체가 되어 매우 정연하고 웅장하며, 초사(楚辭)와 한부(漢賦)의 영향을 많이 받았다. 언어는 자유자재로 막힘이 없고 운문과 산문이 섞여 있어 예술적 측면에서도 독창적인 정신이 매우 풍부하다.

완적과 이름을 나란히 하는 작가인 혜강은 산문의 성취가 더욱 높다. 혜강(嵇康 : 224-263)은 자가 숙야(叔夜)이고, 초군(譙郡)의 질(銍 : 지금 安徽省 宿縣 서쪽) 사람이다. 사람 됨됨이는 성품이 강직하고 악을 원수처럼 싫어하였는데, 자신의 예기와 재주를 감추지 않고 다 드러내어 마지막에는 사마소(司馬昭)에게 죽임을 당하였다. 노신 선생은 혜강에 대한 연구를 매우 중시하여 그의 문집을 몸소 교정한 적이 있으며, 혜강의 사람 됨됨이와 문학적 성취도 다음과 같이 높이 평가하였다.

혜강이 문학을 논한 것은 완적보다 훨씬 나은데, 사상이 참신하여 흔히 과거의 옛 견해와 상반되기도 한다. 공자는 "배우고 제때에 익히면 또한 즐겁지 아니한가?"라고 하였는데, 혜강이 쓴 <난자연호학론(難自然好學論) : 자연스럽게 배우기를 좋아한다는 것을 힐난한 논문 －옮긴이 주)>에서는 도리어 사람은 결코 배우기를 좋아하지 않는 존재이니, 만약 사람이 일하지 않고도 먹을 밥이 있다면 제멋대로 놀면서 책읽기를 좋아하지 않게 될 것이라고 하였다. 따라서 오늘날 사람들이 배우기를 좋아하는 것은 습관과 부득이함으로 말미암은 것이다. 또 관숙(管叔)과 채숙(蔡叔)은 주공(周公)을 의심하고 은(殷)나라 백성을 이끌고 반란을 일으킨 일로 죽임을 당하여, 줄곧 나쁜 사람으로 공인되어 왔다. 그러나 혜강이 쓴 <관채론(管蔡論)>에서는 또 역대에 걸쳐 전해 내려오는 견해에 반대하여, 이 두 사람은 충신으로 그들이 주공을 의심한 것은 지역이 서로 너무 멀리 떨어져 있어 소식이 원활하게 전해지지 않았기 때문이라고 하였다. (<위진 풍격과 문장과 약과 술의 관계>)

(嵇康的論文, 比阮籍更好, 思想新穎, 往往與古時舊說反對. 孔子說 : "學而時習之, 不亦說乎?" 嵇康做的<難自然好學論>却道, 人是並不好學的, 假如一個人可以不做事而又有飯吃, 就隨便閑遊不喜歡讀書了. 所以現在人之好學, 是由於習慣和不得已. 還有管叔蔡叔, 是疑心周公, 率殷民叛, 因而被誅, 一向公認爲壞人的. 而嵇康做的<管蔡論>, 就也反對歷代傳下來的意思, 說這兩個人是忠臣, 他們的懷疑周公, 是因爲地方相距太遠, 消息不靈通.) (<魏晉風度及文章與藥及酒之關係>)

사람들의 주목을 가장 많이 끈 혜강의 작품은 <여산거원절교서(與山巨源絶交書)>이다. 이 편지글은 장자(莊子)의 사상과 문풍의 계시를 깊이 받아 마음 내키는 대로 글을 썼고 세속의 틀에 얽매이지 않았는데, 건안 시기의 '통탈(通脫)'에 비해 더욱 거침이 없이 자유분방하다. 산도(山濤 : 205-283)는 자가 거원(巨源)으로 원래 '죽림칠현'의 한 사람이기도 하다. 훗날 처음에 먹은 생각을 바꾸어 사마씨 집단에 빌붙어서 벼슬살이를 하였다. 상서이부랑(尙書吏部郎)으로 재임할 때에 혜강을 천거하여 이 직무를 대신하게 하려고 한 적이 있었는데, 혜강은 극도로 분노하여 산도가 새로운 직책을 이어 받았을 때 이 편지를 써서 그와 절교하였다. 편지에서는 "탕왕과 무왕을 비난하고 주공과 공자를 경시하는"(非湯武而薄周孔) 개인의 정치적 태도를 명확하게 표명하고, 유가 예교의 번거롭고 불필요한 의식을 맹렬히 공격하였다. 문장은 거침없이 씌어져 거리낌이 없고 웃음과 욕설이 매우 통쾌하여, 세속에 휩쓸려 부화뇌동하지 않는 혜강의 강직한 개성을 잘 나타내 보였다. 편지글에서 걷잡을 수 없이 방탕한 그의 성격이 잘 나타나 있는 대목을 보자.

나는 상자평(尙子平)과 대효위(臺孝威)의 전기를 읽을 때마다 찬탄하며 흠모하고 그들의 사람 됨됨이를 그리워하였다. 게다가 나는 어려서 아버지를 여의고 몸이 약한데다 어머니와 형의 총애만 받은지라 경학(經學)을 섭렵하지 못했다. 성격이 덤벙대고 게으르며, 근육에 힘과 탄력이 없고, 머리와 얼굴은 늘 한 달이나 보름 동안 씻지 않았다. 크게 괴롭거나 가렵지 않으면 목욕하지 않았다. 오줌이 마려울 때마다 참고 일어서지 않다가 방광 안에서 차올라 돌기 시작한 뒤에야 비로소 소변을 보려고 일어섰다. 또 방종하고 제멋대로 한 지 오래되어 마음은 오만하고 산만하며 행동은 거칠어 예의에 어긋나고 게으른 본성과 오만함이 서로 잘 어우러졌지만, 동년배들에게 너그럽게 받아들여져 그 잘못을 공격당하지 않았다. 게다가 장자(莊子)와 노자(老子)를 읽어 그의 방자함을 거듭 더하였다. 따라서 벼슬길에 나아가 광영을 구하는 마음은 날로 시들어가고, 본성대로 방임하는 생각은 갈수록 강렬해졌다. 이것은 포획된 사슴과 같으니 어려서부터 길들여지면 주인의 가르침과 통제에 잘 따르지만, 자라난 뒤 재갈을 받게 되면 미친 듯이 사방을 돌아보고 날뛰며 고삐를 끊어버리고 끓는 물이나 불도 가리지 않고 뛰어 들어간다. 비록 황금으로 된 굴레를 씌우고 맛있는 음식을 먹이더라도 더더욱 무성한 숲을 그리워하고 풍성한 풀에다 마음을 둔다.

(吾每讀尙子平、臺孝威傳, 慨然慕之, 想其爲人. 少加孤露, 母兄見驕, 不涉經學. 性復疏懶, 筋駑肉緩, 頭面常一月十五日不洗. 不大悶痒, 不能沐也. 每常小便而忍不起, 令胞中略轉, 乃起耳. 又縱逸來久, 情意傲散, 簡與禮相背, 懶與慢相成, 而爲儕類見寬, 不攻其過. 又讀莊老, 重增其放. 故使榮進之心日頹, 任實之情轉篤. 此由禽鹿, 少見馴育, 則服從敎制 ; 長而見羈, 則狂顧頓纓, 赴蹈湯火. 雖飾以金鑣, 饗以嘉肴, 逾思長林而志在豐草也.)

이것은 사마씨 집단을 향한 시위나 도전과 다름없다. 혜강은 이치를 논술한 산문도 더러 있는데, 이를테면 <양생론(養生論)>과 <성무애락론(聲無哀樂論)> 등은 모두 생각이 민첩하고 입론이 주도면밀한 것으로 뛰어나다. 그는 <난자연호학론(難自然好學論)>에서 "육경은 태양이고, 배우지 않는 것은 캄캄한 긴 밤이라는"(六經爲太陽, 不學爲長夜) 논조에 반대하였는데, 경전에서 벗어나 상도에 어긋나는 그의 성격을 잘 반영한다.

문학사의 발전은 진대(晉代)에 이르러 눈에 띄는 변화가 일어나기 시작했지만, 산문이 거둔 효과는 매우 미미하여 끝내 한 사람의 대가도 나오지 않았다. 이것은 서진(西晉)이 위나라 왕조를 찬탈하여 사마씨 정권을 수립한 뒤 한위(漢魏) 이래의 사족(士族) 문벌제도(門閥制度)를 널리 시행함으로써, 계급간의 경계와 지주계급 지식인 내부의 갈등을 더욱 심화시켰기 때문이다. 사족 문인이 문단을 독점하여 사회 현실과 백성의 생활로부터 멀리 유리됨으로써, 문학 창작의 내용이 공허하고 형식이 조탁을 일삼아 차츰 형식주의의 길로 접어들었다.

서진문학은 육기와 반악이 명인으로 병칭된다. 종영(鍾嶸 : ?-518)이 ≪시품(詩品)≫에서 이들 두 사람을 모두 상품(上品)에다 열거하고 있지만, 공평하게 말한다면 반악과 육기의 시는 아마도 그들의 산문 성취에는 미치지 못하는 것 같다.

육기(陸機 : 261-303)는 자가 사형(士衡)이고, 오군(吳郡) 오현(吳縣 : 지금 上海市 松江縣) 사람이다. 오나라 장군 가문의 후손으로 오나라가 망하자 낙양(洛陽) 땅으로 들어갔다. 그는 <문부(文賦)>로 후세에 이름을 날렸으나, 문학비평의 범주에 속하므로 여기에서는 소개하지 않는다. 그의 <조위무제문(弔魏武帝文)>은 구슬프고 은은하게 씌어져 매우 감동적이다. 위 무제는 바로 조조로, 육기가 태어난 오나라와 벼슬살이를 한 진나라가 둘 다 위나라와 양립할 수 없었으니, 조조를 애도한 글을 지은 것은 당연히 시기를 면하기 어려웠다. <조위무제문>은 조조가 북방을 통일한 역사적 공적을 인정하고 조조의 일생도 십분 동정하고 있는데, 평가가 대체로 공정하다. 노신 선생이 <<무덤>이라는 글 뒤에 쓰다(寫在<墳>後面)>라는 문장에서 제기한 몇 구절을 보자.

옛 사람을 그리워하면 누를 끼치게 되니
진실로 예는 간소히 하고 장사는 박하게 지내야 한다.
저 털옷과 인끈은 또 무슨 소용 있는가?
오히려 후대 왕에게 세속의 비방만 남겨 놓았다.
큰 그리움이 남아 있음을 슬퍼하니
비록 명철한 사람일지라도 잊지 못한다.
남아 있는 책을 살피며 격앙되어서
이 글을 바쳐 가슴 아픈 심정을 표하도다!
(旣睎古以遺累, 信簡禮而薄葬.
彼裘紱於何有, 貽塵謗於後王.
嗟大戀之所存, 故雖哲而不忘.
覽遺籍以慷慨, 獻玆文而凄傷!)

조조는 누를 끼치지 않기 위하여 자신의 장례를 간소하게 지내고 옛 예법에 구애될 필요가 없다고 유언하였는데, 이러한 태도는 마땅히 취할 만한 것이다. 그러나 조조는 후세에 오명을 남기기도 했으니,

육기는 이 점을 매우 안타까워하였다.

반악(潘岳 : 240?-300)은 자가 안인(安仁)이고, 형양(滎陽) 중모(中牟 : 지금 河南省에 속함) 사람이다. 평생 권력에 빌붙어 살아 인품은 논할 것이 못된다. 역사에서는 반악이 "애도문과 뇌사를 잘 지었다"(善爲哀誄之文)고 하였다. 그의 <회구부(懷舊賦)>와 <애영서문(哀永逝文)>은 모두 비애의 정을 묘사한 작품이다. 후자는 그의 <도망시(悼亡詩)>와 동일한 주제로, 아내의 죽음을 애도한 글이다. 그 가운데 일단을 보자.

> 지난 날 함께 살다가 지금은 세상을 달리하여
> 지난 날 즐거웠던 일 추억해 보니 새로운 슬픔 더하네.
> 평평한 습지를 일러 둔덕이 없다고 하고
> 물의 흐름을 일러 강기슭이 없다고 하네.
> 산을 바라보니 아득히 광활하고
> 물가에 이르니 끝없이 넓디넓네.
> 하늘의 해를 바라보니 창망하기만 하고
> 사는 마을을 마주하니 쓸쓸하기 그지없네.
> 외물은 바뀌지 않았건만
> 기쁘고 슬픈 감정은 분명 바뀌었네.
> (昔同途兮今異世, 憶舊歡兮增新悲.
> 謂原隰兮無畔, 謂川流兮無岸.
> 望山兮寥廓, 臨水兮浩汗.
> 視天日兮蒼茫, 面邑里兮蕭散.
> 匪外物兮或改, 固歡哀兮情換.)

아내를 잃은 뒤의 생기 없고 쓸쓸한 분위기를 아주 세밀하게 묘사하였다. 그러나 언어의 조탁에 너무 고심하고, 대구를 짝 지움이 지나치게 정교하여 문장의 기풍이 건안(建安)과 정시(正始)와는 이미 판이하게 다르다. 서진(西晉) 시기에는 <진정사표(陳情事表)>로 천고에 널리 전송되는 이밀을 산문사에서 거론할 가치가 있다.

이밀(李密 : 224-287)은 자가 영백(令伯)이고, 건위(犍爲) 무양(武陽 : 지금 四川省 彭山 동쪽) 사람이다. 처음에는 촉한(蜀漢)에서 벼슬하여 상서랑(尙書郞)을 지냈다. 진(晉) 무제(武帝) 사마염(司馬炎)이 태자를 세우고 그를 태자선마(太子洗馬)로 초빙하였지만, 이밀은 조모 봉양을 명분으로 완곡하게 고사하였다. 표면적으로는 삼가 효도를 다하기 위한 것이었지만, 사실 배후에는 정치적인 우려가 숨겨져 있었다. 문장이 매우 완곡하고 곡절하며 비통함이 사람을 감동시킨다. 문장 구성은 변체(騈體)와 산체(散體)를 함께 사용하고, 어휘 구사에 들쑥날쑥 변화가 많으며, 자구를 세밀하게 다듬어 공교로움을 추구하고자 고심하였다.

게다가 신은 젊어서 거짓 왕조인 촉한에 벼슬하여 낭서(郎署)에서 관직을 역임하였습니다. 본래 촉한에서 관리로 영달하려 하고 명예와 절개를 중요하게 여기지 않았습니다. 지금 신은 망한 나라의 비천한 포로로 지극히 보잘것없고 지극히 변변치 못하지만 과분하게 발탁되어 총애하심이 매우 두터운데, 어찌 감히 머뭇거리며 나아가지 않고 더 바라는 바가 있겠습니까? 다만 조모인 유씨(劉氏)가 해가 서산에 임박한 것처럼 숨이 가물가물 곧 끊어지려고 하여 사람 목숨이 위태로워 아침에 저녁일이 어찌될지 생각할 수 없습니다. 신은 조모가 없었다면 오늘에 이를 수 없었고, 조모에게 신이 없으면 여생을 마칠 수 없습니다. 조모와 손자 두 사람은 서로 번갈아 목숨을 의지하였기 때문에, 이로써 구구히 조모 봉양을 그만두고 멀리 떠날 수가 없사옵니다.

(且臣少仕僞朝, 歷職郎署. 本圖宦達, 不矜名節. 今臣亡國賤俘, 至微至陋, 過蒙拔擢, 寵命優渥, 豈敢盤桓, 有所希冀? 但以劉日薄西山, 氣息奄奄, 人命危淺, 朝不慮夕. 臣無祖母, 無以至今日 ; 祖母無臣, 無以終余年. 毋孫二人, 更相爲命, 是以區區不能廢遠.)

그 가운데 "해가 서산에 임박한 것처럼 숨이 가물가물 곧 끊어지려고 하여 사람 목숨이 위태로워 아침에 저녁일이 어찌될지 생각할 수 없습니다"(日薄西山, 氣息奄奄, 人命危淺, 朝不慮夕)라는 네 구절은 모택동 주석이 <신민주주의론(新民主主義論)>이나 <별료사도뢰등(別了司徒雷登)> 등과 같은 글에서 여러 차례 인용하였으니, <진정사표>가 매우 감동적임을 알 수 있다.

서진은 중국의 단명한 왕조 가운데 하나로, 전국을 통일한 지 30여년에 불과한 시점에 내란과 외환이 잇달아 발생하여 멸망하였다. 이로부터 북방은 소수민족 통치자가 중원에 들어와 주인 노릇하는 십육국(十六國) 시기로 빠져들었고, 남방의 사마씨(司馬氏)도 양자강의 동남쪽에서 안주한 동진(東晉) 왕조를 수립하였다. 동진 초기에는 문단이 적막하고 생기가 없어 시와 산문 모두 우수한 작품이 나오지 않다가, 왕희지에 이르러 비로소 변화가 일어나기 시작하였다.

왕희지(王羲之 : 321-379)는 자가 일소(逸少)이고, 낭야(琅邪) 임기(臨沂 : 지금 山東省에 속함) 사람이다. 그는 중국에서 가장 이름난 서예가인 동시에 시문 창작에도 뛰어났다. <난정집서(蘭亭集序)>는 동진 시기의 보기 드문 우수한 산문이다. 서기 353년에 왕희지와 사안(謝安)과

손작(孫綽) 등 41명의 유명 문인들이 회계(會稽) 경내의 난정(蘭亭)에 모였다. 이것은 규모가 비교적 큰 문인 집회로, 모임에 참석한 사람들은 유쾌하게 술을 마시고 시를 지으며 제각기 회포를 풀었다. 이를 연유로 왕희지는 이 글을 지어 집회의 성대한 상황을 기술하고, 세상일과 인생에 대한 자신의 감개를 토로하였다.

영화(永和) 9년 계축년(癸丑年) 늦은 봄(음력 3월) 초입에 회계산(會稽山) 산음(山陰)에 있는 난정(蘭亭)에 모였는데, 수계(修稧)의 일을 행하기 위해서였다. 뭇 현자들이 다 오고, 젊은이와 늙은이 함께 모였다. 이곳에는 높은 산과 험한 고개, 무성한 숲과 길게 자란 대나무가 있고, 또 맑은 시냇물과 여울이 흘러 경물이 띠처럼 서로 비치며 좌우를 둘러싸고 있다. 시냇물과 여울물을 끌어와 빙 둘러 흐르게 하여 술잔을 띄워 돌리고 차례로 줄지어 둘러앉았다. 비록 현악기와 관악기가 갖추어진 성대함은 없지만, 술 한 잔에 시 한 수 읊조리는 것으로도 그윽한 정감을 마음껏 털어놓을 수 있다. 이 날에 하늘은 환하고 날씨는 맑으며, 온화한 바람이 화창하였다. 우주의 광대함을 우러러보고 만물의 성대함을 굽어 살펴서, 자유로이 눈을 노닐게 하여 두루 돌아보고 마음껏 정회를 풀어내어, 눈으로 보고 귀로 듣는 즐거움을 다할 수 있으니 참으로 즐겁다 할 수 있다.

(永和九年, 歲在癸丑, 暮春之初, 會於會稽山陰之蘭亭, 修稧事也. 群賢畢至, 少長咸集. 此地有崇山峻嶺, 茂林修竹. 又有淸流激湍, 映帶左右. 引以爲流觴曲水, 列坐其次. 雖無絲竹管弦之盛, 一觴一咏, 亦足以暢敍幽情. 是日也, 天朗氣淸, 惠風和暢. 仰觀宇宙之大, 俯察品類之盛, 所以游目騁懷, 足以極視聽之娛, 信可樂也.)

시적 정취와 그림 같은 미감이 생생하게 묘사되어 있어, 산뜻하고 깔끔하며 여운이 끝없는 왕희지 산문의 예술 풍격을 잘 나타내었다. 변체문이 차츰 유행하던 남조(南朝)에 <난정집서> 같은 산체(散體)의 문장이 출현한 것은 실로 매우 기특한 일이다.

동진 말기에 문단에 우뚝 솟은 도연명은 새로운 국면을 열고 독자적으로 일파를 형성하여 고전산문 발전사에서 적극적인 공헌을 하였다. 도잠(陶潛 : 365-427)은 자가 연명(淵明)이고, 심양(尋陽) 시상(柴桑 : 지금 江西省 九江) 사람이다. 그는 중국문학사에서 걸출한 작가의 한 사람으로, 시와 문의 창작에 모두 큰 성과를 거두었다. 도연명의 산문은 왕희지 산문의 맑고 아름답고 소탈한 풍격을 발전시키고, 아울러 질박하고 담백한 맛을 한층 더하여 실생활에 더 가까이 다가갔다. 도연명은 몰락한 관료 지주 가정에서 태어났으나, 그가 출생한 뒤에는 가정 형편이 이미 곤궁한 지경에 빠져 있었다. 이른바 "어린 나이에 가정의 궁핍함을 만났고, 늙어서는 더욱 늘 굶주렸다"(弱年逢家乏, 老至更長飢 : <유회이작(有會而作)>)고 하고, 훗날 "지난 날 오랜 허기에 고달파 쟁기를 팽개치고 벼슬하는 것을 배우러 갔다"(疇昔苦長飢, 投耒去學仕 : <음주(飮酒)>)고 했다. 가정 형편이 어려웠기 때문에 29세 때 가족의 호구지책(糊口之策)을 위해 벼슬하러 나갔다. 그는 먼저 강주좨주(江州祭酒)를 맡았지만 얼마 안 있어 관직을 그만두고 은거하였다. 이후 몇 차례 참군(參軍) 부류의 말단 관직을 역임하였으나, 매번 재직 기간이 매우 짧았다. 벼슬과 은거를 번갈아 하던 10여 년 동안에 가정 생활은 시도 때도 없이 곤경에 빠졌다. 39세 때는 가정의 생계를 유지하기 위해 몸소 농사일에 손대지 않을 수 없었다. 그러나 "밭 갈고 나무 심어도 먹고 입을 것을 자급하기에 부족하며, 어린 자식들이 집안에 가득 차고 쌀독에는 비축해둔 곡식이 없으니, 생활에 필요한 것을 마련하려고 하지만 그 방도를 알지 못하는"(耕植不足以自給, 幼稚盈室, 甁無儲粟, 生生所資, 未見其術 : <귀거래혜사서(歸去來兮辭序)>) 형편이었다. 그는 하는 수 없이 80여 일 동안 팽택현령(彭澤縣令)을 지내기도 하였지만, 마침내는 "타고난 품성이 자연스러우며"(質性自然), "다섯 말의 쌀 때문에 허리를 굽히려 하지 않았기"(爲五斗米不折腰) 때문에, 41세 때 관료사회와 결별하고 농촌으로 돌아와 일정한 노동에 참여하면서 세상을 떠날 때까지 그렇게 살았다. 집에서 기거하는 동안 천재와 인재로 인해, 때로는 생활이 극도로 궁핍하여 "여름날 내내 주린 배 움켜쥐고, 겨울밤에는 덮고 잘 이불이 없었으며"(夏日長抱飢, 寒夜無被眠 : <원시초조시방주부등치중(怨詩楚調示龐主簿鄧治中)>), 심지어 '걸식(乞食)'을 면치 못하는 지경까지 이르기도 했다. 이런 와중에서 도연명이 아무런 동요나 타협도 하지 않고 만년에 줄곧 농촌에서 생활하면서 사회 상위층과 거리를 유지하는 가운데, 후기에 천고에 빛나는 전원시(田園詩)와 사부(辭賦) 및 산문을 써냈다는 점은 매우 소중하다.

도연명의 사부와 산문에는 그의 시와 꼭 같이 평담하고 자연스러운 예술 풍격이 잘 나타나 있다. <오류선생전(五柳先生傳)>은 정취가 흘러넘치는 한 편의 자서전으로, 필치가 간결하면서도 유창하다. 소통(蕭統 : 501-531)이 <도연명전(陶淵明傳)>에서 "연명은 어려서부터 고상한 포부를 품고 있었고, 박학하고 문장을 잘 지었고, 재능이 남달리 출중하고 진솔하게 행동하며 스스로 만족하였다. 일찍이 <오류선생전>을 지어 자신을 비유하였는데, 당시 사람들은 그것을 실록이라 불렀다"(淵明少有高趣, 博學善屬文, 穎脫不群, 任眞自得, 嘗著<五柳先生傳>以自況, 時人謂之實錄)고 했다. 작자의 붓끝에서 나온 자신의 모습은 안빈낙도하며 일상생활에서 스스로 자기 즐거움을 누리는 사람이었다.

선생이 어느 고장 사람인지 모르고 그 성명과 자호도 분명하지 않다. 집 주위에 다섯 그루의 버드나무가 심겨져 있어 그것으로 호를 삼았다. 사람됨이 조용하고 침착하며 말수가 적고 영달과 이익을 부러워하지 않았다. 책 읽기를 좋아하나 깊이 따져 이해하려고 하지 않았다. 깨달아 뜻이 통할 때마다 문득 기뻐서 좋아하며 먹는 것도 잊었다. 성품이 술을 즐기지만 집안이 가난하여 자주 마시지는 못했다. 친척이나 친구들은 그가 이와 같은 형편임을 알고 간혹 술상을 차려놓고 그를 불렀다. 가서는 영락없이 다 마셔 버리고 반드시 취하고자 하였다. 취하여 물러갈 때에는 언제나 떠나가거나 머무르는 데에 미련을 두지 않았다. 좁은 집은 한적하고 바람과 햇볕을 가리지 못하였다. 짧은 거친 베옷도 여러 조각 꿰매어 입고, 대밥그릇과 표주박이 늘 텅 비어 있어도 태연자약하였다. 항상 글 지어 스스로 즐기면서 겨우 조금 자기의 뜻을 드러내보였다. 정치의 득실을 따지는 것을 잊은 채 이런 식으로 스스로 세상을 마쳤다.

(先生不知何許人也, 亦不詳其姓字. 宅邊有五柳樹, 因以爲號焉. 閑靜少言, 不慕榮利. 好讀書, 不求甚解. 每有會意, 便欣然忘食. 性嗜酒, 家貧不能常得. 親舊知其如此, 或置酒而招之. 造飮輒盡, 期在必醉. 旣醉而退, 曾不吝情去留. 環堵蕭然, 不蔽風日. 短褐穿結, 簞瓢屢空, 晏如也. 常著文章自娛, 頗示己志. 忘懷得失, 以此自終.)

물론 이것은 도연명의 사람 됨됨이의 한 측면일 뿐이다. 그도 강렬한 시비와 애증의 관념을 가진 사람이다. 그는 관료사회의 공포와 추악함을 절감하고 "참된 기풍이 멀리 사라지고부터 큰 허위가 일어나니,

여염집에서는 염치와 겸양의 예절을 게을리 하고, 조정에서는 쉽게 출세하려는 마음을 부추기며"(自眞風告逝, 大僞斯興, 閭閻懈廉退之節, 市朝驅易進之心), "촘촘한 그물이 만들어지니 물고기가 놀라고, 큰 그물이 엮어지니 새가 놀란다. 저 통달한 사람들은 잘 깨달아 벼슬을 버리고 도망쳐 전원으로 돌아가 밭을 간다네"(密網裁而魚駭, 宏羅制而鳥驚, 彼達人之善覺, 乃逃祿而歸耕 : <감사불우부(感士不遇賦)>)라고 하였다. 도연명이 경작하러 농촌으로 간 것은 관료사회와 세속에 대한 일종의 의도적인 반항이다. 그가 벼슬을 내던지고 귀향하여 농사짓던 이듬해 초봄에 쓴 <귀거래혜사(歸去來兮辭)>는 관료사회를 벗어난 뒤에 맛본 유쾌한 심정을 분명하게 표현하고 있다.

돌아가자!
전원이 장차 황폐해지려는데 어찌 돌아가지 않을쏜가?
이미 스스로 정신이 육체의 노예가 되도록 하였으나
어찌 근심하여 혼자 슬퍼하고만 있을쏜가?
지난날은 돌이킬 수 없음을 깨닫고
앞으로의 일은 바른 길을 쫓을 수 있음을 알았노라.
참으로 길을 잘못 들었으나 아직 그리 멀어진 것은 아니니
지금부터는 옳고 어제까지는 잘못이었음을 깨달았네.
배는 흔들흔들 가볍게 나부끼며 나아가고
바람은 살랑살랑 불어와 옷자락을 휘날리누나.
(歸去來兮, 田園將蕪胡不歸?
既自以心爲形役, 奚惆悵而獨悲?
悟已往之不諫, 知來者之可追.
實迷途其未遠, 覺今是而昨非.
舟遙遙以輕颺, 風飄飄而吹衣.)

도연명은 벼슬길에 나아가 관리가 되는 것을 “길을 잘못 든 것”(迷途)으로 보고, 지금 관직을 그만두고 농촌으로 돌아가는 것을 “앞으로의 일은 바른 길을 쫓을 수 있다”(來者可追)고 여긴바, 옳고 그름에 대한 그의 태도는 아주 명확하였다. <귀거래혜사>는 지난 날 벼슬살이를 한 과오를 스스로 후회하고, 지금 전원으로 돌아와 제자리를 찾은 것을 기뻐하는 감격적인 심정을 토로하였는데, 전원의 조용한 생활에 대한 충심어린 동경이 흘러넘치고, 통치자와 한 패거리가 되어 나쁜 짓을 하지 않는 고상한 인품이 뚜렷이 잘 나타나 있다. 이 작품은 ≪초사(楚辭)≫의 영향을 깊이 받아 대구의 글귀를 많이 사용하고, 글 전체가 음운이 잘 어울리며, 언어가 담백하고 단아한 한위(漢魏)와 육조(六朝) 시기 서정 소부(小賦)의 상품(上品)에 속한다. 북송 문단의 영수인 구양수(歐陽修 : 1007-1072)는 이 글을 격찬하여 “진나라에는 글이라 할 만한 것이 없고, 오직 도연명의 <귀거래> 한 편이 있을 따름이다”(晉無文章, 惟陶淵明<歸去來>一篇而已 : ≪동파제발(東坡題跋)≫ 1권에서 인용)고 했는데, 마음속으로 받들어 탄복하는 정이 더할 나위가 없다.

양계초(梁啓超 : 1873-1929)에 의해 ‘동양의 유토피아’(東方的烏托邦)로 일컬어진 <도화원기(桃花源記)>는 중국 고대산문 중에서 가장 오랫동안 전송된 작품의 하나이다. 300여 글자로 된 문장 속에서 억압도 없고 착취도 없이, 함께 일하며 화목하게 살아가는 이상적인 사회 환경을 형상적이고 생동적으로 묘사하였다. 이 ‘세상 밖의 도화원’(世外桃源)은 어지러운 시대 사람들의 정신적 안식처로, 안정되고 행복한 생활을 갈망하는 사람들의 아름다운 바람을 반영한다. <도화원기>의 문장 스타일은 간결하고 잘 다져져 있으며 서술에 변화와 곡절이 많은

데, 한 어부가 우연히 도화원에 들어가 보고 들은 것을 모티브로 하여 줄거리가 매우 간단함에도 불구하고 사람을 황홀한 경지로 끌어들인다. 노신은 <육조 소설과 당대 전기는 어떤 차이가 있는가?(六朝小說和唐代傳奇有怎樣的區別)>라는 글에서 "실은 오히려 그 뒤의 당대 전기소설에 가깝다"(其實則倒和後來的唐代傳奇文相近)고 했다. 다음은 도화원의 그림 같은 경관을 묘사한 대목이다.

땅은 평탄하고 넓으며 집들은 가지런하게 늘어서 있고, 비옥한 논밭, 아름다운 연못, 뽕나무와 대나무 같은 것들도 있었다. 밭 사이로 난 작은 길은 사방으로 통하고, 닭소리와 개소리가 엇갈려 들려왔다. 그 사이를 오가며 밭을 갈고 있는 남녀의 옷차림이 다 바깥세상 사람과 같았다. 누런 머리의 노인이나 머리를 늘어뜨린 어린이가 다 유쾌하게 저마다 즐거워하고 있다. ……

그들이 스스로 말하였다. "전대에 선조들이 진(秦)나라 때의 난리를 피하여 처자식과 동향 사람들을 데리고 세상과 단절된 이곳에 왔다가 다시 나가지 않아 마침내 바깥세상 사람들과 왕래가 끊어졌습니다." (어부가) "지금이 어느 시대인가?" 물으니, 도무지 한(漢)나라조차 모르거늘 위진(魏晉)은 말할 필요가 없었다. 이 사람(어부)이 마을 사람들에게 들은 것을 일일이 자세히 말해주니 모두들 탄식하고 놀랐다.

(土地平曠, 屋舍儼然, 有良田美池桑竹之屬, 阡陌交通, 鷄犬相聞. 其中往來種作, 男女衣着, 悉如外人. 黃髮垂髫, 並怡然自樂. ……

自云 : "先世避秦時亂, 率妻子邑人, 來此絶境, 不復出焉, 遂與外人間隔." 問 : "今是何世?", 乃不知有漢, 無論魏晉. 此人一一爲具言所聞, 皆歎惋.)

이밖에 도연명은 <여자엄등소(與子儼等疏)>, <한정부(閑情賦)>, <제정씨매문(祭程氏妹文)>, <자제문(自祭文)> 등도 남기고 있는데,

하나같이 가작이라 일컬을 만하다. 포부를 말하거나 감정을 기탁한 것이든, 다른 사람을 그리워하거나 스스로를 슬퍼한 것이든 간에 모두 공들여 씌어졌기 때문에 사람의 심금을 울리는 훌륭한 작품들이다.

도연명의 담백하고 아름다운 산문은 변문(駢文)으로 가득 차 있던 위진(魏晉)과 육조(六朝) 시기에 빈 계곡에 울리는 발자국 소리와 같아 사람들의 이목이 그로 인해 일신되었다.

도연명의 만년은 이미 유유(劉裕)의 송(宋)나라가 통치하던 시기에 접어들어, 애석하게도 그의 문학 성취가 당시에 충분히 중시되지 못하였다. 남조(南朝)의 문학 기풍은 형식면에서 조탁하고 꾸미는 경향이 지속되어, 이른바 "백 자나 되는 대우를 나열하여 아름답게 꾸미고, 한 구로 된 기이함으로 작품의 가치를 다투고, 내용은 반드시 대상의 모양을 극진히 하여 사물을 묘사하고, 표현은 반드시 힘을 다하여 새로운 것을 추구하는"(儷采百字之偶, 爭價一句之奇, 情必極貌以寫物, 辭必窮力而追新 : ≪문심조룡(文心雕龍) · 명시(明詩)≫) 풍조가 도연명 사후에 더욱 성행하였다.

제5장 위진남북조(魏晉南北朝) 산문(하)

420년에 유유(劉裕)가 세운 송나라는 통상 유송(劉宋) 왕조로 불리어진다. 이와 같은 시기에 북방 선비족(鮮卑族)의 탁발씨(拓跋氏)가 세운 북위(北魏) 정권이 점차 북중국을 정복해 가다가, 439년에 북방을 통일하여 남북이 대치하는 국면을 형성하였다. 420년부터 589년에 수(隋)나라 왕조가 전국을 통일한 때까지가 바로 중국 역사상의 남북조(南北朝) 시대이다. 민족의 생활습관과 생활수준 및 문화 정도의 차이 때문에, 남방은 경제가 발전하였지만 북방은 경제 발전이 줄곧 더디었다. 북방의 문학과 예술은 민가를 제외하면 나름대로의 특색이 전혀 없고 극소수의 문학 작품마저도 남조(南朝)를 모방하였으며, 단지 몇 편의 산문 작품만이 약간의 성취를 이루고 있을 뿐이다.

남조의 정권은 빈번하게 교체되어 송(宋), 제(齊), 양(梁), 진(陳)의 네 개 왕조를 거쳤다. 동진(東晉) 이래 인구가 대대적으로 남쪽으로 이주하고 남방 지역은 오랫동안 상대적으로 안정된 환경에 처해 있었기 때문에, 사회 경제가 신속하게 발전하고 문학 창작도 비교적 활발하였다. 다만, 남조의 작가들은 대부분 제왕과 귀족들의 주위에 모여 있었으므로, 생활과 사상 및 예술적 취향이 모두 크게 구속받아 문학의 내용은 빈약하였으나, 문학 형식은 완전무결함을 힘써 추구하여 산문 발전사상 변체문(騈體文)의 극성 시기를 맞이하였다. 비단 문학 작품만 대구의 짝짓기를 강구한 것이 아니라, 실용문이나 학술 저작들도 변체문의 형식을 사용하였다. 저명한 문예 비평의 거작인 ≪문심조룡(文心雕龍)≫은 바로 변체문의 요구에 따라 엄격하게 씌어진 것이다.

변체문은 위진(魏晉) 때부터 형성되기 시작하였다. 유협(劉勰 : 465?-532?)은 ≪문심조룡 · 여사(麗辭)≫에서 한대(漢代)의 양웅(揚雄 : 53 B. C.-A. D. 18), 사마상여(司馬相如 : 179-117 B. C.), 장형(張衡 : 78-139), 채옹(蔡邕 : 132-192)에서부터 변체문이 생겨나기 시작했다고 여겼다. 이들 네 사람의 글에는 물론 평행하는 대구로 된 글귀가 많이 있긴 하지만, 아직 일종의 문체를 형성하지는 못하였다. 남북조에 이르러 변체문은 문장의 정통이 되었고, 창작 기교도 나날이 정밀해져 갔다. 문장의 구성방식에서는 단순히 대구를 강구하는 데 그치지 않고, 언대(言對), 사대(事對), 정대(正對), 반대(反對) 등의 유형으로 세분하여 연구하였다. 한 구의 글자 수도 점차 네 글자나 여섯 글자를 짝지어 늘어놓는 4자구(四字句)와 6자구(六字句)로 발전해갔다. 성률(聲律)도 평측(平仄)의 배합과 음운의 어울림을 추구하고, 전고(典故)의 사용과 과장적인 수식 등의 수사법을 강구하도록 했다. ≪문심조룡 · 여사≫편은 변문의 원류와 특징을 전문적으로 토론한 문장이다.

변문의 흥기는 한(漢)나라 이후 산문의 사부화(辭賦化)와 밀접한 관련이 있는데, 남북조에 이르러 성행한 변체부(騈體賦)와 변문(騈文)은 사실상 둘이면서 하나이다. 단지 전자는 운을 사용하고, 후자는 운을 사용하지 않은 것만 다를 뿐이다. 이 때문에 ≪육조문결(六朝文絜)≫과 같은 일부 변체문 선집에서는 변체로 된 짤막한 부 작품을 많이 뽑아

넣고 있다. 남북조의 변체문을 전체적으로 종합하여 보면, 여러 가지 형식과 기교의 제한으로 말미암아 우수한 작품이 분명 많지 않다. 그러나 모래에서 금을 일어내듯 골라보면, 내용이 비교적 충실하고 표현이 자연스러운 변체문도 더러 있다. 유송(劉宋) 왕조의 대시인인 포조는 바로 변체문 창작의 대가이다.

포조(鮑照 : 414?-446)는 자가 명원(明遠)이고, 동해(東海 : 지금 山東省 蒼山縣 남쪽) 사람이다. 출신이 빈한하고 지위가 낮았으며 평생토록 울적하게 뜻을 얻지 못하였으니, 이른바 "재주는 뛰어나나 사람이 미천하였기 때문에 당대에는 파묻혀 버린"(才秀人微, 故取湮當代 : ≪시품(詩品)≫) 처지였다. 그러나 시문의 성취는 남조에서 비교적 두각을 나타내었다. <무성부(蕪城賦)>는 그가 광릉(廣陵 : 지금 江蘇省 揚州)의 옛일을 추모한 작품이다. 광릉의 옛 성은 서한(西漢) 초에 오왕(吳王) 유비(劉濞)가 축조한 것으로 역대에 걸쳐 지속적으로 증축되고 보수되었으며, 남북 교통의 요충지에 위치하여 경제가 줄곧 번성하였다. 유송 시기에 광릉은 전쟁으로 두 차례 파괴되었다. 이 가운데 두 번째의 전쟁은 459년에 경릉왕(竟陵王) 유탄(劉誕)이 광릉에 근거지를 두고 일으킨 반란인데, 뒤에 송 효무제(孝武帝) 유준(劉駿)이 파견한 심경지(沈慶之)에 의해 토벌되어 평정되었다. 전쟁은 70여 일간 지속되고, 성 안의 주민은 3천여 명이나 사망하여 광릉을 '황량한 성'(蕪城)으로 바꾸어 놓았다. <무성부>는 광릉의 지난날의 번성과 전화를 입은 뒤의 황량함을 선명하게 대비하여, 과거와 지금의 흥망성쇠에 대한 포조의 감정을 기탁하였다. 예술적으로 형상이 선명하고 문장이 힘차고 아름다운데, 그 중에서 전란 뒤의 황량한 모습을 묘사한 것이 가장 감동적이다.

미나리가 우물가에 우거지고
칡넝쿨이 길에 가득 얽혀 있네.
대청에는 독사와 물여우가 우글거리고
섬돌에는 노루와 날다람쥐들이 다투네.
나무도깨비와 산귀신
들쥐와 성안에 사는 여우들이
비바람 몰아치는데 구슬피 울며
황혼녘에 나타나고 새벽녘에 뛰어 다니네.
굶주린 매는 부리를 갈고
겨울 올빼미는 새끼 새를 두고 울부짖네.
엎드려 숨어 있는 백호와 호랑이는
피를 핥고 살을 뜯어 먹네.
쓰러진 가시나무는 길을 막고
옛날의 큰길은 음산하기만 하네.
백양나무는 일찍이 잎 다 떨어지고
변방의 풀들은 미리 시들어버렸네.
차가운 서리가 엄습해 오고
모진 바람이 세게 일어나네.
외로운 쑥은 스스로 나부끼고
놀란 모래는 까닭 없이 흩날리네.
떨기지어 난 관목과 풀은 아득하여 끝이 없고
어지럽게 서로 엉켜있네.
해자는 이미 평평하게 메워지고
우뚝 솟은 성 모퉁이도 벌써 무너져 내렸네.
바로 천리 밖을 바라보니
단지 황사가 이는 것만 보이네.
정신을 모아 생각하고 조용히 소리 들으니

마음 아파 갈기갈기 찢어지네.

(澤葵依井, 荒葛罥塗.
壇羅虺蜮, 階鬥麏鼯.
木魅山鬼, 野鼠城狐.
風嗥雨嘯, 昏見晨趨.
飢鷹厲吻, 寒鴟嚇雛.
伏虣藏虎, 乳血飡膚.
崩榛塞路, 崢嶸古馗.
白楊早落, 塞草前衰.
稜稜霜氣, 蔌蔌風威.
孤蓬自振, 驚沙坐飛.
灌莽杳而無際, 叢薄紛其相依.
通池旣已夷, 峻隅又已頹.
直視千里外, 唯見起黃埃.
凝思寂聽, 心傷已摧.)

여우와 쥐들이 도처에 돌아다니고, 귀신과 물여우가 이리저리 뛰어다니는 황량하게 망가져버린 모습은 비참하여 차마 눈을 뜨고 볼 수 없어서, 찬바람과 궂은 비 내리는 가운데 작자에게 끝없는 비애의 정을 불러일으켰다. 청대(淸代) 사람인 요내(姚鼐 : 1731-1815)가 ≪고문사류찬(古文辭類纂)≫ 권71에서 평론하여 "창망하고 황량함을 몰아가는 기세와 마음을 놀라게 하고 넋을 움직이게 하는 글귀가 모두 부의 세계에서 뛰어난 경지이다"(驅邁蒼凉之氣, 驚心動魂之辭, 皆賦家之絶境也)라고 했다.

포조의 <등대뢰안여매서(登大雷岸與妹書)>는 누이인 포령휘(鮑令

暉)에게 써 보낸 변려체로 된 편지글이다. 편지에는 작자의 여행길에서의 고생과 연도에서 본 산천의 경치를 묘사하고 있다. 글은 전체적으로 지나치게 늘어놓는 솜씨를 남김없이 다 발휘함으로써, 언어 구사가 매우 화려하고 묘사가 치밀하여 예술적으로 상당한 공력을 갖추었다. 여산(廬山) 일대의 풍경을 묘사한 단락을 읽어보자.

그 가운데 솟구치는 파도는 하늘에 닿고
높이 출렁이는 물결은 해를 적신다.
온 냇물을 삼켰다가 토하고
수많은 골짜기로 쏟아낸다.
옅은 물안개는 흐르지 않고
솟구치는 물보라는 끓어 넘친다.
여린 풀들은 줄기가 휘졌다 펴졌다고 하고
큰 물결은 언덕에 부딪쳐 부서진다.
세차게 흩어지는 물줄기는 끝없이 놀라 솟구쳐
번개나 화살처럼 빠르다.
언덕이 무너지고 굴러 내린 돌이 모이며
사주는 날아가고 산봉우리는 뒤집힌다.
물러가는 물거품이 산을 뒤덮고
파도는 텅 빈 골짜기로 달려간다.
물살 때문에 단단한 돌이 잘게 부서지고
굽이치는 강기슭이 무너져 내린다.
고개 들어 대화성(大火星)을 바라보고
머리 숙여 파도소리 들으니
몸이 떨리고 숨결이 가빠지며
가슴이 놀라 오싹해진다.

(其中騰波觸天, 高浪灌日.
呑吐百川, 寫泄萬壑.
輕煙不流, 華鼎振潜.
弱草朱靡, 洪漣隴蹙.
散渙長鶩, 電透箭疾.
穹溘崩聚, 坻飛嶺覆.
回沫冠山, 奔濤空谷.
碪石爲之摧碎. 碕岸爲之韲落.
仰視大火, 俯聽波聲,
愁魄脅息, 心驚慄矣.)

세찬 파도가 물결을 솟구쳐 일게 하여 맹렬하게 힘찬 기세로 강기슭을 씻어 내리고 산봉우리를 무너져 내리게 하며, 산골짜기를 텅 비도록 깨끗이 씻고 다듬이처럼 단단한 돌을 잘게 부셔버리니, 보기만 해도 등골이 오싹하여 감탄해 마지않도록 한다.

포조와 이름을 나란히 하는 변문 대가는 강엄이다. 강엄(江淹 : 444-505)은 자가 문통(文通)이고, 제양(濟陽) 고성(考城 : 지금 河南省 蘭考縣 동쪽) 사람이다. 일찍이 송, 제, 양의 세 왕조에서 벼슬살이를 하였다. 젊은 시절에는 벼슬길에서 뜻을 이루지 못하다가, 송나라 건평왕(建平王) 유경소(劉景素)에게 의탁하였지만, 중용되지 못하고 도리어 모함을 당해 옥에 갇히게 되었다. 뒤에 제나라 고제(高帝) 소도성(蕭道成)과 양나라 무제(武帝) 소연(蕭衍 : 464-549)에게 의탁하면서 관운이 점차 틔었고, 만년에는 예릉후(醴陵侯)에 봉해졌다. 그러나 "만년에는 재기와 사고가 쇠퇴하니 당시 사람들은 재주가 다 되었다고 했다."(晩節才思微退, 時人皆謂之才盡 : ≪양서(梁書)·강엄전(江淹傳)≫) 강엄의 명작인 <한부(恨賦)>와 <별부(別賦)>는 둘 다 압운한 변체문이다. <한부>는 진시황(秦始皇), 이릉(李陵), 왕소군(王昭君), 혜강 등과 같이 역사적으로 유명한 제왕이나 장군과 재상 및 기인이나 뜻있는 선비들이 원한을 삼킨 채 죽어간 것을 썼는데, 한위(漢魏) 이후의 영사시(詠史詩)와 내용이 매우 흡사하고 문장이 잘 다듬어져 간명한 가운데 감정이 흠뻑 배어 있다. <별부>는 더욱 더 비통하고 감동적으로 씌어져 있다. 이 작품은 글 전체에 짙은 서정적 색채가 드리워져 있고, 상세하게 서술하는 수법으로 다양한 인물들의 이별의 슬픔과 정서를 묘사하였다. 그 중에서 부부간의 이별과 연인간의 이별을 쓴 것이 가장 감동적이다. 그 가운데의 일부를 보자.

인간 세상에는 작약(芍藥)의 시와
가인(佳人)의 노래가 있고,
위(衛)나라 여인이 상중(桑中)에서 밀회하고
진(陳)나라 미녀가 상궁(上宮)에서 사랑을 속삭이네.
봄풀은 푸르고
봄 강에는 맑은 물결이 일어나는데,
낭군님을 남쪽 포구에서 송별하니
이내 슬픔 어이할꼬!
가을 이슬은 진주 같고
가을 달은 둥근 옥돌 같은데
달 밝고 서리 희어지니
세월은 또 흘러가네.
그대와 이별한 뒤
그리워하는 마음만 서성거릴 뿐.

(下有芍藥之詩，佳人之歌，
桑中衛女，上宮陳娥.
春草碧色，春水渌波，
送君南浦，傷如之何!
至乃秋露如珠，秋月如珪，
明月白露，光陰往來.
與子之別，思心徘徊.)

이 부분은 민가(民歌)의 서정 방식을 모방한 것으로, 여자가 독백하는 말투로 <국풍(國風)>과 <구가(九歌)> 등 민가의 시구를 녹여 넣어 연인 간에 그리워하는 마음을 교묘하고 자연스럽게 표현해냈는데, 언어 구사와 분위기가 남조의 악부(樂府) 민가와 매우 흡사하다.

제(齊)나라 때 공치규(孔稚圭 : 448-501)의 <북산이문(北山移文)>은 줄곧 변문의 걸작으로 공인되어 왔는데, 변문을 극력 배척한 ≪고문관지(古文觀止)≫도 <북산이문>은 뽑아 넣어 구색을 갖추고 있다. 이 문장의 주제에 대해서는 다양한 풀이가 있는데, ≪소명문선(昭明文選)≫에 실린 여향(呂向)의 주석에서는 남조 송(宋)나라와 제(齊)나라 연간의 인물인 주옹(周顒)을 풍자한 것이라고 하였다. 그러나 글 속에 나타난 '주자(周子)'의 정황은 역사서에 기록되어 있는 주옹과 큰 차이가 나기 때문에, 어떤 사람은 이 글이 일시적으로 놀이 삼아 지어진 것이므로 역사적 사실에 구애될 필요가 없다고 하였다. '이문(移文)'은 '성토하는 성격의 문서'로 격문(檄文)과 비슷하다. 작자는 의인법을 써서 "종산의 정령과 초당의 신령"(鍾山之英，草堂之靈)의 입을 빌어 세상을 속이고 이름을 도둑질하는 '주자'라는 거짓 은사의 죄상을 말과 글로 폭로하여, 봉건 시대 일부 사대부들의 표리가 부동하고 언행이 서로 다른 추악한 영혼과 은거를 출사의 수단으로 삼는 비열한 행동을 가차 없이 들추어내었다. 문장의 필치가 활발하고 구상이 교묘하며, 산림과 초목도 기뻐 웃고 성이 나서 욕하는 감정을 드러내게 함으로써, 거짓 군자와 거짓 명사의 야누스적인 몰골을 한껏 조소하였다.

이때 남산(南山)이 조롱을 보내고
북산(北山)의 작은 언덕들도 떠들썩하게 비웃으며
줄지은 골짜기들이 다투어 나무라고
옹기종기 모인 봉우리들도 날카롭게 꾸짖네.
북산이 나그네에게 속은 것을 개탄하고
아무도 위문하러 오지 않음을 슬퍼하네.
그 때문에 그 숲은 치욕이 그지없고
시냇물은 부끄러움이 다함없네.
가을 계수나무는 바람을 날려 보내고
봄의 여라는 달을 밀쳐버렸네.
수양산(首陽山)에 은거한 백이(伯夷)와 숙제(叔齊)의 높은 뜻을 선포하고
동고(東皐)에 은거한 완적(阮籍)의 마음을 있는 그대로 고하네.
(於是南岳獻嘲, 北隴騰笑,
列壑爭譏, 攢峰竦誚.
慨游子之我欺, 悲無人以赴弔.
故其林慚無盡, 澗媿不歇.
秋桂遣風, 春蘿罷月.
騁西山之逸議, 馳東皐之素謁.)

제(齊)나라와 양(梁)나라 시대의 작가인 구지(丘遲 : 464-508)는 자가 희범(希范)이고, 오흥(吳興) 오정(烏程 : 지금 浙江省 吳興縣) 사람이다. 제나라 때에 관직이 전중랑(殿中朗)에 이르렀고, 양나라 때에는 일찍이 영가(永嘉 : 지금 浙江省 溫泉市) 태수를 지냈다. 뒤에 <여진백지서(與陳伯之書)>를 써서 진백지를 투항시킨 공으로, 중서시랑(中書侍郎)에 제수되었다. 한 편의 변체문이 반란을 일으킨 장군의 마음을 돌리게 할 수 있었던 것은 문학사상의 미담이다. 구지는 시와 산문이 모두 유명하다. 진백지는 본래 제나라의 장군으로, 제나라 말년에 강주(江州 : 지금 江西省 九江 일대)에 주둔하여 지키고 있었다. 소연(蕭衍 : 후에 양나라를 세운 사람)이 군사를 일으켰을 때, 그를 투항시켜 진남장군(鎭南將軍)과 강주자사(江州刺史)에 임명하였다. 양 무제(武帝) 소연 천감(天監) 원년(502년)에 진백지는 이간질하는 한쪽 말만 듣고 양나라에 반기를 들었다가, 전쟁에 패하자 북위(北魏)에 투항하여 '평남장군(平南將軍)'에 임명되었다. 505년 겨울에 소연이 임천왕(臨川王) 소굉(蕭宏)에게 군사를 이끌고 가서 북벌할 것을 명했을 때, 진백지는 군대를 거느리고 수양(壽陽)의 양성(梁城)에 주둔하여 대항하였는데, 소굉이 기실(記室 : 비서에 해당)인 구지에게 명하여 이 편지를 써서 진백지가 투항하여 돌아오도록 권유하게 했다. 이듬해 봄에 진백지는 대군이 국경까지 밀어 닥치는 형세에다 구지의 서신 회유까지 받자, 마침내 군사 8천을 이끌고 양나라에 투항하였다. 구지의 이 <여진백지서>는 정으로 감동시키고 이치로 깨우치고, 대의로 질책하고 이해득실로 깨닫게 하였는데, 뜻이 정당하고 표현이 엄정하며 흥미진진하기도 하다. 특히 진백지에게 고국을 그리워하는 생각을 불러일으키게 한 강남의 아름다운 경치에 대한 빼어난 묘사는 더욱 천고의 절창이다.

늦봄 삼월에 강남에는 풀이 자라고, 온갖 꽃들은 나무위에 피며 뭇 꾀꼬리 어지럽게 날아다닙니다. 고국 군대의 깃발과 북을 보고 지난날 고국에서 살던 모습이 생각나실 터인데, 활시위 잡고 성벽에 오르니 어찌 가슴 아프지 않으시겠습니까! 염파(廉頗)가 조(趙)나라 장군으로 복귀하려고 생각하고, 오기(吳起)가 서하(西河) 사람들 때문에 눈물 흘린 것은 인지상정이니 장군인들 어찌 정이 없겠습니까? 조속히 힘써 좋은 계책을 마련하여 스스로 다복함을 구하시기 바랍니다.

(暮春三月, 江南草長, 雜花生樹, 群鶯亂飛. 見故國之旗鼓, 感平生于疇日, 撫弦登陴, 豈不愴恨! 所以廉公之思趙將, 吳子之泣西河人之情也, 將軍獨無情哉. 想早勵良規, 自求多福.)

남조 때에 변부(騈賦)가 변문과 융합하여 변문의 늘어놓고 과장하는 수법을 최고조에 달하게 하여 경물을 묘사하는 장점을 더욱 잘 발휘하였다. 눈부시도록 아름답고 다채로운 모습의 호수 빛과 산 빛깔이 몇몇 변문 작품 속에서 극도로 세밀하고 생생하게 묘사되어, 사람에게 몸이 그 안에 있는 것과 같은 느낌을 준다. 이를테면 '산중재상(山中宰相)'으로 불린 은사(隱士) 도홍경(陶弘景 : 452-536)의 <답사중서서(答謝中書書)>와 당시 사람들이 다투어 본받으려 한 '오균체(吳均體)'의 창시자인 오균(吳均 : 469-519)의 <여송원사서(與宋元思書)>는 둘 다 산수를 사실적으로 묘사한 당시의 대표적인 명작이다. 전자는 산수 묘사 중에서 사계절의 검푸른 숲과 대나무, 이른 아침의 원숭이와 새들의 울음소리, 황혼녘에 물속에서 놀던 물고기가 뛰어오르는 모습들을 두드러지게 묘사하여 정중동하는 '산천의 아름다움'(山川之美)을 잘 표현하였다.

산천의 아름다움은 옛날부터 사람들이 모두 말하기 좋아하였습니다. 높은 봉우리는 구름 속으로 치솟아 들고, 맑은 시냇물은 바닥이 들여다보입니다. 양쪽 강가에 우뚝 솟은 석벽위에는 오색 빛이 번갈아 비칩니다. 푸른 숲과 비취빛 대나무는 사계절 내내 갖추어져 있습니다. 아침 안개가 막 흩어지려 할 때 원숭이와 새들은 어지럽게 웁니다. 석양이 막 지려할 때 물속 깊이 숨어 있던 물고기는 다투어 뛰어오릅니다. 이곳은 실로 인간 세상에서 신선이 사는 곳입니다. 강락(康樂 : 謝靈運의 별칭 – 옮긴이 주) 이후로 이 산천의 기묘함을 깨달을 수 있었던 이 아무도 없었습니다.

(山川之美, 古來共談. 高峯入雲, 淸流見底. 兩岸石壁, 五色交輝. 靑林翠竹, 四時俱備. 曉霧將歇, 猿鳥亂鳴 ; 夕日欲頹, 沈鱗競躍. 實是欲界之仙都. 自康樂以來, 未復有能與其奇者.)

오균의 <여송원사서>는 부춘강(富春江) 연안의 기이한 산수를 중점적으로 묘사하였다. 문장이 정밀하고 아름답지만, 소묘를 위주로 하고 결코 미사여구나 전고(典故)를 늘어놓지 않아 육조 때에 경물을 묘사한 변문들 가운데 보기 드문 청신한 작품이다.

바람 자고 안개 걷히니 하늘과 산이 같은 색입니다. 흐르는 물 따라 표표히 나부끼며 동으로 서로 배가는 대로 내맡겨 버립니다. 부양(富陽)에서 동려(桐廬)까지 일백여 리에 기이한 산과 특이한 강은 천하에 비할 데 없는 절경입니다. 부춘강의 강물은 온통 파르스름한데 천 길이나 되는 물밑이 다 보이고, 물속에서 헤엄치는 물고기와 자그마한 돌들이 막히는 데 없이 훤히 보입니다. 급한 여울은 화살보다 빠르고, 사나운 물결은 준마가 치달리는 것 같습니다. 물가 양안의 높은 산에는 늘 푸른 나무가 자라나 있습니다. 높은 산들은 지세에 의지하여 다투듯 솟아올라 서로 높고 멀리 뻗어 있는데, 높이를 겨루며 우뚝 곧추 솟아 천백 개의 봉우리를 이루고 있습니다.

(風煙俱淨, 天山共色. 從流飄蕩, 任意東西. 自富陽至桐廬, 一百許里, 奇山異水, 天下獨絶. 水皆縹碧, 千丈見底 ; 游魚細石, 直視無礙. 急湍甚箭, 猛浪若奔. 夾岸高山, 皆生寒樹. 負勢競上, 互相軒邈, 爭高直指, 千百成峰.)

남북조 시대의 변문과 변부에서 최고의 성취를 이룬 작가는 유신이다. 유신(庾信 : 513-581)은 자가 자산(子山)이고, 남양(南陽) 신야(新野 : 지금 河南省 新野縣) 사람이다. 유신은 남북조 시대를 집대성한 작가로 시, 부, 산문에 모두 정통하여 훌륭한 작품을 세상에 남겼으며, 당시(唐詩)의 선구자로 공인되고 문학사상 지난 것을 계승하여 새로운 것을 창조한 역할을 수행하였다. 그의 부친 유견오(庾肩吾)는 제나라와 양나라 시대의 유명한 궁체(宮體) 시인이다. 유신은 젊어서부터 양나라 궁정을 드나들면서 서릉(徐陵 : 507-583)과 함께 세칭 '서유체(徐庾體)'로 불리는 농염하고 화려한 궁체의 시와 부를 지었다. 548년에 그는 건강령(建康令)을 지냈는데, 후경(侯景)이 반란을 일으키자 패하여 강릉(江陵)으로 물러나 양나라 원제(元帝)를 보좌하였다. 554년에 유신은 서위(西魏)에 사신으로 갔는데, 얼마 지나지 않아 양나라가 망하자 장안(長安)에 억류되었다가 적국에 몸을 굽혀 벼슬하였다. 북주(北周)에 들어간 뒤 더욱 중용되어, 관직이 표기대장군개부의동삼사(驃騎大將軍開府儀同三司)에 이르렀다. 그러나 유신은 언제나 남방의 고국을 그리워하였을 뿐만 아니라, 깊은 양심의 가책을 느끼고 있었다. 유신의 시와 부 가운데 우수작은 모두 북방에서 곤궁하게 살 때에 완성된 것이다. 당(唐)나라 때의 시인인 두보(杜甫 : 712-770)가 일찍이 말하기를 "유신은 일생 동안 가장 쓸쓸하였지만, 만년의 시와 부는 강릉 일대를 진동시켰다"(庾信平生最蕭瑟, 暮年詩賦動江關 : <영회고적(詠懷古迹)>)고 했다. 또 "유신의 문장은 나이 들어 더욱 원숙해져 구름을 뚫고 오르는 씩씩한 필치에 뜻이 종횡으로 드러난다"(庾信文章老更成, 凌雲健筆意縱橫 : <희위육절구(戱爲六絶句)>)고 했다. 그의 대표작인 <애강남부(哀江南賦)>는 육조 변문 중에 가장 뛰어난 작품이다. 사시(史詩) 성격의 이 작품은 만년에 지어진 것으로 작자 자신의 경험을 실마리로 하여 양나라가 흥성에서 쇠망으로 나아가는 과정을 써서, 양나라 왕조의 정치적 부패와 집권자들 간의 권력과 이권 쟁탈 및 그들이 국가와 백성들에게 끼친 재난을 폭로하고, 고국에 대한 그리움과 이민족에게 벼슬한 부끄러운 심정도 토로하고 있다. 작품 앞머리에 변문으로 씌어진 '서(序)'가 붙어 있어 창작 동기를 설명하고 전체 문장의 대의를 요약하고 있는데, 독립하여 한 편의 문장으로 될 수 있다. 글의 표현이 전아하고 문장 구성이 질서 정연하며, 넉넉하고 정교하게 다듬어져 있고 예술적 구상이 매우 독창적이다. 서문 중에서 스스로 신세를 탄식한 다음 단락을 보자.

나는 머리털이 반백이 되는 중년의 나이에 변란을 만나 멀리 고국을 떠나 이역 땅을 유랑하다가 만년까지 이르렀다. 멀리 이별한 것을 읊조린 <연가(燕歌)의 노래>를 생각하니 서글픈 심정 이길 수 없고, 고국의 유로들과 만나 서로 끌어안고 운들 무슨 소용 있겠는가! 남산(南山)의 비를 두려워 피했다가 홀연 서위(西魏)의 조정에 이르렀고, 북주(北周)가 동해 물가에서 선양을 받음에 마침내 주(周)나라의 곡식을 먹게 되었다. 하정(下亭) 땅을 떠돌아다니고 고교(皐橋) 땅에 몸을 기탁하였다. 고향 그리워하는 노래 부르니 즐거움을 취하는 방법이 아니고, 노(魯)나라의 박주를 마시니 근심 잊어버리는 데 쓸모가 없다.

(信年始二毛, 卽逢喪亂, 藐是流離, 至于暮齒. 燕歌遠別, 悲不自勝 ; 楚老相逢, 泣將何及. 畏南山之雨, 忽踐秦庭 ; 讓東海之濱, 遂餐周粟. 下亭漂泊, 皐橋羈旅, 楚歌非取樂之方, 魯酒無忘憂之用.)

자신이 북주에 벼슬한 것은 백이(伯夷)와 숙제(叔齊)가 종국에 주(周)나라의 곡식을 먹어 절개를 잃어버린 행위와 다를 바가 없다고 여겨, 내심으로 깊은 양심의 가책을 느끼고 있었다. 또 북국(北國)으로 잘못 들어가 살면서 고향땅을 그리워하는 침통한 심정을 묘사한 일단을 읽어보기로 하자.

해는 저물고 갈 길은 먼데 고국은 지금 어떤 세상인가! 장군이 한번 떠나가니 큰 나무는 시들어 나부끼고, 장사가 돌아오지 않으니 찬바람은 더욱 쓸쓸하다. 화씨(和氏)의 구슬을 들고 기둥을 노려보며 여러 성을 받고자 했지만 속임을 당하였고, 동맹조약의 문서를 얻고자 계단에 올라 옥으로 장식된 쟁반을 받아들었으나 효과가 없었다. 종의(鍾儀)라는 군자는 진(晉)나라에 잡혀가 초(楚)나라 모자를 쓴 채 갇히고, 계손(季孫)은 사신으로 갔다가 서하(西河)의 관사에 억류되었다. 신포서(申包胥)는 땅에 엎드려 머리를 부딪쳤고, 채(蔡)나라 위공(威公)은 눈물 흘리다 못해 피까지 쏟았다. 낚시터에 심어놓은 버드나무를 옥문관(玉門關)에서는 볼 수 없고, 화정(華亭)에서 학이 우는 소리를 어찌 하교(河橋)에서 들을 수 있으리오!

(日暮途遠, 人間何世! 將軍一去. 大樹飄零 ; 壯士不還, 寒風蕭瑟. 荊璧睨柱, 受連城而見欺 ; 載書橫階, 捧珠槃而不定. 鍾儀君子, 入就南冠之囚 ; 季孫行人, 留守西河之館. 申包胥之頓地, 碎之以首 ; 蔡威公之淚盡, 加之以血. 釣臺移柳, 非玉關之可望 ; 華亭唳鶴, 豈河橋之可聞!)

대구가 정교하고, 언어 표현이 질박하다. 그러나 지나치게 꾸며 부자연스러운 흔적이 느껴지니 일상용어와 너무 떨어져 있고, 구절마다 전고를 사용하여 서문의 사회적 영향을 감소시킨 것은 아름다운 가운데 부족한 점이라 하겠다. 이에 비해 유신의 <소원부(小園賦)>는 참신하고 자연스럽다. "얼마 되지 않는 땅과 허술한 오두막집은, 사람들이 사는 곳 밖에서 적막하네"(數畝敝廬, 寂寞人外), "많은 새들이 한가롭고, 꽃들은 사철 따라 피네"(鳥多閑暇, 花隨四時), "한두 마디 남짓한 물고기, 두서너 장대쯤 되는 대나무"(一寸二寸之魚, 三竿兩竿之竹)와 같이 있는 모습 그대로 씌어진 아름다운 구절들은 사람들에게 쉽게 받아들여진다.

변체문이 기형적으로 발전한 남북조 시기에도 산문이 사라지지는 않았지만, 우수한 작품은 많지 않다. 남조에는 역사 전기 부류의 저작이 있고, 북조에는 지리서 등과 같은 저술이 있는데 모두 산문의 성과에 속한다.

범엽의 ≪후한서(後漢書)≫(<기전(紀傳)> 90편만 있고, <지(志)>는 다른 사람이 보충하였음)는 역사 사실을 정밀하게 고찰하고 인물을 평론한 문장으로 뛰어나, 그는 반고(班固 : 32-92)와 어깨를 나란히 하는 우수한 역사가로 불리어진다. 범엽(范曄 : 398-445)은 자가 위종(蔚宗)이고 순양(順陽 : 지금 河南省 淅江) 사람으로, 어려서부터 학문을 좋아하여 문학과 역사를 폭넓게 섭렵하였고, 문장을 잘 지어 일찍이 송(宋)나라에서 태자첨사(太子詹事)를 지냈다. 범엽은 사실을 서술함에 있어 유사한 부류끼리 한 곳에 잘 모아서, 당고(黨錮), 환자(宦者), 문원(文苑), 일민(逸民), 열녀(列女) 등과 같은 각종 '동일 무리의 전기'(類傳)를 별도로 세웠다. ≪후한서≫의 본기와 열전 부분은 서사가 간결하고 세련되며, 논찬의 태도가 선명하고 격정적이다. ≪소명문선(昭明文選)≫에 수록된 <환자전론(宦者傳論)>과 <일민전론(逸民傳論)>은 모두 훌륭한 문장들이다. 범엽의 붓끝에서 환관은 "손에는 왕의 권력을 거머쥐고, 입에는 하늘의 법을 물고서"(手握王爵, 口含天憲) 조정을 제멋대로 하는 안하무인격인 무리들로, 그들의 "거동은 산과 바다를 바뀌게 하고, 호흡은 서리와 이슬을 변하게 한다. 그들의 뜻에 아첨하면 바라는 것을 얻을 수 있어 삼족이 영광스럽게 되지만, 뜻이 곧아 그들을 거역하면 바로 삼족은 물론이고 위아래 십대가 멸족 당하게 되니 한(漢)나라의 기강이 크게 어지러워졌다"(擧動回山海, 呼吸變霜露. 阿旨取求, 則光寵三族. 直情忤意, 則參夷五宗, 漢之綱紀大亂矣)고 했다. <범방전(范滂傳)>에서는 한나라 말기의 지조 있는 선비인 범방(范滂)이 위험에 처해서도 두려워하지 않고, 태연자약하게 의를 향해 나아가는 높은 인품과 절개를 표창하였다. <진번전(陳蕃傳)>에서는 거짓 군자인 조선(趙宣)이 복상기간에 뜻밖에도 아들을 다섯씩이나 낳은 추문을 폭로하였다. 범엽의 문장이 비록 변문의 영향을 받았다고는 하지만, 전체적으로 보면 사마천(司馬遷 : 145?-86)과 반고의 역사 전기 산문의 우수한 전통을 계승하였다고 할 수 있다.

남조의 우수한 산문이 수적으로 많지 않은 상황에서, 북조의 몇몇 산문 작품은 진귀하게 여길 만한 가치가 있다.

≪수경주(水經注)≫의 작자 역도원(酈道元 : ?-527)은 자가 선장(善長)이고, 북위(北魏) 범양(范陽 : 지금 河北省 涿縣) 사람이다. 일찍이 동형주자사(東荊州刺史)와 관우대사(關右大使) 등의 관직을 역임하였다.

그는 학문을 좋아하고 기억력이 뛰어나 기이한 서적들을 두루 섭렵하고, 장성(長成), 음산(陰山), 기주(冀州), 영천(潁川) 등지에 대한 개인적인 현장 조사를 결합시켜 ≪수경≫에 주해를 붙였기 때문에 ≪수경≫의 내용을 대대적으로 풍부하게 하였다. 전하는 바에 따르면 ≪수경≫은 한(漢)나라 말엽에 상흠(桑欽)이 지은 지리서로, 중국 내의 크고 작은 물길 137개를 열거하고 있다. 역도원이 주석을 붙인 40권의 책은 강 연안의 모든 산과 구릉, 도성과 읍, 건축물, 명승지, 진기한 이야기, 일화 등을 자세하게 기록하고 있다. 사실이나 사건을 적고 사물을 형용한 필치가 정교하고 아름다워 후대 산수를 묘사한 시나 산문에 커다란 영향을 끼쳤다. 그 가운데 가장 뛰어난 것은 <하수주(河水注)>의 용문(龍門)에 대한 묘사와 <강수주(江水注)>의 삼협(三峽)에 대한 묘사이다. <강수주> 중의 한 단락을 보자.

> 삼협(三峽) 7백 리는 강의 양안에 높은 산이 연달아 있어 중간에 끊어진 곳이 거의 없다. 층층으로 된 바위와 겹겹이 병풍처럼 둘러싸인 산봉우리가 하늘을 막고 태양을 가리고 있어, 정오와 자정 무렵이 아니면 태양과 달을 볼 수 없다. 여름에 홍수가 나서 산꼭대기까지 물이 차오르는 경우에는 물을 따라 내려가거나 거슬러 올라가는 뱃길이 다 끊긴다. 간혹 황제의 명령을 급히 전달해야 하면 어떤 때는 아침에 백제성(白帝城)을 출발하여 해가 질 무렵에 강릉(江陵)에 도달하게 되는데, 그 사이 1,200리나 되는 길이 비록 빨리 달리는 말을 타거나 바람을 타고 간다 하더라도 이보다 더 빠르지는 않다. 봄과 겨울이면 눈처럼 흰 여울과 푸른빛이 감도는 심연에 빙빙 돌아가는 맑은 물속에 그림자가 거꾸로 비친다. 절벽에는 괴상하게 생긴 잣나무들이 빽빽하게 자라고, 거꾸로 매달린 것 같은 샘물과 폭포는 그사

이에서 이리저리 부딪쳐 물보라 일으키며 나는 듯이 흘러내리는데, 물 맑고 나무 빽빽이 늘어서고, 산 높고 풀 우거져 진실로 흥취가 절로 난다. 매번 맑은 날이나 서리 내리는 새벽이면 숲속에는 한기가 돌고 산골 시냇물은 적막하기만 한데, 늘 높은 나무 위에서 원숭이 길게 우는 소리가 구슬프고 기이하게 텅 빈 골짜기에 끊이지 않고 이어지다가 오래도록 구성지게 울린 뒤에야 그친다. 그래서 어부들이 노래 부른다. "파동(巴東)의 삼협은 무협(巫峽)이 가장 긴데, 원숭이 세 번 우는 소리에 눈물이 옷을 적시네!"

(自三峽七百里中, 兩岸連山, 略無闕處. 重巖疊嶂, 隱天蔽日, 自非亭午夜分, 不見曦月. 至於夏水襄陵, 沿泝阻絕. 或王命急宣, 有時朝發白帝, 暮到江陵, 其間千二百里, 雖乘奔御風, 不以疾也. 冬春之時, 則素湍綠潭, 回淸倒影. 絕巘多生怪柏, 懸泉瀑布, 飛漱其間, 淸榮峻茂, 良多趣味. 每至晴初霜旦, 林寒澗肅, 常有高猿長嘯, 屬引淒異, 空谷傳響, 哀轉久絕. 故漁者歌曰 : "巴東三峽巫峽長, 猿鳴三聲淚霑裳!")

이백(李白 : 701-762)의 유명한 작품인 <하강릉(下江陵)> 시는 두말할 나위 없이 이 글에서 시사를 받아 성공을 거둔 작품이다.

아침에 꽃구름 감도는 백제성(白帝城)을 떠나
천리 물길 강릉(江陵)을 하루 만에 도착했네.
양안에는 원숭이들이 끊임없이 울어대는데
가벼운 배는 이미 만 겹의 산을 다 지나왔네.
(朝辭白帝彩雲間, 千里江陵一日還.
兩岸猿聲啼不住, 經舟已過萬重山.)

북조 때 지어진 ≪낙양가람기(洛陽伽藍記)≫도 유명한 지리서로 문학적 가치 또한 비교적 높다. 작가 양현지(楊衒之 : 생졸년 미상)는 북위(北魏) 북평(北平 : 지금 河南省 定縣) 사람인데, 생애는 자세히 알 수 없다. 책 속에서 자신에 대해 서술한 것과 책 앞에 씌어진 직함에 따르면, 그는 북위 영안(永安) 연간(528-530)에 조정의 요청을 받들어 책을 저술할 때 무군부사마(撫軍府司馬)라는 관직을 지냈음을 알 수 있다. 무정(武定) 5년(547)에 양현지가 여행 차 재차 낙양(洛陽)을 유람하던 중 지난날 번화하고 흥성했던 도시를 본 뒤, 동위(東魏) 효정제(孝靜帝)가 고환(高歡)의 강요로 업성(鄴城)으로 천도하고 낙양이 전쟁 통에 폐허로 변하여, '나라가 망하고 옛 종묘나 궁궐터에 기장이 우거진 것을 탄식하는 슬픔'(黍離之悲)이 생겨났기 때문에 낙양의 가람(伽藍 : 절)을 주로 기술한 이 책을 쓰게 되었다. <법운사(法雲寺)> 부분 중에서 대도시 낙양에 대한 묘사는 북위 시대에 상업 중심지로서의 도시의 흥성과 발달을 잘 반영하고 있다.

도성 서쪽에는 퇴고(退酤)와 치상(治觴)이라는 두 마을이 있는데, 마을 안에 사는 사람들은 대부분 술 빚는 것을 생업으로 하였다. 하동(河東) 사람인 유백타(劉白墮)는 술을 아주 잘 빚었다. 늦여름 유월에 더위가 극성을 부릴 즈음에 항아리에 술을 담아 햇볕에 쪼였는데 열흘이 지나도 술맛이 변하지 않았다. 그 술을 마시면 향기가 아주 좋고 취기가 달아올라 한 달이 지나도 깨지 않았다. 서울 조정의 귀인들이 군수로 부임해가거나 분봉을 받은 땅으로 나갈 때에 천리가 넘는 먼 곳까지 이 술을 보내 전송하는 경우가 많았다. 그 술이 멀리까지 보내어지기 때문에, '학상(鶴觴)'이라고 부르고 또는 '기려주(騎驢酒)'라고 이름 하기도 했다. 영희(永熙 : 532-534) 연간에 남청주자사(南靑州刺史)인 모홍빈(毛鴻賓)이 이 술을 가지고 변방 부임지로 가던 중에 길에서 도적들을 만났는데, 도적들이 이 술을 마시고 바로 취하여 모두 붙잡히게 되니 그로 인해 또 '금간주(擒奸酒)'라고 명명되었다. 협객들이 말하기를 "활을 당기고 칼을 뽑는 것은 두려워하지 않지만 오직 유백타의 봄 술만은 두렵다"고 했다.

(市西有退酤、治觴二里. 里內之人多醞酒爲業. 河東人劉白墮善能釀酒. 季夏六月, 時暑赫晞, 以罌貯酒, 暴於日中, 經一旬, 其酒不動. 飮之香美而醉, 經月不醒. 京師朝貴多出郡登藩, 遠相餉饋, 逾于千里. 以其遠至, 號曰"鶴觴", 亦名"騎驢酒." 永熙年中, 南靑州刺史毛鴻賓齎酒之藩, 逢路賊盜, 飮之卽醉, 皆被擒獲, 因復命"擒奸酒." 游俠語曰 : "不畏張弓拔刀, 唯畏白墮春醪.")

이 책은 전체 문장이 변체와 산체가 이리저리 뒤섞여 하나의 독자적인 풍격을 이루고 있다.

수(隋)나라가 들어선 뒤에 이루어진 ≪안씨가훈(顔氏家訓)≫은 일반적으로 북조의 산문 속에 넣어 소개하기도 한다. 안씨는 남북조 당시에 학식이 박통한 학자인 안지추(顔之推 : 529?-591)로, 자가 개(介)이고 본적이 임기(臨沂 : 지금 山東省 臨沂縣)이며 강녕(江寧 : 지금 江蘇省 江寧縣)에서 태어났다. 본래 양(梁)나라에서 벼슬하였는데 양나라가 망하자 포로로 잡혀 관중(關中)으로 들어갔지만, 나라의 원수인 서위(西魏)의 신하가 되기를 원하지 않아 또 다시 처자를 데리고 북제(北齊)로 망명하여 관직이 황문시랑(黃門侍郞)과 평원태수(平原太守)에 이르렀다. 그 뒤에 북주와 수나라에서도 벼슬살이를 하였다. 그는 남조와 북조를 두루 경험하여 남북조 시대에 관행처럼 된 정치의 폐단을 잘 알고 남북조 학풍의 장단점을 꿰뚫고 있었으며, 다양한 문화지식을 깊이 있게 연구하여 스스로 깨달은 바가 자못 많았다. 만년에 ≪안씨가훈≫ 2권 20편을 저술하였다. 이 책은 완전히 유가(儒家) 사상만으로 자제들을 훈계한 내용이 아니라, 몸소 겪은 견문으로 남북의 풍속과 인정을 논하였다. <문장(文章)>편에서 그의 문학에 대한 견해를 피력하고 일부 작가를 혹독하게 비평하고 있는 것을 볼 수 있는데, ≪문심조룡・정기(程器)≫편과 관점이 흡사하다. <면학(勉學)>편에서는 학문을 좋아하지 않는 사람들을 비판하고 있는데, "사대부로서 농업과 상업에 관계하는 것을 수치로 여기고 공업과 기예에 힘쓰는 것을 부끄럽게 여기고, 활을 쏘아도 갑옷의 미늘을 뚫을 수 없고 문장은 겨우 이름이나 쓸 수 있는데도, 배불리 먹고 술에 취하여 따분하고 무사안일하게 지내며 세월을 허비하고 일생을 헛되이 마치는 것을 많이 보았다"(多見士大夫耻涉農商, 羞務工伎, 射則不能穿札, 筆則才記姓名, 飽食醉酒, 忽忽無事, 以此鎖日, 以此終年)고 하였다. <섭무(涉務)>편에서는 사람들에게 실제 업무를 다루고 거기에 진력할 것을 제창하여, 위진(魏晉) 이후의 청담(淸談)을 숭상하고 문벌을 중시하는 사회 기풍을 비판하였다. 다음은 "세상일에 힘쓰지 않는"(不涉世務) 지식인들을 비판한 대목이다.

나는 세상의 문학 선비들이 고금을 담론하면서 손바닥을 가리키는 것과 같이 쉽다고 하는 것을 보았다. 시험 삼아 임용해본 경우에 대부분 그 임무를 감당하지 못하였다. 태평한 시대에 살면서 변란의 화가 있음을 알지 못하고, 조정에서 벼슬하면서 전쟁터의 위급함을 모르며, 녹봉의 근거만을 확보하고 농사짓는 노고를 알지 못하며, 아전이나 백성들 위에 군림하면서 노역의 수고로움이 있는 줄을 모른다.

따라서 세상에 적응하여 사무를 처리하기가 어렵다.

(吾見世中文學之士, 品藻古今, 若指諸掌. 及有試用, 多無所堪. 居承平之世, 不知有喪亂之禍 ; 處廟堂之下, 不知有戰陣之急 ; 保俸祿之資, 不知有耕稼之苦 ; 肆吏民之上, 不知有勞役之勤 : 故難可以應世經務也.)

안지추의 문장은 질박하고 유창하여 책 전체가 대체적으로 소박한 산문으로 씌어졌지만, 물론 당시 풍속의 영향으로 말미암아 때로는 변체를 쓰기도 하였다.

남북조는 변문이 지배한 시기인데다 얼마 되지 않는 양의 산문 작품이 "구절마다 서로 맞물려 있고"(句句相銜), "글자마다 서로 짝을 이루는"(字字相儷 : ≪문심조룡 · 여사≫) 변문의 기풍을 되돌리기에는 힘이 부쳐, 변문의 여세가 당(唐)나라 초기까지 줄곧 지속되었다. 중당(中唐)에 이르러 한유(韓愈 : 768-824)와 유종원(柳宗元 : 773-819)을 필두로 하는 고문운동(古文運動)이 일어나자 변문의 지배가 비로소 허물어지고 중국 고대 산문의 역사는 새로운 장을 열게 된다. 그러나 변체문이 역사의 무대에서 완전히 퇴출된 것도 아니고, 문단에서 자취를 감춘 것은 더더욱 아니어서 청대(淸代)는 물론 근대에 이르기까지도 변문 작가가 있었다. 설사 고문가의 붓끝이라고 하더라도 변려체의 성분이 남아 있었으며, 초기의 백화문(白話文) 작가들도 역시 이와 마찬가지였다. 이런 모든 점으로 미루어 볼 때 변체문의 영향이 매우 깊음을 알 수 있다.

제6장 수당(隋唐)·오대(五代) 산문(상)

역사가 유구한 중국 고대문학은 수당(隋唐)과 오대(五代) 시기에 이르러 전면적인 번영의 새로운 단계에 접어들었다. 문단 전체에 온갖 아름다운 꽃들이 일제히 꽃망울을 터트린 듯, 시가, 산문, 소설, 사(詞) 및 민간 설창(說唱)문학 할 것 없이 크게 빛을 발하고 눈부신 성취를 거두지 않는 것이 없었다. 산문 분야에서는 한유(韓愈 : 768-824)와 유종원(柳宗元 : 773-819)의 고문운동 추진으로 인하여 전기(傳記), 유기(遊記), 우언(寓言), 잡설(雜說) 등 새로운 형식의 많은 단편 산문이 창작되었다. 뿐만 아니라 산문이 위진(魏晉) 이후 성행해온 변체문의 지배적 지위를 대신하고, '5·4'운동까지 줄곧 계속 사용된 통용 문체로 발전되어 문학과 문화의 발전에 역사적인 공헌을 하였다. 청(淸)나라 때에 편찬된 ≪전당문(全唐文)≫ 1,000권에 3,042명의 작가와 18,488편의 작품이 수록되어 있는 점으로 미루어, 당(唐)나라 때 산문의 전에 없는 흥성과 발전의 성황을 짐작할 수 있다.

남북조 말에 북주(北周)가 북제(北齊)를 멸망시킨 때가 577년이다. 그 후 얼마 안 있어 우문씨(宇文氏)의 북주 정권은 외척으로 대대로 벼슬을 한 집안 사람인 양견(楊堅)의 손으로 떨어졌다. 589년에 양견은 북주를 찬탈하고 수(隋)를 세웠는데, 역사서에서는 그를 수 문제(文帝)라고 부른다. 589년에 남하하여 진(陳)을 멸망시키고 전국을 통일함으로써, 동진(東晉) 이후 270~80여 년 동안 지속되어 온 남북 분열의 국면을 매듭지었다. 수 문제는 근검절약하는 정치를 엄격히 시행함으로써, 생산이 회복되고 발전될 수 있었다. 604년에 수 문제가 죽고 수 양제(煬帝)가 즉위하였다. 양제 양광(楊廣)은 이름난 방탕아이자 폭군으로, 사치스러운 생활과 포학한 정치를 일삼았다. 향락과 영토 확장 및 침략 전쟁의 세 가지 수단으로 인력과 물자를 대량으로 허비하다가, 재위 불과 14년 만에 부하에게 피살되었다. 통일한 지 29년에 불과한 618년에 수나라 왕조는 멸망하였다. 수나라 왕조는 북방에서 일어났지만, 북위 말에 이미 남조 문학이 북방에서 유행하기 시작하였고 변체문도 널리 전파되었다. 수 문제도 북주를 세운 우문태(宇文泰)와 마찬가지로, 육조의 변려(騈儷) 문풍에 대해 매우 큰 불만을 품고 있었다. 개황(開皇) 4년(584)에 수 문제는 "널리 천하에 조칙을 내려 공문서든 사문서든 모두 사실에 근거하여 기록하도록"(普詔天下, 公私文翰, 幷宜實錄) 했는데, 어느 한 고을의 자사(刺史)가 표문(表文)이 화려한 것 때문에 면직되고 죄로 다스려졌다. 고문운동(古文運動)의 선구자인 이악(李諤)은 <상수고제혁문화서(上隋高帝革文華書)>라는 글에서 문체를 바로잡아 달라고 주청하면서, 육조(六朝) 시대의 화려하고 실속이 없는 변려 문풍의 해독을 침통한 어조로 제소하였다.

> 양자강 하류 동남쪽에 위치한 제(齊)나라와 양(梁)나라에서는 그 폐단이 더욱 심하여 지위가 높은 사람이건 낮은 사람이건, 똑똑한 사람이건 어리석은 사람이건 할 것 없이 오직 시문을 지어 읊조리는

데만 힘썼습니다. 급기야는 또 이치에 맞는 것은 버리고 이상한 것은 남겨두며, 공허한 것을 찾고 사소한 것을 쫓으며, 한 운자의 기발함을 다투고 한 글자의 교묘함을 경쟁하였습니다. 수많은 시문들은 달이나 이슬의 모양을 묘사한 것에 불과하고, 책상에 쌓이고 상자에 가득 찬 작품들은 단지 바람이나 구름의 형상을 형용한 것뿐이었습니다. 세속에서는 이것으로 서로의 고저를 겨루고, 조정은 이것에 의거하여 관리를 뽑았습니다.

(江左齊梁, 其弊彌甚, 貴賤賢愚, 唯務吟詠. 遂復遺理存異, 尋虛逐微, 競一韻之奇, 爭一字之巧. 連篇累牘, 不出月露之形；積案盈箱, 唯是風雲之狀. 世俗以此相高, 朝廷據茲擢士.)

그렇지만 이 글 자체는 짝 지은 대구 성분이 아주 농후한데, 이를 통해 화려하나 내용이 공허한 육조 문풍의 누적된 폐단이 돌이키기 어려울 정도임을 충분히 설명할 수 있다. 수나라 말기의 왕통(王通 : 584-617)은 더욱 이단을 배척하고 유학을 부흥시키려는 정통파로 자처하며 ≪중설(中說)≫에서 육조 이후의 문화와 문풍을 강력하게 비판하였는데, 이미 '문장으로 도를 실으려는'(文以載道) 뚜렷한 사상적 경향을 지니고 있었다. 그러나 수나라 때에는 수 양제가 남조의 호화로움에 심취하고 남조 궁정문학의 숭배자이자 모방자이기도 하여(그의 <강도궁악가(江都宮樂歌)>는 七言律詩의 시체를 완성한 작품이지만 내용은 결코 취할 만한 것이 없음), 그의 제창 아래 아랫사람들은 윗사람이 하는 대로 따라 하니 남조의 화려하고 공허한 풍조가 줄곧 당나라 때까지 이어져 사그라지지 않았다. 바로 이와 같았기 때문에 수나라 시대의 문학도 일컬을 만한 것이 없게 되었다.

617년에 북주와 수나라의 대귀족인 이연(李淵)이 군대를 일으켜 수나라에 대항하다가, 618년에는 친히 황제로 즉위하여 290년간 존속한 대당(大唐) 제국을 건립하였다. 정관(貞觀 : 627-649)에서 개원(開元 : 713-741)에 이르는 100여 년 동안 국가의 위세가 강성해져 군사, 경제, 문화, 외교 등의 여러 분야에 걸쳐 충분한 발전을 이루었다. 중당(中唐) 시기에 비록 번진(藩鎭) 할거(割據), 곧 '군웅할거' 세력의 발호가 있었지만, 국가는 여전히 통일을 유지할 수 있었다. 만당(晩唐)에 이르러 중앙의 환관(宦官) 세력이 대두하고, 지방의 할거 세력도 더욱 창궐하였다. 당나라가 멸망한 뒤에는 한(漢)나라 말과 마찬가지로 또 다시 오대십국(五代十國)의 대분열 국면으로 빠져들었다.

당송(唐宋)은 중국 고대산문이 풍성한 수확을 거두어들인 시기이다. 당대에서 이러한 기풍을 열고, 송대는 그 기초위에서 더욱 더 발전시켰다. 변문(駢文)과 상대되는 '고문(古文)'의 개념은 한유(韓愈)가 제기하기 시작한 것이다. 그러나 당대 초기에는 아직 '고문'이 널리 중시되지 않았다. 당시의 모든 실용문은 위로는 황제의 조칙(詔勅)에서 아래로 개인적인 서찰(書札)에 이르기까지 변체문을 사용하지 않은 것이 없었다. 당나라 사람들은 또 변체문을 '사륙문(四六文)'으로 부르기도 하였는데, 왜냐하면 변체문 가운데는 4자구와 6자구가 대부분을 차지하기 때문이다. 당나라 초기의 문풍은 육조의 흔적이 여전히 남아 있었다. 일대의 영명한 군주로 탁월한 공훈을 남긴 당 태종(太宗) 이세민(李世民)이 문장을 짓기는 하였지만, 역시 화려하고 아름답기만 할 뿐 '웅건하고 힘찬 풍격'(風骨)은 전혀 없었다. 당시 문인들은 더욱 더 서로 앞 다투어 본뜨니 변체문이 일시에 극성하였다.

우리들은 변체문이 형식상의 조탁과 자구상의 전아함에 편중하여 작자의 손발을 꽁꽁 묶어 놓았다고 하지만, 이것이 결코 변체문에 대한 전면적인 부정을 의미하거나 변체문에는 잘된 글이 없다고 하는 것은 아니다. 사실상 당대 초기에는 비교적 높은 문학적 가치와 예술적 성취를 갖추고, 지금까지도 미적 체험을 자아내는 몇몇 변체문이 분명히 있다. 예컨대, '초당사걸(初唐四傑)' 모두 변문의 명인들로, 그들의 문집에 수록된 것은 모두 변문이다. '사걸' 중의 왕발과 낙빈왕은 뛰어난 시인인 동시에 문장의 대가이다.

왕발(王勃 : 649-676)은 자가 자안(子安)이고, 강주(絳州) 용문(龍文 : 지금 山西省 稷山) 사람이다. 조부인 왕통(王通 : 584-617)은 호가 '문중자(文中子)'로 수나라 말기의 저명한 학자이다. 왕발은 6세 때에 이미 글을 지을 줄 알았지만, 관직에 나간 뒤로 두 차례 사건에 연루되어 파직당하는 등 일생동안 하급 관리로 침울하게 지냈는데, 죽을 때 나이가 겨우 28세에 불과했다. 죽기 몇 달 전 작자가 부친인 왕복치(王福畤)를 뵈러 교지(交趾)로 가던 길에 홍주(洪州 : 지금 江西省 南昌市)를 지나다가, 그곳의 많은 관료들이 등왕각(滕王閣)에서 여는 연회에 참석하게 되었다. 좌중의 빈객들이 모두 즉석에서 시를 읊자, 왕발도 즉석에서 한 때 널리 전송된 <등왕각서(滕王閣序)>를 지었다. 이 글은 비록 변체를 사용했지만, 결코 지나친 조탁에 빠지지 않고 내용이 충실하고 감정도 충만하다. 작자는 상세히 늘어놓는 서술 방식으로 등왕각의 장대하고 웅장한 모습과 누각 주변에 펼쳐진 산천 경물의 아름다움을 정교하게 묘사하고, 나아가 누각에 빈객들이 구름같이 모인 성황을 담아내었다. 글의 끝머리에는 '재능이 있으면서도 펼칠 기회를 만나지 못한'(懷才不遇) 작자의 감개, 이른바 "붓을 내던질 생각은 있지만"(有懷投筆) "갓끈을 내려놓고 전쟁터로 달려갈 길이 막힌"(無路請纓) 자신의 처지를 숨김없이 나타내었다. 다음은 작자가 등왕각에서 내려다 본 강남의 경치를 묘사한 대목이다.

아름다운 모양으로 수놓인 조그마한 문을 열고, 조각한 기와지붕을 누각위에서 내려다보니, 산과 들은 넓고 넓어 시야에 가득 차고, 시내와 연못이 굽이쳐 있는 모습은 보는 눈을 놀라게 한다. 촌락의 민가는 땅을 치듯 가득 들어서 있는데, 종을 울려 식사시간을 알리고 세 발 솥을 늘어놓고 밥을 먹는 집안도 있으며, 큰 배와 군함이 나루를 가득 메운 채 댈 곳을 찾아 서성거리는데, 배꼬리에는 푸른 새와 누런 용이 새겨져 있다. 구름 걷히고 비가 개니, 햇빛이 하늘 한 쪽에 밝게 비친다. 저녁노을은 짝 잃은 따오기와 나란히 날아오르고, 가을 강물은 푸르러 넓은 하늘과 같은 빛이다. 고기잡이배가 저물녘에 노래 부르니 그 메아리가 팽려(彭蠡)의 물가까지 다 들리며, 기러기 떼가 추위에 놀라니 그 소리가 형양(衡陽)의 포구에서 끊어진다.

(披繡闥, 俯雕甍, 山原曠其盈視, 川澤紆其駭矚. 閭閻撲地, 鐘鳴鼎食之家 ; 舸艦迷津, 青雀黃龍之舳. 雲銷雨霽, 彩徹區明. 落霞與孤鶩齊飛, 秋水共長天一色. 漁舟唱晚, 響窮彭蠡之濱 ; 雁陣驚寒, 聲斷衡陽之浦.)

시인 낙빈왕(駱賓王 : 생졸년 미상)은 무주(婺州) 의조(義烏 : 지금 浙江省에 속함) 사람이다. 일찍이 측천무후(則天武后)를 반대하는 의거활동에 가담하여, <대이경업전격천하문(代李敬業傳檄天下文)>이라는 글을 기초하였다. 측천무후는 중국 역사상 유일한 여황제로 일생동안 "알찬 실력을 갖춘 인재와 참된 현인을 힘써 구하여"(務求實才眞賢 : 조익(趙翼), ≪이십이사찰기(二十二史札記)≫) 국가의 통일을 공고히 하는 등의 치적을 남기기도 했다. 그러나 여자로서 당나라 왕조를 찬탈하고 직접 즉위하였기 때문에, 당시는 물론 훗날까지 많은 사람들의 반대와 공격을 받았다. 684년에 개인적으로 양주대도독(揚州大都督)을 이끌던 서경업(徐敬業, 곧 李敬業) 등이 군대를 일으켜 측천무후를 성토하자, 낙빈왕이 그를 대신하여 쓴 이 격문(檄文)은 위풍과 기세가 사람을 몰아 붙여 선동 효과가 대단하고 문장 전체에 필승의 신념으로 가득 차 있다.

이로써 기개는 바람과 구름을 요동치게 하고 뜻은 사직을 편안하게 하리라. 천하 사람들의 측천무후에 대한 실망으로 인하여, 온 세상 사람들이 서경업을 추대하는 마음을 따른다. 이에 정의의 깃발을 높이 들고, 재앙의 조짐을 깨끗이 없애고자 맹세한다. 남으로는 백월(百越)까지, 북으로는 삼하(三河 : 河東, 河內, 河南－옮긴이 주) 지방에 이르기까지 쇠로 무장한 기병이 무리를 이루고, 옥으로 장식한 수레바퀴가 서로 이어져 있다. 해릉(海陵) 일대에는 곡식이 썩어나 붉게 변할 지경이라 양곡 창고에 비축 물량이 떨어지지 않고, 강포(江浦) 일대엔 온통 누런 깃발 모양의 구름이 하늘에 나타나니 국운을 바로 세우고 회복하여 황제를 등극시키는 공을 세울 날이 어찌 멀겠는가? 우리 군대 행렬 소리 우렁차니 북풍이 일어나고, 칼 빼어든 기개 충천하니 남두성(南斗星)이 평평해진다. 노기등등하니 큰 산이 무너지고, 크게 꾸짖는 소리에 바람과 구름이 변색을 한다. 이로써 적을 제압하니 어느 적인들 무너지지 않으랴! 이로써 성을 공격하니 어떤 성인들 무너뜨리지 못하랴!

(是用氣憤風雲, 志安社稷. 因天下之失望, 順宇內之推心. 爰擧義旗, 誓淸妖孼. 南連百越, 北盡三河, 鐵騎成群, 玉軸相接. 海陵紅粟, 倉儲之積靡窮；江浦黃旗, 匡復之功何遠? 班聲動而北風起, 劍氣沖而南斗平. 喑嗚則山岳崩頹, 叱咤則風雲變色. 以此制敵, 何敵不摧! 以此攻城, 何城不克!)

마지막 부분의 "오늘날의 나라 안을 보십시오, 도대체 어느 집안의 세상입니까?"(請看今日之域中, 竟是誰家之天下)라는 명구는 후인들에게 더욱 널리 인용되지만, 글 속에 인신공격과 사실에 맞지 않는 과장된 말이 있는 것이 결함이다. 전하는 바에 의하면, 측천무후는 이 글을 읽은 뒤에 상당히 마음에 들어 하고, 낙빈왕의 죄과를 추궁하지 않았을 뿐 아니라 이런 인재를 매장시켜서는 안 된다며 재상을 나무랐다고 한다.

고문을 적극으로 창도한 이화(李華 : 715-766)는 변문 작가이기도 하다. 그의 <조고전장문(吊古戰場文)>은 옛것을 빌어 현재를 풍자하였는데, 감정과 경치가 한데 무르녹아 있고, 음운이 조화롭게 어울리며, 정감과 문장이 모두 뛰어나다. 작자의 취지가 인의(仁義)를 선양하는데 있었기 때문에, 전쟁의 잔혹함을 지나치게 과장하여 글 전체의 분위기를 쫙 가라앉게 하였다. "진한 이후"(秦漢而還)의 변방의 전쟁을 묘사한 대목을 보자.

> 아아! 나는 (당시의 전쟁 장면을 다음과 같이) 생각한다. 저 북풍이 사막에 휘몰아치고 오랑캐 병사는 침입하기에 편리한 기회를 노린다. 주장은 적을 깔보아 한껏 교만하고, 군영을 지키는 관리들은 적의 습격을 받아 고전한다. 들판에는 깃발을 세워 진을 치고, 강가에는 전투복으로 무장한 병사들을 둘러 세운다. 군법은 지엄하고 병사의 마음은 놀라 두근거리며, 장수의 권위는 존엄하나 병사들의 목숨은 보잘 것 없다. 날카로운 화살촉은 뼈 속까지 박히고, 놀란 듯 바람에 불어 날리는 모래는 얼굴에 들이닥친다. 아군과 적군이 서로 뒤엉켜 싸우니, 산천이 진동하여 현기증이 날 지경이다. 싸우는 소리는 양자

강과 황하를 쪼개는 듯하고, 성난 기세는 천둥과 번개를 무너뜨리는 것 같다. 게다가 음기가 극에 달하고 언 구름이 엉겨 천지가 닫힌 것과 같은 엄동설한에 변방 바닷가 모퉁이에 추위가 살을 에는 듯할 때면, 쌓인 눈은 정강이가 빠지고 단단한 얼음이 수염에까지 엉겨 붙는다. 사나운 새도 둥지에서 쉬고 전마도 가지 못하고 주춤거린다. 명주와 솜으로 누인 군복에는 온기라고는 없고, 손가락은 떨어져나가고 피부는 갈라질 것 같다. 이와 같이 혹독한 추위를 당해서는 하늘이 강한 호인(胡人)들의 편을 들어주는 법인지라, 등등한 살기를 마구 돋아가지고 거침없이 닥치는 대로 서로 베고 죽인다. 곧장 군수물자를 대는 보급을 끊어버리고 측면에서 병사들을 공격해온다. 부장인 도위(都尉)는 새로이 항복을 하고 장군은 전사하였다. 시신이 큰 강기슭을 메우고, 피가 장성(長城)의 동굴을 가득 메웠다. 귀한 몸이든 천한 몸이든 가릴 것 없이 다 같이 비쩍 마른 해골이 된다. 이 참상을 이루 말로 다할 수 있겠는가!

(嗚呼噫嘻! 吾想夫北風振漠, 胡兵伺便. 主將驕敵, 期門受戰. 野豎旌旗, 川回組練. 法重心駭, 威尊命賤. 利鏃穿骨, 驚沙入面；主客相搏, 山川震眩；聲析江河, 勢崩雷電. 至若窮陰凝閉, 凜冽海隅；積雪沒脛, 堅氷在鬚. 鷙鳥休巢, 征馬踟躕, 繒纊無溫, 墮指裂膚. 當此苦寒, 天假强胡, 憑陵殺氣, 以相剪屠. 徑裁輜重, 橫攻士卒；都尉新降, 將軍覆沒. 尸塡巨港之岸, 血滿長城之窟. 無貴無錢, 同爲朽骨, 可勝言哉!)

이것은 사실상 당 현종(玄宗)이 천보(天寶 : 742-756) 연간에 무력을 남용하여 전쟁을 일삼은 국경 개척 활동에 대한 맹렬한 규탄이다.

당나라 초기에 변문이 여전히 압도적 우세를 점한 상황인데도 불구하고, 누군가가 변체가 아닌 '산문(散文)'('古文'이라고도 함)을 시험하고 있었다. 당나라 왕조의 개국 공신인 위징의 <간태종십사소(諫太宗十思疏)>가 바로 산문으로 씌어진 유명한 상소문이다.

위징(魏徵 : 580-643)은 자가 현성(玄成)이고 거록(鉅鹿 : 지금 河北省에 속함) 사람이며, 당나라 초기의 저명한 정치가이다. 어릴 때 집안이 가난하였으나 배우기를 좋아하였고, 수나라 말기에는 이밀(李密 : 582-618)의 수나라에 항거하는 투쟁에 가담하였으며, 뒤에 당나라에 귀순하여 이세민(李世民)의 천하 평정을 보좌하였다. 당 태종(太宗) 이세민이 즉위한 뒤 간의대부(諫議大夫)로 발탁되었다. 위징은 태종의 안색에 개의치 않고 대담하게 직간하였는데, 전후로 200여 가지에 달하는 일을 간하여 중국 역사상 명신의 한 사람이 되었다. <간당태종십사소>는 정관(貞觀) 11년(637)에 지어졌다. 그 때는 이세민이 정권을 잡은 지 10여년이 지난 시점으로, 정치적 업적이 대단하여 역사에서는 '정관의 치'(貞觀之治)로 일컬어진다. 그러나 교만하고 사치스런 풍조가 고개를 들기 시작하여 이세민은 끊임없이 진기한 보물을 추구하고, 궁전과 유람 동산을 대규모로 건설하였다. 위징은 이러한 점을 거울삼아 이 글을 써서, 이세민에게 격앙된 어조로 자기의 의견을 진술하여 "안락한 처지에 있을 때에 위험할 때의 일을 미리 생각하고 경계해야지"(居安思危) 그렇지 않으면 그 뒤의 결과는 감히 상상조차 할 수 없다고 하였다.

모든 국가 원수들은 하늘의 위대한 사명을 받들어 시작을 잘 하는 사람은 실로 많았지만, 끝까지 견지할 수 있는 이는 대개 드물었으니 아마도 천하를 얻기는 쉽지만 지키기란 어려운 때문이 아니겠습니까? 대체로 깊은 우환 속에 있을 때에는 반드시 성심을 다하여 아랫사람을 대하고, 뜻을 이룬 뒤에는 자기 생각대로 방종하게 굴어 오만하게 다른 사람들을 무시한 때문입니다. 성심을 다하면 오나라 사람과 월나라 사람이 일체가 되고, 오만하게 다른 사람들을 무시하면 골육의 친족마저도 길가는 행인처럼 되고 맙니다. 비록 엄한 형벌로 사람들을 문책하고 위압적인 노기로 사람들을 위협할지라도, 결과적으로 구차하게 처벌을 면하려고만 할 뿐 군주의 어진 덕을 가슴에 품지 않으며, 겉으로는 태도가 공손한 것 같지만 마음속으로는 복종하지 않습니다. 백성들의 원한을 불러일으키는 것은 꼭 중대사인 것만은 아닐진대, 두려운 것은 오직 군주에게 원한을 가진 백성들입니다. (백성은 물이라) 배를 띄우기도 하고 배를 전복시키기도 하는바 마땅히 깊이 삼가야 합니다.

(凡百元首, 承天景命, 善始者實繁, 克終者蓋寡,. 豈取之易守之難乎? 蓋在殷憂, 必竭誠以待下 ; 旣得志, 則縱情以傲物. 竭誠, 則吳越爲一體 ; 傲物, 則骨肉爲行路. 雖董之以嚴刑, 振之以威怒, 終苟免而不懷仁, 貌恭而不心服. 怨不在大, 可畏惟人, 載舟覆舟, 所宜深愼.)

문장의 필치가 간결하면서도 개괄적이고 사리에 합당하며, 알고 있는 것은 말하지 않은 것이 없고, 말하고자 하는 것은 남김없이 다 말하였으니, 제갈량(諸葛亮 : 181-234)의 <출사표(出師表)>를 이어 빛을 발한다. 그로부터 2년 뒤에 위징은 또 '십사소(十思疏)'의 정신과 꼭 일치하는 <십점불극종소(十漸不克終疏)>를 올려서 이세민에게 다시 한 번 시종일관 일을 신중하게 처리할 것을 훈계하였다. 이 두 편의 상소문에서 피력된 의견은 모두 태종에게 흔쾌히 받아들여졌다.

성당(盛唐) 시기의 두 위대한 시인인 이백과 왕유는 고문도 잘 썼지만, 시인으로서의 명성에 가려졌기 때문에 산문사를 연구하는 학자들의 주목을 받지 못했다.

이백(李白 : 701-762)은 자가 태백(太白)이고, 중아시아 발하슈(Balkash)호 호반의 수압(Suyab : 오늘날 키르기스스탄 토크막－옮긴이 주)에서 태어나 면주(綿州) 창명(昌明 : 지금 四川省 江油) 청련향(靑蓮鄕)에서 성장한 중국의 위대한 낭만주의 시인이다. 일생동안 양자강 남북과 황하를 분주하게 오르내리며 중국의 명산대천을 감상하고 노래하였다. 이백은 사람 됨됨이가 오만하고 초연하여 권력자나 세도가들을 멸시하였다. 장안(長安)에 3년 간 살다가 밀려나 이전에 살던 곳으로 쫓겨났다. 만년에는 이린(李璘)의 반란 평정 군대에 가담하였는데, 그 일로 인해 숙종(肅宗) 이형(李亨)의 박해를 받았다. 이백의 산문은 시와 마찬가지로 상상이 기상천외하고, 웅대하고 기이하고 자유분방하며 매우 호쾌하고 시원시원하다. 예를 들면 <춘야연도리원서(春夜宴桃李園序)>는 대시인이 쓴 한 편의 소품으로, 간결하고 예리하며 의미심장한 서정적인 산문시라고 일컬을 만하다. 이백은 쏜살같이 빠르게 흘러가는 세월과 인생살이의 험난함에서 느낀 바가 있어 아예 제때에 마음껏 즐겼지만, 사실 그것은 내심의 현실 불만을 나타내는 표현 방식이다. 그러나 봄빛이 화사한 멋진 풍경을 묘사할 때에는 정서가 낙관적이고 진취적이다.

하물며 따스한 봄날이 안개 낀 경치로 우리들을 부르고, 대자연이 우리들에게 찬란하게 아름다운 풍경을 내려주고 있음에야! 복숭아꽃 핀 향기로운 정원에 모여 천륜으로 맺어진 형제들이 함께 노는 즐거운 일을 마음껏 이야기한다. 여러 아우들은 재능이 출중하여 모두 사혜련(謝惠連)과 같은 인재인지라, 우리들이 시를 지어 읊조림에 있어 나 홀로 사강락(謝康樂)에 부끄럽다. 야경을 조용히 감상함이 아직 끝나지 않음에, 고담준론은 갈수록 청아해진다. 옥같이 아름다운 연회자리를 열어 꽃나무 속에 앉고, 날개 모양의 술잔을 날려 달빛 아래 취한다. 아름다운 시작품이 없다면 어떻게 고아한 정회를 펼쳐내겠는가? 만약 시작품이 이루어지지 않는다면 벌주는 금곡원(金谷園)의 전례를 따르리라.

(況陽春召我以烟景, 大塊假我以文章. 會桃李之芳園, 序天倫之樂事. 群季俊秀, 皆爲惠連. 吾人詠歌, 獨慙康樂. 幽賞未已, 高談轉淸. 開瓊筵以坐花, 飛羽觴而醉月. 不有佳作, 何伸雅懷? 如詩不成, 罰依金谷酒數.)

문장은 명쾌하고 아름다우며 감정은 뜨겁고 대범한데, 왕희지(王羲之 : 321-379)의 <난정집서(蘭亭集序)>에서 시사를 받은 것이 분명하다. 시적인 정감과 그림 같은 이미지를 통하여 선배 시인인 사령운(謝靈運 : 385-433) 숙질에 대한 동경심을 절실하게 표현하였다. 이백이 젊은 시절 사회에 첫 발을 들여 놓았을 때, <여한형주서(與韓荊州書)>라는 글을 써서 정치적 포부와 세상에 쓰이기를 열망하는 바람을 표현하기도 했다. 당시에 이백은 매우 순진하고 단순하여 자기에 대한 평가도 그다지 실제에 맞지 않았다.

저는 농서(隴西) 지방의 평민으로 초(楚)와 한(漢) 지역을 떠돌아 다녔습니다. 열다섯 살 때에는 검술을 좋아하여 두루 제후들을 찾아다니며 벼슬을 구하고, 서른이 되어서는 문장을 이루어 지나는 곳마다 차례로 공경이나 재상을 찾아갔습니다. 키는 비록 일곱 척이 채 못되지만 마음은 만 명의 장부들보다 웅대합니다. 왕공이나 대인들은 모두들 저의 기개와 의로움을 인정하셨습니다. 이것이 지난날 제 마음과 걸어온 행적이온데, 어찌 감히 공께 다 말씀드리지 않을 수 있겠습니까?

(白, 隴西布衣, 流落楚漢. 十五好劍術, 遍干諸侯 ; 三十成文章, 歷抵卿相. 雖長不滿七尺, 而心雄萬夫. 王公大人, 許與氣義. 此疇囊心迹, 安敢不盡於君侯哉!)

지극한 정성에서 우러나온 마음이 형주장사(荊州長史) 한조종(韓朝宗)을 감동시키지는 못했던 것 같다. 추천을 받지 못하였고, 이백도 두각을 나타내지 못했기 때문에 평생 동안 강호를 떠돌아 다녔다.

산수와 전원을 묘사한 당나라의 대시인인 왕유의 <산중여배수재적서(山中與裴秀才迪書)>는 아름다운 경치를 묘사한 소품의 하나이다. 왕유(王維 : 701-761)는 자가 마힐(摩詰)이고 태원(太原 : 지금 山西省 祁縣) 사람이며, 시인이자 화가로 음악 이론에도 정통하였는데, 관직은 상서우승(尙書右丞)에 이르렀다. 생애 전반기에는 비교적 적극적인 사상을 지녔지만, 40여세부터는 관직을 하기도 하고 은거하기도 하는 한적한 생활을 하기 시작했다. 친구인 배적(裴迪 : 716-?)에게 보낸 이 편지는 그가 생애 후반기에 남전현(藍田縣)의 망천(輞川) 별장에 은거하면서 경물을 묘사한 것이다. 이 글은 단지 몇 글자 되지 않는 문장으로 산중의 겨울밤과 봄 경치를 묘사해냈다.

북쪽으로 짙푸른 파수(灞水)를 건너는데 맑은 달이 성곽을 비춥니다. 밤에 화자강(華子岡)에 올라가 보니 망천의 물에 잔물결이 일어 달과 함께 오르락내리락 합니다. 한기를 머금은 산에서 멀리 비치는 불빛은 숲 밖에서 밝아졌다 꺼졌다 깜박거립니다. 깊은 골목에서 추위에 떠는 개는 표범처럼 짖어댑니다. 촌락에서 밤에 쌀 찧는 소리가 또 듬성듬성 울리는 절간의 종소리와 서로 엇섞입니다.

(北涉玄灞, 淸月映郭. 夜登華子岡, 輞水淪漣, 與月上下. 寒山遠火, 明滅林外. 深巷寒犬, 吠聲如豹. 村墟夜舂, 復與疏鐘相間.)

이상은 겨울밤을 묘사한 것이다. 다음으로 작자의 붓끝에서 그려진 봄 경치(때는 늦겨울이니 물론 미리 상상한 것이지만)를 보자.

완연한 봄이 되니 초목이 무성하고, 봄 산이 볼 만하고, 피라미가 물위로 튀어나오고, 흰 갈매기가 날개 짓을 뽐내고, 이슬이 물가의 푸른 언덕을 촉촉이 적시고, 보리밭 두둑에선 아침에 장끼가 웁니다.
(當待春中, 草木蔓發, 春山可望, 輕鯈出水, 白鷗矯翼, 露濕靑皐, 麥隴朝雊.)

글 전체가 매우 핍진하고 생생하게 묘사되어 있는데, 동중정(動中靜)하고 정중동(靜中動)하며, 추운겨울과 싸늘한 밤, 이른 봄의 시끌벅적한 모습이 마치 시나 그림처럼 아름다워 묘한 정취가 끊임없이 솟아나온다. 근대 사람인 고보영(高步瀛 : 1873-1940)이 "이 글은 그윽하고 의미심장하며 화려하고 묘하여, 그림으로는 이르지 못하는 점이 있다"(此文幽雋華妙, 有畵所不到處 : ≪당송문거요(唐宋文擧要)≫ 갑편(甲編) 권1)라고 평하였는데, 이 글의 가치를 깊이 이해하고 정확하게 평가한 말이라고 할 수 있다.

위진육조에서 당나라 초기에 이르기까지는 변체문이 지배적 지위를 차지하고 있어서, 단지 몇 사람이 산문을 쓰는 정도로는 결코 근본적인 동요가 일어나게 할 수 없었다. 더 많은 사람들의 창작과 더 많은 우수한 산문 작품의 출현이 있고나서야 비로소 변체문의 우세 국면을 바꿀 수 있을 터이니, 달리 말하자면 문학상의 혁신운동이 필요했던 셈이다.

당대의 고문운동(古文運動)이 비록 중당(中唐) 시기에 일어났지만, 사실은 아주 오래 전부터 변문을 반대하는 활동에 종사한 사람들이 있었다. 고문운동은 갑자기 일어나 단번에 성공을 거둔 것이 아니라, 오랜 기간 동안의 점진적인 준비 과정을 거친 뒤에 일어난 것이다.

일찍이 서진(西晉) 태강(太康) 시기에 반악(潘岳 : 240?-300)과 육기(陸機 : 261-303)가 대구로 짝을 이루고 화려하게 수식하는 문풍을 대대적으로 추진할 즈음에, 하후담(夏侯湛 : 243-291)은 ≪상서(尙書)≫를 모방하여 <곤제고(昆弟誥)>를 지었다. 문구를 넉 자나 여섯 자로 짝 맞추는 남조의 서릉(徐陵 : 507-583)과 유신(庾信 : 513-581)의 사륙변려문체(四六騈儷文體)가 북방에 파급될 때 북주(北周)의 소작(蘇綽 : 498-546)도 ≪상서≫를 모방하여 <대고(大誥)>를 지었다. 수당(隋唐) 교체기에는 조정과 재야에서 변문을 반대하는 사람이 더욱 많아졌다.

진정으로 고문운동의 선구자라 할 수 있는 사람은 진자앙이다. 진자앙(陳子昻 : 651-702)은 자가 백옥(伯玉)이고, 재주(梓州) 사홍(射洪 : 지금 四川省 射洪) 사람이다. 그는 건안풍골(建安風骨)을 창도한 당대 시가 혁신의 기수일 뿐 아니라, 당대 고문운동의 적극적인 개척자이다. 진자앙은 24세에 진사가 되었는데, 정치를 논한 글을 써서 올려 한 차례 측천무후의 눈에 든 적이 있었다. 그는 정치 평론에 뛰어났는데, 문장은 서한(西漢) 시기의 문투를 모방하여 간결하고 예스러우며 질박하고 진솔하다. ≪신당서(新唐書)·진자앙전(陳子昻傳)≫에 "당나라가 일어났지만 문장은 서릉(徐陵)과 유신(庾信)의 유풍을 이어받아 온 세상 사람들이 받들고 숭상하였다. 진자앙이 비로소 전아하고 규범적인 문장으로 변화시켰다”(唐興, 文章承徐庾餘風, 天下祖尙. 子昂始變雅正)고 했는데, 이것은 실제에 부합하는 말이다.

≪진자앙집(陳子昂集)≫에도 비록 변문이 있기는 하나, 대책(對策)과 주의(奏議)의 부류는 모두 산문을 사용하였다. 그 가운데 <간용형서(諫用刑書)>와 같은 글은 측천무후가 주흥(周興)과 내준신(來俊臣) 등과 같은 가혹한 관리를 총애하여 형벌을 엄하게 하는 것에 이의를 제기한 작품이다. <복수의장(復讐議狀)>이라는 글은 알기 쉽고 유창한 언어로, 봉건 예법과 법령 사이의 모순을 다루는 자신의 견해를 피력하였다. 당시에 서원경(徐元慶)이라는 사람이 아버지의 원수를 갚으려고 원수를 살해한 뒤에 제 발로 관가에 찾아가 자수하였다. 봉건 예법에 의하면 그는 효도를 다한 것이지만, 조정의 법령에 따르면 사람을 죽였으니 자기 목숨으로 보상하는 수밖에 없었다. 진자앙은 이 난제에 직면하여 둘 다 온전하게 하는 방법을 제시하였는데, 즉 법에 따라 서원경을 사형에 처한 뒤에 다시 그의 효도를 표창하자는 것이었다. 진자앙은 예교와 법령을 동시에 고려해야지 어느 한 쪽에 치우쳐 다른 한 쪽을 팽개쳐서는 안 된다고 주장하였다. 작자는 심혈을 기울여 고민하였지만, 훗날 오히려 유종원(柳宗元 : 773-819)의 비난을 받았다. 유종원은 <박복수의(駁復讐議)>라는 글을 써서, 예교와 법령은 완전히 일치해야 하는바 서원경의 효도를 표창한 바에는 그를 죽여서는 안 된다고 여겼다. 유종원은 봉건예교와 법제 사이의 극복될 수 없는 모순적 일면을 간파해냈다. 진자앙의 시문은 성당 시가의 발전과 중당 고문 운동에 선구적 역할을 하였다.

진자앙을 뒤이어 고문운동에 두드러진 공헌을 한 사람은 시인 원결이다. 원결(元結 : 719-772)은 자가 차산(次山)이고 하남(河南 : 지금의 河南省 洛陽) 사람으로 중당 전기의 중요한 시인이다. 사람 됨됨이가 고집이 세고 정도를 지키면서 아부하지 않았는데, 현실 정치의 암담한 부패를 정면에서 과감하게 폭로하고 민생의 아픔에 관심을 기울였다. 원결은 육조 이후의 화려한 문풍을 반대하고 고문을 힘써 창작하였다. 내용은 세상의 불합리한 모습에 분개하고 증오하는 심정을 토로하고 산수나 동산을 묘사한 것이 대부분인데, 문장이 질박하고 진솔하여 세속에서 유행하는 것과는 달랐다. 당나라 대종(代宗) 광덕(廣德) 2년(764)에 원결은 도주자사(道州刺史)로 부임하여 유명한 고시(古詩)인 <적퇴시관리(賊退示官吏)>를 쓰고, <사상표(謝上表)>라는 글을 지어 관리를 신중하게 선발하고 사찰하여 지방관이 구차하게 눈앞의 안일만을 생각하며 무위도식하지 못하도록 할 것을 제청하였다.

신이 어리석지만 오늘날 자사(刺史)가 무예나 지략이 없이 폭동이나 난리를 제압하고, 글재주가 없이 피폐함을 구하고, 몸소 청렴하지 않으면서 아랫사람을 거느리고, 변통하지 않으면서 시대적 수요를 충족하려 한다면, 한 주의 백성들이 반란을 일으키지 않으면 난이 일어나게 되리라 생각되옵니다. 어찌 한 주에 그치겠사옵니까? 신은 오늘날 주현(州縣)에 세금 징수를 감당할 수 있는 사람이 거의 없고, 이미 생업을 팽개친 사람은 실로 많다고 사료되옵니다. 백성 중에 조상의 분묘가 있는 고향을 그리워하는 자가 거의 없고, 떠돌아다니며 살까 생각하는 사람은 많사옵니다. 그러니 자사는 마땅히 세밀하게 고르고 신중하게 가려서 위임해야지, 분명 관직의 서열이나 뇌물을 받는다거나 권문세도가 출신인지에 얽매여서는 아니 되옵니다.

대저 자사를 제수함에 있어서 폐하께 단지 바라옵건대, 1년이 지난 뒤에는 떠돌이 생활을 하다가 돌아온 자가 얼마나 되는지, 농토를 개간한 것이 얼마나 되는지를 물어보시옵소서. 2년이 지난 뒤에는 가축을 기른 것이 첫 해에 비해 몇 배나 되는지, 세금을 거둘 수 있는 것이 첫 해에 비해 몇 배인지를 물어보시옵소서. 3년이 지난 뒤에는 그 공과를 헤아려서 반드시 상벌을 내리신다면, 사람들이 모두 감히 요행을 바라 구차하게 구하는 바가 있지 않을 것입니다.

(臣愚以爲今日刺史, 若無武略以制暴亂, 若無文才以救疲弊, 若不淸廉以身率下, 若不變通以救時須, 一州之人不叛, 則亂將作矣. 豈止一州者乎? 臣料今日州縣, 堪徵稅者無幾, 已破敗者實多. 百姓戀墳墓者蓋少, 思流亡者乃衆, 則刺史宜精選擇以委任之, 固不可拘限官次得之貨賂出之權門者也.

凡授刺史, 特望陛下, 一年問其流亡歸復幾何? 田疇墾僻幾何? 二年問畜養比初年幾倍? 可稅比初年幾倍? 三年計其功過, 必行賞罰, 則人皆不敢冀望僥幸, 苟有所求.)

지방관인 '주지사'(刺史)의 신분으로 대담하게 이와 같이 엄격한 요구를 제기한 것으로 보아, 그의 정직한 관직 생활과 성실하고 소박한 사람 됨됨이를 알 수 있다. 문장의 필치가 맑고 우아하며, 화려한 수식을 하지 않고 진지하고 감동적이다.

원결의 <양용주표(讓容州表)>라는 글은 서진(西晉) 이밀(李密 : 224-287)의 <진정사표(陳情事表)>와 내용이 비슷하다. 작자는 이 글에서 봉건시대에 군주에게 충성하는 것과 부모를 섬기는 것 사이의 모순을 완곡한 필치로 드러내 보였다. 조정에서는 원결을 남방 용주(容州 : 지금 廣西省 容縣)로 파견하여 한 지구의 군사와 행정을 관할하도록 하려 했지만, 노모가 병이 잦아 봉양의 손길이 필요한 탓에 원결은 진퇴양난으로 고민하다가, 새 관직을 사양하는 요청을 하는 수밖에 없었다. 다음은 그가 속마음을 털어 놓은 대목이다.

신이 사령서를 붙들고 수레에 몸을 싣고 남쪽 합포(合浦)로 가려한다면, 노모의 기력으로는 먼 길을 떠나기가 힘이 드옵니다. 신이 출세하고자 집안을 돌아보지 아니하면, 모자의 정은 짐승이나 가축이 더 있는 꼴이 됩니다. 신이 오랫동안 노모를 떠나 있고자 하면, 또 명분과 교화를 더럽히게 됩니다. 신이 사사로운 편의를 위해 관직에 나아가지 않으면, 조칙을 어긴 것으로 헤아려질까 두려우니 애간장이 끓고 타는 것 같사옵니다.

(臣欲扶持板輿, 南之合浦, 則老母氣力, 艱於遠行 ; 臣欲奮不顧家, 則母子之情, 禽畜猶有 ; 臣欲久辭老母, 則又汚辱名教 ; 臣欲便不之官, 又恐稽違詔命 ; 在臣肝腸, 如煎如灼.)

원결의 <우계기(右溪記)>는 도주자사 재임 시절에 이룩한 정치적 업적을 쓴 것으로, 아무도 관심을 가지지 않는 조그마한 개울을 유람의 명승지로 만든 일을 적고 있다. 문장이 간결하고 응축되어 있으며, 풍경을 시나 그림처럼 묘사하여 형상이 살아 움직인다.

도주성(道州城)에서 서쪽으로 백여 보 되는 곳에 조그마한 개울이 있는데, 남쪽으로 수십 보 흘러가다 영계(營溪)와 합류한다. 물줄기가 양 물가에 부딪치니 다 기암괴석으로 울퉁불퉁 비비 꼬여 있는데 뭐라 형언할 수 없다. 맑은 물줄기가 돌에 부딪쳐 빙빙 돌며 출렁거리다가 아래로 쏟아 붓듯이 흘러내린다. 아름다운 나무와 기이한 대나무가 그늘을 드리우며 서로 가린다.

(道州城西百餘步, 有小溪, 南流數十步合營溪. 水抵兩岸, 悉皆怪石, 欹嵌盤屈，不可名狀．清流觸石，洄懸激注．佳木異竹，垂陰相蔭.)

경물을 묘사한 이런 부류의 산문은 훗날 유종원의 산수유기(山水遊記)에 중요한 시사점을 제공하였다. 이밖에 원결에게는 <개론(丐論)>, <화호론(化虎論)>, <오원(惡圓)> 등의 잡문(雜文)이 있는데, 한유와 유종원의 풍자산문에도 직접적인 영향을 끼쳤다. 청대(清代) 사람 장학성(章學誠 : 1738-1801)은 <원차산집서후(元次山集書後)>라는 글에서 고문운동 이전에 원결이 세운 창시의 공을 가리켜 "사람들은 육조는 문장이 화려했는데 창려(昌黎 : 한유를 가리킴)가 처음으로 8대(東漢, 魏, 晉, 宋, 齊, 梁, 陳, 隋－옮긴이 주)의 쇠미한 국면을 되돌려놓았다고 말하면서, 50년 전에 이미 하남의 원씨가 온 세상 사람들이 하지 않는 시절에 옛 공부를 했음을 알지 못한다. 원결 또한 호걸이로다!"(人謂六朝綺靡，昌黎(指韓愈)始回八代之衰，不知五十年前，早有河南元氏爲古學於擧世不爲之日也．元亦豪傑也哉!)라고 하였다.

진자앙과 원결 이외에 소영사(蕭穎士 : 708-759), 유면(柳冕), 독고급(獨孤及 : 725-777) 등도 고문운동이 일어나는 데 큰 공헌을 하였다. 그들은 모두 옛 도를 회복한다는 기치 아래 대대적으로 고문을 제창하고 창작하였다. 소영사는 <증위사업서(贈韋司業書)>라는 글에서 "평소에 글을 지음에 있어 격조가 속된 것을 가까이 하지 않고, 머릿속으로 생각하여 쓴 모든 글이 반드시 고문이기를 바라서"(平生屬文，格不近俗，凡所擬議，必希古文), "위진 이후의 문장에는 일찍이 마음을 둔 적이 없었습니다"(魏晉以還，未嘗留意)고 하였다. 유면은 "문장은 교화에 바탕을 두고, 치란의 모습을 담아내고, 국풍과 연계되어 있다"(文章

本乎敎化, 形於治亂, 繫於國風)고 했는데, 이것은 '문도합일(文道合一)' 곧 '문장과 도가 하나로 합치되어야 한다'는 관점이다. 요컨대 '문이재도(文以載道)' 곧 '문장으로 도를 싣고', 삼대(三代)와 양한(兩漢)의 문장을 본받을 것을 요구한 고문운동의 기본 사상이 한유와 유종원 이전에 이미 초보적으로 제기되어 나와 있었기 때문에, 일단 사회적 조건이 구비되자 고문운동은 시대적 요구에 부응하여 일어난 것이다.

고문운동은 중당의 정원(貞元 : 785-805)과 원화(元和 : 806-820) 연간에 일어나 시간적으로 보아 20~30년밖에 되지 않지만, 문학발전사상에 끼친 의의와 영향은 매우 크다. 고문운동은 위에서 서술한 사상과 여론의 준비 및 창작 외에, 당시의 사회적 조건과도 밀접한 관련이 있다. 중당대에 이르러 대당(大唐) 제국은 쇠락의 길로 접어들어, 조정의 정치는 날로 부패해지고 군웅할거의 국면은 갈수록 도를 더해갔으며, 환관이 권력을 제멋대로 휘두르고 붕당이 서로 다투었으며, 사회의 갖가지 모순이 복잡하게 뒤얽혀 있었으니, 의식 있는 선비들은 정치적 개혁이 피할 수 없는 대세라고 여겼다. 이와 동시에 사상 분야에서는 도교와 불교 사상이 조정과 재야에서 성행하여 승려와 도사는 일종의 특수한 사회 세력으로서 농사짓지 않고도 먹고, 베 짜지 않고도 옷을 입는 기생충과 같은 집단이 되었다. 그들의 이단적이고 사악한 주장은 유가(儒家) 사상의 정통으로서의 지배적 지위를 뒤흔들었을 뿐 아니라, 경제적으로도 백성들의 부담을 가중시켰다. 이러한 사회 현실에 직면하여 한유를 영도자로 하는 문인들이 옛 도의 회복을 기치로 들고, 고문으로 서로 끌어당기며 한 차례의 광범위한 사회 정치사상 운동과 문체개혁 운동을 전개하였다. 운동의 결과로 사상 분야에서는 사회의 부분적 위기를 만회하여 당나라 왕조의 천하 통일을 공고히 하고 강화시켰으며, 문화 분야에서는 '변문'의 지배적 지위를 대신한 '고문(古文)'이 더 많은 문인과 학자들에게 숙달되도록 만들기 시작하였다. 물론 변체문의 우세가 확실히 무너지고, 고문이 최후의 승리를 거둔 것은 송대(宋代) 구양수(歐陽修 : 1007-1072)를 영도자로 하는 새로운 고문운동이 일어난 뒤에 나타났다.

'고문'과 '변문'의 개념은 모두 당나라 때에 정식으로 출현했다. 변문이 육조 시기에는 '금체(今體)' 또는 '여사(麗辭)'로 불려졌다. 유종원이 <걸교문(乞巧文)>이라는 글에서 처음으로 이러한 문체를 "네 글자로 짝 맞추고, 여섯 글자를 나란히 하며, 마음에 비단을 깔고 말에 아름답게 수놓은 것"(騈四儷六, 錦心繡口)이라 하였는데, 변문으로 약칭된다. 이러한 문체는 형식적 조탁을 지나치게 중시하고 내용을 알차게 채우는 것은 소홀히 함으로써, 날이 갈수록 문화와 문학의 발전 및 일상 실생활에서의 활용에서 족쇄로 작용함에 따라, 문학의 다방면에 걸친 표현 능력을 심하게 가로막았음이 창작을 통해 증명되었다. 따라서 그것이 마침내 '고문'으로 대체된 것은 역사적 필연이다. '고문'의 개념은 한유가 정식으로 사용하기 시작했다. 한유는 자신이 평생 동안 쓴, '문장이 홀수 구를 위주로 짝을 이루지 않은 채 진행되고'(奇句單行) 변문과 대립되며 위로는 삼대(三代)와 양한(兩漢)을 이은 문체를 '고문'이라 불렀는데, '고대의 산문'이라는 뜻이다. 한유의 대대적인 제창과 성공적인 실천, 유종원 등의 적극적인 지지로 말미암아 고문운동은 커다란 성공을 거두었다. 그것은 일대의 기풍을 열고, 하나의 문학 유파를 형성하였으며, 일군의 고문 명인들을 배출하였다. 이로부터 '고문'은 유가 사상을 선양하고, 봉건 도통(道統)을 옹호하며, 이

단적이고 사악한 주장을 비판하는 강력한 도구가 되었다.

총체적으로 말하면 당대 고문운동은 사상적으로는 유학 부흥 운동이고, 주요한 다른 한편으로는 문풍과 문체 및 문학 언어의 혁신 운동이다. 고문운동은 중국문학사, 특히 산문사의 발전에 획기적이고 역사적 의의를 지니고 있어 송(宋), 원(元), 명(明), 청(淸)의 문학, 더 나아가 문화 학술의 발전에 촉진제로 작용하였다.

고문운동의 성공은 한유의 주도 및 창작과 불가분의 관계가 있는바, 고문운동의 사상과 성적은 거의 한유의 사상과 성적이라고 해도 무방할 정도이다. 소식(蘇軾 : 1037-1101)이 <조주한문공묘비(潮州韓文公廟碑)>에서 그는 "필부로서 백대의 스승이 되고 한 마디 말로 천하의 법도가 되었으며"(匹夫而爲百世師, 一言而爲天下法), "문장은 8대(東漢, 魏, 晉, 宋, 齊, 梁, 陳, 隋－옮긴이 주)의 쇠미한 국면을 일으켜 세우고, 도는 천하 사람들이 도교와 불교 및 양주(楊朱)와 묵적(墨翟) 등의 이단에 빠져 있는 데서 건져 올렸다"(文起八代之衰, 而道濟天下之弱)고 한 것은 조금도 과분한 말이 아니다.

한유(韓愈 : 768-824)는 자가 퇴지(退之)이고 하내(河內) 하양(河陽 : 지금 河南省 孟州市 남쪽) 사람으로, 당나라 때의 유명한 고문가이자 시인이다. 3세 때 부친을 여의고, 형수 정씨(鄭氏)의 부양에 힘입어 성장하였다. 한유는 젊은 시절부터 복고주의자로 자임하였으며, 25세 때 진사에 합격하고 29세 때 벼슬길에 발을 들여놓았는데, 과거 시험장과 벼슬길에서 여러 차례 좌절을 겪었다. 803년에 한유가 감찰어사(監察御史)로 재직할 때, 당시 관중(關中 : 陝西省 渭河 일대－옮긴이 주) 지방에 큰 가뭄이 들자 조정의 정책을 지탄하면서 부역과 세금 감면을 요청하는 상소를 올렸다가 양산령(陽山令)으로 좌천되었다. 817년에 배도(裴度)를 수행하여 회서진(淮西鎭) 오원제(吳元濟)의 반란을 평정하는데 공을 세워, 형부시랑(刑部侍郞)으로 승진 발탁되었다. 2년 뒤에 한유는 헌종(憲宗)이 궁중으로 '부처사리'(佛骨)를 맞아들이지 못하도록 간언하다가, 그의 노여움을 사서 하마터면 죽임을 당할 뻔하였다. 다행히 재상인 배도(裴度)의 구명 덕분에, 죽음을 면하고 다시 조주자사(潮州刺史)로 좌천되었다. 만년에 한유는 장안(長安)으로 불려 올라와 국자좨주(國子祭酒)와 병부시랑(兵部侍郞) 및 이부시랑(吏部侍郞)을 지낸 적이 있기 때문에 '한이부(韓吏部)'로 불리기도 한다.

한유가 창도한 고문운동이 표면적으로는 복고의 구호 하에 진행되었다. 그러나 실제로는 유가(儒家) 도통(道統)의 회복이라는 전제 아래, 한 차례 문체와 문풍의 근본적인 개혁을 한 것으로, 기본 경향은 진보적이다. '문도합일(文道合一)'이나 도를 위주로 하는 것은 한유 고문이론의 기본 관점으로, 바꾸어 말하자면 사람들이 흔히 '문이재도(文以載道)'라고 하는 관점이다. 여기에서 이른바 '도(道)'란 유가의 정통 사상이다. 한유는 <답이수재서(答李秀才書)>라는 글에서 "내가 옛것에 뜻을 두는 것은 오직 그 문사를 좋아하는 것뿐만 아니라 그 도를 좋아하기 때문이다"(愈之所志於古者, 不惟其辭之好, 好其道焉爾)라 하고, <제구양생애사후(題歐陽生哀辭後)>에서는 "내가 고문을 짓는 것이 어찌 그 구두가 지금 유행하는 문체와 같지 않은 것만을 취하는 것이겠는가! 옛 분을 생각해도 뵈올 수 없으니 옛 도를 배우면서 그 문장에도 아울러 통하고자 하는 것이다. 그 문장에 통한다는 것은 본시 옛 도에 뜻을 두고 있다는 것이다"(愈之爲古文, 豈獨取其句讀不類於今者耶! 思古人而不得見, 學古道, 則欲兼通其辭. 通其辭者, 本志乎古道者也)라고 더욱 명확하게 밝혔다. 한유가 고문운동에 종사한 데에는 뚜렷한 정치적 목적이 있었던 것이다. 그는 도통의 계승자로 자임하며, 요(堯), 순(舜), 우(禹), 탕(湯), 문(文), 무(武), 주공(周公), 공자(孔子)의 도통이 맹자(孟子)가 죽고 난 뒤 전해지지 않게 되었다는 견해를 <원도(原道)>라는 글에서 분명히 언급하고 있다. 한유가 고도(古道)를 회복한 것도 좋고 도통(道統)을 계승한 것도 좋지만, 유가 사상의 새로운 체계를 건립하지 못했기 때문에 사상사적으로 이렇다고 할 만한 성취가 없는 것이 안타깝다. 그가 이룬 고문운동의 빛나는 업적은 단지 자신의 고문 창작과 후진을 장려하고 발탁하는 데서만 나타나고 있을 뿐이다.

한유는 '도'의 주도적 역할을 강조하였지만 결코 '문'의 역할을 홀시하지 않았다. 그는 "나는 옛 도에 뜻을 두면서 그 문장도 매우 좋아하였다"(愈之志在古道, 又甚好其言辭 : <답진생서(答陳生書)>)고 했다. 한유는 "문자가 애매하다면 비록 아름다운 실적이 있더라도 그 누가 그것을 살펴보겠는가?"(文字曖昧, 雖有美實, 其誰觀之? : <진찬평회서비문표(進撰平淮西碑文表)>)라고 한바, 문장의 표현이 분명하지 않다면 내용이 아무리 좋은 글이더라도 볼 사람이 없다는 점을 잘 알고 있었다. "말에 문채가 없으면 전해지더라도 오래가지 못한다"(言之無文, 行而不遠 : ≪좌전(左傳)·양공(襄公) 25년≫)는 옛 교훈을 한유는 마음속으로 깨달아 알고 있었다. 한유는 창작에서 언어를 엄하게 운용할 것을 요구하였다. 즉 글을 쓸 때 "오직 이전 사람들의 진부한 언어를 힘써 없애는"(惟陳言之務去 : <답이익서(答李翊書)>) 것은 바로 신선하고 시대적 색채가 풍부한 언어를 운용하고, 진부한 말과 판에 박힌 어투는 사용하지 말라는 요구이다. 다시 말해서, 언어 구사가 "반드시 자기의 창조에서 나오고, 이전 사람들의 한 글자 한 구절도 답습해서

쓰지 않는다"(必出於己, 不襲蹈前人一言一句 : <남양번소술묘지명(南陽樊紹述墓誌銘)>는 뜻이다. 한유는 또 "문맥이 잘 통하고 용어 사용이 적절하여 제각기 맡은 직분에 잘 어울리는"(文從字順各識職 : <남양번소술묘지명>) 글을 요구하였는데, 이것은 언어가 유창하고 의미가 순통하고 언어의 자연스런 습관에 합치해야 한다는 뜻이다. 이밖에 그는 글쓰기란 "어렵고 쉬움의 문제가 아니라, 오직 그 올바른 대로 할 따름이다"(無難易, 惟其是爾 : <답유정부서(答劉正夫書)>)는 예리한 의견을 제기하기도 하였다. '난(難)'은 '심오하여 이해하기 어려운 것'(艱深)을 가리키고, '이(易)'는 '어법에 맞아 매끄러운 것'(通順)을 가리킨다. 문장의 변화는 내용의 수요에 따라야 한다고 본 것이다. 이러한 견해는 모두 매우 보편타당한 것으로, 한유 자신이 몸소 힘써 실천하고 솔선수범하여 우수한 고문을 무수히 많이 써내었다.

≪한창려집(韓昌黎集)≫은 모두 50권인데, 그 가운데 시는 10권에도 못 미치고, 부(賦)를 제외한 나머지는 모두 고문으로 약 300여 편을 헤아린다. 한유의 고문은 당대 산문의 최고 성취를 대표하고, 그는 중국 고대산문 작가 가운데 사마천(司馬遷 : 145-85? B. C.)만이 같이 논할 수 있는 대가이다. 한유의 산문은 내용이 풍부하고 다채로우며, 형식이 매우 다양하고 문장 체제도 두루 갖추어진데다가, 의론, 서사, 묘사, 서정 할 것 없이 모두 자유자재로 운용하여 그 기묘함을 다하였다. 한유는 '당송팔대가(唐宋八大家)'의 첫자리를 차지하며 중국산문사의 최고봉에 올랐다.

그의 문인(門人)이자 사위인 이한(李漢)이 편집한 ≪창려선생집(昌黎先生集)≫의 분류법에 따르면, 한유의 고문은 주로 다음 세 부류의 내용으로 이루어져 있다.

1. 잡저(雜著 : 雜文 포함)

이 부류의 문장은 정치 평론, 독서 찰기, 잡감, 소품 등을 포함하는데, 한유 문장의 기세가 웅건하고, 열정이 흘러넘치는 풍격 특징을 가장 잘 드러낸다. 그 가운데 대다수의 문장은 창작 동기가 분명하고, 시대적 폐단을 정확하게 지적하고 있어 전투적 성향과 비판정신이 풍부하다. 이를테면 <원훼(原毁)>는 당시 일반 사대부들이 남의 험담하기를 좋아하는 사회적 근원과 이러한 풍조의 나쁜 영향을 탐색한 글이다. 한유는 옛날의 군자들이 자신에게는 엄하게 요구하면서도 다른 사람은 관대하게 대한 것을 본보기로 하여, 당시 문인들이 자신에게는 관대하면서 남에게 가혹하게 대하는 나쁜 버릇을 비판하고, 사람과 사람 사이의 의심과 시기를 반대하였다. 그리고 “일이 이루어지면 비방이 일어나고, 덕이 높아지면 헐뜯음이 따라오는”(事修而謗興, 德高而毁來) 당시 사회의 좋지 못한 풍조를 뼈저리게 폭로하였다. 작자가 제기한 “자기에게 요구하는 것이 엄격하고도 주도면밀하고, 다른 사람을 대하는 것은 관대하고도 간략하였다”(責己也重以周, 其待人也輕以約)는 생각은 지금도 거울로 삼을 만한 가치가 있다. <사설(師說)>이라는 짤막한 논설문은 입론이 더욱 주도면밀하고 독특한 견해를 담고 있다. 작자는 먼저 스승의 역할을 “도를 전수하고, 학업을 교수하고, 의혹을 풀어주는”(傳道、授業、解惑) 세 가지로 정확하고도 전면적으로 규정하였다. 이어서 당시 사회가 스승을 찾아 배우는 것을 부끄럽게 여기는 누습을 비판하였다. 작자는 사람들이 열심히 공부하는 것을 열렬히 격려하여, “도가 있는 곳이 스승이 있는 곳이다”(道之所存, 師之所存)는, 곧 유능한 사람을 스승으로 삼는다는 우렁찬 구호를 큰 소리로 부르짖었다.

한유는 진리를 깨치고 있는 사람이면 누구에게든지 겸허한 태도로 배워야지, 지위가 높고 낮음, 나이가 많고 적음은 따질 필요가 없다고 여겼다.

글의 끝머리에서는 "제자라고 해서 반드시 스승만 못한 것은 아니고, 스승이라고 해서 반드시 제자보다 뛰어난 것도 아니다"(弟子不必不如師, 師不必賢於弟子)는 스승과 학생 사이의 변증법적 관계를 예리하게 지적해냈다. 이러한 견해는 당시의 썩어빠진 엉터리 서생들을 놀라게 하였을 뿐 아니라, 오늘날까지도 밝게 빛을 발한다. <마설(馬說)>은 인재의 발굴과 활용을 전문적으로 토론한 글이다.

> 세상에는 백락이 있은 그런 뒤라야만 천리마가 있다. 천리마는 항상 있으나, 백락은 항상 있는 것은 아니다. 그 때문에 비록 명마가 있다고 하더라도, 단지 노예처럼 비속한 사람의 손에서 욕을 당하면서 말구유와 마판 위에서 죽어가 천리마로서 일컬어지지 못하고 마는 것이다.
>
> 말 중에 하루에 천리를 달릴 수 있는 것은 한번 먹는데 간혹 곡식 한 섬을 다 먹어치우기도 한다. 말을 먹이는 이는 그것이 하루에 천리를 달릴 수 있는지를 알고 먹이지를 못하니, 이 말은 비록 하루에 천리를 달리는 능력이 있다고 하더라도 먹는 것이 배부르지 않으면 힘이 부족하여 재능과 장점이 밖으로 드러나지 않는데, 보통 말과 같고자 하는 것마저도 얻을 수 없으니 어찌 그것이 하루에 천리를 달릴 수 있기를 구하겠는가!
>
> 그것에 채찍질을 함에 그 올바른 방법으로 하지 않고, 그것을 먹임에 그 재능을 다 발휘할 수 있도록 할 수 없고, 그 말이 울어도 그 뜻을 알아차리지 못하면서 채찍을 잡고 그것에 임하여 말하기를 "천하에 말이 없다"라고 하니 어찌 진실로 말이 없음이겠는가? 아마도

진실로 말을 알아보지 못하는 것일 게로다!

(世有伯樂, 然後有千里馬. 千里馬常有, 而伯樂不常有. 故雖有名馬, 祇辱於奴隸人之手, 駢死於槽櫪之間, 不以千里稱也.

馬之千里者, 一食或盡粟一石, 食馬者不知其能千里而食也. 是馬也, 雖有千里之能, 食不飽, 力不足, 才美不外見, 且欲與常馬等不可得, 安求其能千里也!

策之不以其道, 食之不能盡其材, 鳴之而不能通其意, 執策而臨之曰 : "天下無馬" 嗚呼! 其眞無馬邪? 其眞不知馬也!)

작자는 백락(伯樂)이 말의 좋고 나쁨을 가려내는 것을 비유로 삼아, 뛰어난 재능을 지닌 인재가 자신을 알아보는 이를 만나기 어려움을 깊이 있게 설명하여, 천하에 재능을 발휘할 곳이 없는 많은 문인이나 학자들의 불평을 토로하였다. 문장이 짧지만 세련되고 예리하고 필봉이 날카로워, 볼수록 맛이 나고 깊이 성찰하게 한다. 잡문인 <모영전(毛穎傳)>은 일찍이 당시 사람들의 주목을 받아 웃음거리가 되기까지 했다. 사실 그것은 새로운 형식을 창조한 것으로, ≪사기≫의 필법을 모방하여 지은 역사 전기(傳記) 체제의 전기소설(傳奇小說)이다. 작자는 '붓'(毛穎)이 처음에는 쓰이다가 낡아지면 버려지는 신세를 빌어 통치자의 각박하고 야박함을 풍자하는 동시에, 늙어 쓰일 데 없는 관료를 빗대어 비웃고 조롱하였다. <화기(畵記)>는 절묘한 소품으로, 잘 다져지고 생생한 언어로 한 폭의 그림에 있는 사람 수십 명, 말 수십 필, 짐승 수십 마리와 무기 및 기물들의 동작과 형상을 핍진하게 기술하였는데, 한 자쯤 되는 화면에 천리나 되는 경치를 그려 넣은 화가의 재능이 담겨 있다. 이밖에 <휘변(諱辯)>은 웅변적이고, <독순(讀荀)>은 의문점을 분석하였는데, 모두 정확하고 빈틈없는 견해를 지닌 글이다.

2. 서서(書序)

'서(書)'는 편지글이고, '서(序)'는 '증서(贈序)'인데 모두 일상생활에서 쓰이는 실용문이다. 한유의 '서서'도 보통 작품과는 달라 자주 어떤 일을 빌어 그 일과는 무관한 자신의 진의를 표명하였는데, 묘한 말이 사람을 놀라게 하고 재미가 종횡으로 흘러넘친다. <여맹동야서(與孟東野書)>는 진실한 친구인 맹교(孟郊 : 751-814)에게 보낸 편지글로, 막역한 친구에 대한 깊고 두터운 정감이 흘러넘친다.

> 그대와 헤어진 지 오래되었소! 내 마음이 그대를 생각하는 것으로, 그대가 나에 대해서 잊지 않고 생각하고 있음을 알겠소. 제각기 일 때문에 얽매여 함께 모여 있지를 못하는데, 주위 뭇 사람들에 대해서는 그대를 볼 수 있는 것이 아닌데도 매일 그들과 함께 생활하고 있으니 그대는 내 마음이 즐거운지 즐겁지 않은지를 알 것이오. 내가 말을 하면 들어주는 이가 누구이며, 내가 시를 읊으면 화답하는 이가 누구인가? 말을 해도 들어주는 이가 없고 시를 읊어도 화답하는 이가 없으며, 홀로 다닐 뿐 뜻이 맞는 벗이 없고 옳고 그름도 함께 일치하는 이가 없으니 그대는 내 마음이 즐거운지 즐겁지 않은지를 알 것이오!
>
> (與足下別久矣! 以吾心之思足下, 知足下懸懸於吾也. 各以事牽, 不可合幷, 其於人人, 非足下之爲見, 而日與之處, 足下知吾心樂否也. 吾言之而聽者誰歟? 吾唱之而和者誰歟? 言無聽也, 唱無和也, 獨行而無徒也, 是非無所與同也, 足下知吾心樂否也!)

의기투합하는 사이인지라 서로 충정(衷情)을 털어놓고 진심을 터놓고 대하는 것이 간절하고 감동적이다. <답이익서(答李翊書)>에서는 자신의 경험에 비추어 남을 훈계하고 말과 행동을 통해 가르치는 방법으로, 개인의 학문 경험을 조금도 남김없이 고스란히 다 내보였다. 이것은 그가 열성을 다해 후진을 권면한 증거이다. 그가 처음 배우기 시작했을 때 전심전력으로 몰두하고 각고의 노력을 기울여 공부한 것을 서술한 대목을 보자.

> 시작할 때에는 삼대(三代)와 양한(兩漢)의 책이 아니면 감히 보지 않고, 성인의 뜻이 아니면 마음에 간직하지 않았으며, 조용히 거처할 때는 무엇을 잊어버린 듯하고, 행동할 때는 무엇(바깥의 모든 것)을 잃어버린 듯하여 엄연히 사색에 잠긴 것 같고 망망히 정신 나간 것 같았습니다. 바로 내 마음속에서 생각한 것을 손으로 써 내려 올 때에 오직 진부한 말을 반드시 제거하였는데 바동바동 그 어려움이 얼마나 힘들었는지! 내가 쓴 문장을 남에게 보여줌에 있어 다른 사람들의 비난과 조소가 비난과 조소인지를 조금도 개의치 않았습니다.
>
> (始者非三代兩漢之書不敢觀, 非聖人之志不敢存, 處若忘, 行若遺, 儼乎其若思, 茫乎其若迷, 當其取於心而注於手也, 惟陳言之務去, 戛戛乎其難哉! 其觀於人, 不知其非笑之爲非笑也.)

우리들은 그 가운데서 '복고(復古)'의 큰 뜻을 품은 한 청년이 부지런히 지칠 줄 모르고, 침식을 잊은 채 각고의 정성으로 경서(經書)를 탐독하는 형상을 보는 듯하고, 또 그 속에서 일대의 대문장가가 성공하게 된 심오한 비결을 깨달을 수 있는 듯하다. 이밖에 <여최군서(與崔羣書)>는 정감을 토로하고 <답유정부서(答劉正夫書)>는 문장에 관해 논한 글인데, 둘 다 말에 근거가 있고 내용이 충실한 작품이다. 그러나 <삼상재상서(三上宰相書)>에서는 그가 젊은 시절에 남보다 두각을 나타내기 위해 아첨하고 비위를 맞춘 저속한 면이 보여, 훗날 두고두고 사람들의 책망을 받았다.

서(序)는 당나라 사람들에게 유행하던 문체로, 이별에 임하여 남기는 충고나 격려 같은 것을 주로 담는다. 한유의 서는 형식과 수법이 더욱 탄력적이고 변화무상하며, 대부분 짙은 서정적인 정취를 지니고 있어 읽는 사람의 심금을 울리고 끝없는 여운을 남긴다. <송이원귀반곡서(送李愿歸盤谷書)>는 일찍이 소동파(蘇東坡 : 1037-1101)가 격찬하여 "당나라에는 문장이라 할 만한 것이 없지만, 오직 한퇴지(韓退之)의 <송이원귀반곡서> 한 편이 있을 뿐이다"(唐無文章, 惟韓退之送李願歸盤谷一篇而已 : <동파제발(東坡題跋)>)고 여겼다. 이 글은 작자의 내심의 울분을 토로하는 동시에, 뜻을 이룬 뒤에 자만하여 자신의 처지를 잊어버리는 사대부와 관료사회의 추악한 풍조를 비웃고 풍자하였다. 다음 단락은 이원(李愿)의 입을 빌어, 권력 있는 자에게 나아가 빌붙고, 사리사욕에 정신이 팔려 위를 향해 기어 올라가려는 파렴치한 문인을 묘사한 것이다.

> 귀족과 고관의 문을 찾아가 문후하고, 권문세가로 통하는 길로 바삐 좇아가 발이 나아가려고 해도 머뭇거리고 입이 말하려 해도 더듬거리며, 비루한 자리에 놓여도 부끄러운 줄 모르고 형법에 저촉되어 죽음을 당한다. 만에 하나 요행으로 늙어 죽은 뒤에 그만둔 이는 그의 사람됨이 현명한 것이겠습니까 아니면 미련한 것이겠습니까?
> (伺候於公卿之門, 奔走於形勢之途. 足將進而趑趄, 口將言而囁嚅. 處穢汚而不羞, 觸刑辟而誅戮. 僥幸於萬一, 老死而後止者, 其於爲人賢不肖何如也?)

문장은 신랄한 말로 남을 비난하면서도 해학적이고, 언어가 곱고 낭랑하고 유창한데다가, '비슷한 구조나 리듬을 지닌 어구의 배열'(排比)과 대구의 형식을 사용하여 한유의 출중한 언어 구사력을 나타내보였다. 이전 사람들이 "이 글에는 6대(吳, 東晉, 宋, 齊, 梁, 陳 – 옮긴이 주)의 기풍이 남아 있다"(此文有六代風習)고 한 것은 아마도 바로 이점을 가리키는 것 같다. 글의 말미에는 3언과 4언 및 소체(騷體)의 시가로 끝을 맺고 있는데, 이는 한유 문장 중에서 별도로 또 하나의 격식을 갖춘 것이다.

<송맹동야서(送孟東野序)>에서 제기한 "평정 상태를 얻지 못하면 소리를 내게 된다"(不平則鳴)는 명제는 고문운동이 사회현실에 관여하는 이론적 근거이다. 이는 만물과 사람 모두 예외일 수 없다.

> 대체로 사물은 원래의 평정 상태를 얻지 못하면 소리를 내게 된다. 초목은 본래 소리가 없으나 바람이 불어 휘게 하면 소리를 낸다. 물은 본래 소리가 없으나 바람이 불어 출렁거리게 하면 소리를 낸다. 물이 물보라를 치며 솟아오르는 것은 어떤 것이 그 기세를 막아 부딪쳤기 때문이며, 물의 흐름이 더욱 빨라지는 것은 어떤 것이 그 흐름을 가로막았기 때문이며, 물이 끓는 것은 어떤 것이 거기에 열기를 가하였기 때문이다. 쇠북이나 경쇠 같은 악기는 본래 소리가 없으나 어떤 이가 치면 소리를 낸다. 사람과 말의 관계도 이와 같으니, 마음속에 억제할 수 없는 감정이 생긴 뒤에라야 비로소 말하게 된다. 사람이 노래 부르는 것은 마음속에 그리워하는 것이 있기 때문이고, 사람이 우는 것은 회상하는 것이 있기 때문이다. 대체로 입에서 나와서 소리를 이루는 것은 아마도 모두 마음속에 불평이 있기 때문일 것이다!
>
> (大凡物不得其平則鳴：草木之無聲, 風撓之鳴；水之無聲, 風蕩之鳴. 其躍也或激之, 其趨也或梗之, 其沸也或炙之；金石之無聲, 或擊之鳴. 人

之於言也亦然, 有不得已者而後言. 其歌也有思, 其哭也有懷, 凡出乎口而爲聲者, 其皆有弗平者乎?)

이어서 옛날부터 지금까지 잘 운 사람으로 불리어진 많은 정치가와 사상가 및 문학가를 열거하였다. 그들이 잘 운 까닭은 모두 "그 평정 상태를 얻지 못한"(不得其平) 때문이다. 한유는 문학이 시대나 사회생활과 밀접한 관계가 있고, 작가란 여태껏 사회의 모순과 투쟁을 반영한 사람임을 깨달았다. <송맹동야서>는 마치 도도히 흐르는 양자강이나 황하가 일사천리(一瀉千里)로 흘러내리는 것처럼 기세가 충만하고 정서가 드높아 사람의 마음을 감화시키고 선동하는 힘이 매우 크다. 이밖에 <송동소남서(送董邵南序)>는 재주를 품고 있으면서도 때를 만나지 못한 하층 지식인에 대한 작자의 동정을 기탁하고, <송제호하제서(送齊皞下第書)>는 과거(科擧)고시에 낙방한 사람을 위로하고 권면하는 뜻을 담고 있는데, 모두 훌륭한 글이다.

3. 비지(碑誌 : 祭文 포함)

비지는 한유의 문집에서 4분의 1이상의 분량을 차지하는데, 비록 '아첨하듯 죽은 사람을 과분하게 칭찬한'(諛墓) 글이 많기는 하지만, 정서도 풍부하고 문장도 아름답고 애통함이 사람을 감동시키는 글도 적지 않다. 가장 유명한 작품은 <유자후묘지명(柳子厚墓誌銘)>으로, 유종원의 재능, 정치적 업적, 인품과 덕성, 문학 성취를 찬양하고, 우물에 빠진 사람에게 돌을 던지는 세태를 만난 유종원의 처지에 대해서도 깊은 동정과 분개의 정을 표하였다.

아! 선비는 곤궁해져야지 절조와 의기를 볼 수 있다. 지금 대체로 평소 같은 마을에 살면서 서로 흠모하고 즐겁게 하며, 술 마시고 음식을 먹고 놀면서 서로 부르고 따르며, 비위를 맞추어 억지로 웃고 말하면서 서로 상대방의 아래에 처하겠다고 겸손한 태도를 취하며, 손을 잡고 속마음을 다 털어 내놓고 서로 보여주며, 하늘의 태양을 가리키고 눈물을 흘리면서 죽더라도 서로 저버리지 않으리라 맹세하여 진실로 믿을 만한 것 같으나, 하루아침에 사소한 이해관계에 봉착하게 되면 겨우 터럭에 비견될 만큼 미세하더라도 눈을 흘기며 서로 알지 못하는 것 같이 하며, 함정에 빠지게 되면 한 번 손을 뻗어 구해주지도 않고 도리어 그를 밀쳐버리거나 또 거기에 돌을 던지는 이들이 도처에 다 있다. 이런 일은 금수와 야만인들도 차마하지 않는 것이나 그 사람들은 스스로 보아서 계책을 얻었다고 여기는데, 자후의 풍모를 들으면 좀 부끄러울 것이다.

(嗚呼! 士窮乃見節義. 今夫平居里巷相慕悅, 酒食遊戲相徵逐, 詡詡强笑語以相取下, 握手出肺肝相示, 指天日涕泣, 誓生死不相背負, 眞若可信 ; 一旦臨小利害, 僅如毛髮比, 反眼若不相識, 落陷穽, 不一引手救, 反擠之, 又下石焉者, 皆是也. 此宜禽獸夷狄所不忍爲, 而其人自視以爲得計, 聞子厚之風, 亦可以少愧矣!)

한유는 세력 있고 돈 있을 때는 아첨하며 빌붙다가 세력과 돈이 없어지면 냉담해지는 세태에 깊이 느낀 바가 있어, 이 글을 빌어 자신의 생각을 밝혔는데 번잡하다는 느낌을 주지 않는다. 물론 한유가 왕숙문(王叔文) 집단에 가담한 유종원의 정치활동에 대해서는 매우 유보적인 입장을 취하여 그가 "남을 돕는 데 용감하여 스스로를 소중하게 여기지도 아끼지도 않았다"(勇於爲人, 不自貴重顧藉)고 여긴바, 한유의 보수적인 정치 경향을 반영하기도 한다. 글 전체는 정감과 의미가 깊어 사람의 폐부를 찌르는 감동을 주고 심금을 울린다. 작자는 서사와 의론을 한 데 융합한 창작기법을 구사하고 치켜 올리기도 하고 깎아 내리기도 하였는데, 좋은 말만 하는 묘지명의 일반적 관례를 뛰어넘는 새로운 진전이다. <정요선생묘지명(貞曜先生墓誌銘)>의 주제는 문학 성취의 각도에서 맹교(孟郊 : 751-814)를 평가한 것인데, 난삽하여 이해하기 어려운 맹교의 시에 대해 적절하고 공정한 비평을 가하였다.

> 그가 시를 지으면 눈에 상처를 입히고 심장을 찌르듯 놀랍고, 실이 칼에 잘려 끊어지듯 조리가 분명하다. 갈고리 같고 창과 같은 기벽하고 난삽한 구절이 위를 할퀴고 콩팥을 뽑는 듯하며, 귀신처럼 흔적도 없는 솜씨가 차례대로 끝없이 나온다. 오직 글 쓰는 데에만 빠져 있을 뿐 세상일과는 관계를 끊었다. 다른 사람들은 다 명예와 이익을 추구하느라 바쁘지만, 그대(맹교)만 홀로 여유가 있다.
>
> (及其爲詩, 劌目鉥心, 刃迎縷解. 鉤章棘句, 掐擢胃腎, 神施鬼設, 間見層出. 唯其大翫於詞, 而與世抹摋. 人皆劫劫, 我獨有餘.)

<시대리평사왕군묘지명(試大理評事王君墓誌銘)>에서는 짤막한 속임수 결혼 이야기를 끼워 넣어 장중한 묘지명에 묘한 정취가 흘러넘치도록 하여 문학적 색채를 더하였다.

한유의 제문은 전부가 성의 없이 대충 부탁한 사람의 요구에 맞추어 써준 것은 아니다. 이전 사람들로부터 '제문 가운데 천고의 절창'(祭文中千古絶調)으로 불린 <제십이랑문(祭十二郎文)>은 인구에 회자하는 명문이다. 이 글은 가정생활의 자질구레한 일과 작자 개인의 벼슬길에서의 부침을 한 데 엮어 죽은 조카 한노성(韓老成)에 대한 침통하고 그리운 정을 토로하였다.

누가 알았으랴! 젊은 사람이 죽고 나이 많은 사람이 살아남으며, 강건한 사람이 일찍 죽고 병든 사람이 온전할 줄을! 아이고! 이것이 진실로 사실인가? 꿈인가? 아니면 혹시 전해진 소식이 사실이 아닌 것인가? 사실이라면, 우리 형님의 성대한 덕이 오히려 그 후사를 일찍 죽게 한 것인가? 너의 순수하고 총명함이 그 은택을 입을 수 없었던 것인가? 젊은 사람과 강건한 사람은 일찍 죽고, 나이 많은 이와 쇠약한 이는 살아남아 온전하단 말인가? 사실로 받아들일 수가 없다. 꿈이거나 전해진 소식이 사실이 아니라면, 맹동야(孟東野 : 孟郊-옮긴이 주)의 편지와 경란(耿蘭)의 부고가 어찌하여 내 옆에 있단 말인가? 아이고! 진실로 사실이로다!

(孰謂少者歿而長者存, 强者夭而病者全乎? 嗚乎! 其信然邪? 其夢邪? 其傳之非其眞邪? 信也, 吾兄之盛德而夭其嗣乎? 汝之純明而不克蒙其澤乎? 少者强者而夭歿, 長者衰者而存全乎? 未可以爲信也. 夢也, 傳之非其眞也, 東野之書, 耿蘭之報, 何爲而在吾側也? 嗚呼, 其信然矣!)

생전에 떨어져 살다가 죽어 영원히 이별하는 정이 흐느끼듯 하소연하듯 슬프고 처량하며 구성지고 곡절하여, 공덕을 노래하고 기리던 제문의 상투적인 틀을 완전히 뒤집었는데, 후세에 귀유광(歸有光 : 1507-1571)과 원매(袁枚 : 1716-1798)에게 직접적인 영향을 끼쳤다. <장중승전후서(張中丞傳後敍)>도 비지나 제문의 부류에 넣어야 마땅하다. 이 글은 풍격에 있어 사마천의 시사를 깊이 받아 수양(睢陽) 땅을 굳건히 지키려고 안록산(安祿山)의 반군에 대항하여 싸우다가 장렬하게 희생한 장순(張巡)과 허원(許遠)의 무고함을 변호함과 동시에, 눈물겹도록 감동적인 그들의 사적을 형상적이고 생생하게 묘사하였다. 장순이 기개 있고 비장한 태도로 정의를 위해 목숨을 바치는 대목을 예로 들어보자.

성이 함락되었을 때 적들이 장순 등 수십 명을 포박하여 앉히고 곧 죽이려 할 즈음에 장순이 일어나 소변을 보니, 그의 뭇 부하들은 장순이 일어난 것을 보고서 어떤 이는 일어나고 어떤 이는 울었다. 장순이 말한다. "너희들은 두려워하지 말라, 죽음은 운명이로다!" 뭇 부하들은 울면서 고개를 들고 쳐다보지 못했다. 장순이 피살될 때에 안색이 조금도 변하지 않고 태연자약 침착한 모습이 평상시와 꼭 같았다. (及城陷, 賊縛巡等數十人, 坐, 且將戮. 巡起旋, 其衆見巡起, 或起或泣. 巡曰 : "汝勿怖, 死, 命也!" 衆泣不能仰視, 巡就戮時, 顔色不亂, 陽陽如平常.)

태연자약하고 죽음을 두려워하지 않은 천 수백 년 전의 영웅이 오늘날까지 지면 위에서 살아서 움직이는 것 같다.

요컨대 한유의 문장은 필력이 웅건하고 기세가 드높으며, 호방한 감정이 종횡무진 흘러넘치고 신기로움이 힘차게 약동한다. 언어는 풍부하고 변화가 많아 생기발랄하여 마치 양자강과 황하가 도도하고 질펀하게 억제할 수 없는 기세로 흐르는 것과 같아 사람을 놀라게 하는 예술적 매력이 있다. 그의 수많은 명언과 의미심장한 글귀들은 지금까지도 사람들의 입이나 붓끝에서 살아 움직인다. 이를테면 '누구나 차별 없이 대한다'(一視同仁), '백 구멍 천 종기가 난 듯한 흠집투성이'(百孔千瘡), '집에만 틀어 박혀 좀처럼 외출하지 않다'(深居簡出), '주의를 끌기 위해 큰소리로 외치다'(大聲疾呼), '보고도 못 본 척하다'(熟視無睹), '난잡하여 조리가 없다'(雜亂無章) 등과 같은 사자성어는 한족(漢族)의 문학 언어를 대대적으로 풍부하게 하였다.

제7장 수당(隋唐) · 오대(五代) 산문(하)

중국문학사에서 한유와 유종원은 줄곧 병칭되었다. 유종원은 한유가 제창한 고문운동을 적극적으로 지지하고 그 운동에 가담하여 주도해나갔을 뿐만 아니라, 일군의 고문 작가들을 열정적으로 지도하고 양성하였다. 그는 풍부하고 다채로운 산문을 창작하여, 당대 고문운동에서 한유와 어깨를 나란히 하는 역사적 지위를 얻었다. 심지어 사상의 깊이와 예술의 독창성이라는 측면에서, 한유의 문학적 성취를 훨씬 뛰어 넘은 점도 없지 않다.

유종원(柳宗元 : 773-819)은 자가 자후(子厚)이고 하동(河東 : 지금 山西省 永濟縣) 사람이며, 당나라의 유명한 사상가이자 정치가요 문학가이다. 그는 중하급 관리의 가정에서 태어났는데, 그의 부친 유진(柳鎭)은 장안(長安)에서 태상박사(太常博士)와 전중시어사(殿中侍御史) 등의 관직을 지냈고, 사람됨이 강직하여 권세가들에게 아첨하지 않았다. 모친 노씨(盧氏)는 풍부한 문화적 소양을 갖추고 있었다. 유종원은 유년 시절에 장안에서 모친으로부터 교육을 받아, 견실한 문화적 기초를 다졌다. 청년 시기에 유종원의 생애는 순풍에 돛을 단 듯 순조롭게 풀려가 겨우 21세의 나이에 진사(進士) 시험에 합격하였다. 이때부터 매우 폭넓은 사회적 교제를 하기 시작하고, 점차 젊은 정치가의 해박한 학식과 출중한 재주를 드러내었다.

805년에 당나라 순종(順宗) 이송(李誦)이 즉위한 뒤, 개혁사상을 지닌 왕숙문(王叔文)을 한림학사(翰林學士)로 임명하였다. 왕숙문은 집정하자마자 곧바로 호족(豪族) 지주와 번진(藩鎭) 세력 및 환관(宦官) 집단을 공격할 일련의 새로운 정치적 조치를 추진하기 시작하였다. 유종원은 왕숙문을 영도자로 하는, 정치적으로 진보적인 문인 집단에 가담하여 예부원외랑(禮部員外郞)으로 발탁되었다. 그러나 왕숙문 집단은 권력을 장악한 지 7개월도 채 되기 전에, 정적(政敵)들의 반격으로 실각하고 말았다. 지주와 호족 및 환관의 지지를 업은 헌종(憲宗) 이순(李純)은 순종을 핍박하여 퇴위시킨 다음 황제가 되었는데, 그는 권좌에 오르자마자 왕숙문 집단에 가담한 모든 사람들을 처벌하였다. 유종원은 영주(永州 : 지금 湖南省 零陵縣) 사마(司馬)로 좌천되어, 남은 반평생의 힘들고 어려운 생애를 시작하였다.

유종원은 영주로 유배되어 10년을 지냈다. 비록 그가 정치적으로는 좌절을 겪었지만, 오히려 문학적으로는 풍성한 수확을 얻어 상당히 많은 수의 우수한 산문 작품이 바로 이곳에서 씌어졌다. 이 기간 동안 그는 관료 사회의 정치적 각축에 대하여 진일보한 인식을 하게 되고, 하층민들의 고통스런 생활을 절실하게 체험할 수 있었다. 또 한직에 머물고 황량한 변방 지역에서 살았기 때문에, 대자연의 산수를 마음껏 음미할 수 있는 절호의 기회와 무진장한 창작의 원천을 제공받았다. 훗날 그는 또 유주자사(柳州刺史)로 전직하였는데, 재임 4년 만에 세상과 영원히 하직하였다. 지금까지도 유종원은 그곳 백성들의 추모를 받고 있는바, 광서성(廣西省) 장족(壯族) 자치구의 유주시(柳州市) 인민 공원에 유후사(柳侯祠)가 보존되어 있다.

비록 근본적인 사상 기반은 유가(儒家)의 범주에 속하지만, 유종원의 정치사상과 철학사상은 한유에 비해 진보적이고 민본사상의 요소를 더 많이 지니고 있었다. <송설존의지임서(送薛存義之任序)>라는 글에서 그는 관리란 본래 백성들이 고용한 종이므로, 절대 거꾸로 백성들을 부려서는 안 된다고 여겼다. <천대(天對)>와 <천설(天說)>이라는 두 편의 글에서, 그는 우주간의 모든 자연현상은 다 저절로 존재하는 것이고, 하늘은 결코 아무런 의지가 없다고 여겼다. 그리하여 그는 유물주의의 입장을 견지하였는데, 이는 당나라 때의 철학사에서 나름의 지위를 차지한다.

유종원의 문학 주장은 한유와 기본적으로 일치하는데, 그들 두 사람은 문학 작품의 사상 내용과 사회적 효용을 중시하였다. <답위중립논사도서(答韋中立論師道書)>에서 유종원은 "글이란 도를 밝히는 것이다"(文者以明道)는 관점을 제기하여, 유가(儒家)의 도를 천명하고 전파하는 것을 문장 창작의 사명으로 간주하였다. 그는 게다가 또 "성인의 말은 도를 밝히기 위한 것이다"(聖人之言, 期以明道 : <보최암수재논위문서(報崔黯秀才論爲文書)>)고 하여, 한유와 마찬가지로 유종원 역시 성인의 도를 선양하는 것을 자신의 임무로 삼았다.

지금 ≪유하동집(柳河東集)≫ 45권과 외집(外集) 1권 및 부록(附錄) 1권이 남아 있다. 그 가운데 시(詩) 2권을 제외하고는 대부분이 고문(古文)으로, 약 400여 편에 달한다. 그는 당나라 시대의 '왕 · 맹 · 위 · 유', 곧 왕유(王維 : 701-761), 맹호연(孟浩然 : 689?-740), 위응물(韋應物 : 737-792?), 유종원 시파의 중요한 시인으로, 140여 수의 시가 전해진다.

그는 산문으로 세상에 이름이 나서, '당송팔대가(唐宋八大家)'의 한 사람이 되었다. 그의 산문은 주로 다음 네 가지 부류의 내용을 담고 있다.

1. 논설(論說)

유종원의 논설문은 그의 진보적인 정치사상과 역사관을 표현하고 있는데, 사상 인식의 심도로 말하자면 한유와 그 당시 작가들을 훨씬 뛰어넘는다. 이를테면 그의 명작인 <봉건론(封建論)>은 까닭이 있어서 지은 것이다. 유종원은 고대 분봉제도의 시말과 공과(功過)를 치밀하게 분석하여, 분봉제(分封制)를 비판하고 군현제(郡縣制)를 긍정하였으며, 아울러 당시의 봉건적인 번진 할거가 국가 통일을 파괴하고 사회위기를 조성한 죄악을 맹렬하게 비난하였다. 글속에서 "봉건제는 성인의 의지에 따른 것이 아니라 형세에 의한 것이다"(封建非聖人意也, 勢也)라는 중심 논점을 제기하였다. 다시 말해서 "나라의 땅을 봉토로 주고 제후를 세운"(封國土, 建諸侯) 고대 제도의 출현은, 성인의 의지로 결정된 것이 아니라 객관적 형세로 인해 조성된 것이다. 이것은 초기 유물주의 명제의 하나이다. <봉건론>은 군현제가 봉건제를 대신하는 역사의 필연적인 추세를 전면적으로 긍정하고, 공경(公卿)의 벼슬과 녹봉을 세습하는 제도가 빚어낸 "미련한 사람이 윗자리를 차지하고, 현명한 사람이 아래 자리에 처해지는"(不肖居上, 賢者居下) 불합리한 현상을 극력 고발하였다. <육역론(六逆論)>은 ≪좌전(左傳)≫에서 내세운 "인륜을 거스르는 여섯 가지 악행이 혼란을 일으킨다"(六逆爲亂)는 유가의 신조를 과감히 반대하고, 그중의 "출신이 미천한 사람이 고귀한 사람을 방해하고, 관계가 먼 사람이 가까운 사람을 밀어내며,

경력이 일천한 사람이 오래된 사람을 대신하는"(賤妨貴, 遠間親, 新間舊) 점에 대해 이의를 제기했다. 이는 사실상 오직 현명한 인재를 등용하도록 제창하고, 사회의 현명한 인재, 통치자와 관계가 소원한 사람, 정치 투쟁 중에 새롭게 형성된 역량 등을 사회에 호소한 것으로, 부패한 관료 정치에 대한 개혁의 요구이다.

<포사자설(捕蛇者說)>은 사상성과 예술성이 완벽하게 결합된 우수한 작품이다. 유종원은 영주(永州)의 현장 조사에 근거하여, 봉건 시대 가혹한 세금 포탈이 빚어낸 심각한 결과를 분노에 찬 목소리로 고발하였다. 장씨(蔣氏) 일가의 조부에서 손자에 이르는 3대는 세금 충당을 위해 기꺼이 생명의 위험을 무릅쓰고 독사를 잡는 일에 종사했다. 장씨의 조부와 부친 2대가 독사를 잡다가 물려 죽었고, 장씨 본인도 이 일에 종사한 지 이미 12년이나 되었는데, 독사에 물려 죽을 뻔한 위험을 여러 차례 겪었다. "풀이나 나무에 닿기만 해도 초목이 다 죽어버리고, 사람을 물게 하면 치료할 약이 없는"(觸草木, 盡死, 以齧人, 無禦之者) 독사를 잡는 일이 오로지 세금을 면제 받기 위한 것인 만큼, 가혹한 세금 포탈이 독사보다 훨씬 더 무서움을 알 수 있다. 유종원이 관리에게 일러 뱀으로 세금 납부를 대신하는 장씨의 방법을 바꾸어 주도록 제의한 것은 이상할 게 없지만, 장씨는 도리어 더욱 서글퍼 통곡하고 눈물을 흘리면서 다음과 같이 말한다.

그대께서는 장차 저를 불쌍히 여겨 살리려 하십니까? 그렇다면 저의 이 뱀 잡는 일로 인한 불행이 저의 조세 납부를 환원하는 것만큼 심하게 불행하지는 않습니다. 지난날 제가 이 일을 하지 않았더라면 오래 전에 이미 곤궁하게 되었을 것입니다. 우리 집안이 3대에 걸쳐

이 고을에 살기 시작한 때로부터 지금에 이르기까지 60년이 되었는데, 고을 이웃들의 생계는 날로 쪼들려 갔습니다. 그 경작지의 소출을 다 바치고 그 집안의 수입을 다 내고도, 울부짖으며 구르듯 옮겨 다닐 수밖에 없어 배고프고 목마른 채 넘어지고 쓰러져서, 비바람에 노출되고 추위와 더위에 시달려서 독한 기운을 내뿜으며 왕왕 죽은 이가 서로 깔려 있습니다. 지난날 우리 조부님과 함께 살던 이는 지금 그 집이 열 가운데 하나도 없고, 우리 부친과 함께 살던 이는 지금 그 집이 열 가운데 두셋도 없으며, 저와 더불어 12년째 사는 이는 지금 그 집이 열 가운데 네댓도 없습니다. 죽지 않았으면 이사 갔을 따름인데, 저는 뱀 잡는 일 때문에 홀로 살아남아 있습니다. 사나운 아전이 우리 고을에 올 때 동서에서 시끄럽게 떠들고 남북에서 왁자지껄하게 들이닥쳐 사람들이 시끌벅적 놀라니, 개나 닭마저도 편안할 수 없습니다. 저는 조심스럽게 자리에서 일어나 항아리를 보고 나의 뱀이 아직 있으면 느긋하게 자리에 누웠습니다. 삼가 그 뱀을 먹이다가 정한 때가 되면 갔다 바칩니다. 그리고는 물러나 그 땅의 소유를 달게 먹으며 저의 천수를 다 누렸습니다. 대체로 1년에 죽음의 위협에 시달리는 것이 두어 번 뿐이고, 그 나머지는 희희낙락하니 우리 고을 사람들이 아침마다 이런 위협에 시달리는 것과 어찌 같을 수 있겠습니까? 지금 이 일 때문에 죽는다 하더라도 우리 고을 이웃들의 죽음에 비하면 이미 훨씬 뒤늦은 것이니 또 어찌 감히 원망스럽게 여기겠습니까?

(君將哀而生之乎? 則吾斯役之不幸, 未若復吾賦不幸之甚也. 嚮吾不爲斯役, 則久已病矣. 自吾氏三世居是鄕, 積於今六十歲矣, 而鄕鄰之生日蹙. 殫其地之出, 竭其廬之入, 號呼而轉徙, 飢渴而頓踣, 觸風雨, 犯寒暑, 呼噓毒癘, 往往而死者相藉也. 曩與吾祖居者, 今其室十無一焉 ; 與吾父居者, 今其室十無二三焉 ; 與吾居十二年者, 今其室十無四五焉, 非死卽徙爾, 而吾以捕蛇獨存. 悍吏之來吾鄕, 叫囂乎東西, 隳突乎南北, 譁然而駭者, 雖雞狗不得寧焉. 吾恂恂而起, 視其缶, 而吾蛇尙存, 則弛然而臥. 謹食之, 時而獻焉. 退而甘食其土之有, 以盡吾齒. 蓋一歲之犯死者二焉, 其餘則熙熙而樂, 豈若吾鄕鄰之旦旦有是哉? 今雖死乎此, 比吾鄕鄰之死, 則已後矣, 又安敢毒耶?)

유종원은 비참하여 차마 듣지 못할 이 말을 듣고는 한없이 슬프고 분하여, “가혹한 세금 징수는 호랑이보다 무섭다”(苛政猛於虎)는 옛 교훈을 더욱 굳게 믿었다. 이 글은 왕성한 감정과 가슴 가득한 울분으로, 가렴주구(苛斂誅求)의 착취를 몸소 겪고 있는 백성들에 대한 깊은 동정을 나타내고 있다. 글의 전개가 먼저 특이한 뱀의 독함을 언급하고 뱀을 잡는 위험을 서술한 뒤에, “세금을 거두어들이는 악독함이 이 뱀보다 더 심하다”(賦斂之毒, 有甚是蛇)는 것으로 매듭짓고 있다. 앞뒤의 대비가 서로 잘 어울리고 주제를 잘 부각시키고 있어, 예술적으로 심혈을 기울인 작품이라고 일컬을 만하다.

2. 전기(傳記)

이 부류는 ≪사기≫의 영향을 많이 받아 인물의 성격 묘사를 목적으로 하는 기서문(記敍文)으로, <단태위일사장(段太尉逸事狀)>을 대표작으로 들 수 있다. 단수실(段秀實 : 719-783)은 포악한 세력을 두려워하지 않고 백성들의 고통에 깊은 관심을 보인 청렴한 관리이다. 군벌인 주체(朱泚)가 반역을 꾀하자 단수실은 면전에서 홀(笏 : 천자 이하 공경사대부가 조복을 입을 때 띠에 끼고 다니는 것으로, 옥이나 상아 또는 대나무 등으로 만들었음—옮긴이 주)로 그의 머리를 치며 미친 도적이라고 크게 꾸짖었는데, 그 때문에 피살당하고 뒤에 태위(太尉)로 추서되었다. ‘행장(行狀)’은 인물의 사적을 기록해두었다가 묘지명(墓誌銘)

을 쓰거나 역사를 편찬할 때 근거로 삼는 문체이다. 이 글은 한유의 <장중승전후서(張中丞傳後敍)>와 이름을 나란히 할 정도로 유명하고, 창작 기법 또한 서로 비슷하다. 이 글의 전문은 단수실에 관한 세 가지 전형적인 사례를 기술하였는데, 첫째는 인민을 괴롭히는 귀족자제들의 불법 행위에 맞서 용감하게 투쟁한 것이고, 둘째는 가뭄의 재해를 당하였을 때 빈곤한 농민을 위하여 세금 낼 곡식을 대신 상환하여 준 것이고, 셋째는 딴마음을 품고 있는 야심가들의 선물을 단호히 거절한 것이다. 생동하는 형상과 구체적인 세목이 일화의 서술과정에서 두드러지게 부각되고 있는바, 필법에 사마천(司馬遷 : 145-86? B. C.)의 '신비로운 운치'(神韻)가 흠뻑 배어 있다. 두 번째의 일화를 보자.

이 사건이 발생하기 이전에 태위(太尉)는 경주(涇州)에서 영전부사(營田副使)로 있었다. 경주의 대장 초령심(焦令諶)이 백성들의 전답을 빼앗아 자신이 수십 경(頃)을 차지하고, 농민에게 소작으로 주며 말한다. "장차 수확을 거두면 나에게 반을 가져오너라." 이 해에 큰 가뭄이 들어 들에는 풀 한포기 나지 않아, 농부가 이 사실을 초령심에게 알리자 초령심은 "나는 들여올 곡식 수만 알 뿐, 가뭄인지 뭔지는 모른다"라고 하면서 더욱 다급하게 독촉했다. 농부는 장차 굶주려 죽을 지경에 이르고 소작을 갚을 길이 없자, 곧 태위에게 알렸다. 태위가 실상을 논하여 쓴 판결문은 어투가 매우 완곡하였는데, 사람을 보내 초령심을 찾아가 그를 잘 달래도록 했다. 초령심은 몹시 화를 내며 농부를 불러 말한다. "내가 단 아무개라는 작자를 두려워할 줄 알았느냐? 어찌 감히 그에게 내 말을 했느냐?" 판결문을 농부의 등 위에 깔고, 큰 곤장으로 스무 대를 때려 거의 죽을 지경이 되어서야 수레에 실어 태위의 청사 뜰 안에 데려다 놓았다. 태위가 몹시 울면서 말한다. "내가 너를 곤궁한 지경에 빠뜨렸구나." 곧 스스로 물을 떠다가 피를 씻고, 옷을 찢어서 상처를 감싸고, 손수 좋은 약을 바르고, 아침저녁으로 자기가 농부에게 음식을 먹인 뒤에야 본인이 식사를 했다. 아무도 모르게 자기가 타고 다니던 말을 팔아 곡식을 사서 대신 갚아주었다.

(先是, 太尉在涇州爲營田官. 涇大將焦令諶取人田, 自占數十頃, 給與農曰 : "且熟, 歸我半." 是歲大旱, 野無草, 農以告諶, 諶曰 : "我知入數而已, 不知旱也." 督責益急. 農且飢死, 無以償, 卽告太尉. 太尉判狀, 辭甚巽, 使人求諭諶. 諶盛怒, 召農者曰 : "我畏段某耶? 何敢言我?" 取判鋪背上, 以大杖擊二十, 垂死, 輿來庭中, 太尉大泣曰 : "乃我困汝!" 卽自取水洗去血, 裂裳衣瘡, 手注善藥, 旦夕自哺農者, 然後食. 取騎馬賣, 市穀代償, 使勿知.)

이것은 '일사장(逸事狀)'이므로 세상에 전할 만한 몇 토막만 잘라 내어 취하면 되지, 일반 역사 전기의 문장처럼 대대의 계보, 이름과 호, 관작(官爵)과 출신 지역, 관직 이력, 자손이나 후사 등을 다 열거할 필요가 없다. 이렇게 함으로써 인물의 성격을 집중적이고 선명하게 묘사하기에 편리하여, 문학적 특징을 발휘하고 예술적 효과를 거둘 수 있었다. <동구기전(童區寄傳)>은 인신매매의 죄악을 쓴 것이다. 구기(區寄)는 나이가 겨우 11세에 불과하지만, 그를 협박하는 폭도 두 명을 잇달아 용감하고 기지가 넘치게 처단하였다. 작자는 "땔나무를 하고 가축을 방목하는 아이"(蕘牧兒)의 남다른 담력과 식견을 열정적으로 칭송하고, 당시 사회의 어두운 측면을 사정없이 폭로하였다. <종수곽탁타전(種樹郭橐駝傳)>은 철리적(哲理的) 성격이 매우 강한 전기로, 식수 전문가인 곽탁타가 나무의 자연적 본성에 따라 나무를 심고 가꾸는 것을 통하여 당시 통치자들이 백성들에게 가한 갖가지 압제를 에둘러 타일렀다. 이 글은 고대 도가(道家)와 황노철학(黃老哲學)의 자연스러움과 '무위이치(無爲而治)'를 숭상하는 사상 경향을 띠고 있고, 개성의 발전과 속박으로부터의 자유를 바라는 지식인들의 요구를 표현하여, 근대의 시인인 공자진(龔自珍 : 1792-1841)의 <병매관기(病梅館記)>와 상통하는 점이 있다. 이밖에 <송청전(宋淸傳)>은 약재 상인을 칭송하고, <재인전(梓人傳)>은 집을 짓는 도목수에게 탄복한 글인데, 둘 다 장안시(長安市)의 하층민이므로 유종원이 덕과 재주를 갖춘 사람은 신분에 관계없이 모두 인정하고 있음을 알 수 있다. 유종원의 전기문은 소재를 폭넓게 취하고 깊이 있게 파고들며, 인물의 개성과 사물의 전형을 잘 드러내는 세목을 포착하여 세련된 언어로 표현해내는 데 뛰어났다. 그리하여 유종원의 붓끝에서 그려진 인물들은 외양과 정신을 겸비하고 있어, 마치 살아 있는 듯 생기발랄하여 깊은 감화력을 지닌다.

3. 우언(寓言)

선진(先秦) 제자(諸子)의 글에서는 우언을 많이 운용하였는데, 우언을 통해 사물에 기탁하여 생각을 표현하는 것은 추상적으로 이치를 설명하는 것보다 사람들에게 더 쉽게 받아들여진다. 유종원은 이러한 우수한 전통을 계승하여 더욱 발전시켰다. 유명한 <삼계(三戒)>는 유종원이 영주(永州)로 좌천되어 있을 때 쓴 세 편의 우언 작품이다. 그는 서문에서 이 우언을 쓴 목적이 특수한 세력을 등에 업고 포악함을 자행하는 사람들을 비판하는 데 있다고 밝혔는데, 사실은 오로지 황제의 총애를 사려는 관리와 부끄러움을 모르는 문인을 향해 창끝을 겨누고 있다. 첫 번째 글인 <임강지미(臨江之麋)>는 사슴 새끼가 주인의 총애와 보호를 받고 있어 집안의 개들이 감히 건드릴 수 없음을 묘사하고 있다. 그리하여 새끼 사슴은 어찌된 영문인지도 모르고, 마침내 개들을 친구인 양 여기게 되었다. 3년 뒤에 집밖으로 나가 다른 집의 개를 보고 똑같은 장난을 치다가, 결국에는 개에게 잡혀 먹혔는데도 무슨 이유 때문인지를 알지 못하였다. 이것은 권세에 의지하여 목적을 달성하자 교만하여 자신의 실체를 잊어버리는 자들이 적과 친구를 분별할 줄 모르는 것을 풍자하였다. <검지려(黔之驢)>는 모택동(毛澤東 : 1893-1976)에게 인용된 적이 있기 때문에(<매우 중요한 정책(一個極其重要的政策)>이라는 글에 보임), 지금까지도 널리 전해지고 있으므로 여기서는 소개하지 않는다. 세 번째 글인 <영모씨지서(永某氏之鼠)>는 몸을 팔아 권문세가에 빌붙어 있는 것을 성공으로 여기는 사람의 어리석고 비열한 행위를 풍자하였다. 이 글은 쥐 애호가인 영주 사람 아무개가, 쥐들이 아무 거리낌 없이 제멋대로 하도록 내버려두고는 일절 간섭하지 않은 것에 관한 이야기이다. 뒤에 이 사람이 다른 곳으로 이사가 버리자, 새로 이사 온 사람은 화가 나서 쥐들을 남김없이 다 소탕하여 죽여 버렸다. <삼계>는 길이가 짧으면서 예리하고 의미가 심장하며, 이야기가 간명하고 곡절하며, 언어가 생동적이고 형상적이다. 또 다른 우언인 <부판전(蝜蝂傳)>도 깊은 우의를 담고 있어, 독자들을 깊이 생각하게 만든다. 작자는 탐욕스런 버릇을 가진 '말똥구리'(蝜蝂), 곧 등에 지고 있는 것을 절대로 내려놓지 않는 이 조그마한 벌레를 빌어, 돈을 보면 목숨도 마다 않는 모리배 같은 인물들을 비유하였다. <부판전>은 사물을 빌어서 사람을 비유하였는데 읽을수록 맛이 난다.

부판이라는 놈은 짐을 잘 지는 작은 곤충이다. 다니다가 물건을 만나면 바로 가져다가 머리를 들어 등에 진다. 등이 점점 무거워져 고통이 매우 심해도 그만두지 않는다. 그 등은 매우 껄끄러워 물건이 쌓이면 흩어지지 않아 끝내는 넘어지고 뒤집혀 일어나지 못한다. 사람이 혹 불쌍히 여겨서 짐을 치워 주지만, 걸을 수 있게 되면 또 전처럼 짐을 챙긴다. 또 높은 곳에 오르기를 좋아하여 힘이 다하도록 그치지 않다가 땅에 떨어져 죽기에 이른다.

(蝜蝂者, 善負小蟲也. 行遇物, 輒持取, 仰其首負之. 背愈重, 雖困劇不止也. 其背甚澁, 物積因不散, 卒躓仆不能起. 人或憐之, 爲去其負 ; 苟能行, 又持取如故. 又好上高, 極其力不已, 至墜地死.)

"날마다 지위를 높이고 녹봉을 많게 하려고만 생각하며, 탐욕스럽게 취하는 것이 점점 더 심하여져 거의 추락할 위험에 다가가, 앞에서 죽은 경우를 보고도 경계할 줄 모르는"(日思高其位, 大其祿, 而貪取滋甚, 以近於危墮, 觀前之死亡不知戒) 사람들의 추악한 모습을 생생하게 그려 내었다.

4. 유기(遊記)

유종원의 산문은 산수유기(山水遊記)의 성취가 가장 뛰어나고, 영향 또한 가장 크다. 그의 산수유기는 위로는 북위(北魏) 역도원(酈道元 : 527-?)의 ≪수경주(水經注)≫의 전통적 수법을 계승하고, 아래로는 송(宋), 원(元), 명(明), 청(淸) 시기 산수소품(山水小品)의 단초를 열어, 고대 유기문학의 모델로서 탁월한 성과를 거두었다. 유종원의 유기는 대부분 정치 투쟁에서 실패한 뒤에 씌어졌는데, 산수에 마음을 기탁하고 자연에 도취한 것은 그의 벼슬 생활에 대한 무미건조함과 관료 생활에 대한 염증을 의미한다. 유종원의 유기는 맑고 아름답고 따사하고 정취가 넘쳐흐르고, 대자연의 아름다운 경치를 재현하고 있어 도연명(陶淵明 : 365-427)의 분위기가 물씬 풍긴다.

유종원이 원화(元和) 4년(809)부터 7년(812)에 걸쳐 쓴 <시득서산연유기(始得西山宴遊記)>, <고무담기(鈷鉧潭記)>, <고무담서소구기(鈷鉧潭西小丘記)>, <지소구서소석담기(至小丘西小石潭記)>, <원가갈기(袁家渴記)>, <석거기(石渠記)>, <석간기(石澗記)>, <소석성산기(小石城山記)> 등의 산수소품은 후대 사람들로부터 '영주팔기(永州八記)'로 불리며 줄곧 중시되었다. 원화 4년 9월 28일 유종원이 영주의 기이한 산수를 두루 다 유람한 뒤에, 갑자기 '괴이하고도 특이한'(怪特) 서산(西山)을 발견하게 되었다. 그래서 시종들을 데리고, 가시덤불을 헤치고 베어가며 서산의 정상까지 올라갔다. 그곳에서 눈 닿는 데까지 멀리 바라보니, 높고 낮게 겹쳐진 산봉우리와 넓은 들판이 한 눈에 들어왔다. 이후 유람하는 재미가 더욱 도를 더해가 서산의 서북쪽 자락에서 또 고무담(鈷鉧潭)을 발견하였다. 그곳은 하늘이 높고 날씨가 맑아, 유종원으로 하여금 "변방 소수민족의 땅에 즐겁게 살면서 고향땅을 잊어버리게 하여"(樂居夷而忘故土) 돈을 아까워하지 않고 그곳을 사들인 뒤, "누대를 높이고 난간을 길게 늘여 수리하고, 높은 곳에서 흐르는 샘물을 끌어다 그 못으로 떨어지게 하여"(崇其臺, 延其檻, 行其泉于高者而墮之潭) 중추절에 달구경하기에 적합한 멋진 곳으로 만들게 하였다. 고무담에서 서북쪽으로 25보쯤 떨어진 곳에 자그마한 언덕이 있는데, 언덕 위의 바위는 더더욱 천태만상이어서 이루 다 말할 수 없이 아름답다.

그 바위 가운데 우뚝 솟아 흙을 지고 있는 듯이 돌출하여 다투어 기이한 모양을 하고 있는 것들은 거의 그 수를 헤아릴 수 없었다. 그 우뚝 솟아 서로 포개져 아래로 향한 바위들은 마치 소나 말들이 시냇가에서 물을 마시는 것 같고, 그 앞으로 돌출하여 뿔처럼 나란히 열을 지어 위로 향한 바위들은 마치 곰이나 말곰들이 산을 오르고 있는 듯했다.

(其石之突怒偃蹇, 負土而出, 爭爲奇狀者, 殆不可數. 其嶔然相累而下者, 若牛馬之飮于溪 ; 其衝然角列而上者, 若熊羆之登于山.)

사물의 형상을 적절한 비유를 통해 아주 세밀하고 생동감 있게 표현하였는데, 안목과 필치 모두 대단한 솜씨를 발휘하였다. 유종원은 또 소수(瀟水)가의 원가갈(袁家渴 : 楚와 越 지방의 방언으로 강의 지류를 渴이라 함), 원가갈 서남쪽의 '바위 도랑'(石渠)과 '바위 계곡'(石澗), 서산(西山) 북쪽 황모령(黃茅嶺) 아래의 '소석성산(小石城山)' 등지를 유람하였다. 유종원의 산수 유람은 '형벌로 치욕을 당한 죄인'인 '육인(僇人)'의 신분으로 '두려움에 떨며 불안해하는'(惴慄) '틈'(隙)을 타 구경나온 것이어서, 마음속에 겹겹이 쌓인 응어리가 산수를 묘사하는 가운데에도 수시로 나타나고 있다. 작자는 400전(錢)을 주고 다시 고무담 서쪽의 '작은 언덕'(小丘)을 사들인 뒤에, "뜻밖이라며 크게 기뻐하고, 곧바로 도구를 번갈아 가며 잡초를 제거하고, 쓸모없는 나무들은 베어서는 세찬 불로 태워 버렸다. 그러자 멋진 나무가 서고, 아름다운 대나무가 노출되며, 기이한 바위들이 드러났다. 그 가운데에서 바라보니, 산이 높고 구름이 떠가며 시냇물이 흐르고 새와 짐승들이 자유롭게 노니는 모습들이 모두 즐겁게 재주를 부리어 이 언덕 아래에 바쳤다" (大喜出自意外, 卽更取器用, 鏟刈穢草, 伐去惡木, 烈火而焚之. 嘉木

立，美竹露，奇石顯. 由其中以望，則山之高，雲之浮，溪之流，鳥獸之遨遊，擧熙熙然迴巧獻技，以效玆丘之下 : <고무담서소구기(鈷鉧潭西小丘記)>)고 하여 추악한 사물에 대한 증오와 아름다운 사물에 대한 뜨거운 사랑을 진지하게 표현하였다.

<영주팔기> 가운데 예술 성취가 가장 뛰어난 작품은 <소석담기>(보통 <지소구서소석담기(至小丘西小石潭記)>로 불림－옮긴이 주)이다.

대나무를 베어내고 길을 내니 그 아래로 조그마한 못이 보이는데, 물이 유난히 맑고 차갑다. 못의 바닥은 하나의 큰 통바위로 이루어져 있고, 못가에는 바닥 바위가 말려 올라와 물위로 나와서는 모래톱이나 작은 섬 또는 울퉁불퉁한 바위나 큰 암석 등과 같은 온갖 모양을 이룬다. 못가에는 푸른 나무와 비취색 넝쿨이 서로 엉켜 뒤덮여 칭칭 감겨 있는데, 나무가 흔들거리니 넝쿨은 연달아 요동치며 들쑥날쑥 바람 따라 가볍게 일렁인다.

못 속의 물고기가 대략 백여 마리쯤 되는데, 모두 아무 데도 의지하지 않고 허공에서 헤엄치는 듯하다. 햇빛이 못 바닥까지 비치니 물고기 그림자가 바닥 돌 위에 펼쳐지는데, 멍하니 꼼짝하지 않다가는 갑자기 먼 곳으로 헤엄쳐 가기도 하며 왔다 갔다 하는 것이 매우 경쾌하고 활발하여 마치 유람객과 같이 즐기는 것 같다.

못 서남쪽을 바라보니 물길이 북두칠성처럼 굽고 뱀처럼 꾸불꾸불하여, 보였다 사라졌다 하는 것을 볼 수 있다. 그 물가 양안의 모습은 개 이빨처럼 어긋나 고르지 못하여 그 발원지를 알 수 없다.

(伐竹取道, 下見小潭, 水尤淸冽. 全石以爲底, 近岸, 卷石底以出, 爲坻, 爲嶼, 爲嵁, 爲巖. 靑樹翠蔓, 蒙絡搖綴, 參差披拂.

潭中魚可百許頭, 皆若空遊無所依. 日光下澈, 影布石上, 佁然不動, 俶爾遠逝, 往來翕忽, 似與遊者相樂.

潭西南而望，斗折蛇行，明滅可見. 其岸勢犬牙差互，不可知其源.)

못의 물이 맑고 깨끗하며, 물고기가 자유자재로 헤엄치며 노는 모습이 사람의 마음속 깊이 파고들어 감동을 주고 귀와 눈을 기쁘게 해주니, 유종원이 물고기가 "마치 유람객과 같이 즐기는 것 같다"(似與遊者相樂)고 느낀 것은 조금도 이상할 게 없다. 이것은 이백(李白 : 710-762)이 "서로 바라만 보아도 둘 다 싫증나지 않기로는 오직 경정산 너뿐이로구나"(相看兩不厭, 只有敬亭山 : <독좌경정산(獨坐敬亭山)>)라고 읊은 것과 같은 경지이다. 유종원의 붓끝에서 산천과 풍물에 생기와 정취가 가득 차게 되니, 자연미와 예술미가 조화로운 통일을 이루게 되었다.

유종원의 산수유기는 "맑고 깨끗하며 쇠북이나 경쇠를 울리는 듯한 아름다운 소리가 나게"(淸瑩秀澈, 鏘鳴金石 : <우계시서(愚溪詩序)>) 씌어졌고, 언어가 맑고 아름답고 자연스럽고 생동감이 넘친다. 그가 자연미를 반영한 예술 작품의 창작을 통해서, 산수유기가 당나라 시대에 크게 이채를 띠게 하였다.

유종원과 한유는 모두 사마천 이후 가장 뛰어난 산문 작가로, 중국 문학사에서 중요한 지위를 차지한다. 이들 두 사람은 이론면에서 고문 운동의 구호를 제창했을 뿐 아니라, 창작에 있어서도 빛나는 모범적인 예를 창조해내었다. 그들은 변문의 진부한 언어와 내용이 없는 상투적 표현을 버리고, 언어의 자연스러움과 음절의 자유로움을 살리는 글쓰기의 새로운 기풍을 개척하였다. 그들은 산문의 영역을 개척하여, 산문으로 학술적 창작을 할 수도 있고 예술적 창작도 할 수 있게 함으로써, 조금도 거리낌 없이 마음속의 포부를 말하고, 감정을 토로하고, 논리를 펼치고, 경물을 묘사할 수 있었다. 유종원과 한유의 산문에는 모두 풍부한 사회적 내용과 원숙한 창작 기교 및 빼어나고 모범적인 언어를 담고 있어, 산문 창작의 최고봉에 올랐다. 전통 중국에서 한유와 유종원의 문장은 이백과 두보의 시와 마찬가지로, 장기간에 걸쳐 문인이나 학자들의 학습 본보기가 되었다. 그렇지만 한유와 유종원 두 사람의 문장 풍격은 서로 달랐다. 유종원의 문장은 주도면밀하고 준엄하고 함축적이고 간결한 반면에, 한유의 문장은 필력이 웅건하고 기세가 핑장한데, 둘 다 중국 고전문학의 보고(寶庫)에 신선하고 풍부한 내용을 더하였다. 한유와 유종원이 주도한 고문운동은 커다란 성공을 거두었고, 그로부터 고문은 변체문의 우세한 지위를 대신하였다. 이 운동은 중국산문발전사에 일대 전환점이 되었으며, 후세에 커다란 영향을 끼쳤다.

한유 문하에는 제자들이 매우 많았는데, 그 가운데 이고와 황보식의 성취가 가장 높다. 그들은 한유와 유종원이 죽고 난 뒤에도 꾸준히 계속하여 고문을 창작하였다. 비록 그 성취가 한유와 유종원에 미치지는 못했지만, 각자 나름대로의 공헌을 하였다.

이고(李翱 : 772-841)는 자가 습지(習之)이고, 농서(隴西) 성기(成紀 : 지금 甘肅省 秦安 동쪽) 사람이다. <답주재언서(答朱載言書)>에서 새로운 것을 창조하고 옛것을 답습하는 것을 반대한 한유의 이론을 발양하여 "주제와 언어를 새롭게 지어냄에 있어 모두 스승을 그대로 본뜨지는 않는다"(創意造言, 皆不相師)는 관점을 제기하였다. '창의(創意)'는 주제가 심원하고, '조언(造言)'은 '사공(詞工)', 곧 언어의 기교와 창조를 강구해야 한다는 것이다. 이고에게는 내용이 충실하고, 언어가 매끄러운 몇 편의 글이 있다. 이를테면 <양열부전(楊烈婦傳)>은 흠모의 정을 가득 품고, 고대 한 여성의 비범한 재주와 식견 및 담력과 지략을 기록한 뛰어난 전기 작품이다. 당나라 중・후기에는 국가의 위세가 기울어져 다시 떨쳐 일어나지 못하자, 사회가 동요하고 혼란스러웠다. 783년에 군사를 동원하여 반란을 일으킨 회녕절도사(淮寧節度使) 이희열(李希烈)의 군대가 항성현(項城縣)에 이르렀다. 현령(縣令)은 아무런 손도 쓰지 못하고 놀라서 허둥댔다. 현령의 부인 양씨(楊氏)는 위급한 상황에 임하여 두려워하지 않고, 남편에게 죽기를 각오하고 성을 지키라고 권유하였다. 게다가 양씨는 직접 군중들을 동원하고 조직하여 분투하고 저항함으로써, 마침내 성을 굳건히 지켜내어 승리하기에 이르렀다. 열부 양씨는 남존여비의 봉건사회에서 온갖 차별대우를 받던 수천 수백만의 부녀자들이 오랜 억압에서 벗어나 기를 펴게 해주었다. 이고는 글속에서 다음과 같이 찬탄해 마지않았다.

> 군대의 포진 행렬을 알고, 공격과 수비 및 용감하고 장렬한 군사에 관한 도리에 밝은 것은 본래 공경대신들도 어렵게 여기던 바이다. 국가에서 반란군을 토벌하는 군사 행동을 전개한 때부터 조정에서는 지키고 방어하는 신하들을 총애하고 표창하였다. 견고한 성과 깊은 해자의 험준함에 의지하고, 비축한 군량미가 산더미 같이 쌓여 있으며, 물자와 돈이 마음대로 써도 될 정도로 여유가 있고, 머리에 투구를 쓰고 갑옷을 입고 활과 화살을 등에 지고서 말 타고 달리는 자가 몇 사람인지 알지 못할 정도였다. 그들의 용기로는 전쟁할 수 없고, 그들의 지혜로는 방어해낼 수 없으며, 그들의 충성심으로는 국가를 위해 죽을 수 없어 지키던 성을 버리고 달아나는 자도 많았다! 그들은 도대체 어떤 사람들인가! 그런데 양씨와 같은 사람은 부녀자이다. 공자께

서 "어진 사람은 반드시 용감하다" 하셨는데 양씨가 이에 해당하여 조금의 손색도 없다.

(至於辨行陣, 明攻守勇烈之道, 此固公卿大臣之所難. 厥自兵興, 朝廷寵旌守禦之臣. 憑堅城深池之險, 儲畜山積, 貨財自若, 冠胄服甲, 負弓矢而馳者, 不知幾人! 其勇不能戰, 其智不能守, 其忠不能死, 棄其城而走者, 有矣. 彼何人哉! 若楊氏者, 婦人也. 孔子曰 : "仁者必有勇." 楊氏當之矣.)

이고는 '천부적으로 타고난 인간의 본성'(性命)에 관한 학문을 대대적으로 논하였으며, <복성서(復性書)> 세 편을 지어 송대(宋代) 이학(理學)의 시조가 되었다. 다만 이런 부류의 고문은 유가의 학설을 널리 내세우는 앵무새와 같아 언급할 만한 가치가 전혀 없다. 그는 한유의 도통(道統)을 극단으로 끌고 나갔고, 문장 역시 별 맛이 없었다.

황보식(黃甫湜 : 777?-835?)은 자가 지정(持正)이고, 목주(睦州) 신안(新安 : 지금 浙江省 淳安縣) 사람이다. 그는 의도적으로 문자의 기이함과 괴벽함을 추구하여, "의미가 참신하면 평범한 것과 다르게 되고, 평범한 것과 다르면 괴벽하게 된다. 어휘가 고상하면 출중하게 되고, 출중하게 되면 기이하게 된다. 호랑이와 표범의 무늬는 개나 양보다 화려하게 빛나지 않을 수 없고, 난새와 봉황의 소리는 까마귀나 참새보다 우렁차게 울리지 않을 수 없고, 황금과 옥의 빛은 기와나 돌보다 반짝이지 않을 수 없으니, 의도적으로 그것들보다 낫게 한 것이 아니라 바로 저절로 그렇게 된 것이다"(意新則異于常, 異于常則怪矣 ; 詞高則出衆, 出衆則奇矣. 虎豹之文, 不得不炳于犬羊 ; 鸞鳳之音, 不得不鏘于烏鵲 ; 金玉之光, 不得不炫于瓦石 ; 非有意先之也, 乃自然也 : <답이

생제일서(答李生第一書)>)고 생각하였다. 이러한 논점은 그의 문풍에 이론적 근거를 제공해 주었다. 그러나 황보식의 일부 문장은 스승인 한유의 알기 쉽고 막힘이 없이 유창한 문풍을 띠고 있기도 하다. 예컨대, <한문공묘지명(韓文公墓誌銘)>과 같은 글은 비록 한유를 지나치게 미화한 감이 없지는 않지만, 논지가 대체로 공정하고 문장의 전개도 유창하고 평이하다.

> 선생님께서는 다른 사람과의 관계에서 솔직하고 쾌활하게 문호를 활짝 열어놓고 담을 쌓지 않으셨다. 종친이나 외척 및 친구들 중에 자립할 수 없는 사람들은 입고 먹거나, 딸을 시집보내고 아내를 맞이하거나, 상례를 치루고 매장을 할 때에, 반드시 선생님께 의지하여 도움을 받았다. 평소에 잠을 주무시거나 식사를 하시는 동안일지라도 일찍이 책을 놓지 않았으며, 피곤하여 권태로울 때도 책으로 베개로 삼고, 배가 고파 밥을 먹을 때도 책으로 입맛을 돋우셨다. 부지런히 쉬지 않고 강평을 하여 여러 학생들을 연마시키고, 완전무결하지 않을까봐 두려워하여 유머와 우스개 소리나 시가를 읊조리는 것으로 기분을 상쾌하게 하여 다 의리에 도취하여 돌아갈 생각을 잊어버리게 하셨다. 아아! 부드럽고 온화하신 군자요 대인이요 윗사람이로다!
> (先生與人洞朗軒闢, 不施戟級. 族姻友舊不自立者, 必待我然後衣食嫁娶喪葬. 平居雖寢食未嘗去書, 怠以爲枕, 餐以飴口. 講評孜孜, 以磨諸生, 恐不完美, 游以詼笑嘯歌, 使皆醉義忘歸. 嗚呼! 可謂樂易君子鉅人長者矣!)

한유 문하 제자들의 성취는 분명히 한유와 유종원만 못하다. 진정으로 한유가 개척한 고문 창작의 길을 이어 나아간 사람은 만당(晩唐)의 손초로 보아야 한다.

손초(孫樵 : 생졸년 미상, 당나라 大中·廣明 연간 사람)는 자가 가지(可之)이고, 관동(關東 : 函谷關 동쪽) 사람이다. 그가 <여왕림수재서(與王霖秀才書)>에서 자칭 황보식의 손제자라고 하였으니, 당연히 한유의 삼전(三傳) 제자가 되는 셈이다. 손초의 고문은 현실적 의의가 매우 큰데, <서포성역벽(書褒城驛壁)>이라는 글에서 당나라 후기 관료 정치의 부패상과 사회의 피폐한 모습을 사실적으로 묘사하였다. 작자는 유명한 포성역(褒城驛)이 형편없이 잔혹하게 파괴된 것을 예로 들어 작은 것을 통해 큰 것을 들여다보는 수법으로, 당나라 말기에 관리들의 관직생활이 여관에 묵고 있는 손님처럼 종일 배불리 먹을 뿐 아무 일에도 마음을 쓰지 않아, "천하에 전쟁하는 소리는 나지 않지만 가구(家口)는 날이 갈수록 더 파괴되고, 변경에 외적이 침략할 우려는 없지만 개간한 경작지는 날이 갈수록 더 줄어들어, 백성들의 생계는 날이 갈수록 더 곤궁해지고 재력은 날이 갈수록 더 고갈되어 갔지만"(天下無金革之聲, 而戶口日益破, 疆埸無侵削之虞, 而墾田日益寡, 生民日益困, 財力日益竭), 대소 관리들은 아무 일 없는 듯이 태연하게 "시름에 겨운 때는 독한 술로 취하고, 배고플 때면 좋은 음식으로 배불리 먹고, 자루에는 비단을 궤짝에는 금을 채워놓고, 웃으면서 임기가 끝날 때까지 관직생활을 한다"(當愁醉醲, 當饑飽鮮, 囊帛櫝金, 笑與秩終)라고 폭로하였다. 문필의 예봉이 다 드러날 정도로 조금도 감추지 않고 사회의 근본 문제를 언급한 관계로, 전투정신이 물씬 풍긴다. 손초의 <서하이우(書何易于)>라는 글은 봉건사회에서 좀처럼 찾아보기 어려운 훌륭한 관리에 대해 기술하였다. 익창(益昌 : 지금 四川省 廣元縣) 현령인 하이우(何易于)는 백성들의 부담을 경감시키기 위하여 백성들의 힘을 남용하는 상급자들의 행위를 과감하게 저지하고, 공공연히 황제의 조서(詔書)를 위반하면서까지 백성을 위해 명을 청하고, 심지어 조서에 "불을 놓아 태워버리기도"(縱火焚之) 하였다. 이와 같이 "익창을 다스린 지 3년 만에 감옥에는 갇힌 백성이 없고, 백성들은 부역을 모르는"(治益昌三年, 獄無繫民, 民不知役) 좋은 관리였으나, 조정에서 관리의 치적을 심사할 때 겨우 중상(中上)을 받았으니 만당(晚唐) 관료정치의 부패상을 미루어 짐작할 수 있다. <서하이우>는 당시 어두운 정치에 대한 작자의 격분과 민초에 대한 동정을 은연중에 내포하고 있다.

만당(晚唐)의 70~80년 동안에 당나라 왕조의 통치는 형세가 이미 날로 나빠져 아침에 저녁을 담보할 수 없을 지경이었다. 환관이 권력을 독점하고, 붕당끼리 다투었으며, 번진은 발호하여 사회적 모순이 날로 격화되었다. 마침내 874년에 왕선지(王仙芝)와 황소(黃巢)를 우두머리로 하는 농민 대봉기가 일어났다. 농민 혁명의 봉화는 황하(黃河)와 양자강(長江) 및 주강(珠江) 유역을 두루 휩쓸고, 마지막에는 수도 장안(長安)까지 공격해 들어갔다. 봉기군이 비록 당나라 왕조와 번진의 연합세력에 의해 진압되었지만, 이씨가 세운 당 제국도 번진 할거 세력들이 분열되어 서로 싸우는 가운데 멸망하게 되었다.

만당의 피일휴, 육구몽, 나은 등의 풍자소품은 한유와 유종원의 고문 전통을 계승하였는데, 내용과 기교적인 면에서 그들을 뛰어넘는 것도 있다. 노신(魯迅 : 1881-1936)은 일찍이 <소품문의 위기(小品文的危機)>라는 글에서 "당나라 말에 시풍은 쇠락하였으나 소품은 광채를 발하였다"(唐末詩風衰落, 而小品放了光輝)고 말한 적이 있다.

피일휴(皮日休 : 834?-883?)는 자가 일소(逸少)이고 양양(襄陽 : 지금

湖北省 襄樊市) 사람이며, 만당의 유명한 현실주의 시인이다. 그는 출신이 빈천하여 직접 농사를 짓기도 하고, 수도와 지방에서 관직을 지낸 적도 있었다. 만년에는 황소의 봉기에 가담하여, 농민 정권의 한림학사(翰林學士)를 지냈다. 피일휴의 산문은 한유를 본받았는데, 그의 <십원(十原)>이라는 논설문들은 분명 한유의 '오원(五原)'(<원도(原道)>, <원성(原性)>, <원훼(原毁)>, <원인(原人)>, <원귀(原鬼)>)을 모방한 작품이다. '원(原)'은 '사물의 본원을 규명한다'는 뜻이다. 피일휴의 <원방(原謗)>이라는 글은 비판의 창끝을 직접적으로 봉건시대의 최고 통치자를 향해 겨누고 있다. 하늘과 대성인인 요순(堯舜)도 백성들이 과감하게 비방하였는데, 그 아래의 요순보다 못한 제왕에 대하여 백성들이 목을 조르건, 머리를 잡어당기건, 모욕을 가하고 쫓아내든, 전복시키고 일족을 몰살시켜 버리건 간에 다 지나치지 않다고 피일휴는 생각하였다. 피일휴는 이 글을 통해 자신의 반역적 성격과 민주적 사상을 분명하게 표명하였다. 이 <원방(原謗)>은 "천하의 황제가 되거나 한 제후국의 군주가 되는 사람"(帝天下, 君一國者)의 정수리에 일침을 가한 것과 같다. <독사마법(讀司馬法)>이라는 글은 작자가 고대 병가(兵家)의 저술인 ≪사마법(司馬法)≫을 읽고 난 뒤에 쓴 독후감이다. 피일휴는 고금을 대비하는 수법으로, 한위(漢魏) 이후 새로운 국가를 건설한 군왕들이 모두 백성들의 목숨을 담보로 천하를 얻었다고 질책하였다.

한나라와 위나라는 권모술수를 숭상하여 적자와 같은 백성을 날카로운 칼끝 아래로 내몰아 수백 번에 걸친 전투를 통해 얼마 안 되는 땅을 다투었다. 사인(士人)의 신분에서 제후가 되고 제후의 신분에서 천자가 되기까지, 군대가 아니면 위세를 떨칠 수가 없고, 전쟁이 아니면 굴복시킬 수가 없었으니, 백성들의 목숨으로 천하를 취했다고 하지 않겠는가? 이로 말미암아 전술을 다룬 서적을 편찬하니, 전술이 더욱 정밀해질수록 사람을 더 많이 죽이게 되고 전쟁의 술법이 더욱 실제에 적합해질수록 일반 민중에게 더 혹독한 해를 끼쳤다.
(漢魏尙權, 驅赤子于利刃之下, 爭寸土于百戰之內, 由士爲諸侯, 由諸侯爲天子, 非兵不能威, 非戰不能服, 不曰取天下以民命者乎? 由是編之爲術, 術愈精而殺人愈多, 法益切而害物益甚.)

문장이 호쾌하고 힘차며, 견해가 깊이 있고 입론이 대담하여 사람을 깜짝 놀라게 한다. 피일휴의 문장은 간결하고 직선적이며 예리하고, 몇 마디 안 되는 말로 정곡을 찌르고 있어 풍자소품 가운데 최상의 수준에 이른 작품이라고 할 수 있다. <녹문은서(鹿門隱書)>라는 글을 보자.

옛날에는 사람을 죽이면 노하였지만, 지금은 사람을 죽이면 웃는다.
옛날에 관리를 둔 것은 도적을 몰아내기 위한 것이었지만, 지금에 관리를 둔 것은 도적질을 하기 위함이다.
옛날의 관리는 천하 사람들을 자기의 걱정거리로 여겼기 때문에 자기가 그들을 걱정하였지만, 지금의 관리는 자기를 천하 사람들의 걱정거리로 여기기 때문에 천하의 다른 사람들이 그를 걱정한다.
(古之殺人也, 怒 ; 今之殺人也, 笑.
古之置吏也, 將以逐盜 ; 今之置吏也, 將以爲盜.
古之官人也, 以天下爲己累, 故己憂之 ; 今之官人也, 以己爲天下累, 故人憂之.)

당시의 관리들이 백성을 해치는 본질이라는 점을 명백하고 통쾌하게 해부하였다. 이들 문장을 통해 보건대, 피일휴가 농민 봉기의 투쟁 대열에 가담한 것은 결코 우연이 아니라 견실한 사상적 기초가 있었기 때문이었다.

피일휴와 이름을 나란히 한 산문 작가는 육구몽이다. 육구몽(陸龜蒙 : ?-881?)은 자가 노망(魯望)이고, 오군(吳郡 : 지금 江蘇省 蘇州市) 사람이다. 한 때 소주와 호주(湖州) 두 군(郡)의 종사관(從事官)을 지낸 적이 있고, 뒤에 송강(松江 : 지금 江蘇省 松江縣－옮긴이 주)의 보리(甫里)에 은거하면서 자칭 보리선생(甫里先生)이라 하였다. 육구몽의 시문은 만당 통치자의 부패와 무능을 사정없이 폭로하고 비판하였다. 산문 가운데 풍자소품은 우언을 쓰기도 하고 역사를 차용하기도 했는데, 모두 날카롭고 예리하게 시대의 폐단을 정통으로 찌르고 있다. 대표작인 <야묘비(野廟碑)>는 탐관오리를 향해 찌른 한 자루의 예리한 칼로, 문장은 비석의 내력과 '교외의 사당'(野廟)에다 비석을 세운 것으로부터 쓰기 시작하여 백성들의 미신 활동을 비판하였다. 작자의 입장에서는 사람들이 귀신의 우상을 만들고, 또 그것들을 두려워하여 제사를 지내러 가는 것이 실로 마음 아프게 보였다. 작자는 이로부터 필봉을 당시의 정치로 돌려 "궁전의 대청마루에 올라 대청의 자리에 앉아, 현악기와 관악기 연주를 듣고 쌀밥과 고기를 먹으며, 수레와 말을 타고 다니면서 노예와 심부름꾼을 데리고 다니는"(升階級, 坐堂筵, 耳弦匏, 口粱肉, 載車馬, 擁徒隸) 당시의 고관귀족들이 하루아침에 "백성들이 받드는 자가 되어 하루 만에 해이하고 태만해지면 사나운 관리를 보내고 도가 넘는 형벌을 남발하며 백성들을 내몰아 부역을 시킨다"(民之

當奉者, 一日懈怠, 則發悍吏, 肆淫刑, 驅之以就事)라고 하여 미신 속의 귀신보다 훨씬 흉악하다고 지적하였다. 이러한 사람들은 평상시에는 도덕군자인 양 점잔을 빼며 스스로 현량(賢良)이라고 여기다가, 하루아침에 국가가 재난을 당하면 간이 콩알 만해져 무서워하고, 도망쳐서 항복을 빌어도 모자랄까봐 두려워한다. 끓어오르는 울분을 직설적으로 써내려감으로써 작자는 통치자에 대한 수많은 백성들의 불만을 표현하였다. <두화(蠹化)>라는 우언은 사람을 깊이 생각하게 하고, 읽을수록 더 맛이 난다. 작자는 귤에 기생하는 좀벌레가 나중에 나방으로 변하여 훨훨 날아다니는 것이 정말 사랑스럽지만, 벌레를 잡는 그물에 걸려들면 빠져나갈 방법이 전혀 없음을 흥미진진하게 서술하였다. 그 가운데에서 작자는 일부 관료들의 비참한 말로를 간파하였다.

> 천하는 큰 귤이고, 명성과 지위는 크게 날개가 나온 것이며, 국경과 경계는 큰 혜초와 대나무이다. 만약 덕을 없애고 공적인 것을 잊어버리며, 부허한 것을 숭상하고 오만한 구석을 꾸며 덮어버리며, 겉모양을 흥성하게 하고 속을 말라버리게 하며, 근본을 해치고 원천을 막아버린다면, 아마도 커다란 벌레 잡는 그물에 걸려 꼼짝달싹하지 못하게 되지 않겠는가!
> (天下, 大橘也 ; 名位, 大羽化也 ; 封略, 大蕙篁也. 苟滅德忘公, 崇浮飾傲, 榮其外而枯其內, 害其本而窒其源, 得不爲大蝥網而膠之乎!)

이것은 의심할 바 없이 겉보기만 번지르르하고 실속이 없으면서도 안하무인격인 관료들에게 보낸 경고로, 그들은 마땅히 좀벌레와 유사한 말로에 이르지 않도록 항상 주의해야 한다. 이밖에 육구몽은 <사조해(祀竈解)>와 <기도서(記稻鼠)> 등과 같은 글에서 황제를 비웃고 풍자하여, 관리가 핍박하면 백성은 반발하기 마련이라는 이치를 드러내 보였는데, 모두 사람을 깊이 생각하게 하고, 읽을수록 더 맛이 나는 좋은 글이다.

나은(羅隱 : 833-909)은 자가 소간(昭諫)이고 신등(新登 : 지금 浙江省 新登縣) 사람으로, 역시 만당의 유명한 산문 작가이다. 저서로는 ≪참서(讒書)≫가 있는데 "거의 전부가 항쟁과 격분의 이야기"(幾乎全部是抗爭和憤激之談 : 노신, <소품문의 위기>)이며, 그 가운데 <영웅지언(英雄之言)>은 유방(劉邦)이 말한 "대장부는 마땅히 이와 같아야지"(大丈夫當如此也)와 항우(項羽)가 말한 "진시황의 저 자리는 내가 취하여 대신할 만하다"(彼可取而代也)는 두 마디 말을 통하여, 도탄에 빠진 백성들을 구한다는 간판을 내건 '영웅(英雄)'의 강도와 같은 본질을 깊이 있게 폭로하였다.

동물이 생리적으로 숨기고 드러내지 않고서 자신을 보호하는 까닭은 도적을 방어하기 위한 것이다. 사람 역시 이와 마찬가지이다. 대체로 말해서 도적도 역시 사람으로, 모자를 쓰고 신발을 신고 옷을 입고 있다. 서로 다른 점은 그들(도적)이 물러나고 양보하는 마음과 정직하고 청렴결백한 절개와 같은 성품을 항상 유지할 수 없다는 것이다. 옥이나 비단을 보고 훔치고 나서는 춥고 배고픈 때문이라고 하고, 나라를 보고 훔치고 나서는 저 도탄에 빠진 백성을 구하기 위한 것이라고 한다. 춥고 배고픈 때문이라고 하는 데는 할 말이 없다. 저 도탄에 빠진 백성을 구하기 위한 것이라면 마땅히 백성들의 소망을 자기의 소망으로 삼아야 한다. 그러나 홍구(鴻溝)를 경계로 서쪽 지방을 차지한 유방(劉邦)은 "나의 평소 생활이 마땅히 이(秦始皇)와 같아야지!"라고 하고, 초나라 출신으로 초패왕(楚覇王)이라 자칭한 항적(項籍 : 項羽의 이름—옮긴이 주) 은 "진시황의 자리를 취하여 대신할 만하다"고 하였다. 아! 저들(유방과 항우)이 반드시 물러나고 양보하는 마음과 정직하고 청렴결백한 절개를 품지 않았다고 말할 수는 없지만, 아마도 진시황의 호사스럽고 교만에 찬 모습을 보았기 때문에, 그러한 연후에 진(秦)나라의 천하를 빼앗고자 하는 생각이 들었을 것이다. 영웅이라는 인물마저도 이와 같거늘, 하물며 보통 평범한 사람들이야 오죽하겠는가? 이런 까닭에 고대광실에 살고 우아한 유람처를 가지고 있으면서, 다른 사람들이 호시탐탐 넘겨보고 노리는 대상이 되지 않는 경우는 드물도다!

(物之所以有韜晦者, 防乎盜也. 故人亦然. 夫盜, 亦人也. 冠屨焉, 衣服焉. 其所以異者, 退讓之心, 貞廉之節, 不常其性耳. 視玉帛而取者, 則曰牵於寒飢 ; 視國家而取者, 則曰救彼塗炭. 牵於寒飢者, 無得而言矣. 救彼塗炭者, 則宜以百姓心爲心. 而西劉則曰 : "居宜如是." 楚籍則曰 : "可取而代." 噫! 彼未必無退讓之心, 貞廉之節 ; 蓋以視其靡曼驕崇, 然後生其謀耳. 當英雄者猶若是, 況常人乎? 是以峻宇逸游不爲人所窺者鮮矣!)

<변해(辨害)>는 변증적 관점이 농후하여 이해득실이 사람의 생각과 다 같을 수 없을 때에는, 마땅히 대세의 득(得)과 이(利)를 고려하고 조그마한 실(失)과 해(害)는 감수해야 한다고 하였다. 다시 말해서 일부 특수한 경우는 대담하게 틀에 박힌 관행을 탈피하여 과단성 있게 일을 처리해야지 도덕이나 명분 따위에 구애될 필요가 없다는 것인데, 매우 취할 만한 견해이다.

만당의 풍자소품은 후세에 끼친 영향이 비교적 크다. 이를테면 만명(晩明)의 소품은 "비록 의욕을 잃고 퇴폐적이었지만, 결코 모두가 음풍

농월한 것이 아니라, 그 가운데에는 불평도 있고, 풍자도 있으며, 공격도 있고 파괴도 있었다."(雖然比較頹放, 却並非全是吟風弄月, 其中有不平, 有諷刺, 有攻擊, 有破壞 : 노신, <소품문의 위기>) 만당과 만명의 소품 사이에는 내재적인 연계가 있음이 분명하다.

만당 시기는 고문운동의 여세가 아직 끊이지는 않았지만, 쇠락의 길로 들어선 것은 분명한 사실이다. 고문운동은 형식적인 측면에서 변체문에 대한 혁신이지만, 변체문이 완전히 소리 없이 종적을 감춘 것은 아니고, 만당에 이르러 다시 홍성하기 시작하였다.

변체문은 일종의 문학 양식으로 이런 저런 약점이 있기는 하지만, 여전히 그 존재 가치가 있으니 하물며 변문 자체도 변화 발전하고 있음에야 더 말할 것이 있겠는가? 중당(中唐) 때의 유명한 정치가인 육지(陸贄) 같은 이는 변문으로 이름난 상주문(上奏文)을 많이 지었다. 이들 작품은 모두 훌륭한 정치 평론 문장이니, 변체문도 실제에 사용될 수 있음이 증명된 셈이다.

만당의 유명한 두 시인인 이상은과 두목은 변체문 창작의 명수였다.

이상은(李商隱 : 812-858?)은 자가 의산(義山)이고 회주(懷州) 하내(河內 : 지금 河南省 沁陽縣) 사람인데, 만당의 중요한 시인으로 두목(杜牧)과 이름을 나란히 하여 세상에서는 이들을 '소리두(小李杜 : 작은 李白과 杜甫라는 호칭-옮긴이 주)'라고 부른다. 이상은은 일생동안 통치 계급의 당쟁 속에 빠져 있으면서도 청빈한 막료생활을 했고, 시와 고문 및 변문에 걸쳐 모두 매우 뛰어난 작품을 남겼다. <이하소전(李賀小傳)>은 고문으로 쓴 독특한 품격의 전기로, 이하(李賀)의 8가지 일화들만을 기록하고 있을 뿐 생애에 대해서는 자세하게 서술하지 않았지만,

행간에 안타까워하는 심정이 가득 차 있다. 이상은의 변체문 창작은 뿌리가 깊은데, 젊었을 때 변체문으로 상주문을 쓴 적도 있었다. 이상은의 변체문은 색채가 아름답고 대구가 정교한데, 형식면에서 정밀함을 추구하려고 힘썼다. 진실한 감정을 담은 그의 일부 문장은 결코 변체의 형식에 속박되지 않았다. 예를 들면 <제소질녀기기문(祭小侄女寄寄文)>과 같은 글은 바로 정감이 깊고 두터우며 새로운 국면을 개척한 독창적인 변체로 씌어진 제문이다. 기기(寄寄)는 요절한 아이로, 외지에서 여러 해 동안 얹혀살다가 4살 때 본가로 돌아온 지 겨우 네 달 만에 죽었기 때문에 작가는 매우 그리워하였다. 글의 끝머리를 보자.

> 아아! 영수(滎水) 가와 단산(檀山) 기슭에는 너의 증조부와 조부가 묻혀 있는데, 소나무와 개오동나무가 무성하게 늘어서 있다. 큰 고모와 둘째 고모의 무덤도 너와 서로 잇달아 있다. 네가 이곳에서 오갈 때 두려워하지도 말고 놀라지도 말아라. 화려한 채색의 옷과 달고 향기로운 음식들을 적든지 많든지 간에 따지지 말고 너는 이곳에 와서 받아라. 너의 큰아버지가 너를 제사지내고 너의 아버지가 너를 위해 곡을 하니, 슬프고 슬프다 기기야 너는 아는가?
>
> (嗚呼! 滎水之上, 檀山之側, 汝乃曾乃祖, 松檟森行. 伯姑仲姑, 塚墳相接. 汝來往於此, 勿怖勿驚. 華彩衣裳, 甘香飮食, 汝來受此, 無少無多. 汝伯祭汝, 汝父哭汝, 哀哀寄寄, 汝知之耶?)

마치 아이가 살아 있을 때처럼 추우면 추울세라 더우면 더울세라 정성껏 보살피는 듯한 작자의 꾸밈없는 참된 마음이 언표에 흘러넘친다.

두목(杜牧 : 803-853)은 자가 목지(牧之)이고, 경조(京兆) 만년(萬年 : 지금 陝西省 西安) 사람이다. 사람 됨됨이가 정직하고 강직하여서 일생 동안 다른 사람들로부터 배척당하였지만, 나라와 백성을 근심하는 마음은 늙어서도 사그라지지 않았다. 두목의 고문은 한유의 영향을 깊이 받아 정치와 군대의 일을 담론하는 데에 뛰어났는데, 유명한 작품인 <죄언(罪言)>은 서한(西漢) 사람인 가산(賈山)이 일대의 흥망의 교훈을 총괄하여 쓴 <지언(至言)>과 아름다움을 겨룰 만하다. 두목의 가장 유명한 작품은 역시 만당 변체문의 걸작인 <아방궁부(阿房宮賦)>이다. 아방궁은 진시황이 70여 만 명의 노동력을 징발하여 지은 궁전으로, 전전(前殿)은 동서로 오백 보, 남북으로 오십 장(丈)이며 뜰에는 만 명이 앉을 수 있었다. 두목은 아방궁의 형세, 규모, 기세와 누각의 내부 구조를 상세하게 서술하는 동시에, 진시황(秦始皇)의 교만과 사치, 음란과 방탕에 대한 분노를 나타내었다. 아울러 한 걸음 더 나아가 후세 제왕들을 겨냥하고도 있지만, 사실상 이것은 당시 당나라의 최고 통치자에게 한 충고이다.

아! 진시황 한 사람의 마음은 바로 천만 백성의 마음이다. 진시황이 호사스런 사치를 좋아하니, 나라 사람들 또한 모두가 자기 집의 영화만 꿈꾸게 되는 것을. 어찌하여 백성들이 가진 것, 털끝만한 것까지 남김없이 긁어 들여서는, 이걸 흙모래처럼 낭비한단 말인가! 궁전 마룻대를 받치고 있는 기둥은 들판에 밭갈이 나온 농부들 수보다도 많고, 들보에 걸린 서까래는 베틀에 앉아 길쌈하는 여자보다도 많고, 번쩍번쩍 빛나는 못대가리는 창고 안의 곡식알보다도 많고, 들쑥날쑥 서로 덧 포개진 기와 이음매는 몸에 두른 의복의 실자국보다도 많고, 가로 세로 끝없이 이어진 난간은 온 중국의 성곽 수보다도 많고, 피리 불고 거문고 뜯으며 노래하는 소리는 장바닥에서 왁자지껄하는 사람들의 말소리보다도 시끄럽다. 천하 사람들로 하여금 가슴 가득 분노로 응어리져도 감히 입을 열고 말하지 못하게 했다. 민심을 잃어 따돌림을 당한 시황제의 마음이야 갈수록 교만하고 완고해져갔다. 이윽고 국경을 지키던 수비병(陳涉과 吳廣을 가리킴－옮긴이 주)이 울부짖으며 일어나고, 한왕(漢王 : 劉邦을 가리킴)의 손에 진(秦)나라 제일의 요해지 함곡관(函谷關)이 점령되고, 초(楚)나라 사람 항우(項羽)의 군대가 든 한 자루의 횃불에 그 웅장하던 아방궁은 가련하게도 그만 잿더미가 되고 말았다.

(嗟乎! 一人之心, 千萬人之心也. 秦愛紛奢, 人亦念其家. 奈何取之盡錙銖, 用之如泥沙! 使負棟之柱, 多於南畝之農夫 ; 架梁之椽, 多於機上之工女 ; 釘頭磷磷, 多於在庾之粟粒 ; 瓦縫參差, 多於周身之帛縷. 直欄橫檻, 多於九土之城郭 ; 管絃嘔啞, 多於市人之言語. 使天下之人, 不敢言而敢怒. 獨夫之心, 日益驕固. 戍卒叫, 函谷擧, 楚人一炬, 可憐焦土.)

이 <아방궁부>는 상세하게 진술하고 비슷한 구조나 리듬을 지닌 어구를 늘어놓고, 비유와 과장의 수법을 구사하고, 변체(騈體)와 산체(散體)의 구절을 함께 사용하였다. 또 운문체와 산문체를 섞어 쓰고, 언어 표현이 진기하고 기세가 웅건하여, 실로 만당 시기에 매우 보기 드문 훌륭한 글이다.

당나라 말기는 동한 말기와 아주 흡사하여, 농민 봉기가 실패한 뒤 봉건 할거 세력이 급속도로 창궐하기 시작하였다. 907년에 당나라 왕조가 망하고 번진 할거 국면이 이어져, 오대십국(五代十國)에 의한 50여 년의 분열된 혼전 상태가 지속되었다. 당시 북방에는 전쟁이 빈번하여 양(梁), 당(唐), 진(晉), 한(漢), 주(周)의 오대에는 이렇다 할 만한 문학 작품이 전혀 없었다. 남방의 십국은 정세가 상당히 안정되었는데, 남당(南唐)과 후촉(後蜀) 두 나라의 세력이 비교적 강하고 역사도 길었으며, 경제와 문화면에서도 다소 간의 발전을 이루었다.

오대 시기의 문학은 만당의 화려하고 퇴폐적인 문풍을 답습하였는데, 사(詞)라는 장르는 두드러진 발전을 이루어 후촉의 화간파(花間派) 사 작가와 남당의 이욱(李煜 : 937-978)과 풍년사(馮延巳 : 903-960) 및 위장(韋莊) 등과 같은 우수한 사 작가들이 출현하였다. 비록 내용은 화려하고 향내 풍기는 연정과 이별의 정한을 읊은 데서 벗어나지 못하였지만, 예술 수법에는 새로운 창조를 이루었다. 오대 시기는 사를 제외하면 시와 산문의 성과는 매우 낮아, 단지 몇 편의 변문만이 후인들에게 칭찬을 받을 따름이다.

<우현집서(又玄集序)>는 만당 오대의 주요 작가인 위장이 자신이 직접 편찬한 당시(唐詩) 선집인 ≪우현집(又玄集)≫에 손수 쓴 서문이다. 위장(韋莊 : 836-910)은 자가 단기(端己)이고, 경조(京兆) 두릉(杜陵 : 지금 陝西省 西安) 사람이다. 당나라 말기에 진사(進士)에 합격하여 우보궐(右補闕)이라는 관직을 지냈는데, 나중에는 촉(蜀)나라로 들어가 왕건(王建)의 서기(書記)가 되었다. 당나라 왕조가 망하고 왕건이 황제를 칭함에 역사책에서는 그 나라를 전촉(前蜀)이라 부르는데, 위장이 재상으로 임명되었다. ≪우현집≫은 중국에서 이미 오래전에 산실되었는데, 1958년에 중화서국(中華書局)에서 일본의 향화(享和) 3년 관판본(官版本)에 근거, 조판 인쇄하여 ≪당인선당시(唐人選唐詩)≫ 10종 가운데 넣어 간행하였다. 그 서문은 당나라 소종(昭宗) 광화(光化) 3년(900)에 지어졌는데, 당시 당나라 왕조가 아직 멸망하지는 않았지만

대권은 이미 일찌감치 다른 사람의 수중에 들어가 있었다. 이 변체로 된 서문은 전아하고 화려하며 아름답고 정교하게 자신의 생각을 있는 그대로 토로하였는데, 그 견해 또한 시속과는 달랐다. 위장은 옛사람의 문장이라고 해서 모두 아름다울 수는 없으니, "사조(謝朓)의 문집에는 작품이 많지만 '맑은 강'(<만등삼산환망경읍(晩登三山還望京邑)> 시에 '맑은 강은 흰 비단처럼 고요하다'(澄江靜如練)라는 시구가 있음－옮긴이 주)이라는 구절만 암송할 만하고, 조식(曹植)의 시는 고대에 으뜸이지만 오직 '고요한 밤'(<공연(公宴)> 시에 '고요한 밤에 동작원(銅雀園)을 거닌다'(淸夜遊西園)라는 구절이 보임－옮긴이 주)이라는 작품만 읊조릴 만하다"(謝玄暉文集盈編, 止誦'澄江'之句 ; 曹子建詩名冠古, 唯吟'淸夜'之篇)고 여겼다. 이로써 시를 가려 뽑는 사람은 마땅히 폭넓게 살핀 뒤 요점을 취하여 "다만 그 가운데 청신한 말과 아름다운 구절만을 취해야지"(但掇其淸詞麗句), 기준도 없이 아무렇게나 늘어놓아서는 안 된다. 위장은 유명한 작가의 작품도 분석을 시도하였다.

> 그러하므로 율격에 맞는 것은 뽑고 번거로운 것은 제외하였다. 어떻게 검고 흰 거위를 가릴 줄 알 것인가? 치수(淄水)와 승수(澠水)의 물맛을 잘 기억하였다. 좌사(左史)는 10년이나 걸려 <삼도부(三都賦)>를 지었지만 그렇다고 흠이 없을 수는 없고, 유목지(劉穆之)는 하루 만에 백 편의 글을 지었으니 어찌 다 아름다울 수 있겠는가? 이로써 반고(班固)와 장형(張衡)과 굴원(屈原)과 송옥(宋玉)도 역시 거칠어 난잡한 글을 짓고, 심약(沈約)과 사령운(謝靈運)과 응양(應瑒)과 유정(劉楨)에게도 번잡한 군더더기 구절들이 많다. 비록 아름다운 작품들을 버리기에는 애석하지만 다 뽑아 수록하는 것도 어렵다. 이는 또한 도끼를 집어 들고 산을 벌채할 때 단지 아름답고 쓸 만한 나무만

을 찾고, 병을 손에 들고 바다에 있더라도 단지 감미로운 샘물만 긷는 것과 마찬가지이다. 바람과 달과 안개와 꽃을 노래하는 가운데에도, 제각기 풀명자와 배나 귤과 유자와 같이 서로 다른 맛을 지닌 작품이 있는 것과 같다.

(然則律者旣采, 繁者是除. 何知黑白之鵝? 强識淄澠之水. 左太冲十年三賦, 未必無瑕；劉穆之一日百函, 焉能盡麗. 是知班張屈宋, 亦有蕪辭；沈謝應劉, 猶多累句. 雖遺姸可惜, 而備載斯難. 亦由執斧伐山, 止求嘉木；挈瓶處海, 但汲甘泉. 等同於風月烟花, 各是其楂梨桔柚.)

위장은 스스로 대단히 고상하다고 여겼고, 문필 역시 다채롭고 다양하다.

<화간집서(花間集序)>는 후촉의 한림학사인 구양형이 조숭조(趙崇祚)가 편집한 최초의 당오대(唐五代) 사 선집인 ≪화간집≫에 쓴 서문이다. 구양형(歐陽炯 : 896-971)은 익주(益州) 화양(華陽 : 지금 四川省 成都) 사람이다. 오대 후촉의 화간파에 속하는 사 작가로 전촉과 후촉에서 모두 요직을 역임하였으며, 현재 40여 수의 사 작품이 남아 있는데 풍격은 화사하고 아름답다.

<화간집서>는 후촉 광정(廣政) 3년(940)에 씌어졌는데, 화간파 사 작가의 문학관을 대표하고 오대와 십국 시기의 문학 풍조를 반영하고 있다.

수양버들과 큰 제방과 같은 구절은 악부(樂府)에서 대대로 전해진 것이고, 부용(芙容)과 곡저(曲渚)와 같이 연꽃 따는 것을 읊은 곡조는 제왕이나 귀족들이 스스로 지은 것이다. 대문 아래에서 높이를 다투

니 대모(玳瑁)로 만든 비녀를 꽂은 3천 가녀와 무희이고, 술자리에서 부유함을 다투니 수십 그루의 산호(珊瑚) 나무가 아닌 것이 없다. 진귀한 자리에 앉은 공자와 수놓은 휘장 안의 가인들이 한 잎 한 잎 꽃무늬가 새겨진 종이를 서로 돌려가며, 아름다운 비단과 같은 글귀를 뽑아내고, 곱디고운 옥 손가락을 들어 박달나무로 만든 향기로운 박자목을 치고 누른다. 가녀와 무희의 요염한 자태를 도우고자 한다면, 공자들의 참신하고 절묘한 글귀가 없을 수 없다. 남조(南朝)의 궁체(宮體)가 출현한 뒤로부터 북리(北里)의 창기들이 노래하는 음란하고 농염한 시풍이 일어났다. 글이 전아하지 못하는 데 그치지 않을 뿐만 아니라, 이른바 내용도 겉만 빼어날 뿐 공허하여 부실하다.

(楊柳大堤之句, 樂府相傳；芙容曲渚之篇, 豪家自製. 莫不爭高門下, 三千玳瑁之簪；競富樽前, 數十珊瑚之樹. 則有綺筵公子, 繡幌佳人, 遞葉葉之花箋, 文抽麗錦, 擧纖纖之玉指, 拍按香檀. 不無淸絶之辭, 用助嬌嬈之態. 自南朝之宮體, 扇北里之倡風. 何止言之不文, 所謂秀而不實.)

오대와 십국의 사와 문장의 풍격은 모두 이와 같았다. 당말과 오대는 변체가 또 압도적인 우세를 차지하여 관청의 문서까지도 변체를 사용하였다. 이처럼 내용은 없이 겉만 화려하고 경박한 문풍과 변체문의 영향을 일소하는 것은 자연히 북송(北宋) 신고문운동(新古文運動)의 임무가 되었다.

제8장 송대(宋代) 산문

960년에 후주(後周)의 병권을 장악한 전전사(殿前司)의 도점검(都點檢)인 조광윤(趙匡胤)이 진교병변(陳橋兵變)을 일으켜 황포(黃袍)를 몸에 걸치고, 후주를 대체하고 즉위하여 북송(北宋) 왕조를 세웠다. 이때부터 당말과 오대의 장기간에 걸친 분열 국면이 종식되어 중국은 새로이 통일되었다. 조광윤이 세운 나라는 고도의 중앙집권적 전제왕국이다. 이러한 중앙집권적 통일은 중당(中唐)과 만당(晩唐) 이후 번진이 할거하고 하부 조직이 방대하여 다스리기 힘들었던 혼란한 정국의 재연을 방지하기 위한 것이었지만, 동시에 사회 생산과 백성의 생활에 평화롭고 안정된 환경을 제공하여 비교적 짧은 시간 안에 농업과 수공업 생산이 신속하게 회복되고 발전되게 함으로써, 사회 경제의 번영과 봉건 문화의 발전을 촉진하였다.

북송의 통치자들은 만당과 오대의 누적된 정치적 폐해를 뿌리 뽑기 위해 군사, 정치, 경제, 문화 각 방면에 걸쳐 상응하는 조치를 취하였다. 문화정책만 가지고서 말하자면, 송나라 초에는 문인과 투항한 각국의 신하를 우대하고 과거고시 횟수와 관리의 숫자를 늘리며, 학교를 두루 세우고 문관의 보수와 지위를 향상시키는 동시에, 인력을 집중시켜 문화 서적을 대규모로 정리하고 편찬하였다. 이러한 모든 조치는 문학의 번영과 산문의 발전에 유리한 조건을 조성해주었다.

송나라 초의 문학 풍조를 총체적으로 말한다면 내용 없이 화려하기만 하고 경박한 만당과 오대의 기풍을 그대로 답습하였다고 할 수 있는데, 시가와 산문이 모두 이와 같았다. 다만 이상은(李商隱 : 812-858?)의 '사륙문(四六文)'을 모델로 하는 변체문이 여전히 주도적 지위를 차지하고 있었다. 이러한 문학 기풍은 송나라 초에 곧바로 유개와 왕우칭의 반대에 부딪혔다.

유개(柳開 : 947-1001)는 자가 중도(仲塗)이고 대명(大名 : 지금 河北省에 속함) 사람이며, 북송 신고문운동(新古文運動)의 선구자 가운데 한 사람이다. 그는 우선 앞장서서 당대(唐代) 고문운동의 전통을 회복시키고자 "나의 도는 공자, 맹자, 양웅, 한유의 도이고, 나의 글은 공자, 맹자, 양웅, 한유의 글이다"(吾之道, 孔子孟軻揚雄韓愈之道 ; 吾之文, 孔子孟軻揚雄韓愈之文 : <응책(應責)>)는 '문도합일론(文道合一論)'을 공공연히 선양하였다. 그러나 그의 고문 창작은 당시의 폐단을 바로잡으려는 것 때문에 난삽(難澁)한 데로 흘렀다. <대왕소군사한제소(代王昭君謝漢帝疏)>에서는 통치자가 외세에 굴욕적으로 아첨하는 것을 매우 불만스럽게 여기는 작자의 진의를 잘 나타내었는데, 예술적 구상이 신기하고 교묘하다.

왕우칭(王禹偁 : 954-1001)은 자가 원지(元之)이고, 제주(濟州) 거야(巨野 : 지금 山東省 巨野) 사람이다. 그는 시와 고문의 이론과 창작 양면에서 북송 신고문운동에 중대한 공헌을 한 선배 문인이다. 그는 출신이 청빈하였고, 관리가 되어서는 과감하게 직언하고 끝까지 간언하였기 때문에 여러 차례 좌천당하였다. 그는 <삼출부(三黜賦)>를 지어 "8년 동안에 세 차례 좌천된"(八年三黜) 데 대한 불만스런 심정을 토로하였는데, "몸은 굽힐지라도 도는 굽히지 아니할지니, 비록 백 번 좌천되더라도 무슨 손해가 되겠는가?"(屈於身而不屈於道, 雖百謫而何虧?)라고 한 데에는 초(楚)나라 대부인 굴원(屈原 : 340?-278? B. C.)의 풍모가 서려 있다. 그는 글을 지음에 한유와 유종원을 본받아, 고문은 성현의 도를 전하고 마음을 밝혀야 하므로 알기 쉽고 명쾌해야 한다고 주장하였다. 그의 글도 대체로 이러한 목표를 달성하고 있는데, <대루원기(待漏院記)>는 그가 지은 고문의 대표작이다. 왕우칭은 하급 관리의 신분으로, 상층의 집정자들에게 삼가 신중하게 일을 처리하고 한마음으로 공무에 힘써야지 사사로운 정에 이끌려서는 안 된다는 경고를 하였다.

> 만약에 혹시 사사로운 원수에게 아직 보복하지 못했다면 어떻게 하여 그를 쫓아낼 것인가를 생각하고, 지난날의 은혜를 아직 갚지 못했다면 어떻게 하여 그를 영화롭게 해줄 것인가를 생각하며, 또 시종이나 미녀와 옥과 비단과 같은 보물을 어떻게 하면 자기 손에 넣을까, 수레나 말과 기물이나 애완물 같은 것을 어떻게 하면 가질까, 간사한 사람이 자기 권세에 아부해 오면 장차 어떻게 하여 그를 윗자리에 승진시켜줄 수 있을까, 정직한 인사가 자기에 항거하는 의견을 말하면 장차 어떻게 하여 그를 쫓아낼 수 있을까를 궁리한다. 농사철인 봄, 여름, 가을의 세 계절에 가뭄이나 홍수와 같은 천재가 일어났다는 보고가 있어 임금께서 걱정하는 빛을 보이면 간교한 말을 꾸며 그를 기쁘게 하고, 많은 관리가 법률을 우롱하여 군주가 백성들의

원망하는 소리를 들으면 아첨하는 얼굴로 알현하여 그에게 아양을 떨리라.

(其或私讎未復, 思所逐之；舊恩未報, 思所榮之；子女玉帛, 何以致之；車馬器玩, 何以取之；奸人附勢, 我將陟之；直士抗言, 我將黜之；三時告災, 上有憂色, 構巧詞以悅之；群吏弄法, 君聞怨言, 進諂容以媚之.)

만약 이와 같다면, 이처럼 사적인 이득을 꾀하고 부정을 저지르는 무리들을 “옥에 가두어 죽게 하고 먼 곳으로 귀양살이 보내는”(死下獄, 投遠方) 것은 전적으로 마땅한 일이다. 왕우칭은 관료사회의 악질적인 습속을 몹시 증오하여, 의분이 온 가슴에 가득 찼다. <황주신건소죽루기(黃州新建小竹樓記)>는 왕우칭의 서정 소품으로, 그가 여러 해 계속 유배당하여 “동분서주하느라 한가한 틈이 없어 다음 해에는 또 어느 곳에 있게 될지 모르는”(奔走不暇, 未知明年又在何處) 분통 터지는 심정을 쓰고 있다. 그런데 겉으로 드러난 글의 정취가 독서와 음주에 도취되고 산수에 미련을 갖고 떠나지 못하는 것처럼 보이는 것은 표면적인 현상에 불과하다. 왕우칭은 <당하점구전(唐河店嫗傳)>이라는 글에서 기지 있고 용감한 노부인이 침입한 요(遼)나라 병사와 싸우는 이야기를 서술하였다. 작자의 목적은 송나라의 군대가 이루 말할 수 없이 부패하여 변방을 공고히 하려면, 변방에 거주하는 민간인을 동원하여 떨쳐 일어나 스스로를 지키도록 할 수밖에 없다는 점을 설명하는 데 있다. 이 글은 의론문으로, 서술 부분은 논거요 예시일 따름이다. 왕우칭의 문장은 순박하고 자연스러워 지대한 영향을 끼쳤는데, 송대 문학사상 중대한 성취를 거둔 첫 번째 작가이다.

만당과 오대의 화려한 문풍은 몰락한 귀족이 가무와 여색을 맘껏 즐기고, 새로운 왕조의 권세가들이 노래와 춤으로 태평성대를 구가하는 수요에 적합한 관계로, 그 뿌리가 깊고 오래된 폐단인지라 돌이키기가 어려워 유개나 왕우칭 등과 같은 한두 의식 있는 인사가 바꿀 수 있는 것이 결코 아니었다. 때마침 유개와 왕우칭이 잇달아 세상을 떠나자, 양억(楊億 : 974-1020)과 유균(劉筠) 및 전유연(錢惟演 : ?-1033?)을 우두머리로 하는 14명이 규합하여 '서곤파(西崑派)'라는 관료문인 집단을 형성하고는 북송 문단을 좌지우지하였다. 아울러 ≪서곤수창집(西崑酬唱集)≫을 편찬하여 남의 이목을 끌어 자신들을 과시하였다. 이는 경박한 시풍(詩風)과 서로 일치하므로, 변문도 '곤체(崑體)'라고 불렀다. 이러한 시문은 모두 형식적인 면에서 이상은(李商隱 : 812-858?)을 본보기로 삼을 것을 표방하였는데, 그 문풍이 30여 년 이어졌다. 이러한 문풍은 문학이 현실을 등지고 음풍농월하거나 화초 따위를 읊조리며 노는 소일거리로 전락하게 하였을 뿐 아니라, 통치자가 봉건적 정치 교화를 강화하는 데도 매우 불리하였다. 이 때문에 봉건문인 중에 의식 있는 인사들이 극력 반대하였을 뿐만 아니라, 최고 통치자인 황제도 조칙(詔勅)을 내려 금지하기도 했는데, 송나라 진종(眞宗)과 인종(仁宗)이 직접 간여한 적이 있다. 고위 통치자의 지지 아래 구양수(歐陽修)를 영도자로 하여 창도된 송대 신고문운동이 일어나, 중국 고전산문은 또 한 차례 풍성한 수확의 계절을 맞이하게 되었다.

범중엄(范仲淹 : 989-1052)은 자가 희문(希文)이고, 소주(蘇州) 오현(吳縣 : 지금 江蘇省에 속함) 사람이다. 북송 시대의 중요한 정치가이자 산문가로 신고문운동의 개척자 가운데 한 사람이다. 그는 일찍이 참지

정사(參知政事 : 副宰相)를 맡아 '경력신정(慶曆新政)'을 주도하여, '관직의 강등과 승진을 분명히 하고'(明黜陟), '요행수를 억제하고'(抑僥幸), '유능한 관리를 뽑고'(擇官長), '공전을 균등하게 하고'(均公田), '농사와 양잠을 두터이 하고'(厚農蠶), '군비를 정비하고'(修兵備), '부역을 감면하는'(減徭役) 등 10개 조항의 정치개혁 방안을 건의한 적이 있는데, 변법(變法)을 추진한 왕안석(王安石 : 1021-1086)의 선구자이다. 일찌감치 경력(慶曆) 연간 이전에, 그가 당시의 폐단을 개혁할 방안을 제기한 적이 있다. 그 중에는 "문구의 조탁만 일삼는 신하들을 잘 타이르고, 옛 도를 일으키고 회복하며 …… 당시 문화계의 경박함을 구제하고 풍속과 교화를 두터이 해야 한다"(敎諭詞臣, 興復古道, …… 以救斯文之薄而厚其風化 : <주상시무서(奏上時務書)>는 등의 견해가 들어 있다. 범중엄은 시(詩)와 사(詞)와 고문(古文)에 걸쳐 모두 훌륭한 작품을 남기고 있다. <악양루기(岳陽樓記)>는 지금까지도 널리 전해져 읊어지는데, 중고등학교의 필수 고문 문장이기도 하다. 이 글은 동정호(洞庭湖)의 아름다운 경치 묘사를 빌어, 작자가 경력 5년(1045)에 정치혁신에 실패한 뒤 참지정사에서 면직되어 하동(河東)과 섬서(陝西)의 사로선무사(四路宣撫使)로 나갈 때의 비분에 찬 심정을 토로한 것이다. 글은 경치를 보면서 정감을 토로하였는데, 정치가이자 애국자인 작자의 탁 트인 넓은 도량을 잘 나타내었다.

> 외물의 아름다움 때문에 기뻐하지 아니하고, 자신의 불행 때문에 슬퍼하지도 않아서, 조정의 높은 자리에 앉으면 그 백성을 걱정하고 강호의 먼 곳에 머무르면 그 임금을 걱정한다. 이는 나아가 벼슬해도 걱정하고 관직에서 물러나도 걱정하니, 그렇다면 어느 때에 즐거워할

것인가? 그들은 반드시 말한다. "천하 사람들이 걱정하기에 앞서서 걱정하고, 천하 사람들이 즐기고 난 뒤에 즐긴다."

(不以物喜, 不以己悲. 居廟黨之高, 則憂其民 ; 處江湖之遠, 則憂其君 : 是進亦憂, 退亦憂. 然則何時而樂耶? 其必曰 : "先天下之憂而憂, 後天下之樂而樂乎!")

작자가 개괄한 고대의 "어진 사람의 마음"(仁人之心)은 지금까지도 중국 사회의 발전을 위해 헌신하는 많은 '어진 사람과 뜻있는 선비들'(仁人志士)을 격려하고 있다.

구양수(歐陽修 : 1007-1072)는 자가 영숙(永叔)이고 호는 취옹(醉翁)이며 만년에는 호를 '육일거사(六一居士)'라 하기도 했는데, 길주(吉州) 여릉(廬陵 : 지금 江西省 吉安縣) 사람이다. 북송 문단의 영수이고 신고문운동의 창도자로, 범중엄이 추진한 '경력신정'의 적극적인 지지자였다. 구양수는 4살 때 부친을 여의고 가정형편이 곤궁하여, 모친 정씨(鄭氏)가 물억새 줄기로 땅에다 그려서 그에게 글자를 익히도록 가르쳤다. 그는 <상강천표(瀧岡阡表)>라는 글에서 자신의 유년 생활을 상세하게 기술하였다. 정치에 종사한 뒤, 범중엄을 동정하고 지지하는 정치적 견해를 피력한 것으로 인해 두 차례 유배되었다. 구양수는 젊은 시절에 정의감이 대단한 시인이자 고문가로, 시와 사(詞)와 산문에 걸쳐 모두 높은 성취를 이루었으며, 송대 신고문운동에 끼친 커다란 공헌 등으로 후세 사람들의 칭송이 더욱 자자하다.

구양수는 한유와 유종원이 창도한 당대 고문운동의 훌륭한 전통을 계승하여 확대 발전시켰다. 즉 그는 고문의 이론과 창작을 더욱 완비시켜 견실하게 하고 성과를 풍성하게 함으로써, 변체문의 우월적 지위를 대체하게 하였다. 그 뒤에도 변체문을 창작하는 사람이 있어 가끔 좋은 작품이 나오기도 했지만, 고문의 지배적 지위는 더 이상 흔들린 적이 없었다. 구양수는 한유 문장의 수집과 교정, 판각과 선전 작업에 대대적으로 종사하였다. 그는 화려하나 내용이 없는 '서곤파' 문인의 변려 문풍을 겨냥하여 한유의 "문맥이 잘 통하고 어휘 구사가 적절한"(文從字順) 예술 풍격을 발전시키는데 힘쓰고, 한유 문하의 후학들에게 나타나는 난삽(難澁)하고 험괴(險怪)한 경향을 지양하였다. 그리하여 구양수는 <답장수재제이서(答張秀才第二書)>에서 "그 도는 알기 쉬워 본보기로 삼을 수 있고, 그 언어는 이해하기 쉬워 행할 수 있는"(其道易知而可法, 其言易明而可行) 글쓰기를 제창하였는데, 그것은 바로 소식(蘇軾 : 1037-1101)이 <육일거사집서(六一居士集叙)>에서 "그 언어는 간결하고 분명하며, 진실되고 막힘이 없다"(其言簡而明, 信而通)고 한 글이다. 구양수는 자신의 창작을 통해 알기 쉽고 이해하기 쉬우며 분명하고도 자연스러운 요구에 도달하여, 중국 산문사에서 사마천과 한유 및 소식과 선후로 이름을 나란히 하는 대가가 되었다.

구양수의 정치적 견해와 역사에 관한 논점은 그의 진보적 정치 경향과 정직한 인품과 품행을 잘 표현하였다. 구양수는 벼슬길에 발을 들여놓자마자 정치 개혁에 대한 민첩한 감각과 열성을 내보이며, 의연하게 혁신파인 범중엄과 한기(韓琦 : 1008-1075)의 편에 섰다. 아울러 보수파에 대해 적극적인 투쟁을 벌였는데, <붕당론(朋黨論)>이라는 글은 바로 보수파의 무리한 공격을 통렬히 비판한 작품이다. 북송 경력 3년(1043)에 혁신파의 강력한 투쟁으로 말미암아 보수파가 한 차례 세력을 잃자, 범중엄과 한기 등이 재차 집정하여 일련의 개혁과 변법의 주장을 제기하였으니 이것이 바로 역사에서 유명한 '경력신정(慶曆新政)'이다. 그러나 잠시 타격을 받았던 보수파 인물들의 야심은 사라지지 않고, 적극적으로 여론을 형성하여 범중엄 등이 붕당을 끌어들여 등용하였다고 공격하였다. 이듬해 구양수는 <붕당론>에서 '붕당'을 구체적으로 분석하여, 군자의 붕당과 소인의 붕당으로 구별하였다. 그는 군자의 붕당을 기술할 때 다음과 같이 쓰고 있다.

> 견지하는 것은 도덕과 정의이고 행하는 것은 충성과 신의이며 아끼는 것은 명예와 절조입니다. 이런 것들로 몸을 수양하니 도의를 같이하여 서로 돕게 되고, 이런 것들로 나라 일을 행하니 마음을 같이하여 함께 일을 이루게 되어 시작과 끝이 한결같사오니 이것이 바로 군자의 붕당이옵니다.
>
> (所守者道義, 所行者忠信, 所惜者名節. 以之修身, 則同道而相益；以之事國, 則同心而共濟. 始終如一, 此君子之朋也.)

이어서 그는 다량의 역사적 사실을 운용하고 옛것을 끌어와 당시를 논하여, 국가의 흥망과 치란의 관건은 군주가 "소인의 거짓된 붕당을 물러나게 하고 군자의 참된 붕당을 등용하는"(退小人之僞朋, 用君子之眞朋) 데 있음을 설명하였다. 전문이 이치에 맞고 근거가 있으며, 사람을 몰아세우는 기세가 등등하여 정치 투쟁을 하는 한 자루의 날카로운 칼과 같다.

<여고사간서(與高司諫書)>도 정치 투쟁의 산물이다. 이에 앞서 송나라 인종(仁宗) 경우(慶祐) 3년(1036)에 범중엄이 글을 올려 '백관도(百官圖)'를 진상하여, 보수파의 우두머리인 재상 여이간(呂夷簡 : 978-1043)

이 자기와 가까운 사람만 등용하고 관리의 임면을 제멋대로 하여 조정의 정치를 망치는 행위를 폭로하였다. 그는 이 일로 여이간의 노기를 건드려 요주지사(饒州知事)로 좌천되고, "직분을 뛰어넘어 일을 논하고 군신을 이간시키고 붕당을 끌어들여 임용했다"(越職言事, 離間君臣, 引用朋黨)는 죄명도 붙여졌다. 당시 간관(諫官)의 신분인 고약눌(高若訥)은 권력에 아첨하고 세력에 빌붙어 우물에 빠진 사람에게 돌을 던졌으니, 간관으로 군주를 위해 빠뜨린 것을 보충하고 부족한 것을 메우는 직권을 행사하지 못하였을 뿐만 아니라, 도리어 범중엄에게 대대적인 공격을 퍼부으며 파직되어 축출당하여야 마땅하다고 하였다. 구양수는 이러한 상황을 보고 책상을 치며 일어나, 정의의 편에 서서 자신의 주장을 펼쳤다. 좌사간(左司諫) 고약눌에게 보낸 편지글에서, 구양수는 사리사욕을 채우면서 직무 수행을 소홀히 하고, 거짓되고 간사하게 권력의 향방에 따라 움직이는 고약눌의 비열한 행동을 맞대놓고 통렬하게 질책하였다. 권세를 두려워하지 않고 이해를 따지지 않는 구양수의 굳세고 의연한 품격이 지면 위에 생생하게 살아 움직인다.

> 귀하가 간관의 자리에 있으면서 해야 할 말을 하지 않으려면 마땅히 그 자리를 그만두어, 다른 사람이 그 직책을 감당하는데 걸림돌이 없게 해야 합니다. 어제는 안도(安道)가 귀양 가고 사로(師魯)가 처벌을 기다리고 있는데도, 귀하는 오히려 얼굴을 들고서 사대부들을 만나고 조정을 드나들면서 간관이라 자칭할 수 있으니, 이것은 귀하가 세상에 수치스런 일이 있음을 다시는 알지 못하는 것일 따름입니다! 애석한 것은 성스러운 이 조정에 문제 거리가 있는데도, 간관이 말하지 않고 다른 사람이 말하도록 하는 것입니다. 역사책에 기록되어 훗날 조정의 부끄러움이 된다면 이는 당신의 책임입니다. ≪춘추(春

秋)≫의 필법은 현자에게 엄격한 요구를 합니다. 지금 제가 보잘 것 없지만 아직도 귀하가 한 차례 간언을 할 수 있기를 바라기 때문에, 차마 귀하에게 절망하지 않고 현자의 잣대로 당신께 요구하지도 않습니다. 만약 아직도 희문(希文 : 范仲淹－옮긴이 주)이 현명하지 못하니 마땅히 축출되어야 한다고 여기신다면, 지금 이와 같이 말하는 저는 사악한 무리와 결탁한 사람이 됩니다. 원하옵건대 귀하가 곧바로 이 편지를 가지고 조정에 가서 저의 죄를 다스려 저를 죽임으로써, 천하 사람들이 모두 희문이 축출되어야 마땅하다는 점을 분명하게 알도록 해주는 것도 간관의 한 가지 공로입니다.

(足下在其位而不言, 便當去之, 無妨他人之堪其任者也. 昨日安道貶官, 師魯待罪, 足下猶能以面目見士大夫, 出入朝中稱諫官, 是足下不復知人間有羞恥事爾! 所可惜者, 聖朝有事, 諫官不言, 而使他人言之. 書在史冊, 他日爲朝廷羞者, 足下也. ≪春秋≫之法, 責賢者備. 今某區區猶望足下之能一言者, 不忍便絶足下, 而不以賢者責也. 若猶以爲希文不賢而當逐, 則予今所言如此, 乃是朋邪之人爾. 願足下直携此書於朝, 使正予罪而誅之, 使天下皆釋然知希文之當逐, 亦諫臣之一效也.)

인용문에서 "안도(安道)"는 집현교리(集賢校理)인 여정(余靖 : 1000-1064)의 자이고, "사로(師魯)"는 관각교감(館閣校勘)인 윤수(尹洙 : 1001-1047)의 자인데, 이들 두 사람은 모두 상서를 올려 범중엄을 구하려다가 좌천당하였다. 구양수 자신도 이 편지글 때문에 이릉(夷陵) 현령으로 유배되었다. 이 편지글은 의분에 가득찬 상태에서 지어졌기 때문에, 이치가 올곧고 기개가 당당하며, 사리가 정당하고 말이 엄숙하고 악을 미워하는 감정이 글의 표면에 흘러넘친다. 전체 글의 흐름이 조리 있고 유창하면서도 곡절이 많아, 견책하고 풍자하는 솜씨를 극도로 발휘하였다.

<오대사영관전서(五代史令官傳序)>는 구양수가 자신이 편찬한 ≪신오대사(新五代史)≫에 쓴 사관(史官)의 논찬(論贊)이다. 작자는 국가의 "흥성과 쇠망의 이치"(盛衰之理)가 천명(天命)과 관계 있는 것이 아니라 사실은 인간의 주관적인 노력의 결과 때문이라고 여겼다. 그는 후당(後唐) 장종(莊宗) 이존욱(李存勖)이 놀고 즐기는데 빠져 악관(樂官)을 총애하다가 정치가 혼란해져 나라가 망한 것을 예로 들어, "근심과 노력은 나라를 흥하게 할 수 있고, 안일함과 즐김은 자신을 망칠 수 있다"(憂勞可以興國, 逸豫可以亡身)는 일반적인 법칙을 설명하였는데, 입론이 대단한 식견을 갖추고 있다. 그는 후인들에게 "재앙과 환란은 늘 극도로 미세한 데서 쌓이고, 지혜와 용기를 겸비한 사람은 대부분 자기가 좋아하여 탐닉하는 물건 때문에 곤욕을 당한다"(禍患常積於忽微, 而智勇多困於所溺)고 훈계하였는데, 오늘날까지 사람들이 깊이 생각하게 한다. 전문이 서사와 의론을 한 데 잘 융합해놓아 완곡하고 유창하여, 한 사람이 노래하면 세 사람이 따라 부르듯 여운이 끝이 없다. 이러한 풍격은 소순(蘇洵 : 1009-1066)의 다음 말에 한 마디로 잘 갈파되어 있다.

> 선생님의 글은 곡절이 많고 자세하며 되풀이되고, 전환이 많으면서도 조리가 분명하여 거침이 없고, 두루 순통하여 중간에 끊어지는 곳이 없으며, 어기가 극도에 달한 글과 절박하게 도리를 설파해야 하는 언론일지라도 느긋하게 여유가 있고 한가로우며 평이하여 어렵고 힘들어하는 모양이 없습니다.
>
> (執事之文, 紆餘委備, 往復百折, 而條達疏暢, 無所間斷, 氣盡語極, 急言竭論, 而容與閑易, 無艱難勞苦之態.)

이 말은 <상구양내한제일서(上歐陽內翰第一書)>에 보인다. 이러한 예술적 솜씨가 정감을 토로하거나 경치를 묘사한 구양수의 산문에서 더욱 더 자유자재로 운용되어 입신의 경지에 달하였으니, 이것은 구양수 산문의 예술적 성취가 최고의 수준에 도달하였음을 나타낸다.

<취옹정기(醉翁亭記)>는 작자와 마찬가지로 영원 불후하다. 구양수는 위에서 서술한 <붕당론>을 쓴 뒤, 집권자에게 범중엄과 한기와 같은 붕당으로 지목되어 그 이듬해 경력 5년(1045)에 저주(滁州) 태수로 좌천되었다. 취옹정은 지금의 안휘성(安徽省) 저현(滁縣) 서남쪽 7리쯤 떨어진 곳에 있는데 현재까지도 유적이 남아 있다. <취옹정기>는 저주 산간의 아침저녁의 변화와 사철의 각기 다른 경치 및 산수에 정감을 기탁하는 작자의 즐거움을 쓰고, 저주 백성들의 평화롭고 조용한 생활도 묘사하였다. 문장은 언어가 유창하고 내용의 순서가 분명하며 감정이 충만하여 시적인 맛이 풍부하다. 글 전체에 걸쳐 설명하고 판단하는 문투를 구사하여, 모두 21개의 '야(也)'자로 곡절이 많고 완곡한 영탄 어조를 조성하고 있어 매우 감동적이다. 문장의 첫째 단락을 보면 다음과 같다.

> 저주성(滁州城)을 두르고 있는 것은 모두 산이다. 그 서남쪽의 여러 봉우리는 숲과 골짜기가 더욱 아름다운데, 바라보아 울창하여 골짜기가 깊고 산세가 수려한 것이 낭야산(瑯琊山)이다. 산길을 6, 7리를 가니 물소리가 졸졸거리며 두 봉우리 사이에서 흘러나오는 게 차츰차츰 들려오는 곳이 양천(釀泉)이다. 봉우리가 굽어져서 길이 돌아진 곳에 정자가 날개처럼 양천 위에 임해 있는 것이 취옹정이다. 정자를 지은 사람은 누구인가? 낭야산에 사는 승려 지선(智僊)이다. 그것에 이름 붙인 사람 누구인가? 태수가 스스로를 일러 말한 것이다.

(環滁皆山也. 其西南諸峰, 林壑尤美, 望之蔚然而深秀者, 瑯琊也. 山行六七里, 漸聞水聲潺潺, 而瀉出於兩峰之間者, 釀泉也. 峰回路轉, 有亭翼然臨於泉上者, 醉翁亭也. 作亭者誰? 山之僧智僊也. 名之者誰? 太守自謂也.)

구양수의 <추성부(秋聲賦)>는 일찍이 그 예술적 독창성으로 인하여 많은 독자들로부터 무릎을 치며 탄복하는 찬사를 받았다. 작자는 '가을의 소리'(秋聲)로 말미암아 자연 만물이 훼손되어 조락하는 것을 보고 느낀 바가 있었다. 그로 인해 인생의 짧음에 대한 탄식이 흘러나오고, 또 스스로 걱정거리를 만들어 자신을 해치게 해서는 안 되며, 마음을 깨끗이 하고 욕심을 없애야 양생하고 장수할 수 있다고 하였다. 이 모든 것은 다 작자가 험난한 관료생활을 겪고 난 만년에 생겨난 정서임이 분명하다. 문장은 비슷한 구조나 리듬을 지닌 어구를 늘어놓고, 화려한 글귀를 구사하고 압운을 하는 등 부(賦)의 기법을 유지하면서도, 행문이 자유자재로 펴졌다 오므라들었다 하는 산문의 특징을 겸비하고 있어 한 편의 산문시로 간주된다. 사람들에게 전해져 가장 많이 암송되는 것은 첫 단락이다.

처음에는 추적추적 빗소리이더니 스산하게 소슬 부는 바람소리로 변하고, 별안간 물이 기운차게 내달려 용솟음치는 것이 마치 파도가 밤에 놀라고 비바람이 갑자기 몰아치는 것 같았다. 그것이 물체에 부딪치니 쨍그랑 댕그랑 쇠붙이가 온통 울려대는 듯하고, 또 마치 적진을 향해 달려가는 병사들이 하무를 입에 문 채 질주하는 것 같았다. 호령소리는 들리지 않고 단지 사람과 말이 걸어가는 소리만 들렸다. (初淅瀝以蕭颯, 忽奔騰而砰湃, 如波濤夜驚, 風雨驟至. 其觸於物也, 鏦鏦錚錚, 金鐵皆鳴 ; 又如赴敵之兵, 銜枚疾走, 不聞號令, 但聞人馬之行聲.)

여기에 쓰인 몇 개의 비유는 모두 가을의 소리가 작자에게 준 느낌을 묘사한 것으로, 극도로 추상적인 가을 소리를 구체적이고 생생하게 표현해낸 것이다.

서서(書序)와 제문(祭文)은 구양수의 문집에서는 역사상의 인물을 평가하고 세상사의 득실을 논하거나 학문을 논하며 시를 담론한 작품으로, 그 속에는 심오하고 예리한 견해가 적지 않을 뿐 아니라, 자신의 재능과 학식 및 인품을 알아주고 대우해주는 데 대해 느낀 감정이 더욱 충만하다. <매성유시집서(梅聖兪詩集序)>는 북송의 시인인 매요신(梅堯臣 : 1002-1060)에 대한 작자의 동정과 애모를 나타내었다. 그는 "늙어서도 포부를 펼치지 못한"(老不得志) 이 시인의 생애를 통하여, "시는 사람이 곤궁해진 뒤에 훌륭해진다"(詩窮而後工)는 창작 법칙을 터득해냈다. <소씨문집서(蘇氏文集序)>도 마찬가지로 죽은 친구를 그리워한 작품이다. 소순흠(蘇舜欽 : 1008-1048)은 북송 때 매성유와 이름을 나란히 한 시인으로, 진실로 두보가 "문장은 운명이 대통하는 것을 시샘한다"(文章憎命達 : <천말회이백(天末懷李白)>)고 말한 것처럼 소순흠은 나이 겨우 41세에 죽었다. 구양수는 "(빈객을 대접하기 위해 공금으로) 한 차례 술과 음식을 차리는 실수 때문에 급기야 평민으로 폐하여지고 정처 없이 떠돌아다니다 죽은"(以一酒食之過, 至廢爲民, 而流落以死) 그의 처지를 매우 안타까워했다. <제석만경문(祭石曼卿文)>은 시를 주고받으며 교유하던 벗으로 의협심을 품고 의로움을 행한 석연년(石延年)을 애도한 짤막한 서정부(抒情賦)이다. 글 속에서 세 차례나 만경(曼卿)을 부르며 포부를 가지고 있으면서도 펼치지 못하고 중년에 세상을 떠난 것을 매우 안타까워하였는데, 그에 대한 그리움이 어구마다 배어 있다.

아아! 만경아! 살아서는 영걸이고 죽어서는 신령이 되었구려. 만물과 같이 태어났다가는 죽어 다시 실체가 없는 세계로 돌아가는 것은 기가 잠시 응결되어 만들어진 육신이요, 만물과 함께 다하여지지 않고 우뚝 뛰어나 썩지 않는 것은 후세에 남겨지는 이름이나이다. 예로부터 성현들께서는 다 이와 같지 않는 경우가 없었으니, 역사서에 그들의 이름이 적혀져 해와 별처럼 밝게 빛나나이다.

(嗚呼曼卿! 生而爲英, 死而爲靈. 其同乎萬物生死, 而復歸於無物者, 暫聚之形 ; 不與萬物共盡, 而卓然其不朽者, 後世之名. 此自古聖賢莫不皆然, 而著在簡冊者, 昭如日星.)

전문에 나지막이 배회하고 그윽이 흐느끼며, 침통하고 가슴 아파하는 분위기가 깔려 매우 진한 감동을 준다. <제윤사로문(祭尹師魯文)>은 "언변이 만물을 궁구할 수는 있어도 감옥을 지키는 간수 하나를 당해내지 못하고, 포부는 사해를 좁다 여겼지만 몸 하나 둘 곳이 없었던"(辯足以窮萬物, 而不能當一獄理 ; 志可以狹四海, 而無所措一身) 자신의 절친한 친구인 윤수(尹洙)의 처지에 대해 크게 불평하고 있으니, 구양수의 친구에 대한 정이 매우 돈독함을 알 수 있다. <석비연시집서(釋秘演詩集序)>는 "세속을 버리고 초탈한"(遺外世俗) "기이한 남자"(奇男子)인 승려 비연(秘演)의 시적 재능과 인품을 극도로 추앙하였다.

구양수는 그의 도덕과 문장으로 당시에 빛나고, 신고문운동이 최후의 전면적인 승리를 거두는 초석을 다졌다. 그는 덕망이 높고 겸허한 마음이 산골짜기 같이 깊었으며, 인재를 식별하여 뽑고 후진을 양성하였다. '당송팔대가' 가운데 소순, 소식, 소철, 왕안석, 증공은 구양수와 스승이거나 친구 사이로 모두 그의 추천과 격려를 받았다. 구양수를 핵심으로 하는 송나라의 고문가들은 그들의 빛나는 창작을 통해, 서곤체(西崑體)의 진부한 흔적을 깨끗이 씻어내고 고문의 지배적 지위를 확정지었다.

다음에서는 이들 북송 때의 고문가 몇 명을 나누어 소개하고자 한다. 증공(曾鞏 : 1019-1083)은 자가 자고(子固)이고, 건창(建昌) 남풍(南豐 : 지금 江西省에 속함) 사람이다. 일찍이 관각교감(館閣校勘)과 지방의 통판(通判) 및 지주(知州) 등의 관직을 지냈다. 지방관을 지내면서 방역과 이재민 구제에 신경을 쓰고, 민생의 질고에 관심을 쏟았다. 사관(史館)에서 재직할 동안에는 ≪전국책(戰國策)≫과 ≪설원(說苑)≫ 등의 고서를 정리하고 교감하였다. 그의 문장은 온화하고 전아한데, 일찌감치 구양수의 주목을 받아 그의 추천을 통해 벼슬길에 오르게 되었다. <묵지기(墨池記)>는 형식이 독특한 의론문으로, 문장의 필치가 함축적이고 아름다워 증공의 문집 속에서 형상성이 강한 작품의 하나이다. 묵지(墨池)는 강서성(江西省) 임천(臨川)에 있는데, 진(晉)나라 때의 대서예가인 왕희지(王羲之 : 321-379)가 이 못에 가서 글씨 쓰기 연습을 한 유적지이다. 증공은 왕희지의 서예 성취에 대해 전면적인 해석을 가하였다.

> 바야흐로 왕희지가 억지로 나가 벼슬하려고 하지 않았을 때, 일찍이 동쪽 끝까지 가서 푸른 바다(동해)로 나가 산수 간에서 자기의 뜻을 즐겁게 한 적이 있다. 아마도 혹 마음껏 배회하며 노닐 때 또 일찍이 이곳에서 스스로 휴식을 취한 것이 아닐까? 왕희지의 글씨는 만년에 가서야 비로소 훌륭해졌으니, 그가 능란하게 된 것은 아마도 자기의 정력을 다 바쳐 스스로 이룩한 것이지 태어날 때부터 이루어진 것이

아니다. 그러나 후세 사람들 중에 그에게 미칠 만한 사람이 나오지 않는 것은 아마도 그들의 배움이 그(왕희지)와 같지 못한 때문이 아니겠는가? 그러하므로 학습의 공부는 본래 소홀히 할 수 없는 것이로다! 하물며 도덕의 높은 경지에 이르고자 하는 경우에 있어서야 오죽하겠는가!

(方羲之之不可强以仕, 而嘗極東方, 出滄海, 以娛其意於山水之間. 豈有徜徉肆恣, 而又嘗自休於此耶? 羲之之書晩乃善, 則其所能, 蓋亦以精力自致者, 非天成也. 然後世未有能及者, 豈其學不如彼耶? 則學固豈可以少哉! 況欲深造道德者耶?)

증공의 입장에서 보면 왕희지 서예의 조예는 결코 "태어날 때부터 이루어진"(天成) 것이 아니라, 각고의 노력을 기울인 결과이다. 서예를 배우는 데도 이와 같으니, 한 걸음 더 나아가 도덕을 배움에는 더욱 이와 같아야 한다. 이것이 바로 일찍이 묵지의 "못 물이 온통 검게 된"(池水盡黑) 데 대한 적극적인 설명이다.

또 <기구양사인서(寄歐陽舍人書)>에서는 구양수의 도덕과 문장을 추앙하고, 묘지명(墓誌銘)을 쓸 때 아첨하여 사실에 맞지 않는 점을 비판함으로써 실사구시(實事求是)의 태도를 체현하였다. 이 글은 필치가 온화하고 자유로우며, 평평하고 질박하여 증공 고문의 특징을 잘 반영한다. 이밖에 <전국책목록서(戰國策目錄序)>와 <월주조공구재기(越州趙公救災記)>는 이치를 설명하면서 사건을 기록하였다. 전자는 전국(戰國) 시대 유세가(遊說家)에 대한 작자의 개인적인 탁견을 나타내고, 후자는 기아와 전염병이 연달아 닥친 상황에 처한 백성들에 대한 작자의 깊은 동정심을 표현하였다.

증공의 문장은 대다수가 초학자들이 자세히 헤아려 학습하기에 편하므로, 후세에 상당한 영향을 끼쳤다.

왕안석도 구양수의 영향과 계시를 받은 고문가로, 그의 글은 그의 사람됨과 마찬가지로 '당송팔대가' 가운데에서 독특한 특색을 지닌다. 왕안석(王安石 : 1021-1086)은 자가 개보(介甫)이고 만년의 호는 반산(半山)이며 임천(臨川 : 지금 江西省에 속함) 사람으로, 북송 때에 변법(變法)과 혁신을 주장한 정치가이자 사상가요 문학가이다. 그는 확고부동한 정치적 신념과 분명한 개성을 소유한 인물로, 22세에 진사에 합격한 뒤 연이어 몇 차례 지방관을 역임하면서 누적된 가난과 나약함에 처한 북송의 사회 현실을 뚜렷하게 인식하여 "개탄스러워 하며 세상을 바로잡고 풍속을 바꾸려는 뜻을 품게 되어"(慨然有矯世變俗之志 : ≪송사(宋史)≫ 본전) 마음을 단단히 먹고 변법과 혁신을 주장하였다. 송나라 신종(神宗) 희녕(熙寧) 2년(1069)에 참지정사(參知政事)에 임명되어 신법(新法)을 추진하였다. 신법은 대관료와 대지주의 특권을 일부 제한하고 경제를 발전시키고 국방을 강화하는 것인데, 훗날 보수파의 격렬한 반대에 부딪쳤다. 신종이 죽은 뒤에 혁신 정치가 실패로 돌아가자, 그도 울분을 품은 채 죽었다.

왕안석의 문장은 힘이 있고 빼어나며, 간결하고 깔끔하며, 필력이 웅건(雄建)하고 논리 전개가 철저하여 빈틈이 없다. 정치 평론에 속하는 주의문(奏議文), 이를테면 <상인종황제언사서(上仁宗皇帝言事書)>(즉 '萬言書')와 <본조백년무사차자(本朝百年無事箚子)>는 당시의 폐단을 겨냥한 전면적인 분석이자 개혁적 주장으로, 당시와 후세에 모두 중대한 영향을 끼쳤다. <답사마간의서(答司馬諫議書)>는 완고파의 대표 인물인 사마광(司馬光 : 1019-1086)이 무리하게 신법을 공격한 데 대한 강력한 반박이다. 전문은 뜻이 바르고 말이 위엄 있으며, 이치가 곧고 기세가 당당하면서도 여유가 있고 예절을 갖추고 있어서, 노련하고 성숙한 정치가로서의 풍모를 드러내준다. 그가 "다른 관리의 직권을 침해하고"(侵官), "쓸데없는 일을 벌이고"(生事), "사사로운 이익을 추구하고"(征利), "간언을 물리쳤다"(拒諫)는 등의 억지로 뒤집어 씌어진 죄목을 반박하고 있는 단락을 읽어 보자.

신은 이렇게 생각합니다. 황제로부터 명을 받아 조정에서 법령과 제도를 논의하고 수정 보완하여 그것을 담당 관리에게 넘겨주었으니 '다른 관리의 직권을 침해하였다'고 할 수 없으며, 고대 성왕(聖王)들의 정치를 시행하여 이익이 생기게 하고 폐단을 없앴으니 '쓸데없는 일을 벌였다'고 할 수 없으며, 천하 사람들을 위해 재정을 관리하였으니 '사사로운 이익을 추구하였다'고 할 수 없으며, 옳지 못한 사악한 언론을 배제하고 간사한 사람을 힐난하였으니 '간언을 물리쳤다'고 할 수 없습니다. 원망과 비방이 많은 점에 대해서는 본래 사전에 그와 같을 줄 알았습니다. 사람들이 그럭저럭 무사안일하게 지내는 데 익숙해진 것이 하루 이틀의 일이 아니어서 사대부들이 대부분 국가의 일을 걱정하지 아니하고, 세속에 영합하고 스스로 뭇 대중들에게 비위를 맞추는 것을 미덕으로 여기고 있습니다. 황제께서 바로 이러한 기풍을 바꾸고자 하심에 제가 적의 수가 많고 적음을 헤아리지 아니하고 힘을 내어 황제를 도와 그들에게 대항하고자 하였으니 무리들이 어찌하여 시끌벅적 떠들어대지 않겠습니까?

(某則以爲受命於人主, 議法度而修之於朝廷, 以授之於有司, 不爲'侵官'; 擧先王之政, 以興利除弊, 不爲'生事'; 爲天下理財, 不爲'征利'; 辟邪說, 難壬人, 不爲'拒諫'. 至於怨誹之多, 則固前知其如此也. 人習於苟且非一日, 士大夫多以不恤國事, 同俗自媚於衆爲善. 上乃欲變此, 而某不量敵之衆寡, 欲出力助上以抗之, 則衆何爲而不洶洶?)

이 인용문을 통해 법과 제도를 개혁하고자 하는 왕안석의 의지가 단호하고, 사상적 준비가 충분히 되어 있음을 어렵지 않게 간파해낼 수 있다. 왕안석의 유기(遊記)도 일반적인 작품과는 다르다. <유포선산기(遊褒禪山記)>는 이치를 담은 정취가 물씬 풍기는데, 제목은 '기(記)'로 되어 있지만 사실의 기록을 위주로 하지 않고, 의론을 빌어 어려움을 알면서도 앞으로 나아가는 학습 경험을 총결해내고 있다.

> 일반적으로 말해서 평탄하고 가까우면 놀러오는 사람이 많고, 험준하고 멀면 이르는 사람이 적다. 그러나 세상에 기이하고 희귀하며 뛰어나고 범상한 경관은 늘 험하고 멀어서 사람들이 잘 오지 않는 곳에 있도다! 따라서 의지가 있는 사람이 아니면 이를 수 없다.
> (夫夷以近, 則遊者衆 ; 險以遠, 則至者少. 而世之奇偉瑰怪非常之觀, 常在於險遠, 而人之所罕至焉! 故非有志者, 不能至也.)

이것은 "학자가 깊이 생각하고 신중하게 취하지 않을 수 없다"(學者不可以不深思而愼取之)는 점을 생동감 있게 표현한 말이다. 왕안석의 일부 짤막한 글들도 재치 있는 말로 사람을 놀라게 하고, 합당한 근거와 충실한 내용을 담고 있다. <상중영(傷仲永)>에서는 사람의 후천적 교육을 강조하고, <독맹상군전(讀孟嘗君傳)>에서는 맹상군이 "인재를 얻었다"(得士)고 하는 점을 부인하였는데, 모두 매우 깊이 있고 예리한 견해가 돋보인다.

한 집안 사람인 '삼소(三蘇)'는 줄곧 문단의 미담이 되어 왔다. 주덕(朱德 : 1886-1976)이 1963년에 소씨(蘇氏)의 고향인 사천성(四川省) 미산(眉山)을 유람하면서 다음과 같은 시를 읊은 적이 있다.

> 한 집안의 삼부자
> 하나같이 대문호.
> 시와 부가 천고에 전해지니
> 모두 아미산(蛾眉山)과 높이를 겨룬다.
> (一家三父子, 都是大文豪.
> 詩賦傳千古, 蛾眉共比高.)

소씨 부자의 문학적 성취는 온 세상이 다 공인한다.

소순(蘇洵 : 1009-1066)은 자가 명윤(明允)이고, 미주(眉州) 미산(眉山 : 지금 四川省 眉山縣) 사람이다. 전해지는 바로는 27세가 되어서야 비로소 열심히 공부하기 시작했다고 한다. 진사(進士)와 무재이등(茂才異登) 고시에 응시하였지만 모두 불합격하자, 발분하여 이전에 지었던 글을 모두 불살라 버리고는 문을 걸어 잠그고 공부에 전념하였다. 가우(嘉祐) 원년(1056)에 두 아들을 데리고 함께 수도로 왔는데, 구양수(歐陽修 : 1007-1072)와 한기(韓琦 : 1008-1075)의 칭찬과 주목을 받았다. 이들의 추천으로 교서랑(校書郎)에 임명되었고, ≪태상인혁례(太常因革禮)≫ 편찬에 참여하였는데 책이 완성되고 얼마 지나지 않아 죽었다.

소순의 문장은 웅건하고 질박하며 변론과 분석에 뛰어났는데, '역사 평론'(史論)과 '정치 평론'(政論) 모두 아주 유명하다. <육국론(六國論)>(≪권서(權書)≫ 10편 가운데 한 편)은 견해가 깊이 있고 입론이 견실하다. 소순은 포악한 진나라에 대항하여 반격했어야 함을 적극 주장하여, "육국이 파멸한 것은 병기가 날카롭지 않거나 전쟁이 잘 수행되지 못한 때문이 아니라, 그 폐단은 땅을 진나라에 뇌물로 바친 데 있다"(六國破滅, 非兵不利, 戰不善, 弊在賂秦)고 정중하게 공언하였다. 이 글은 북송의 통치자들이 동북의 거란(契丹)과 서북의 서하(西夏)의 위협에 대항하여 물리치고 타협하지 않는 방침을 취하여야 함을 경고하는 의도를 담고 있다. 이러한 의도는 글의 끝머리에 분명하게 표현되어 있다.

> 대체로 육국(六國)과 진(秦)나라는 모두 제후의 나라로 육국의 세력이 진나라보다 약하였지만, 그래도 땅을 뇌물로 바치지 않고 진나라를 이길 수 있는 세력이 있었다. 만약 온 천하를 차지한 대국으로서 낮추어 육국이 멸망한 전철을 따라 간다면 이것은 또한 육국의 아래에 있는 것이 된다.
> (夫六國與秦皆諸侯, 其勢弱於秦, 而猶有可以不賂而勝之之勢. 苟以天下之大, 下而從六國破亡之故事, 是又在六國下矣.)

북송의 집권파가 만약 외국에 대해 방침을 바꾸지 않고, 계속적으로 무릎을 꿇은 채 화친을 요청한다면 정말로 육국만도 못하게 된다. <송석창언사북인(送石昌言使北引)>은 증서(贈序)로 이 글에서 소순은 사신인 석창언(石昌言)이 거란에 사신으로 갈 때, 국위를 손상하지 말고 외교석상에서 맹자(孟子)가 "대인에게 유세할 때에는 그 사람을 경시하듯이 한다"(說大人, 則藐之)고 한 대담하고 두려움이 없는 기개를 가져야 한다고 격려하였는데, 이는 <육국론>의 주장과 일치한다. 글속에서 석창언과 사귀고 내왕한 것을 서술하였는데, 정취가 흘러넘친다.

이 글은 정치를 평론하고 군대를 논의하는데 뛰어난 소순의 문집 가운데에서 지극히 진귀한 작품이다.

삼소 가운데 성취가 가장 뛰어나고, 사마천과 한유 및 구양수와 나란히 거론될 만한 고문 대가는 소식이다. 소식(蘇軾 : 1037-1101)은 자가 자첨(子瞻)이고 호는 동파거사(東坡居士)이며 소순의 차남(소순의 장자인 景先은 일찍 죽었음)인데, 중국문학사에서 다재다능한 사람으로 시, 사, 산문에 걸쳐 모두 매우 높은 예술적 조예를 지녔다. 소식은 21세 때 동생인 소철과 같이 진사에 합격하였는데, 주고시관인 구양수의 높은 평가를 받았다. 26세 때에 봉상(鳳翔)에서 첨판(僉判)에 임명되어, 벼슬길을 걷기 시작하였다. 당시에 소식은 잘못된 정책의 개혁을 주장하였는데, 다량의 책론(策論)에서 당시 재정의 궁핍, 군대의 약함, 쓸데없는 관리의 범람 등과 같은 문제를 겨냥하여 개혁 방안을 제시하였다. 그러나 왕안석(王安石 : 1021-1086)과 정치적 견해가 달라, 훗날 왕안석이 변법을 추진하는 과정에서 소식은 줄곧 반대 입장을 견지함으로써 여러 차례 유배를 당하였다. 원풍(元豐) 2년(1079)에 '오대시안(烏臺詩案)'이 발생하자, 소식은 이 문자옥(文字獄) 때문에 하마터면 목숨을 잃을 뻔하였다. 북송 때의 신구 당쟁 통에 소식은 온갖 타격과 배척을 다 겪었고, 만년에는 62세의 고령으로 해남도(海南島)의 경주(瓊州)로 유배되었다. 소식은 일생동안 정치적으로는 보수적인 입장에 치우쳤으나, 완고한 보수파인 사마광(司馬光 : 1019-1086) 등과는 또 다른 점이 있었다. 그는 왕안석의 신법을 모조리 반대하지는 않았고, 서주(徐州)와 항주(杭州) 등지에서 벼슬할 때에 백성들을 위해 선정을 많이 베풀고 백성들의 생활에 관심을 기울인 지방관이었다. 지금까지 각

지역에는 아직도 그에 관한 소문과 일화가 전해진다.

소식은 구양수가 열어놓은 길을 따라 전진하여, 송대 신고문운동이 완전한 승리를 거두게 한 작가이다. 그는 오대(五代)와 송나라 초기의 산문에 존재하던 문제를 매우 분명하게 인식하고 있어서, <사구양내한서(謝歐陽內翰書)>에서 송나라 초에 의식 있는 인사들이 일어나 "공허하고 교묘하고 경박하고 화려하며, 무늬나 수를 놓아 이리저리 섞어 놓은 듯한 문장"(浮巧輕媚, 叢錯采繡之文)을 반대한 점은 긍정하였지만, 그들이 "의도가 마땅함을 지나쳐 심오한 것을 추구하는 사람들은 간혹 현실과 동떨어진 곳으로 가고, 기이한 것에 힘쓰는 사람들은 괴이하고 편벽되어 읽지도 못하게 하여"(用意過當, 求深者或至於迂 ; 務奇者怪僻而不可讀) "여풍이 아직 사라지지도 않았는데 새로운 폐단이 다시 일어나도록"(餘風未殄, 新弊復作) 하였다고 여겼다. 이로 인하여 그는 내용이 없이 문구만 번지르르한 것과 난삽하여 뜻을 이해하기 어려운 두 가지 나쁜 예술 경향에 모두 반대하는 태도를 견지하였다. 소식은 재기가 흘러넘치고 글이 천마(天馬)가 하늘을 나는 것 같이 호쾌하고 자유분방하였다. 송나라 사람인 이도(李塗)가 ≪문장정의(文章精義)≫에서 "한유의 글은 바다 같고, 소식의 글은 조수 같다"(韓海蘇潮)고 평한 것은 조금도 과장되지 않았다. 소식의 문장은 언어 운용 방면에서 총체적으로 한유와 구양수의 평이하고 유창하며 완곡하고 자연스러운 특징을 유지하면서도 새로운 점을 창조하였다. 그는 <문설(文說)>이라는 글에서 다음과 같이 자술하고 있다.

나의 글은 일만 곡(斛)이나 되는 샘의 근원이 땅을 가리지 않고 나오는 것 같다. 평지에 있을 때는 거침없이 빠르게 흘러 비록 하루에 천리를 가는 것도 어려움이 없다. 그것이 산과 바위에 굽어지고 꺾어짐에 이르러서는 사물을 따라 형체를 만들어내므로 어떤 모양일지 알 수 없다. 알 수 있는 것은 마땅히 가야 하는 데서는 늘 가고, 그치지 않을 수 없는 곳에서는 늘 그치니 그와 같은 것일 따름이다. 그 나머지는 비록 나일지라도 알 수 없다.

(吾文如萬斛泉源, 不擇地而出. 在平地, 滔滔汨汨, 雖一日千里無難. 及其與山石曲折, 隨物賦形而不可知也. 所可知者, 常行於所當行, 常止於不可不止, 如是而已矣. 其他, 雖吾亦不能知也.)

소식은 창작의 재기와 구상이 민첩하여 마치 샘물이 세차게 솟아나오는 것과 같아 그치게 할 수 없고, 명언과 뛰어난 구절이 많아 이루 다 헤아릴 수 없다. 게다가 필요하면 사물을 따라 형체를 만들어낼 수 있어, 미묘함까지 곡진하게 묘사하였다. 소식이 쓴 각 문체의 글은 모두 흐르는 구름이나 흘러가는 물 같이 자연스럽고 유창하면서도 적당한 정도에서 그칠 수 있어, 장황하고 번잡하여 요지를 알 수 없는 결점이 전혀 없다.

소식의 산문은 ≪맹자(孟子)≫와 ≪전국책(戰國策)≫의 영향을 깊이 받아, 재주를 숨김없이 다 드러내 보이고 의론에 뛰어나 선동성과 감화력이 매우 풍부하다. 그의 정치 평론과 역사 평론은 모두 웅변의 수완을 남김없이 발휘하였다. 일만 자로 된 상서문인 <상신종황제서(上神宗皇帝書)>는 왕안석의 신법을 반대한 글로, 전체적 경향은 분명 보수적이지만 그 입론의 출발점에는 상당한 식견이 들어 있다.

왕이 믿는 바는 백성들의 마음일 따름이옵니다. 백성들의 마음은 왕에게 있어서는 나무에 뿌리가 있는 것과 같고, 등잔에 기름이 있는 것과 같고, 물고기에게 물이 있는 것과 같고, 농부에게 토지가 있는 것과 같고, 장사꾼에게 밑천이 있는 것과 같사옵니다. 나무에 뿌리가 없으면 말라죽고, 등잔에 기름이 없으면 불이 꺼지고, 물고기에게 물이 없으면 죽고, 농부에게 토지가 없으면 굶주리고, 장사꾼에게 밑천이 없으면 가난하게 되고, 왕이 백성들의 마음을 잃으면 나라가 망하게 됩니다. 이는 필연적 이치로 피할 수 없는 재앙입니다.

(人主之所恃者, 人心而已. 人心之於人主也, 如木之有根, 如燈之有膏, 如魚之有水, 如農夫之有田, 如商賈之有財. 木無根則槁, 燈無膏則滅, 魚無水則死, 農夫無田則饑, 商賈無財則貧, 人主失人心則亡. 此理之必然, 不可逭之災也.)

인심의 향배가 정권의 안위에 지극히 중대한 영향을 끼친다는 점을 깊이 파고들어 설파하였다고 할 수 있다. 이러한 인식은 그로 하여금 역경 속에서도 잊지 않고 백성을 위해 홍수와 싸우고 치수하는 선정을 베풀게 하였다.

<교전수책(敎戰守策)>은 당시 사회의 폐단을 정확히 지적한 정치 평론 문장이다. 소식은 북송 인종(仁宗) 시기의 이른바 태평성대 속에서 일의 미세한 조짐을 통해 앞으로 나아갈 방향을 꿰뚫어보고, 평안한 처지에 있을 때 위험할 때의 일을 미리 생각하고 경계하여, 북송 왕조와 요(遼)나라 및 서하(西夏) 간의 심각한 대립을 예감하고 화의(和議)가 오래가지 못할 것이라고 단언하였다. 그로 인하여 백성들에게 무예를 익히게 하여 군사 교육과 훈련을 강화함으로써, 수시로 외환(外患)에 대응할 수 있도록 준비해야 한다고 조정에 호소하여 먼 앞을 내다보는 그의 정치적 선견지명을 나타내었다. 소식이 쓴 다량의 역사 평론 문장에도 정확하고 투철한 견해가 적지 않다. <유후론(留侯論)>은 장량(張

良)이 어리고 지모가 없어 테러의 방식으로 진시황(秦始皇)을 암살하려고 한 실책을 논술하여, 사람들이 '큰 용기'(大勇)를 가져야 함을 다음과 같이 격려하였다. "세상에 큰 용기를 가진 사람은 갑자기 변고가 닥쳐도 놀라지 않고 까닭 없이 해가 가해져도 노하지 않는데, 이것은 그가 품고 있는 이상이 아주 크고 그 포부가 매우 원대하기 때문이다." (天下大勇者, 卒然臨之而不驚, 無辜加之而不怒, 此其所挾持者甚大, 而其志甚遠也.) 또 "조그마한 울분을 참고서 큰 계책을 이루도록 하는"(忍小忿而就大謀) 책략적 견해를 제시하였는데, 장량이 한(漢)을 보좌하여 성공한 것을 보면 상당히 일리가 있다. 물론 유방(劉邦)과 항우(項羽)의 성공과 실패의 원인을 "참을 수 있는 것과 참을 수 없는 것의 차이"(能忍與不能忍之間)로 귀결시킨 것은 두루 타당한 견해라고 할 수는 없다.

소식의 산문 예술 성취 가운데 최고의 경지는 작자의 개인적 정취를 가장 잘 나타낼 수 있는 서사와 경물 묘사 및 정감을 토로한 문장들이다. <석종산기(石鐘山記)>는 유기(遊記)의 성격을 띤 조사 보고문이다. 소식은 현장 조사를 통하여 석종산(石鐘山)이라 명명한 진정한 원인을 찾아내고, 그런 가운데서 "일이란 직접 눈으로 보거나 귀로 듣지 않고서 주관적 억측으로 그 유무를 판단하는"(事不目見耳聞而臆斷其有無) 것의 필연적 오류를 터득하였다. 이 글은 서사와 묘사 및 의론을 한데 융합해놓아, 서로의 장점이 더욱 빛난다. 다음은 마음을 놀라게 하고 넋을 뒤흔드는 석종산의 신기한 경계를 묘사한 것이다.

> 밤이 깊어 달이 밝게 빛나자 나는 단지 맏아들인 소매(蘇邁)와 함께 조각배를 타고 절벽 아래로 갔다. 측면에 서 있는 커다란 바위가 천 자 높이나 되는데 마치 사나운 짐승이나 괴상한 귀신이 으스스한 모

습으로 사람을 칠 듯하고, 산상의 나뭇가지에 깃들어 자고 있는 송골매도 사람 소리를 듣고 놀라 일어나서 푸드덕 구름 하늘로 날아가고, 또 마치 노인이 산골짜기에서 기침하면서 웃고 있는 듯한 것도 있는데 어떤 이는 "이것이 황새다"라고 한다. 내가 막 겁이 나서 돌아가려 하는데 큰 소리가 물 위에서 터져 나와 종이나 북소리 같이 끊이지 않고 쟁쟁거리자 뱃사공은 크게 두려워하였다. 그것을 찬찬히 살펴보니 산 아래는 온통 돌로 된 동굴이거나 틈이 갈라져 있는데, 얕은지 깊은지는 알 수 없었지만 잔물결이 그 속으로 들어가 출렁이며 부딪쳐 이런 소리를 내었다.

(至暮夜月明, 獨與邁乘小舟, 至絶壁下. 大石側立千尺, 如猛獸奇鬼, 森然欲搏人 ; 而山上栖鶻, 聞人聲亦驚起, 磔磔雲霄間 ; 又有若老人咳且笑於山谷中者, 或曰 : "此鸛鶴也." 余方心動欲還, 而大聲發於水上, 噌吰如鐘鼓不絶, 舟人大恐. 徐而察之, 則山下皆石穴罅, 不知其淺深, 微波入焉, 涵澹澎湃而爲此也.)

이밖에 <초연대기(超然臺記)>, <능허대기(凌虛臺記)>, <방학정기(放鶴亭記)> 등은 모두 눈앞의 정경에 따라 감흥이 일어나고, 서사와 의론이 한데 어우러져 있는 아름다운 산문 작품이다. <희우정기(喜雨亭記)>는 농업 생산에 관심을 가지고 백성들과 즐거움을 같이하는 것을 쓴 글로, 정서가 풍부하고 문장도 아름다우며, 운문이기도 하고 산문이기도 하여 예술적으로 더욱 특색이 있다.

소식의 문장은 물결이 겹겹이 일어 나오듯 변화가 다양하다. 때로는 기발한 계책을 내어 상대방을 제압하듯 하여, 틀에 박힌 격식에 얽매이지 않고 독창적인 풍격을 이루었다. <운당곡언죽기(篔簹谷偃竹記)>라는 글은 생동감 있고 형상적이면서 감정이 풍부하다. 이 글은 죽은 친구이자 화가인 문동(文同 : 1018-1079)을 그리워하여 쓴 것이므로, 자연적으로 두 사람간의 격의 없는 두터운 정분을 서술할 법하다. 그러나 글의 첫머리에서 오히려 문동이 대나무를 그린 것을 통하여 문예 창작의 특수한 규율을 포착해내고 있다.

> 대나무가 막 움터 자라기 시작할 때는 한 마디 남짓한 싹일 따름이나 마디와 잎이 갖추어져 있다. 마디마디 매미가 벗어놓은 껍질이나 뱀 허물 모양으로 총총하게 자란 것에서부터 칼을 쭉 뽑아 길이가 80자나 되는 장대에 이르기까지 모두 나면서부터 타고난 속성이다. 요즘의 대나무를 그리는 사람들은 한 마디 한 마디씩 묘사하고 한 잎 한 잎 덧붙여 나가니 어찌 또 완전한 대나무 모양을 이루겠는가! 따라서 대나무를 그리려면 반드시 먼저 마음속에서 완전한 대나무의 모양을 파악한 뒤 붓을 들고 자세히 관찰하고 상상해야 비로소 구상 중에서 자신이 그리고자 하는 형상의 특징을 발견할 수 있게 된다. 바로 이때 재빨리 정신을 분발하여 구상한 것에 따라 붓을 휘둘러 단숨에 그려서 조금의 틈도 주지 않고 자신이 발견한 형상의 특징을 좇아야 한다. 이러한 창작의 과정은 마치 토끼가 깡충깡충 뛰어오르고 매가 곧바로 내려오듯 재빨라야 하지 조금이라도 정신을 팔면 사라져 버린다.
>
> (竹之始生, 一寸之萌耳, 而節葉具焉. 自蜩腹蛇蚹, 以至於劍拔十尋者, 生而有之也. 今畵者乃節節而爲之, 葉葉而累之, 豈復有竹乎! 故畵竹必先得成竹於胸中, 執筆熟視, 乃見其所欲畵者. 急起從之, 振筆直遂, 以追其所見, 如兎起鶻落, 少縱則逝矣.)

여기에서는 문예 창작의 구상과 영감, 회화에서 '신사(神似)', 곧 '내재적 정신이 실제와 닮기'를 추구하는 문예이론 문제를 언급하였는데,

용어가 빼다 박은 듯 명쾌한데다 친구를 그리워하는 감정과 절묘하게 결합되어 있어 하나의 틀에 얽매이지 않은 걸작이라고 일컬을 만하다.

소식 산문 중에서 후세에 가장 큰 영향을 끼치고 문학성이 가장 강한 작품으로는 맨 먼저 전후(前後) <적벽부(赤壁賦)>를 들 수 있다. 압운을 한 이 두 편의 서정 산문은 원풍 5년(1082) 7월과 10월에 씌어졌는데, 이때는 바로 '오대시안'에 연루되어 황주(黃州)로 유배된 지 3년째 되는 해이기도 하다. 당시 소식은 단련부사(團練副使)라는 한가한 관직에 임명되어 공문서에 결재조차 하지 못하고, 귀양지를 마음대로 벗어나지도 못하였으니 사실상 연금 상태나 마찬가지였다. <적벽부>는 바로 이처럼 생활이 어렵고 마음속이 비분으로 가득 차 있던 처지에서 씌어진 작품이다. 작품은 소식의 내심의 불평과 고민을 간곡하게 표현하였다. 북송 시기에는 당쟁이 격렬하고 소식의 벼슬길도 순탄치 않아, 아침에 저녁을 보장할 수 없는 상황이어서 정신적 희망을 잠시 산수에다 내맡기는 수밖에 없었다. 전후 <적벽부>는 시와 같은 언어로 경치를 묘사하고 감정을 토로하고 의론을 하였기 때문에, 재미가 끊임없이 생겨나고 시적인 맛이 흘러넘친다.

> 맑은 바람 천천히 불어오고 물결은 일지 않는다. 술잔을 들어 객에게 권하고 명월(明月)의 시를 읊조리며 요조(窈窕)의 장을 노래한다. 조금 있으니 달이 동산 위로 떠올라서 북두성(北斗星)과 견우성(牽牛星) 사이를 배회한다. 뿌연 물 기운이 강물 위에 가로질러 덮여져 있고, 물빛은 하늘에 맞닿아 있다. 갈대 같은 조각배가 가는 대로 맡겨서 아득히 끝이 없는 만경창파(萬頃蒼波)를 넘어간다. 넓고 넓어서 마치 허공에 의지하여 바람을 타고 있는 듯 그 멈출 곳 모르며, 두둥실 가벼이 떠올라서 마치 세상을 잊고 홀로 서 있는 듯 날개가 돋아 신선

이 되어 하늘로 오르는 것 같다.

(淸風徐來, 水波不興. 擧酒屬客, 誦明月之詩, 歌窈窕之章. 少焉, 月出於東山之上, 徘徊於斗牛之間. 白露橫江, 水光接天. 縱一葦之所如, 凌萬頃之茫然. 浩浩乎如馮虛御風, 而不知其所止 ; 飄飄乎如遺世獨立, 羽化而登仙.)

이처럼 참신한 언어와 아름다운 구절은 역대로 사람들에게 끊임없이 전해져 낭송되었다.

소식은 또 수필 성격의 소품도 남기고 있는데, 이를테면 ≪동파지림(東坡志林)≫과 ≪동파제발(東坡題跋)≫의 짤막한 글들은 대부분 말에 근거가 있고 내용이 충실하면서 묘한 정취가 끊임없이 생겨나는 좋은 문장이다. <기승천사야유(記承天寺夜遊)>를 예로 들어보자.

원풍(元豊) 6년 10월 12일 밤에 옷을 벗고 자려고 하는데 달빛이 창문 안으로 들어오기에, 기쁜 마음으로 일어나 산보를 하였다. 더불어 즐길 사람이 없음을 생각하고는 마침내 승천사(承天寺)로 가서 장회민(張懷民 : 張夢得－옮긴이 주)을 찾았다. 장회민도 아직 잠에 들지 않고 있어 함께 더불어 뜰 안에서 산보하였다. 뜰 안은 마치 맑은 물이 가득 차서 맑고 투명하고, 물속에 마름풀이 이리저리 떠 있는 것 같았는데 기실은 대나무와 측백나무가 달빛에 비친 그림자였다. 어느 곳의 밤인들 달이 없겠으며, 어느 곳인들 대나무와 측백나무가 없겠는가? 다만 우리 두 사람같이 한가한 사람이 없을 따름이다.

(元豊六年十月十二日夜, 解衣欲睡, 月色入戶, 欣然起行. 念無與爲樂者, 遂至承天寺, 尋張懷民. 懷民亦未寢, 相與步於中庭. 庭下如積水空明, 水中藻荇交橫, 蓋竹柏影也. 何夜無月? 何處無竹柏? 但少閑人如吾兩人者耳.)

여기에서는 황주로 유배되어 와 있을 때의 특수한 심경을 토로하였다.

일대문종(一代文宗)으로서의 소식은 산문발전사상에 지대한 공헌을 하였으니, 명청(明淸) 때의 유명한 산문 작가로 그의 영향을 깊이 받지 않은 사람이 없다. 물론 소식의 글에 이백(李白 : 701-762)의 시처럼 가볍고 경쾌한 가운데, 때로는 거칠게 대충대충 마무리하여 내용이 견실하지 못한 작품도 더러 있다는 점은 지적되어야 마땅하다.

소철(蘇轍 : 1039-1112)은 자가 자유(子由)이고 소식의 동생인데, 형제 두 사람이 일생동안 의기가 투합하고 지향점이 같아 아주 친밀한 사이로 시문을 주고받은 것은 줄곧 미담이 되어 왔다. 소철의 시문은 형의 훈도를 깊게 받아서, 풍격은 서로 가깝지만 재기(才氣)는 형에 비해 약간 뒤떨어진다. 그의 산문은 담담하고 평이한 것으로, 북송에서 우뚝 일가를 이루었다. <상추밀한태위서(上樞密韓太尉書)>는 추밀사(樞密使)인 한기(韓琦)에게 보낸 편지글이다. 편지에는 한기에 대한 흠모의 정을 표현한 것 외에, 고대 문예 이론가들의 '양기(養氣)'와 '문기(文氣)'의 학설을 밝혀 밖으로 나가 여러 곳을 두루 유람하는 경험을 많이 쌓는 것이 창작에 미치는 중요성을 강조하였다. 이 글은 문장이 유창하고 완곡하며 절실하고 평이하다. <황주쾌재정기(黃州快哉亭記)>는 의론을 전개하면서 감정의 토로를 겸하고 있는데, 글의 취지가 역경 속에서도 스스로를 잘 지켜 "외물로 인해 자신의 본성을 상하게 하지 않도록"(不以物傷性) 소식(蘇軾)과 장회민(張懷民)을 격려하는 데 있다.

선비가 이 세상을 살아감에 있어 만약 그 마음이 스스로 깨달아 만족하지 못하다면 장차 어디에 간들 근심하지 않겠는가? 만약 그 마음이 평탄하여 외물로 인해 자신의 본성을 상하게 하지 않으면 장차 어디를 간들 유쾌하지 않겠는가? 지금 장군(생각하건대 바로 張懷民임)은 귀양살이 하는 것을 걱정으로 여기지 않고 세금을 거두고 재물이나 양곡을 관리하는 공무의 여가시간을 이용하여 스스로를 산수의 경치 속에 풀어 놓으니, 이는 그의 마음속에 마땅히 보통 사람을 능가하는 점이 있는 것이다. 설령 쑥대로 엮은 문과 깨진 항아리로 만든 창문이라 하더라도 유쾌하지 아니한 것이 없으니, 하물며 양자강의 맑은 물에 손발을 씻고 서산의 흰 구름을 맞이하여 즐기며 눈과 귀로 보고들을 수 있는 빼어난 자연의 경치를 끝까지 추구하여 스스로 유유자적함에 있어서야?

(士生於世, 使其中不自得, 將何往而非病? 使其中坦然, 不以物傷性, 將何適而非快? 今張君(按, 卽張懷民)不以謫爲患, 竊會計之餘功, 而自放山水之間, 此其中宜有以過人者. 將蓬戶甕牖, 無所不快 ; 而況乎濯長江之淸流, 揖西山之白雲, 窮耳目之勝以自適也哉!)

문장의 필치가 경쾌하고 자유로우며 자신감과 낙관적인 뜻이 가득 차 있다. <무창구곡정기(武昌九曲亭記)>는 소식이 제안(齊安)에서 귀양살이할 때 산수에 도취되어 담담하고 즐겁게 살아가는 생활을 묘사하였는데, 문장도 활발하고 상투적이지 않다.

증공과 왕안석 및 소씨 부자는 그들의 웅대한 문장으로 구양수가 창도한 신고문운동이 완전한 승리를 거두게 함으로써, 북송 문단에 풍성한 문학적 성과를 이루어 놓았다. 북송의 산문가로 또 ≪자치통감(資治通鑒)≫의 저자인 사마광(司馬光 : 1019-1086)과 ≪몽계필담(夢溪

筆談)≫의 저자인 심괄(沈括 : 1031-1095)이 있다. 그들의 고문은 썩 잘 씌어져 사학이나 과학 영역에서 모두 나름대로의 공헌을 하였다. 그런데 철학자인 주돈이(周敦頤 : 1017-1073)는 <애련설(愛蓮說)>이라는 한 편의 글로 후세에 이름을 전하고 있다. "진흙에서 나왔어도 그것에 물들지 않고, 맑은 잔잔한 물결에 씻겨 청결하되 요염하지 않다"(出於泥而不染, 濯淸漣而不妖)는 명구는 사물에 기탁하여 의지를 밝힌 것으로, 지금까지 세속에 물들지 않고 자신을 깨끗이 지키고 사랑하는 것을 나타내는 적절한 비유로 평가되고 있다.

북송 말기에는 제왕이 주색에 빠져 방탕한 생활을 하니 정치는 부패하고 경제는 쇠퇴하였고, 백성들은 안심하지 못하고 국가의 위세는 날로 위축되어 갔으며, 변경 지대에는 환란이 빈발하였다. 동북지역에서 궐기한 여진족(女眞族)은 1115년에 금(金)나라 왕조를 세웠다. 요(遼)나라 정권을 멸망시킨 이듬해인 1126년에 수도인 변경(卞京 : 지금 開封)을 공격하여 점령하니, 북송은 멸망하였다. 회하(淮河) 이북은 이민족 지배자의 야만적인 통치에 빠져 들었다. 이듬해 강왕(康王) 조구(趙構)가 남경(南京) 정권을 세우고 임안(臨安 : 지금 浙江省 杭州市)으로 천도하여, 한 구석에서 편안함을 누리며 국토가 반 동강 난 통치를 유지하였다. 당시 사회는 송과 요의 민족적 갈등으로 인한 첨예한 대립이 있었고, 통치계급 내부에는 저항파와 투항파 간의 격렬한 투쟁이 있었으며, 백성들이 자발적으로 금나라 왕조에 대항하는 항쟁운동도 있었다.

사회생활의 급격한 변화로, 문학에도 두드러진 변화가 일어났다. 남송(南宋)의 시문은 애국주의 정신으로 충만해 있는데, 어떤 시인과 산문가는 스스로 적극적이고 열정적으로 몸소 적을 향해 돌격한 애국자였다.

몸소 전란의 고통을 당한 여류 사(詞) 작가이자 시인인 이청조(李淸照 : 1084-1151)는 호가 이안거사(易安居士)이고, 제남(濟南 : 지금 山東省에 속함) 사람이다. 그녀는 <금석록후서(金石錄後序)>라는 글에서 자신이 일생 동안 겪은 경력을 곡진하고 세밀하게 표현해냈다. 국가가 망하고 집안이 파탄나버린 슬픔과 몰락하여 이리저리 떠돌아다닌 고통은 구슬프도록 감동적이어서 독자의 눈물을 재촉한다.

> 건염(建炎 : 高宗의 연호—옮긴이 주) 무신년(戊申年 : 1128) 가을 9월에 장관(생각하건대 그녀의 남편 趙明誠을 가리킴)께서 상중에 다시 기용되어 건강부(建康府)의 지사를 맡았다. 기유년(己酉年 : 1129) 봄 3월에 면직된 뒤, 배를 준비하여 타고 무호(蕪湖 : 지금 安徽省 蕪湖縣—옮긴이 주)로 올라갔다가 고숙(姑孰 : 지금 安徽省 當塗縣—옮긴이 주)으로 들어가 감수(贛水 : 지금 江西省 贛江—옮긴이 주) 가에 살 곳을 정하려고 했다. 그해 여름 5월에 지양(池陽 : 지금 安徽省 貴池縣—옮긴이 주)에 도착하자 호주(湖州 : 지금 浙江省 吳興縣—옮긴이 주) 태수로 임명한다는 황제의 조서가 내려와 대궐의 망루를 지나 황제를 알현한 뒤, 마침내 지양에 가솔들을 남겨두고 혼자 임지로 부임하기로 하셨다. 6월 13일에 비로소 짐을 등에 지고 배에서 내려 물가 언덕에 올라 앉아 갈포로 만든 옷을 입고 두건을 밀어젖혀 앞이마를 살짝 드러낸 채 자유롭게 있는데, 정신은 범과 같이 하고 눈빛을 반짝이며 사람을 쏘아보면서 배 안에서 이별을 고하는 것을 바라보셨다. 내 심정이 아주 고약해져 외쳤다.
>
> "만약 지양성 안에 긴급한 일이 발생하였다는 소문이 들려오면 제

가 어떻게 하지요?"

부군께서는 손을 미륵창 같이 하고 가리키며 당황하고 격분한 모습으로 대답하셨다.

"중의를 따르시오. 꼭 어쩔 수 없으면 우선 무거운 짐 꾸러미를 버리고 다음은 옷과 이불, 다음은 서책과 두루마리, 그 다음은 옛날 기물들을 버리되, 이른바 종실에서 제사지낼 때 쓰는 예기만은 직접 등에 지거나 끌어안을 수 있으니 몸과 존망을 함께 할 것임을 잊지 말아라!"

이렇게 말하시고는 마침내 말을 달려 가버리셨다. 도중에 이리저리 빨리 달린 데다 큰 더위를 만나 병에 걸렸다. 황제가 계시는 행재소(行在所 : 황제가 임시로 거처하는 곳으로, 여기서는 建康을 가리킴 – 옮긴이 주)에 도착해서는 학질을 앓으셨다. 7월 말에 병으로 몸져누웠다고 편지로 알려 왔다. 나는 놀라고 슬퍼하며 남편의 성질이 평소에 급한 것을 생각하니, 학질과 같이 잘 낫지 않는 만성병에 걸린 것을 어찌 할꼬! 간혹 열이 나게 되면 부군께서는 틀림없이 열 내리는 약을 드셨을 터이니, 병이 실로 걱정스러웠다. 급기야 배를 풀어서 타고 아래로 내려갔는데, 하루 밤낮에 삼 백리를 갔다. 도착하니 시호(柴胡)와 황금(黃芩)과 같은 차가운 성질의 약을 다량 복용하여 학질에다 설사까지 겹쳐 병의 위급함이 고황에 있었다. 나는 슬퍼 흐느끼며 당황하여 차마 뒷일을 묻지 못하였다. 8월 18일에는 마침내 일어나지 못하셨다. 붓을 들어 시를 짓고는 붓을 꺾고 임종하셨는데, 가솔들의 생활과 관련하여 자질구레한 유언을 한 마디도 남기지 않으셨다.

(建炎戊申秋九月, 侯(按, 指其夫趙明誠)起復, 知建康府. 己酉春三月, 罷. 具舟上蕪湖, 入姑孰, 將卜居贛水上. 夏五月, 至池陽, 被旨知湖州, 過闕上殿, 遂駐家池陽, 獨赴召. 六月十三日, 始負擔捨舟, 坐岸上, 葛衣岸巾, 精神如虎, 目光爛爛射人, 望舟中告別. 余意甚惡, 呼曰 : "如傳聞城中緩急, 奈何?" 戟手遙應曰 : "從衆. 必不得已, 先棄輜重, 次衣被, 次書冊卷軸,次古器；獨所謂宗器者，可自負抱，與身俱存亡，勿忘也!" 遂馳馬去. 途中奔馳，冒大暑，感疾. 至行在，病痁. 七月末，書報臥病. 余驚怛，念侯性素急，奈何病痁! 或熱，必服寒藥，疾可憂. 遂解舟下，一日夜行三百里. 比至，果大服柴胡黃芩藥，瘧且痢，病危在膏肓. 余悲泣倉皇，不忍問後事. 八月十八日，遂不起. 取筆作詩，絶筆而終，殊無分香賣履之意.)

이청조의 후반 생애는 남송 왕조와 마찬가지로 이리저리 전전하며 떠돌아 다녔다. 게다가 남편마저 죽고 자신은 병들어 근심과 환란을 다 겪게 되었는데, 윗글에서 서술한 것은 그 중의 짤막한 한 부분일 따름이다.

강산이 산산조각나고 고국이 멸망하니, '어진 사람과 뜻있는 선비들'(仁人志士)의 애국적 격정을 불러일으켰다. 조씨(趙氏)의 송나라 정권이 남쪽으로 건너 온 초기에 금나라에 대항한 명장인 종택(宗澤)의 <걸무할지여금인소(乞毋割地與金人疏)>, 금나라에 대항한 명재상인 이강(李綱)의 <의국시(議國是)>, 애국 태학생(太學生)인 진동(陳東)의 <상고종제일서(上高宗第一書)>, 민족 영웅인 악비(岳飛 : 1103-1142)의 <오악사맹기(五岳祠盟記)>, 채석(采石)에서의 전투에서 대대적으로 완승을 거둔 명장인 우윤문(虞允文)의 <논금일가전지기유구소(論今日可戰之機有九疏)>) 등과 같은 글들은 모두 적에게 항거할 것을 강력히 주장하고 타협을 반대한 산문으로 세상에 전해진다. 예를 들면 악비의 <오악사맹기>는 악비가 금나라 군대에 대항하여 싸우면서 행군하는 도중에 한 맹세의 말로, 모두 하나가 되어 금나라를 끝까지 증오하고 대항하고자 하는 온 백성들의 필승의 신념을 표현하였다.

이 글은 지금 읽어도 정신이 번쩍 들게 한다.

남송 전기에 북송의 여러 고문 대가들의 발자취를 따를 만한 작가로는 호전, 육유, 진량 등이 있는데 그들은 모두 저항파이자 애국자이다.

호전(胡銓 : 1102-1180)은 자가 방형(邦衡)이고 호는 담암(澹庵)이며, 여릉(廬陵) 향성(薌城 : 지금 江西省 吉安縣 남쪽) 사람이다. 그는 일생동안 금나라에 항거해야 한다는 주장을 견지하여, 백절불굴의 정신으로 남송 투항파의 두목인 진회(秦檜)를 가장 단호하게 반대한 인물이다. <무오상고종봉사(戊午上高宗封事)>는 황제에게 올린 상소문이자, 진회 등 매국노를 성토한 격문(檄文)이다. 호전은 주권을 상실하고 국가를 욕되게 하며 적에게 투항하고 외세에 아첨하는 투항파의 추악한 행위에 직면하여, 의로운 분노가 온 가슴에 가득 차 노기를 억제할 수 없었다. 그는 금나라에 외교 사절로 나간 사신 왕륜(王倫), 투항한 집단의 수괴인 진회(秦檜)와 손근(孫近) 등 세 사람의 이름을 부르며, 하늘에 차고 넘치는 그들의 큰 범죄 행위를 폭로하면서 이들 추악한 무리와는 같은 하늘 아래 함께 살 수 없음을 밝혔다. 이 글은 최고 통치자로 투항파의 배후 총책인 송나라 고종 조구(趙構)에게도 다음과 같이 대담한 충고를 하였다.

> 저 삼척동자들은 아주 무지하다지만 개나 돼지를 가리키며 절하게 하면 발끈하며 화를 낼 것이옵니다. 지금 북동쪽의 오랑캐들은 개나 돼지이옵니다. 당당히 천명을 받은 왕조가 잇따라 개나 돼지에게 절하려 하니, 심지어 나이 어린 동자들도 부끄럽게 여기는 행위인데 폐하께서 어떻게 차마 그것을 행하려 하시옵니까?

(夫三尺童子, 至無知也, 指犬豕而使之拜, 則怫然怒. 今醜虜, 則犬豕也. 堂堂天朝, 相率而拜犬豕, 曾童稚之所羞, 而陛下忍爲之耶?)

이것은 무릎을 꿇고 머리를 숙이고서 자기들의 조서(詔書)를 받으라고 금나라 사람들이 송나라 황제에게 오만방자하게 요구하는 것을 진회가 응낙한 일을 겨냥하여 말한 것이다. 호전은 의분이 솟구쳐 대담하게 노여워하고 과감하게 말하여 생사를 도외시하였는데, 그의 문장을 읽으면 숙연하여 존경하는 마음이 절로 일어난다.

신이 추밀원(樞密院)의 속관으로 수만 채우지만, 의리상 진회 등과는 같은 하늘 아래 함께 살지 못하겠사옵니다. 신은 변변치 못한 충정으로 세 사람의 목을 베어 그것을 장대에 매달아 금나라 사신들이 묵고 있는 거리에다 걸어두기를 바라옵니다. 그런 다음에는 오랑캐의 사신을 구류하여 무례함을 나무라고 천천히 적들의 죄를 묻는 군대를 일으키신다면, 삼군의 병사들은 싸우지 않고도 용기가 저절로 배가 될 것이옵니다. 그렇지 않으시면 신에게는 동쪽 바다로 가서 죽는 것이 있을 뿐이오니 어찌 속국이 된 조정에 있으면서 살기를 구하겠습니까? 속국의 신하가 오만 방자하게 날뛰며 천자의 위엄을 모독하였으니, 극형의 처분을 달게 기다려야 할 터인지라 황급한 심사를 어찌할 수가 없사옵니다.

(臣備員樞屬, 義不與檜等共戴天. 區區之心, 願斬三人頭, 竿之藁街. 然後羈留虜使, 責以無禮, 徐興問罪之師, 則三軍之士, 不戰而氣自倍. 不然臣有赴東海而死耳, 寧能處小朝廷求活也? 小臣狂妄, 冒瀆天威, 甘俟斧鉞, 不勝隕越之至.)

악인들을 원수같이 증오하는 고상한 인격과 굳센 절개는 마음을 놀라게 하고 넋을 뒤흔들어 폐부 깊숙이 사람을 감동시킨다. 전하는 바에 따르면 금나라 왕조의 통치자가 천금을 걸고 이 글을 찾아내어 읽은 뒤에 대경실색하며 "남송 조정에 인물이 있구나!"(南朝有人!)라고 크게 외쳤다고 한다. 이와 동시에 호전 본인은 오랫동안 진회 무리의 박해를 받았다.

애국 시인 육유(陸游 : 1125-1210)는 자가 무관(務觀)이고 호는 방옹(放翁)이며, 월주(越州) 산양(山陽 : 지금 浙江省 紹興市) 사람이다. 그는 시종일관 금나라에 대항하고 외세의 침략에 항거할 것을 주장하였고, 중년에는 전방으로 가서 적에 대항하여 직접 싸운 적도 있었다. 만년에 집에 기거하면서도 옛 땅의 수복을 잊지 않은바, 중국 문학사상 두드러지게 눈에 띄는 애국주의 시인이다. 그의 산문은 짤막하면서도 세련되고 예리한데, 정감을 토로한 것과 사실을 기록한 것에 모두 훌륭한 작품이 있다. <요평중소전(姚平仲小傳)>은 남송 상부 집단의 우매와 부패가 용감한 애국지사인 요평중을 궁지에 빠뜨려 산림에 은거하도록 몰아넣었다고 폭로하였다. <발부급사첩(跋傅給事帖)>은 애국지사의 근심과 분노를 기술하였다.

> 소흥(紹興 : 1131-1162) 초에 나는 겨우 어린 아이였는데, 당시의 사대부들이 서로 더불어 국사를 언급하면서 어떤 사람은 눈초리가 찢어질 정도로 화를 내고 이를 갈기도 하며, 어떤 사람은 눈물을 흘리며 통곡하기도 하는 것을 내 눈으로 직접 보았다. 사람마다 스스로 목숨을 바쳐 왕실을 보좌하고 받들기를 바랐기에, 비록 오랑캐의 후손이 한창 창궐하고 있는데도 그들 보기를 없는 듯이 하였다. 마침내

오랑캐로 하여금 기세가 사그라지고 위축되게 하니 스스로 사신을 보내와 동맹을 청하였다. 마침 승상인 진회(秦檜)가 정권을 잡고 있어 이런 것들을 탈취하여 자기의 공로로 돌리고 잃어버린 고토를 회복하려던 계획을 바꾸어 오랑캐와 화친하였는데, 이것은 더 이상 여러 공들이 처음에 품었던 마음이 아니다. 뜻있는 선비와 어진 사람들로 울분을 머금은 채 죽은 이를 이루 다 헤아릴 수 있겠는가!

(紹興初, 某甫成童, 親見當時士大夫相與言及國事, 或裂眦嚼齒, 或流涕痛哭. 人人自期以殺身翊戴王室, 雖醜裔方張, 視之蔑如也. 卒能使虜消沮退縮, 自遣行人請盟. 會秦丞相檜用事, 掠以爲功, 變恢復爲和戎, 非復諸公初意矣. 志士仁人, 抱憤入地者, 可勝數哉!)

이 가운데에서 소년 시절의 육유가 바로 어진 사람과 뜻있는 선비를 추모한 사람임을 쉽게 알 수 있다. 이 밖에 육유가 쓴 일기체 문장인 ≪입촉기(入蜀記)≫에는 우아하고 아름다운 유기(遊記) 소품문이 많다. ≪노학암필기(老學庵筆記)≫는 더욱 정서가 풍부하고 문장이 아름다운 기서체(記敍體) 단문 모음집이다.

신기질(辛棄疾 : 1140-1207)은 자가 유안(幼安)이고 호는 가헌(稼軒)이며, 역성(歷城 : 지금 山東省 濟南市) 사람이다. 남송의 저명한 애국지사이고 소식(蘇軾 : 1037-1101)의 뒤를 이은 남송 호방파(豪放派) 사(詞) 작가의 걸출한 대표자로, 시와 산문도 남아 전하고 있다. 가헌의 시는 겨우 백여 수 정도 남아 있을 뿐이고 이렇다 할 특색도 없지만, 그의 정치 평론 산문은 그를 남송 시대 대가의 반열에 올려놓을 만한 작품으로, 근대 사람인 등광명(鄧廣銘)이 편찬한 ≪신가헌시문초존(辛稼軒詩文鈔存)≫에 실려 있다. 대표작인 <어용십론(禦戎十論)>(곧 <미근십

론(美芹十論)>)은 주전파(主戰派)가 좌절을 당하고 주화파(主和派)가 대두한 1165년에 씌어졌다. 신기질은 자신의 관직이 보잘 것 없음에 개의하지 않고 효종(孝宗)에게 의연하게 상서하였는데, 격앙된 어조로 자신의 의견을 말하며 계책을 올렸다. <어융십론>은 <심세(審勢)>, <찰정(察情)>, <관흔(觀釁)>, <자치(自治)>, <수회(守淮)>, <둔전(屯田)>, <치용(致勇)>, <방미(防微)>, <구임(久任)>, <상전(詳戰)> 등 10편의 논문을 포함한다. 앞의 3편은 여진족의 통치에 대한 북방 백성들의 원망과 분노 및 여진족 내부의 갖가지 모순을 상세하게 분석하였다. 적이 겉으로는 강해 보이나 속은 텅 비었으니, 결코 두려워할 것이 못됨을 밝혔다. 뒤의 7편에서는 남송이 어떻게 국력을 보강하고 전쟁 준비를 강화하며, 전쟁의 기회를 포착하여 대업을 회복할까 하는 등의 중대한 국가 정책을 건의하였다. 신기질은 "약점을 던져버리고 일어나 한 하늘 아래에서 함께 살아갈 수 없는 황제의 원통함을 풀고자 하는"(投釁而起, 以紓君父所不共戴天之憤) 항금(抗金)의 격정을 품고서, "병법을 알지 못하는 사람은 승리해도 보전할 수 없으면 해가 된다는 것만 알 뿐, 화의해도 믿을 수 없어 고황에 큰 병이 생기게 됨을 깨닫지 못한다"(不識兵者, 徒見勝不可保之爲害, 而不悟夫和而不可恃爲膏肓之大病)고 하며 투항파를 통렬하게 비난하였다. 신기질은 인심의 향배가 전쟁의 승패를 결정하는 관건이 된다는 점을 알았다.

옛날부터 천하가 분열되고 통일되는 형세는 늘 민심에 달려 있고, 민심이 배반하고 복종하는 연유는 실로 기쁨과 노여움에 바탕을 두었다. 기쁨과 노여움이 이제 막 형성되었다면, 아직 기뻐하거나 슬퍼하지 않는 것 같이 보아도 무방하다. 기쁨과 노여움이 쌓여서 분열되고 통일되는 것이 바야흐로 결정되면 억제할 수 없게 된다.

(自古天下離合之勢常繫乎民心, 民心叛服之由實基於喜怒. 喜怒之方形, 視之若未休戚. 喜怒之既積, 離合始決而不可制矣!) <觀釁>

<상전(詳戰)>편에서 신기질은 송나라와 금나라 간의 전쟁은 피할 수 없다고 보고, "천하에 틀림없이 전쟁이 치러질 것을 분명히 알고 있다면, 군대를 내보내어 적을 공격하는 것과 앉아서 적이 공격하기를 기다리는 것 중 어느 편이 유리하겠는가?"(明知天下之必戰, 則出兵以攻人, 與坐而待人之攻也孰爲利?)라고 하였다. 그리고는 단호하게 "쌍방이 전쟁을 면하지 못한다면 먼저 군대를 내보내어 적의 땅에서 싸우는 것보다 더 나은 것은 없으니, 이것은 진실로 천하의 지극한 권모술수의 방도요 병가의 상책이다"(均之不免於戰, 莫若先出兵以戰人之地, 此固天下之至權, 兵家之上策)라고 대답하였다. 입론이 치밀하고 언사가 적절하니 결코 평범한 서생의 견해로 견줄 수 있는 것이 아니다. 물론 조정에서 이러한 견해를 결코 중시할 리 없었지만, 신기질의 호방한 기백은 약화되지 않았다. 6년 뒤에 항전파인 우윤문(虞允文)이 재상이 되자 신기질은 또 우윤문에게 <구의(九議)>를 올렸다. <구의>는 <어융십론>과 중복되는 일부 논점을 제외하면, 주로 중원(中原)을 회복할 구체적인 건의를 한 것이다. 이를테면 전쟁은 빠른 승리를 바라서도 안 되고 실패와 좌절을 두려워해서도 안 되며, 신중하게 대처하여 적의 약점과 내부의 갈등 등을 이용하여야 한다는 것들이다. 그는 심지어 "병법은 속임수에 근거하여 만들어지고"(兵法以詐立) "군대를 잘 부리는 것은 음모"(善爲兵者陰謀)라고 하여 고대의 용병 원칙을 인정하고, 될 수 있는 대로 간첩을 많이 보내야 한다고 주장하였는데, 여기에는

후한(後漢)의 대정치가이자 군사 전문가인 조조(曹操 : 155-220)의 뛰어난 재능과 원대한 계략이 아주 많다. 남송의 저명한 학자인 유후촌(劉後村)은 <신가헌집서(辛稼軒集序)>라는 글에서, 신기질이 앞에서 서술한 정치적 견해를 대대적으로 긍정하였다.

> 신기질 공의 글은 의론이 더욱 빼어나고 웅장하여 사소한 데 구애되지 않았다. 건도(乾道 : 1165-1173)와 소희(紹熙 : 1190-1194) 연간에 올린 주의문(奏議文)과 강론한 <미근십론(美芹十論)> 및 <상우옹공구의(上虞雍公九議)>는 필세가 호탕하고 지혜와 계략이 폭주하여 권모술수로 이루어진 책과 같이 저울질하고 논하는 기풍이 있다.
> (辛公文墨議論尤英偉磊落. 乾道紹熙奏篇及所講<美芹十論>、<上虞雍公九議>, 筆勢浩蕩, 智略輻湊, 有權書衡論之風).

신기질은 지혜와 용기를 겸비하였지만 유감스럽게도 남송에서 군대를 거느리고 북벌할 기회를 얻지 못하였다. 따라서 이와 같이 탁월한 의론이라고 하더라도 미처 현실에서 실현되지 못하였으니, 그 자신이 <자고천(鷓鴣天)>이라는 사(詞) 작품에서 "만 글자로 된 오랑캐 평정할 책략을, 이웃의 나무 심는 농서(農書)와 바꾸었네"(却將萬字平戎策, 換得東家種樹書)라고 말한 것과 같이 되어버렸다. 문장을 가지고 논한다면 신기질의 정치 평론 문장은 옛것을 끌어와 당시를 논하였는데 정서도 풍부하고 문사도 아름답다. 고대 종횡가(縱橫家)의 사변적 재주가 자못 풍부하고, 선진(先秦) 병가(兵家)와 북송(北宋) 소순(蘇洵 : 1009-1066)의 영향을 깊이 받았다.

진량(陳亮 : 1143-1194)은 자가 동보(同甫)이고 호는 용천(龍川)이며, 무주(婺州) 영강(永康 : 지금 浙江省 永康縣) 사람이다. 중국 송나라 때의 초기 유물주의 사상가이고 열정적인 애국지사이며, 학식이 해박한 학자이자 작가이다. 진량은 정신을 가다듬어 나라를 잘 다스릴 방법을 강구하고, 부국강병을 통해 잃었던 땅을 수복하고 통일을 이룰 것을 강력히 주장하였다. 이 때문에 집권자의 노여움을 사서 세 차례나 고소당해 옥에 갇혔지만, 완강하게 굽히지 않았다. 그는 남송 호방파의 저명한 사 작가 가운데의 한 사람이다. 그의 산문은 기세가 웅장하고 도리의 설파에 빈틈이 없고 격앙 강개하여, 독자로 하여금 힘차게 떨쳐 일어나게 한다. 가장 유명한 <중흥오론(中興五論)>은 건도(建道) 5년(1169)에 씌어진 글로, 금나라에 항거할 것을 강력히 주장하고 있지만 효종(孝宗)에게 받아들여지지 않았다. 그 가운데 <중흥론(中興論)>이 가장 중요하다. 그것은 당시의 적군과 우군의 형세 및 북벌 통일의 필요성과 가능성을 전면적으로 논술하였고, 송나라 왕실의 강산을 부흥시키는 것과 관련한 일련의 정치적, 경제적 개혁 방침과 군사상의 전략이나 전술을 제시하여 진량의 걸출한 정치 군사적 재능을 나타내 보였다. 다음은 진량이 당시 전쟁의 유리한 기회에 대해 치밀하게 분석한 것이다.

신이 제 나름대로 가만히 생각해 보니 나라 안이 도탄에 빠진 지가 40여년이 되었사옵니다. 백성들이 구슬피 울부짖어도 하소연 할 데 없으니 구하지 않을 수 없고, 나라가 오랑캐에게 능욕을 당한 수치를 씻어 버리지 않을 수 없으며, 선왕의 묘가 있는 곳은 돌아가지 않을 수 없고, 강토는 회복하지 않을 수 없사옵니다. 이것은 삼척동자가

다 아는 바이지만, 이전에는 그들의 강함을 말하였을 따름입니다. 한신(韓信)이 "그들이 하는 방법과 반대로 할 수 있으면 그들의 강함을 약함으로 바꿀 수 있습니다"라고 한 말이 있사옵니다. 하물며 지금 오랑캐의 수괴는 어리석고 겁이 많으며, 정치적 명령은 날로 느슨해져가고, 오랑캐들은 안장을 지운 말을 타고 누비는 장기를 버리고 중원의 화려하고 사치스런 습속을 일삼고 있어 임금과 신하 할 것 없이 모두 날로 나태해지고 있사옵니다. 예로부터 오랑캐가 강해보았자 40~50년 동안에 변화가 없는 경우는 여태껏 없었사옵니다. 하늘의 때로 살피고 인간사로 헤아려보아도 마땅히 오래 가지 않을 것이옵니다. 이때에 미리 계책을 도모하지 않으면 설령 다른 변화가 있더라도 무엇으로써 기회를 잡겠습니까? 만일에 오랑캐들이 자신들의 잘못을 뉘우치고 경계하여 영특한 군주로 바꾸어 옹립하거나, 그렇지 않고 호걸이 도처에서 일어나 제왕의 업이 다른 성씨를 가진 사람에게로 넘어가면 남북의 환란이 바야흐로 시작될 것이옵니다. 게다가 하물며 남쪽으로 건너온 지 이미 오래되어 중원의 노인들은 날로 죽어가고, 아이들은 오랑캐가 지배하는 땅에서 나서 자라니 어찌 우리가 있다는 것을 알겠사옵니까?

(臣竊惟海內塗炭, 四十余載矣! 赤子嗷嗷無告, 不可以不拯；國家憑陵之耻, 不可以不雪, 陵寢不可以不還, 輿地不可以不復. 此三尺童子之所共知, 曩獨謂其强耳. 韓信有言："能反其道, 其强易弱." 況今虜酋庸懦, 政令日弛, 舍戎狄鞍馬之長, 而從事中州浮靡之習, 君臣之間, 日趨怠惰. 自古夷狄之强, 未有四五十年而無變者. 稽之天時, 揆之人事, 當不遠矣. 不於此時早爲之圖, 縱有他變, 何以乘之? 萬一虜人懲創, 更立令主；不然, 豪傑幷起, 業歸他姓, 則南北之患方始. 又況南渡已久, 中原父老, 日以殂謝, 生長於戎, 豈知有我?)

상대를 알고 자신을 아니 진량은 분명 보통 사람보다 뛰어난 점을 가지고 있었다. 안타깝게도 영웅이 자기 역량을 발휘할 여지가 없었으니, 금나라에 항거하는 진량의 책략은 하나도 실현되지 못하였다. 그의 친구인 신기질은 "만 글자로 된 오랑캐 평정할 책략을, 이웃의 나무 심는 농서(農書)와 바꾸었네"(却將萬字平戎策, 換得東家種樹書)라고 자탄하였는데, 마치 진량도 마음에 두고 탄식한 말 같다.

남송이라는 왜소한 조정에서 문무백관들이 국사는 돌보지 않고 안일과 향락만 추구하여 눈앞의 쾌락만 탐내며 되는 대로 살아가서, 금나라 군대가 한 걸음 한 걸음 진군해 오는 상황에서 땅을 떼어주고 신하라 칭함으로써 잠시 나마 얼마 남지 않은 목숨을 부지하였다. 송나라와 금나라가 대립하는 시기에 몽고족(蒙古族)이 떨쳐 일어나기 시작하였다. 1206년에 테무진(鐵木眞)이 몽고 제국을 세우고, 세력을 끊임없이 확장하였다. 1234년에 몽고 제국은 금나라를 멸망시키고, 북방의 지배적 지위를 대신하여 남송에 새로운 위협이 되었다. 1271년에 테무진의 손자 쿠빌라이(忽必烈)가 국호를 대원(大元)으로 바꿨는데, 국가의 위세가 한창 흥성하였다. 8년 뒤에 원나라 군대가 광동(廣東)의 애산(崖山)을 공격하여 점령하니, 남송은 마침내 멸망하고 만다.

남송의 멸망을 전후로 웅대한 뜻이 치열하게 불타오르던 애국주의 정신은 송말 산문 속에서 크게 빛을 발하였다. 위풍당당 불굴의 민족 영웅인 문천상은 호연지기가 늘 살아 있고 천고에 빛났는데, 그의 사람됨과 문장이 모두 후인들에게 끝없는 존경을 받았다.

문천상(文天祥 : 1236-1283)은 자가 송서(宋瑞) 또는 이선(履善)이고 호는 문산(文山)이며, 길주(吉州) 여릉(廬陵 : 지금 江西省 吉安) 사람이다. 21살 때 1등으로 진사에 합격하였고, 뒷날 지방과 중앙에서 요직을 두루 거쳤다. 원나라 군대가 양자강(揚子江 : 長江)을 건너자 남송 왕조는 매우 위태로워졌다. 문천상은 애써 위험한 국면을 바로잡고, 백절불굴의 정신으로 조국의 회복을 위해 분주히 뛰어다니고 소리 높여 외쳤다. 뒤에 중과부적(衆寡不敵)으로 군대가 패하여 포로가 되었다. 그는 대도(大都 : 지금 北京市)에 구금되었지만, 협박과 회유를 완강하게 물리치고 <정기가(正氣歌)>를 지어 기개를 밝히면서 끝내 조금도 두려워 않고 정의를 위해 목숨을 바쳤다. <지남록후서(指南錄後序)>는 문천상 산문의 대표작으로, 만년에 외교 석상과 전쟁터에서 국가를 위해 한 몸을 바친 빛나는 기록이다. 시집인 ≪지남록(指南錄)≫은 모두 4권인데, 그가 궁궐로 들어가고, 사신으로 나가고, 위험에서 빠져나온 경험을 기술하였다. 문집 이름인 '지남(指南)'은 아마도 "신의 마음은 한 조각의 지남석과 같아, 남쪽을 가리키지 않고는 쉬려고 하지 않는다"(臣心一片磁針石, 不指南方不肯休 : <양자강(揚子江)>)는 뜻인 것 같다. 그가 멸망의 위기에 처한 조국을 구하기 위해, 구사일생으로 분투하는 것을 묘사한 상황을 보자.

아아! 내가 죽을 고비에 이른 것이 몇 번이나 되는지 알 수 없다. 오랑캐의 장수(元나라 군대의 총사령관인 승상 伯顔을 가리킴－옮긴이 주)에게 욕설을 퍼붓다가 죽음에 맞닥뜨렸고, 역적(숙질간인 呂文煥과 呂師孟 및 賈餘慶 등 송을 배반하고 원에 협조한 인물을 가리킴－옮긴이 주)을 욕하다가 죽음에 맞닥뜨렸고, 오랑캐 두목과 20일을 함께 지내면서 시비곡직을 다투다가 여러 차례 죽음에 맞닥뜨렸고, 경구(京口 : 지금 江蘇省 鎭江市－옮긴이 주)를 빠져나오면서 비수를 끼고 의외의 상황에 대비하려다 하마터면 스스로 목을 찔러 죽을 뻔하였고, 원나라 함대에서 10여 리쯤 떨어진 곳을 지나다가 순시선에 발각되어 하마터면 고기 뱃속으로 들어가 죽을 뻔하였고, 진주(眞州 : 지금 江蘇省 儀征縣－옮긴이 주)에서 성문 밖으로 쫓겨나 하마터면 헤매 다니다 죽을 뻔하였고, 양주(지금 江蘇省 揚州市－옮긴이 주)로 가려면 과주(瓜州 : 지금 양주시 남쪽 지명－옮긴이 주)의 양자교(揚子橋 : 지금 양주시 남쪽 지명－옮긴이 주)를 지나게 되는데 만약 보초병을 만났다면 죽지 않을 수 없었고, 양주성 아래에서는 들어가고 나오는 것이 자유스럽지 못하여 거의 목숨을 잃은 거나 마찬가지였고, 계공당(桂公塘 : 양주성 서쪽에 있는 조그마한 산언덕－옮긴이 주)의 네 벽만 남은 민가의 흙집에 앉아 있는데 적의 기병 수천 명이 그 문을 지나가는 바람에 적의 수중에 떨어져 하마터면 죽을 뻔하였고, 가가장(賈家莊 : 양주성 북쪽에 있음－옮긴이 주)에서는 순찰병에게 능멸과 핍박을 당해 하마터면 죽을 뻔하였고, 밤중에 고우(지금 江蘇省 高郵縣－옮긴이 주)로 가다가 길을 잃어 하마터면 적의 손에 빠져들어 죽을 뻔하였고, 날이 막 밝아올 무렵에 보초병을 피해 대나무 숲 속에 있다가 순찰중인 기병 수십 명을 만나 도망할 곳 없이 하마터면 죽을 뻔하였고, 고우에 도착하자 제치사(制置使)의 관아에서 발포한 공문이 내려와 하마터면 체포되어 죽을 뻔하였고, 성자하(城子河 : 고우현 동쪽에 있음－옮긴이 주)로 가면서 어지러이 널려 있는 시체 속을 통과하였는데 타고 있는 배가 원나라 군대의 보초병과 간발의 차이로 앞뒤로 지나가서 하마터면 뜻하지 않게 적군을 만나 죽을 뻔하였고, 해릉(海陵 : 지금 江蘇省 泰縣－옮긴이 주)에 도착한 뒤 고사(高沙 : 高郵縣 서남쪽 城子河 물가에 있음－옮긴이 주)로 가는데 항상 무고하게 죽을까봐 두려워하였고, 해안(지금 江蘇省 海安縣－옮긴이 주)과 여고(지금 江蘇省 如皐縣－옮긴이 주)를 경유하여 가자면 합쳐 삼백 리 길이 되는데 원나라 군대와 도적들이 그 사이를 출몰하니 죽지 않을 수 있는 날이 하루도 없었고, 통주(通州 : 지금

江蘇省 南通市－옮긴이 주)에 와서는 성안으로 받아주지를 않아 하마터면 죽을 뻔하였고, 조각배로 바다의 고래 같은 파도를 건너는데 어찌할 방법이 없는 상황에서는 벗어났지만 죽음은 본래 도외시하였도다!

(嗚呼! 予之及於死者, 不知其幾矣. 詆大酋, 當死；罵逆賊, 當死；與貴酋處二十日, 爭曲直, 屢當死；去京口, 挾匕首以備不測, 幾自頸死；經北艦十餘里, 爲巡船所物色, 幾從魚腹死；眞州逐之城門外, 幾徬徨死；如揚州, 過瓜州揚子橋, 竟使遇哨, 無不死；揚州城下, 進退不由, 殆例送死；坐桂公塘土圍中, 騎數千過其門, 幾落賊手死；賈家莊幾爲巡徼所陵迫死；夜趨高郵, 迷失道, 幾陷死；質明, 避哨竹林中, 邏者數十騎, 幾無所逃死；至高郵, 制府檄下, 幾以捕繫死；行城子河, 出入亂尸中, 舟與哨相後先, 幾邂逅死；至海陵, 如高沙, 常恐無辜死；道海安如皐, 凡三百里, 北與寇往來其間, 無日而非可死；至通州, 幾以不納死；以小舟涉鯨波, 出無可奈何, 而死固付之度外矣!)

삶과 죽음의 갈림길을 헤매고 지극히 힘들고 어려운 가운데서도, 몸과 마음을 다 바쳐 국가에 충성하고 맹세한 뜻이 변하지 않아 백대 후에도 그 이름이 더욱 빛난다. 이른바 "유명한 재상과 열사들을 합쳐서 한 편의 전기를 짓더라도, 삼천 년 동안에 이와 같은 사람은 두 번 다시 보지 못하네"(名相烈士, 合爲一傳；三千年間, 人不兩見：문천상의 추종자인 王炎午의 <망제문승상문(望祭文丞相文)>)라고 일컬을 만하다. 문천상은 불굴의 기개를 지닌 민족 영웅으로 조금도 손색이 없다.

문천상의 늠름한 정기는 당시의 많은 애국지사와 백성들을 격려하였다. 일찍이 문천상과 같이 민(閩 : 福建省 지역), 월(粤 : 廣東省과 廣西省 지역), 감(贛 : 江西省 지역) 등지를 전전하며 싸운 사고는 송나라가 망한 뒤에도 원나라에 항거하는 활동을 지속하였다.

사고(謝翶 : 1249-1295)는 자가 고우(皐羽)이고 만년의 호는 희발자(晞髮子)이며, 복주(福州) 장계(長溪 : 지금 福建省 霞浦縣) 사람이다. 그는 평민의 신분으로 문천상의 항원(抗元) 투쟁에 자진하여 뛰어들었다. 송나라가 망한 뒤에도 원나라에 항거하는 입장을 견지하고, 여러 차례 높은 곳에 올라 문천상의 장렬한 순국을 통곡하며 제사지냈다. <등서대통곡기(登西臺慟哭記)>는 지극히 감동적인 제문이다. 작자는 늙어서도 문천상의 영령에 "흐느껴 울며 절하기를 그치지 않았다."(泣拜不已.) 사고는 이 글에서 다음과 같이 말하였다.

> 나는 죽은 뒤에 원나라에 항거하여 아무런 공적이 없이 빈손으로 공을 만날 것을 한스러워하지만, 유독 이별할 때의 말이 기억이 나서 생각을 떠올릴 때마다 꿈속에서 그때의 정황을 찾았다. 간혹 산과 강이나 못과 정자, 구름과 산기운이나 풀과 나무 등이 이별한 곳이나 때와 꼭 흡사한 점이 있으면, 전후좌우로 두리번두리번 바라보며 슬퍼하면서도 원나라의 순찰하는 군대에게 들킬까봐 감히 흐느껴 울지는 않았다. 또 3년이 지난 뒤에 고소(姑蘇 : 지금 江蘇省 蘇州市 — 옮긴이 주)를 지나갔다. 고소는 공이 처음으로 막부를 설치하여 지난 날 다스리던 곳이지만, 부차(夫差 : 춘추 시대 吳나라의 왕 — 옮긴이 주)의 고소대(姑蘇臺)를 바라보고서야 비로소 공에게 곡하였다. 또 4년이 지난 뒤에 월왕대(越王臺 : 춘추 시대 越나라 왕 句踐의 누대로, 지금 浙江省 紹興縣에 있음 — 옮긴이 주)에서 공에게 곡하였다. 또 5년이 지난 뒤부터 지금까지는 엄자릉(嚴子陵)의 조대(釣臺)에서 곡하였다.

(予恨死無以藉手見公, 而獨記別時語, 每一動念, 卽於夢中尋之. 或山水池榭, 雲嵐草木, 與所別之處及其時適相類, 則徘徊顧盼, 悲不敢泣. 又後三年, 過姑蘇. 姑蘇, 公初開府舊治也, 望夫差之臺而始哭公焉. 又後四年, 而哭之於越臺. 又後五年及今, 而哭於子陵之臺.)

문천상의 인품이 사람을 깊이 감동시킴을 여기에서 알 수 있다.

송나라의 산문은 수록한 책이 엄청나게 많지만, 지금까지도 ≪전당문(全唐文)≫과 같은 송대 문장 총집(總集)이 세상에 나오지는 않았다. 남송의 여조겸(呂祖謙 : 1137-1181)이 편찬한 ≪송문감(宋文鑑)≫ 150권이 있지만, 시와 부를 함께 수록하고 있는데다 북송의 문학 작품만 수록하였다. 청대 장중방(莊仲方)이 편찬한 ≪남송문원(南宋文苑)≫ 70권과 외편 4권은 실로 ≪송문감≫의 속편으로, 남송 시문만 가려 뽑아 놓았다. 이 두 책은 모두 완벽한 것이 아니어서, 송나라 시대 산문의 편찬과 정리라는 진일보한 과제는 우리에게 남겨져 있다. 근년에 사천대학(四川大學) 중문과 '고전문학교육연구실'(古典文學教研室)에서 뽑아 주석을 단 ≪송문선(宋文選)≫이 출판되었는데, 수록된 작자는 모두 70명이고 문장은 119편이며 해제와 주석이 붙어 있어 초학자와 연구자가 참고할 만하다. 다만 수록된 작품이 너무 편중되어 있어, 송대 문장의 전모를 들여다보기가 어려운 점이 아쉽다.

제9장 원(元) · 명(明) · 청(淸) 산문

중국 봉건사회의 발전은 원(元) · 명(明) · 청(淸) 시기에 이르러 쇠락의 길로 접어들어 점차 몰락의 단계로 나아갔다고 할 수 있다. 명나라 초기에 자본주의 맹아에 해당하는 경제적 요소가 나타나서, 명대 중기 이후에 다소 발전하기도 했다. 모택동(毛澤東 : 1893-1976)이 <중국혁명과 중국공산당(中國革命和中國共産黨)>에서 말한 것처럼 "만일 외국 자본주의의 영향이 없었다면 중국도 완만하게 자본주의 사회로 발전하였을 것이다."(如果沒有外國資本主義的影響, 中國也將緩慢地發展到資本主義社會.) 그러나 아편전쟁(鴉片戰爭) 이후 자본주의 열강의 침략으로 말미암아, 중국은 마침내 반봉건(半封建), 반식민지(半殖民地) 사회로 전락하고 말았다.

13세기 1270년대부터 19세기 1840년대까지 기나긴 500여 년 동안에 중국 고대문학은 진일보한 발전을 이루었다. 문학가도 많고, 작품도 무수히 많았다. 어떤 사람의 통계에 의하면 "겨우 90여 년의 역사를 지닌 원나라 왕조에 수백 명의 시문집이 지금까지 남아 있으며, 명청 양대의 시문별집(詩文別集)은 수 천 종에 달한다. ≪명시기사(明詩紀事)≫라는 책에 4,000여 사람의 작품이 수록되어 있고, 청대의 시문 작가는 아마도 10,000명은 넘을 것이다."(歷時僅有九十餘年的元朝就有數百人的詩文集傳留至今, 明清兩代的詩文別集有幾千種之多. 一部≪明詩紀事≫輯錄了四千餘人的作品, 清代的詩文作者可能超過萬數 : 미치국(米治國) 편, ≪원명청시문선(元明淸詩文選)≫) 이러한 상황은 우리가 진지하게 생각하고 연구할 만한 가치가 있다. 원·명·청 시기에 문학의 발전은 다음 두 가지 점에 잘 나타나 있다. 우선 이 시기에 소설과 희곡이 전에 없이 번성하여, 관한경(關漢卿 : 1246 전후)이나 왕실보(王實甫 : 1234 전후)와 같은 위대한 극작가와 조설근(曹雪芹 : ?-1763), 나관중(羅貫中 : 1330-1400 전후), 시내암(施耐庵 : 1368 전후), 오승은(吳承恩 : 1510?-1582?)과 같은 위대한 소설가들이 출현하였다. 그 다음으로 시가와 산문도 새로운 탐색과 발전을 이루었다. 많은 시인들과 산문가들은 자신의 작품을 통해 중국 봉건사회 말기의 온갖 모순들이 복잡하게 뒤엉킨 사회생활을 생생하고 진실되게 반영하였으며, 계급과 계층이 다른 사람들의 사상과 감정을 표현하고 토로하여 시문이 원·명·청 문학의 빼놓을 수 없는 구성 요소가 되었다.

여기에서 우리는 영향력이 있는 작가와 작품을 중심으로 원·명·청대의 산문을 소개하고자 한다. 원나라 세조(世祖) 지원(至元) 16년(1279)부터 청나라 선종(宣宗) 도광(道光) 20년(1840)까지 561년간 산문 창작의 성취가 비록 두드러진 성취를 이룬 선진(先秦), 양한(兩漢), 당송(唐宋) 시기에는 미치지 못하지만, 만족스러운 성과를 거두었을 뿐 아니라 나름대로의 특징도 가지고 있다. 원·명·청 산문이 실제로 거둔 성취를 충분히 인정하고, 원·명·청 산문의 특징들을 구체적으로 밝히는 것은 우리가 중국 고대산문 발전의 역사적 맥락을 완전하게 이해하고 파악하는 데에 큰 보탬이 될 것이다.

원나라 때는 문인들에게 어려움이 많았던 시대였기 때문에, 산문 작가의 수가 적고 사람들에게 깊은 인상을 남긴 작품도 많지 않은 것 같다. 원나라는 몽고족(蒙古族)이 중국에 세운 왕조로, 300여 년간 중국 내에 몇 개의 정권이 병존하는 국면을 종식시켰다. 그러나 원나라 왕조의 통치는 잔혹한 계급 압박과 민족 압박의 기초 위에 세워진 것이었다. 원나라 때의 잡극(雜劇) 작가는 사회적 지위가 매우 낮아 핍박 받는 하층민과 가깝고 말투도 서로 통한 관계로, 원 잡극의 내용을 풍부하고 깊이 있게 하여 빛나는 성취를 이루었다. 잡극과 비교하면 원나라 때의 시문(詩文)은 분명 부족함이 드러난다. 그 내면적인 주된 원인의 하나가 바로 원나라 때에 시문 작가와 잡극 작가의 처지가 크게 달랐다는 점이다. 원나라 때의 시인과 산문가는 절대 다수가 말단 관직을 가지고 있었고, 일부는 높은 지위의 고관이기도 했다. 그들은 하층민들과 멀리 떨어져 있고, 오로지 원나라 통치자들의 비위를 거스를까봐 두려워하였기 때문에, 현실성이 강한 작품을 써내기가 매우 어려웠다. 원나라 때의 산문이 걸어간 것은 당송(唐宋)을 모방하고 그대로 따라가는 길이어서, 황량하고 적막한 국면을 드러내었다. 아래에 원나라 때의 몇몇 산문 작가를 간단하게 소개하겠다.

유인(劉因 : 1249-1293)은 자가 몽길(夢吉)이고 호가 정수(靜修)이며, 하북(河北) 용성(容城 : 지금 徐水) 사람이다. 대대로 유학을 받들어 온 집안 출신으로 이학(理學)에 정통하였으나, 벼슬길에 연연하지 않고 학생들을 가르치는 것을 자신의 본업으로 삼았다. 원나라 세조(世祖) 19년(1278)에 일찍이 부름을 받고 조정에 들어가 찬선대부(贊善大夫)가

되었으나, 얼마 지나지 않아 사직하고 돌아갔다. 28년(1287)에 세조가 또 그를 불러 집현학사(集賢學士)로 삼으려고 했으나 자신의 뜻을 굽히지 않고 나아가지 않았다. 이 때문에 원 세조는 일찍이 그를 '부름에 응하지 않는 신하'(不召之臣)라고 칭하였다. 저서로는 ≪정수집(靜修集)≫이 있다.

유인은 민족의 전통문화를 옹호하는 사상과 감정에 근거하여 남송(南宋)을 그리워하는 정을 토로한 시(詩)와 사(詞)를 더러 지었는데, 산문도 어느 정도의 성취를 이루었다. <효자전군묘표(孝子田君墓表)>에서는 몽고 병사들이 보주(保州)에서 평화롭게 사는 주민들을 대량 학살한 죄상을 폭로하고, <망천도기(輞川圖記)>에서는 왕유(王維 : 701-761)가 절개를 잃었으면서도 스스로 청렴하고 고결하다고 뽐낸 것을 비난하였으며, <상재상서(上宰相書)>와 <무수양옹유사(武遂楊翁遺事)>에서는 동란 시대 지식인의 굴욕과 애원의 심정 및 일반 백성들의 불행한 처지를 표현하여 모두 사회적 의의가 있다.

<망천도기>는 유인의 산문 중에서 대표성을 지닌 작품이다. 망천(輞川) 산장(山莊)은 당(唐)나라 때의 유명한 시인인 왕유의 별장이다. 망천도(輞川圖)는 왕유가 직접 망천 산장의 풍경을 그린 명화이다. <망천도기>는 유인이 왕유의 망천도를 보고 난 뒤에 쓴 발문(跋文) 성격의 문장이다. 옛날부터 그림에 붙인 발문은 주로 화법(畫法)의 우열을 논하는 것을 주요 내용으로 삼았는데, 유인이 쓴 이 글은 그림을 그린 사람의 인품과 덕성을 언급하고 남송을 애도하는 심정을 기탁하기도 하여, 참으로 일거에 많은 것을 얻었다고 할 만하다. 문장은 시작부터 왕유의 시집에서 말한 망천의 경물과 그림 속의 내용을 대응시켜 설명하고, 바로 이어 "강과 산은 웅장하고 아름다우며 화초와 나무는 윤기

나고 빼어나서, 사람이 그곳을 서성이며 화집을 어루만지다가 덮는 것조차 잊어버리게 하고, 그곳에 초가집을 짓고 여생을 보내고 싶은 생각으로 가득 차게 해주어 진(秦 : 陝西省의 망천 산장이 있는 지역-옮긴이 주) 땅이 내 고국 땅이 아니라는 사실을 모르게 해준다"(江山雄勝, 草木潤秀, 使人徘徊撫卷而忘掩, 浩然有結廬終焉之想, 而不知秦之非吾土也)라는 멋들어진 문장으로 이어져 있다. 이는 그림을 그린 사람의 기법이 빼어나서 사람을 황홀한 경지로 끌어 들여, 망천에 가서 여생을 보내고 싶은 생각이 들도록 하는 것을 칭찬한 대목이다. 그리고 "진 땅이 내 고국 땅이 아니다"(秦之非吾土也)라는 구절은 그가 이전 왕조를 그리워하는 심정을 곡절하게 표현한 것이다. 작자는 왕유가 빼어난 재주를 지녔고 관직 또한 매우 높아서 천하 사람들이 다 "그를 고상한 사람으로 지목했지만"(以高人目之), 그가 안록산(安祿山 : ?-757)의 난 때 포로가 되어 적에게 항복하였으므로 "인품은 이미 말할 게 못 된다"(人品已不足道)고 하면서 설사 "시에 능하고 그림에 능하다"(能詩能畵)고 하더라도 "주인을 배반하고 도적을 섬긴"(背主事賊) 큰 과오는 덮어버릴 수 없다고 여겼다. 글의 전개가 이쯤에 이르자, 작자는 대단히 감개무량해하며 식견 있는 일단의 의론을 펼쳤다.

> 아! 사람의 큰 절개가 한번 꺾이고 나면 모든 일이 다 엉망진창이 되니, 대저 팥배나무처럼 백대의 기념이 될 만한 것도 사람들은 모두 제사 때 한번 쓰고 버리는 짚으로 만든 개처럼 여긴다. 저 문학과 예술의 출중하고 빼어난 성취에 힘 입어 스스로 이름을 날리려는 사람들도 마땅히 이 점에 근거하여 스스로 반성해야 할 것이다.
> (嗚呼! 人之大節一虧, 百事塗地, 凡可以爲百世之甘棠者, 而人皆得以芻狗之. 彼將以文藝高逸自名者, 亦當以此自反也.)

우리는 유인의 이 글이 그림을 통해 사람에게 미치고, 그림을 평가하는 가운데 인물에 대한 논평을 하고 있음을 알 수 있는데, 이 점 또한 예리한 안목으로 어떤 일을 빌어 자신의 생각을 충분히 잘 표명한 것이다. 유인의 산문에도 부족한 것이 있으니, 도학적 냄새가 풍기는 봉건 설교가 많이 섞여 있다는 점을 지적하지 않을 수 없다.

등목(鄧牧 : 1247-1306)은 자가 목심(牧心)이고, 전당(錢塘 : 지금 浙江省 杭州市) 사람이다. 그는 출신이 미천하였지만 명예와 이익에 담담하여 평생토록 벼슬하지 않았으며, 명산대천의 유람을 좋아하다가 만년에 여항(餘杭)의 대척산(大滌山)에 은거하였다. 저서로는 ≪통소도지(洞霄圖志)≫, ≪백아금(伯牙琴)≫, ≪통소시집(洞霄詩集)≫ 등이 있다. 그의 정치 논설문인 <군도(君道)>와 <이도(吏道)>는 봉건 시대의 폭군과 포악한 관리들이 백성을 마구 짓밟는 죄악을 집중적으로 폭로하였다. 그들이 "백성을 다스린다"(理民)는 명분을 내세웠지만, 실제로는 "백성들의 먹을 것을 빼앗고"(奪其食) "백성들의 힘을 부역으로 탕진시킬"(竭其力) 뿐이어서, 백성들이 반란을 일으키지 않을 수 없도록 핍박한 것을 지적하였다. 원나라 초기의 통치가 삼엄한 상황에서, 그가 이와 같은 견해를 피력할 수 있었던 것은 특기할 만한 일이다. 등목의 정치 평론 문장은 언사(言詞)가 예리하고 감정이 격렬하다. 이를테면 "요순과 같은 임금이 되고자 하는 것은 천하 사람들이 임금이 되기를 즐거워하지 않게 하는 것만 못하고, 진나라와 같은 나라가 되고자 하는 것은 도적이 천하를 다투는 것을 이상하게 여기지 않는 것만 못하다"(欲爲堯舜, 莫若使天下無樂乎爲君 ; 欲爲秦, 莫若勿怪盜賊之爭天下 : <군도(君道)>)와, "지금의 어떤 관리는 벼슬이 높은 자는 식읍이 수만 호에 달하고, 낮은 자도 비록 생계를 부양할 고정된 봉록이 없다고는 하나 또한 서로 패거리를 지어 결탁하여 먹을거리를 챙겨 그 농사짓는 일을 대신하여 농부 수십 명의 힘으로도 받들 수 없는 자가 있으니, 불초하고 할 일 없이 빈둥거리는 자들로 하여금 종종 관리의 대열에 끼어들게 한다"(今一吏, 大者至食邑數萬, 小者雖無祿養, 則亦並緣爲食以代其耕, 數十農夫力有不能奉者, 使不肖遊手往往入於其間 : <이도(吏道)>) 등과 같은 작품은 창끝이 원나라 조정의 통치 집단을 직접 겨냥하고 있다. 등목의 우언(寓言) 작품인 <이계(二戒)>와 유기(遊記)인 <설두유지(雪竇遊志)>는 길이가 짤막하지만 세련되고 힘차며, 간략한 문장에 풍부한 뜻을 담아 유종원(柳宗元 : 773-819)의 예술 풍격과 비슷하다.

오징(吳澄 : 1249-1333)은 자가 유청(幼淸)이고, 무주(撫州) 숭인(崇仁 : 지금 江西省에 속함) 사람이다. 원나라 초기의 유명한 학자로, 저서에 ≪초려집(草廬集)≫이 있다.

오징의 <송하태허북유서(送何太虛北遊序)>는 논리가 엄밀하고 이치 설명이 철저하고 치밀하며, 언어가 유창한 논변류(論辨類)의 산문이다. 작자는 하태허의 "영민한 자질"(穎敏之資)과 "각고 노력하는 학문"(刻厲之學) 및 "자신을 닦아 남에게 알려지기를 구하지 않고"(修於己不求知於人) "입으로는 일찍이 작위와 봉록을 말하지 않으며, 눈으로는 일찍이 권세를 쳐다보지 않은"(口未嘗談爵祿, 目未嘗睹權勢) 인품과 도덕을 찬양하였다. 반면에 "눈을 가리고 귀를 막으며"(蔽目塞聽) "문밖을 나가지 않고 천하를 안다"(不出戶, 知天下)는 노장(老莊)의 학문 태도를 비판하고, 여러 곳을 돌아다니며 얻은 이름을 빌어 높은 사람을 찾아다니며 봉록을 구하는 실리 챙기기에 급급한 범속한 무리들을 규탄하였다. 이를 통해 시야를 넓히고 지식을 증가시키며, 사방을 두루 유람하고 포부를 굳건히 하는 중요성을 강조하였다.

이효광(李孝光 : 1285-1350)은 자가 계화(季和)이고 온주(溫州) 낙청(樂淸 : 지금 浙江省에 속함) 사람이다. 일찍이 안탕산(雁蕩山)에 은거하였으나 원나라 순제(順帝) 때 부름에 응하여 관리가 되었다. 이효광의 산문은 진한(秦漢)을 본뜨고, 당시의 풍조를 따르지 않았다. 그의 저서로는 ≪오봉집(五峰集)≫이 있다. 대룡추(大龍湫)는 전국에 널리 소문난 폭포로, 절강성 동남쪽의 안탕산에 자리하고 있다. 이효광의 <대룡추기(大龍湫記)>라는 유기(遊記)는 안탕산의 수려한 풍경을 묘사하여 대룡추 폭포의 위용과 모습을 살아 있는 것처럼 생생하게 그리고 있으며, 또 유람객들의 변화무상한 심리 상태를 끼워 넣어 작자의 감정과 주변 경치가 서로 융합된 경지에 도달하였다. 그의 붓끝에서 대룡추 폭포의 성대한 위용이 눈앞에 선하게 나타난다.

> 꺾어 돌아서 동엄(東崦)으로 들어가면 큰물이 하늘에서 지상으로 떨어지는 것을 바라보게 되는데, 사면의 절벽에 걸려 있지 않고, 머뭇거리며 오래도록 떨어지지 않는 듯하다가, 갑자기 솟아져 나와 떨어지는데 마치 요란하게 울리는 천둥소리와 같다. 동암지(東巖趾)에는 낙거나암(諾詎那庵) 있어 대여섯 걸음쯤 떨어져 있는데, 산바람이 가로질러 불어오고 물이 흩날려 사람을 적신다. 곧바로 암자로 들어가 물을 피하지만, 흰 포말들이 집안으로 날아 들어와 마치 폭우가 내리는 듯하다. 폭포의 물이 떨어져 큰 못의 수면을 내려찧는 소리는 요란하기가 만 명이 두드리는 북소리와 같다. 사람들이 서로 말을 하려고

해도 입이 벌려진 것만 보이고 소리는 전혀 들리지 않아, 서로 돌아보며 크게 웃고 만다.

(折而入東巘, 則仰見大水從天上墮地, 不掛著四壁, 或盤桓久不下, 忽迸落如震霆. 東巖趾有諾詎那庵, 相去五六步, 山風橫射, 水飛著人. 直入庵避, 餘沫迸入屋, 猶如暴雨至. 水下搗大潭, 轟然萬人鼓. 人相持語, 但見口張, 不聞作聲, 則相顧大笑.)

종사성(鍾嗣成)은 생졸 연대가 미상으로, 자가 계선(繼先)이고 원나라 초기의 대량(大梁 : 지금 河南省 開封市) 사람인데, 13세기 말에서 14세기 초에 걸쳐 살았다. 그는 항주(杭州)에서 오래 살면서 동시대의 잡극 작가들과 널리 교제하였지만, 손수 지은 잡극은 이미 모두 전해지지 않는다. ≪녹귀부(錄鬼簿)≫는 그가 편찬한 원나라 시대 잡극 작가들의 사적을 기록한 책으로, 그들의 작품 목록을 작성하고 그와 동시대 또는 선배 작가 151명을 언급하고 있어 원나라 때의 잡극을 연구하는 데 중요한 자료이다.

종사성의 <녹귀부서(錄鬼簿序)>는 필치가 발랄하며 기세가 넘치고 감정이 풍부한 잘된 글이다. 작자는 "가문이 비천하고 직위가 높지 않지만, 재주가 뛰어나고 식견이 풍부한"(門第卑微, 職位不振, 高才博識) 잡극 작가들을 높이 찬양하여, 그들의 큰 성취와 공적은 마치 "해와 달처럼 환히 빛나고 세차게 흐르는 물과 우뚝 솟은 산처럼 영원히 사라지지 않는다"(日月炳煥, 山川流峙)고 하고, 아울러 유가(儒家)의 정통 관념을 교묘하게 비웃고 풍자하였다. 어떤 이가 이 서문은 기뻐서 웃고 성이나 욕하며, 신랄하고 가혹하기까지 한 풍자소품의 특징을 지니고 있다고 한 것은 일리가 있다.

원나라 말의 농민 대봉기는 88년에 걸친 원나라 왕조의 통치를 전복시켰다. 1368년에 명 태조(太祖) 주원장(朱元璋)이 명나라 왕조를 건립하였다. 명나라 왕조는 원나라 말 농민 대봉기의 열매를 탈취하여 세워진 것이다. 주원장은 자신의 통치를 공고하게 하기 위하여 정치적으로는 봉건적이고 전제주의적인 중앙집권 제도를 수립하고, 경제적으로는 백성들을 이주시켜 황무지를 개간하고 조세 부담을 경감시키고 수리 사업을 일으켜, 원나라 말 전쟁 통에 도망친 사람들이 다시 고향 땅으로 돌아가도록 촉구하였다. 이로 말미암아 사회와 경제가 점진적으로 회복되기 시작하여, 생산력이 상당히 발전하고 명나라 초기 사회와 경제가 일시적인 번영과 안정을 이루었다. 하지만 명나라 초에는 산문이 아직 발전하지 않았다. 명나라 초의 통치자는 한편으로는 구슬려 회유하는 수단을 취하고 다른 한편으로는 고압적인 정책을 실시함으로써, 당시 문인들은 사소한 것에도 신경 쓰지 않을 수 없었고 가능한 정치를 멀리하여 산문 중에 사회 현실을 반영한 작품은 극히 드물었다. 게다가 통치자들은 이학(理學)을 제창하고, 팔고문(八股文)으로 관리를 뽑는 방법을 규정하였다. 이처럼 사상의 금고(禁錮)를 목적으로 하는 일련의 조치들은 산문과 다른 문학 양식의 발전에 모두 불리하였다. 당시의 문단에는 삼양(三楊 : 楊士奇, 楊榮, 楊溥)을 대표 인물로 하는, 권세에 아첨하고 서로 의례적으로 주고받는 열악한 문풍, 즉 '대각체(臺閣體)'가 유행하기 시작하였다. 이 '온화하고 점잖으며 전아한'(雍容典雅) '대각체' 시문은 내용적으로 공덕을 칭송하고 현실을 보기 좋게 꾸미고, 예술면에서도 단조롭고 평범하여 아무런 생기가 없다.

명나라 초기 산문의 대표 작가는 유기와 송렴이다. 유기(劉基 :

1311-1375)는 자가 백온(伯溫)이고 청전(青田 : 지금 浙江省에 속함) 사람이며, 저서로는 ≪성의백문집(誠意伯文集)≫이 있다. 그는 명나라 초의 우수한 산문가로, 그의 작품은 예스럽고 소박하며 웅혼한 풍격을 지니고 있다. 유기의 산문집 ≪욱리자(郁離子)≫는 그가 명나라에 들어가기 전에 은거할 때 지은 것으로, 그 속에는 발랄하고 날카로운 우언과 소품문이 적지 않다. 이 책은 18장으로 나뉘어져 있고 모두 195편인데, 우언과 욱리자의 의론을 서로 번갈아 쓴 것이다. 서일기(徐一夔)는 <욱리자서(郁離子序)>에서 이 책의 창작 의도가 "대체로 원나라 왕실의 폐단을 바로 잡기 위해 격분하여 말한 것이다"(大概矯元室之弊, 有激而言也)라고 하였다. 이 책이 비록 봉건 정통사상을 널리 알렸다고는 하지만, 일부 우언은 통치 계급의 기만과 착취, 백성들을 박해한 죄상을 객관적으로 폭로하기도 했다. 예를 들면 <초유양저이위생자(楚有養狙以爲生者)>라는 우언에서 작자는 통치계급의 부패와 무능 및 탐욕적인 버릇을 비판하였다.

> 초(楚)나라에 긴팔원숭이를 길러 생계를 유지하는 사람이 있었는데, 초 땅 사람들이 그를 저공(狙公)이라고 불렀다. 아침에 반드시 뜰에서 긴팔원숭이 무리를 모아 정렬하고, 늙은 긴팔원숭이를 시켜 그들을 이끌고 산으로 가서 초목의 열매를 채취하게 한 뒤 십분의 일을 부과하여 자기의 몫으로 향유하였다. 어떤 긴팔원숭이들이 주려고 하지 않으면 채찍질을 가하였다. 이 원숭이 무리들이 다 그 사람 때문에 두렵고 괴롭게 여겼지만, 감히 거스르지를 못했다. 하루는 새끼 긴팔원숭이 한 마리가 긴팔원숭이 무리에게 말하였다.
>
> "산의 열매는 저공이 심은 것입니까?"
>
> 긴팔원숭이 무리가 대답한다.

"아니다. 다 저절로 난 것이다."

새끼 긴팔원숭이가 또 묻는다.

"저공이 아니면 채취할 수 없습니까?"

긴팔원숭이 무리가 대답한다.

"아니다. 누구든지 다 채취할 수 있다."

새끼 긴팔원숭이가 또 묻는다.

"그렇다면 내가 무엇 때문에 저 사람에게 기대어 그를 위해 수고를 합니까?"

말이 다 끝나기 전에 긴팔원숭이 무리들이 다 깨달았다. 그날 밤에 그들은 함께 저공이 잠들기를 기다렸다가 울타리를 헐고 우리를 부수고 나서 저공이 쌓아둔 열매를 취하여 서로 이끌고 숲속으로 들어가 다시는 돌아오지 않았다. 저공은 마침내 굶어 죽었다.

(楚有養狙以爲生者, 楚人謂之狙公. 旦日必部分群狙於庭, 使老狙率以之山中, 求草木之實, 賦什一以自奉. 或不給, 則加鞭箠焉. 群狙皆畏苦之, 弗敢違也. 一日有小狙謂衆狙曰 : "山之果, 公所樹與?" 曰 : "否也, 天生也." 曰 : "非公不得而取與?" 曰 : "否也, 皆得而取也." 曰 : "然則吾何假於彼而爲之役乎?" 言未既, 衆狙皆寤. 其夕相與伺狙公之寢, 破柵毁柙, 取其積, 相携而入於林中, 不復歸. 狙公卒餒而死.)

이 우언은 백성들이 하루아침에 각성하게 되면 떨쳐 일어나 착취와 박해에 반항한다는 것을 표명하여, 일하지 않고 거두어들이는 착취자와 박해자의 비참한 말로를 지적하고 있다. 글속에서 새끼 긴팔원숭이의 문제 제기와 뭇 원숭이의 대답을 묘사함에 있어, 단계적으로 깊이 들어가고 한 걸음씩 압박해 들어가는 솜씨가 생동적이면서도 자연스럽고, 발랄하면서도 흥미 있어서 문장의 주제 사상을 잘 부각시키고 있다.

유기의 <사마계주논복(司馬季主論卜)>은 비유를 널리 구사하고 생동감 있는 필치로, 그가 점복(占卜)을 믿지 않으면서도 숙명론의 틀을 벗어나지 못하는 모순을 표현하고, 벼슬길에 대한 불만과 짐짓 달관한 체하는 고민을 숨김없이 드러내고 있다. 그러나 작자가 사람의 능동적인 작용을 강조한 사상은 깊이가 있다. 다음 대목에 그런 생각이 엿보인다.

> 하늘의 도는 무엇을 가깝게 여기는가? 오직 덕이 있는 사람을 가깝게 여긴다. 귀신은 어째서 영험한가? 사람과 인연을 맺고 있기 때문에 영험하다. 대저 시초는 마른 풀이고, 거북은 마른 뼈로 모두 사물이다. 사람이 사물보다 영험하니, 어찌하여 스스로에게 듣지 않고 사물에서 들으려 하는가?
> (天道何親? 惟德之親；鬼神何靈? 因人而靈. 夫蓍, 枯草也；龜, 枯骨也, 物也. 人, 靈於物也, 何不自聽而聽於物乎?)

유기의 <매감자언(賣柑者言)>은 원래부터 칭송을 받아온 우수한 산문 작품이다. 이 우언은 귤을 파는 사람의 의론을 빌어 원나라 말에 세상을 속이고 이름을 도둑질하는 봉건 관료들의 "겉모습은 금이나 옥과 같고, 속은 헌솜과 같은"(金玉其外, 敗絮其中) 썩어빠진 본질을 비꼬고 풍자하였다. 작자는 실제로 봉건 통치자에게 진언하여 마땅히 현명한 인재를 등용하고 유능한 사람에게 자리를 주어 관료정치를 개혁해야 한다고 하였다. 이 글은 구체적인 일을 들어 그 속에 이치를 깃들이고 있는데, 비유가 참신하고 정교하며 문필이 예리하여 사람을 깊이 생각하게 해준다. 비슷한 구조나 리듬을 지닌 어구와 설문(設問)

으로 된 구절을 다량으로 구사하여 문장의 기세와 설득력을 증가시키고 있다. 귤을 파는 사람의 의론은 자못 깊이가 있고 치밀하다.

세상에는 사기꾼이 적지 않으니 어찌 저 뿐이겠습니까? 당신께서 생각하지 못하셨을 뿐입니다. 오늘날 무릇 호부(虎符 : 구리로 호랑이 모양으로 만든 兵符로, 군왕이 군대를 이끌고 출정하는 장군에게 그 반쪽을 주어 신표로 삼는 부절—옮긴이 주)를 차고 호랑이 가죽에 앉은 자는 나라를 수호할 수 있는 인재인 양 위풍당당한데, 과연 손무(孫武)와 오기(吳起)의 책략을 전수할 수 있습니까? 큰 관을 높이 쓰고 긴 요대를 늘어뜨린 자는 국가를 잘 다스릴 수 있는 조정의 중신인 양 기세등등한데, 과연 이윤(伊尹)과 고요(皐陶)와 같은 공적을 세울 수 있습니까? 도적들이 일어나도 막아낼 줄 모르고, 백성들이 곤궁해도 구제할 줄 모르고, 관리가 간악해도 그치게 할 줄 모르고, 법제가 부패해도 바르게 다스리지 못하고, 앉아서 국고의 양식을 낭비하면서도 부끄러운 줄을 모릅니다. 그들이 높은 자리에 앉아 있고 큰 말을 타며, 진하고 좋은 술을 취하도록 마시고 기름지고 신선한 음식을 배불리 먹는 것을 보면, 누군들 두려워 할 만큼 높고 크며, 본받을 만큼 기세등등하지 않겠습니까? 또 어느 곳을 간들 겉모습은 금이나 옥과 같고, 속은 헌솜과 같지 않겠습니까?

(世之爲欺者不寡矣, 而獨我也乎? 吾子未之思也. 今夫佩虎符, 坐皐比者, 洸洸乎干城之具也, 果能授孫吳之略耶? 峨大冠, 拖長紳者, 昂昂乎廟堂之器也, 果能建伊皐之業耶? 盜起而不知御, 民困而不知救, 吏奸而不知禁, 法斁而不知理, 坐糜廩粟而不知恥. 觀其坐高堂, 騎大馬, 醉醇醲而飫肥鮮者, 孰不巍巍乎可畏, 赫赫乎可象也? 又何往而不金玉其外、敗絮其中也哉?)

유기의 서술문(記敍文) 또한 자못 특색이 있다. 그의 <송풍각기(松風

閣記)>는 상하 두 편으로 되어 있다. 작자는 일련의 비유로써 산(山) 소나무의 모양과 소리를 핍진하게 구체적으로 묘사하였기 때문에, 사람들이 그곳에 직접 가 있는 듯한 깊은 인상을 준다.

명나라 초기에 영향력이 있는 산문가로는 또 송렴이 있다. 송렴(宋濂 : 1310-1381)은 자가 경렴(景濂)이고 포강(浦江 : 지금 浙江省 金華縣) 사람으로, 어릴 적부터 글재주로 이름을 떨쳤다. 원나라 지정(至正) 연간에 한림원(翰林院) 편수(編修)로 발탁되었으나, 굳이 사양하고 부임하지 않고 산으로 들어가 은거하여 저술에 종사하였다. 명나라 때에 강남제거(江南提擧), ≪원사(元史)≫ 편찬 총책, 국자감(國子監) 사업(司業), 시강학사(侍講學士), 한림학사승지지제고(翰林學士承旨知制誥) 등의 관직을 두루 역임하였다. 연로하여 고향으로 돌아와 있다가 사건에 연루되어 사천(四川)으로 유배 가던 도중에 죽었는데, 저서로는 ≪송학사전집(宋學士全集)≫이 있다. 송렴은 원·명 교체기의 대산문가로서 유가(儒家)의 봉건 도통(道統) 계승을 자신의 임무로 삼아, 산문 창작에 있어 '경전을 으뜸으로 삼고'(宗經) '옛것 본받기를'(師古) 강력하게 주장하고 당송(唐宋)을 본떴다. 그의 문장은 내용이 깊이 있고 두터우며, 글의 표현이 풍부하고 화려하다. 또 세련되고 우아하며, 여유가 있고 변화가 많다. 송렴은 더욱이 전기적 성향의 산문을 쓰는 데에 뛰어났다. 그의 <진사록(秦士錄)>은 몇 가지 특징적인 세목을 포착하여, 문무를 겸비한 재주를 품고도 펼 기회를 만나지 못한 등필(鄧弼)이라는 진(秦) 땅 출신 명사의 형상을 생생하게 묘사하여, 우리들로 하여금 봉건사회의 인재 박해에 대단히 분개하게 한다. 글속에서 소(蕭)·풍(馮) 두 서생에 대해 조롱한 부분도 매우 익살스럽고 생동감이 넘친다.

그의 <기이가(記李歌)>는 하층 부녀자들이 자신을 깨끗이 지키고 악에 항거하는 고귀한 인품과 덕성을 찬양한 전기 작품이다. 주인공인 이가(李歌)는 비록 기생의 가문에서 태어났지만, 자신의 존엄을 굳게 지키고자 하였다. 즉 "나이 14세 때 어머니가 그녀에게 노래와 춤을 가르치자, 이가는 발끈 화를 내며 말하기를 '사람들은 다 짝이 있는데, 저는 어찌하여 홀로 기생이 되어야 합니까?'"라고 하며, "흰 비단저고리와 흰색 치마"(縞衣素裳)를 고집하고, 현령(縣令)을 포함한 부자들과 불량소년들의 유혹이나 업신여김을 단호히 거절하고 그것에 반항하였다. 시집간 뒤 남편과 함께 난리를 만나 절개를 지키다가 결국 남편을 따라 죽었다. 그녀의 굳센 지조는 봉건도덕에서 말하는 정절과는 본질적인 차이가 있다.

송렴은 매우 간략한 필치로 살아 있는 것처럼 생동감이 넘치는 인물의 모습을 묘사하는 데에 뛰어났다. <왕면전(王冕傳)>은 왕면이 어려서부터 배우기를 좋아하여 매번 소 방목을 잊어버리는 것을 서술하였다.

> 칠팔 세 때 부친이 밭두둑에서 소를 먹이라고 명하였다. 그는 몰래 학교에 들어가 여러 학생들이 책을 암송하는 소리를 듣곤 하였는데, 한번 들으면 바로 외워버렸다. 날이 저물어 돌아올 때 먹이던 소를 잊어버리곤 하였다. 어떤 사람이 소를 끌고 와서 자기네 밭을 짓밟아 놓은 것을 질책함에, 부친은 화가 나서 그를 매질하였다. 그 뒤 얼마 지나지 않아 또 처음과 같았다.
>
> (七八歲時, 父命牧牛隴上. 竊入學舍, 聽諸生誦書, 聽已, 輒默記. 暮歸, 忘其牛. 或牽牛來責蹊田, 父怒, 撻之. 已而復如初.)

몇 글자 되지 않는 담담한 필치로 왕면이 배우기를 좋아하여 미친 듯이 몰두하는 태도를 두드러지게 나타내었다. 이 글에서는 또 왕면이 의승사(依僧寺)에서 살면서 전심전력을 기울여 애써 공부하는 정경을 다음과 같이 표현하였다.

> (왕면은) 밤이면 몰래 나와 불상의 무릎 위에 앉아 책을 들고 장명등(長明燈 : 불상 앞에 밤새도록 밝혀져 있는 등불—옮긴이 주)에 비추어 읽었는데, 낭랑한 목소리로 날이 환히 밝을 때까지 읽었다. 불상은 대부분 흙으로 만들어진 토우로 모질고 사납게 생겨 무서울 만했지만, 왕면은 어린 아이임에도 불구하고 마치 보지 못한 것처럼 태연하였다. (夜潛出, 坐佛膝上, 執策, 映長明燈讀之, 琅琅達旦. 佛像多土偶, 獰惡可怖, 冕小兒, 恬若不見.)

흙으로 만들어진 불상의 흉악한 모습이 전심으로 독서에 몰두하는 왕면에게는 전혀 신경 쓸 거리가 되지 않았다. 이는 정말 생동하는 필치로 매우 감동적이다.

홍무(洪武) 11년(1378)에 지은 <송동양마생서(送東陽馬生序)>는 송렴 산문의 대표작이다. 이 글은 상세하고 생생한 필치로 작자 자신이 소년 시절에 집안이 가난하여 겪은 온갖 어려움을 어떻게 극복하고 각고의 노력을 기울여 학문을 하고 정중하게 스승을 찾아 공부했는지의 경력을 서술하고 있다. 문장이 소박하고 수식이 없으며, 명확하고 유창하며, 진지하고 감동적이다. 예를 들면 그는 어려서부터 남의 책을 빌려 읽었는데, 근면하면서도 약속을 잘 지켰음을 다음과 같이 서술하고 있다.

> 매번 장서가에게 책을 빌려 손수 직접 베껴 쓰고, 날수를 계산하여

반납하였다. 날씨가 대단히 추워 벼루의 먹물이 얼어붙고 손가락이 잘 펴지지 않아도 게을리 하지 않았다. 베껴 쓰기가 끝나면 달려가 책을 돌려주었는데, 감히 조금이라도 약속 기일을 넘기지 않았다.

(每假借於藏書之家, 手自筆錄, 計日以還. 天大寒, 硯冰堅, 手指不可屈伸, 弗之怠. 錄畢, 走送之, 不敢稍逾約.)

사건의 서술이 매우 간명하면서 요점을 찌르고 있다. 또 다른 예를 들면, 그가 스승을 찾아 배우려는 마음이 지극하여 천신만고를 두려워하지 않았음을 서술한 경우를 보자.

내가 스승을 좇아 배울 때에 책상자를 등에 짊어지고 신을 끌며 깊은 산과 큰 계곡으로 들어갔다. 지독한 추위와 매서운 바람 속에 큰 눈이 몇 자나 되도록 내려 발의 피부가 얼어터지는 것도 몰랐다. 객사로 돌아오면 사지가 뻣뻣이 굳어 움직일 수 없자, 시중드는 사람이 더운 물을 가져다가 씻어주고 이불을 덮어주어 한참이 지난 뒤에야 온몸이 풀려 따뜻해졌다.

(當余之從師也, 負篋曳屣, 行深山巨谷中. 窮冬烈風, 大雪深數尺, 足膚皸裂而不知. 至舍, 四支僵勁不能動, 媵人持湯沃灌, 以衾擁覆, 久而乃和.)

극진한 마음가짐과 태도를 묘사하여 학문하는 어려움을 두드러지게 나타냈다. 작자는 이 증서(贈序)에서 자기가 어려서부터 겸허하게 가르침을 구하고 각고의 노력으로 학문을 한 경력을 통하여, 마군칙(馬君則) 등을 포함한 국자감(國子監)의 태학생(太學生)들이 아주 좋은 학습 조건을 소중히 여겨 전심으로 학문하여야 많이 진보하게 될 것이라고 격려하였다. 작자는 "어려서부터 심혈을 기울여 대단히 학문에 애쓰는"(少時用心於學甚勞) 자라야, 진정으로 학문할 줄 아는 사람이라고 여겼다. 학자들의 주관적인 노력을 강조한 이와 같은 인식은 지금도 거울로 삼을 만한 의의가 있다.

명나라 중엽 이후에 문단에는 의고주의(擬古主義)와 반의고주의(反擬古主義)의 투쟁이 전개되고 유명한 문학 단체와 유파가 출현했는데, 중요한 것으로 전칠자(前七子), 후칠자(後七子), 당송파(唐宋派), 공안파(公安派), 경릉파(竟陵派), 소품문(小品文) 작가와 복사(復社)의 애국주의 작가들이 있다. '전칠자'는 이몽양(李夢陽), 하경명(何景明), 서정경(徐禎卿), 변공(邊貢), 강해(康海), 왕구사(王九思)와 왕정상(王廷相)을 가리킨다. '후칠자'는 이반룡(李攀龍), 왕세정(王世貞), 사진(謝榛), 종신(宗臣), 양유예(梁有譽), 서중행(徐中行)과 오국륜(吳國倫)을 가리킨다. 그들이 나와서 오래도록 문단을 풍미한 '대각체(臺閣體)'를 반대하고, "문은 반드시 진한의 것이어야 하고, 시는 반드시 성당의 것이어야 한다"(文必秦漢, 詩必盛唐)는 주장을 하여 매우 큰 영향을 끼쳤다.

'대각체'란 무엇인가? 명나라 영락(永樂 : 1403-1424)에서 성화(成化 : 1465-1487) 연간까지 80여 년 동안에 문단에는 양사기(楊士奇), 양영(楊榮), 양부(楊溥)를 대표 인물로 하는, 태평성대를 보기 좋게 꾸미고 공덕을 찬양하며, 주고받고 사례하는 따위의 조금도 생기 없는 시문(詩文)이 출현했는데, 이것이 바로 일세를 풍미한 '대각체'이다. '삼양(三楊)'은 모두 '대각의 중신'(臺閣重臣)들로 재상의 지위에 있었고, 그들이 쓴 시문은 전형적인 팔고(八股)의 작품이었다. 그런데 전후칠자는 명나라 문단에서 일정한 지위를 차지하고 있었기 때문에, 사람들이 '대각체'와 '팔고문(八股文)'의 "느릿느릿 완만하고 쓸데없이 번잡하며 천편일률적인"(嘽緩冗沓, 千篇一律) 부패한 문풍으로부터 탈피할 수 있도록 하는데 적극적인 영향을 끼쳤다. 그러나 전후칠자의 병폐는 맹목적으로 옛것을 존중하여, 자신들의 예술 성취 또한 조금도 말할 가치가 없다는 점이다. 대부분의 작품은 평범하고 속되어서, 형식적인 고색창연함이 결코 창백하고 허약한 내용을 가릴 수가 없었다. 다만 종신의 <보유일장서(報劉一丈書)> 등과 같은 작품은 비교적 특색이 있다.

종신(宗臣 : 1525-1560)은 자는 자상(子相)이고 양주(揚州) 흥화(興化 : 지금 江蘇省에 속함) 사람이며, 명나라 가정(嘉靖) 연간에 진사(進士)가 되어 일찍이 참정(參政)과 제학부사(提學副使)를 역임하였다. 저서로는 ≪종자상집(宗子相集)≫이 있다. 그는 <보유일장서>라는 편지글에서 권세가들을 쫓아다니며 관직을 구걸하기에 급급한 사대부의 추태를 묘사하고 있는데, 신랄한 풍자적인 힘을 갖추고 있다.

게다가 지금의 이른바 상사의 신임을 받는다는 것은 무엇인가? 아침부터 저녁까지 말을 채찍질하여 권세가의 대문에서 기다리는 사람이다. 권세가의 문지기가 고의로 들여보내지 않으면, 달콤하고 아첨하는 말로 부녀자의 작태를 보이며 소매에 숨긴 돈을 꺼내 문지기에게 몰래 건넨다. 설령 문지기가 명함을 들고 들어가더라도, 주인은 선뜻 나와 만나주지 않는다. 마구간의 마부와 말 사이에 서서 악취가 옷에 스며들고, 설령 춥고 배고프며 무더위에 참지 못하게 되어도 떠나가지 않았다. …… 다행히 주인이 나와 남쪽을 향해 앉아 접견하게 되면, 놀란 듯이 황급하게 기어가 계단 아래에 엎드린다. 주인이 "다가오시오"라고 하면, 두 번 절을 하고 고의로 머뭇거리며 몸을 일으키지 않다가, 몸을 일으킨 뒤에는 주인에게 드리는 돈을 바친다. 주인이 짐짓 받지 않으면 간곡히 청하고, 주인이 짐짓 완강히 받으려

하지 않으면, 재삼 간곡하게 청한다. 그런 뒤에라야 주인은 담당 관리에게 분부하여 받아들이게 한다. 그리고 나면 또 두 번 절하고, 또 짐짓 머뭇거리며 몸을 일으키지 않다가, 몸을 일으킨 뒤에는 대여섯 번 읍을 한 뒤에 비로소 물러나온다.

(且今之所謂孚者何哉? 日夕策馬, 候權者之門. 門者故不入, 則甘言媚詞, 作婦人狀, 袖金以私之. 卽門者持刺入, 而主者又不卽出見. 立廐中僕馬之間, 惡氣襲衣袖, 卽飢寒毒熱不可忍, 不去也. …… 幸主者出, 南面召見, 則驚走匍匐階下. 主者曰 : "進!" 則再拜, 故遲不起, 起則上所上壽金. 主者故不受, 則固請 ; 主者故固不受, 則又固請 ; 然後命吏納之. 則又再拜, 又故遲不起, 起則五六揖, 始出.)

몇 글자 안 되는 필치로 관직을 구걸하는 자의 아첨하는 태도와 문지기의 거들먹거림과 이익 챙기기 및 권신의 자고자대하는 교만함이 모두 지면에 살아 움직이는 듯 생생하여, 명나라 관료사회의 추악한 진상을 파헤친 단막극이 우리 눈앞에 나타나는 것 같다. 이러한 글은 상당한 사회적 의의가 있다.

가정(嘉靖 : 1522-1566) 연간에 전후칠자의 반대파인 '당송파(唐宋派)'가 출현했는데, 주요 구성원은 왕신중(王愼中), 당순지(唐順之), 모곤(茅坤)과 귀유광(歸有光)이다. 그들은 당송 산문을 숭상하고, 의식적으로 당송 산문을 산문 창작의 모범으로 삼았기 때문에 '당송파'로 불려졌다. 모곤이 편찬한 ≪당송팔대가문초(唐宋八大家文鈔)≫는 당시와 후세에 매우 큰 영향을 끼쳤다. 당송파는 옛사람으로부터 배울 것을 주장하는 동시에, 산문 창작에 있어서 "스스로 자기 말을 하고"(自爲其言) "가슴 속의 생각을 툭 털어놓고 말하고, 손가는 대로 써낼"(直抒胸臆, 信手寫出) 것을 요구하여, 문장은 "새로운 정신과 천고 불멸의 견해"(新精神與千古不可磨滅之見)를 갖추어야 한다고 하였다. 당송파의 산문은 '문맥이 잘 통하고 용어 구사가 적절하여'(文從字順), 전후칠자처럼 '매우 난삽하고 읽기가 거북하지'(佶屈聱牙) 않다. 이지(李贄)는 가정(嘉靖)과 만력(萬曆 : 1573-1620) 연간에 출현한 탁월한 사상가로, 문학상의 의고주의(擬古主義)를 반대하여 만명(晩明) 산문에 비교적 큰 영향을 끼쳤다.

귀유광(歸有光 : 1506-1571)은 자가 회보(熙甫)이고 호가 진천(震川)이며, 곤산(昆山 : 지금 江蘇省에 속함) 사람으로 명나라 때의 유명한 산문가이다. 그는 어려서부터 부지런히 학업에 힘써 9세에 글을 지을 수 있었으며, 35세에 거인(擧人)이 되고 60세에 진사(進士)가 되어 관직이 태복시승(太僕寺丞)에 이르렀고, 저서로는 ≪진천선생집(震川先生集)≫이 있다. 귀유광은 당송파 가운데 가장 높은 성취를 이룬 산문가이다. 그는 생활의 자질구레한 일을 '도를 담는'(載道) 고문(古文)으로 끌어들여서, 간결하고 소박한 문필로 지나간 일을 회상하고, 가까운 사람의 죽음을 애도하며, 서정적인 정취가 자못 농후한 우수한 산문을 써냈다. 이를테면 <항척헌지(項脊軒志)>, <한화장지(寒花葬志)>, <선비사략(先妣事略)> 등과 같은 작품이 그런 예이다. <항척헌지>는 <항척헌기(項脊軒記)>라고도 하는데, '지(志)'와 '기(記)'는 사실의 기술과 정감의 토로를 동시에 중시하는 문체로 서로 통용된다. 이 유명한 짧은 글에서 작자는 "방이 겨우 사방 열 자밖에 되지 않아 한 사람만 수용할 수 있는"(室僅方丈, 可容一人) 작은 서재를 둘러싸고, 자신이 누추한 환경 속에서 독서에 힘쓰는 즐거움을 묘사하였다. 또 가정생활에서 큰 뜻과는 무관한 듯하지만 죽을 때까지 잊지 못할 몇 가지 자질구레한 일들을 회상하여, 가족들의 음성과 웃는 모습을 생생하고 섬세하게 묘사하고 수십 년 동안에 일어난 사람과 세상의 변천을 언급하였다. 작자는 간결한 구어를 잘 구사하여, 가족 간의 진지한 감정을 써냈다. 이 글의 세 번째 단락이 바로 그 분명한 예증이다.

집에 늙은 할멈이 있어 일찍부터 여기에서 살았다. 할멈은 돌아가신 할머니의 시녀로 2대에 걸쳐 유모일을 맡았는데, 돌아가신 어머니의 두터운 사랑을 받았다. 이 작은 방은 서쪽으로 내실과 연결되어 있는데, 돌아가신 어머니께서 일찍이 한번 들르신 적이 있다. 할멈은 매번 내게 말하였다.

"아무개 장소는 도련님의 자당께서 서 계셨던 곳이지요."

할멈이 또 말하였다.

"도련님의 누님을 내 품에 안고 있는데, 응애응애 울어 댔어요. 마님께서 손가락으로 문짝을 두드리시며 '아이가 추워서 그런가? 먹고 싶어 그런가?'라고 물으셨는데, 나는 문짝 밖에서 마님께 대답하곤 했지요."

말이 채 끝나기도 전에 내가 울고 할멈도 울었다. 내가 머리를 묶은 소년 시절부터 이 작은 방에서 독서를 하였다. 하루는 할머니께서 내가 있는 곳으로 건너오셔서 말씀하셨다.

"내 새끼야, 오랫동안 너의 그림자도 보지 못하였구나. 어찌하여 온종일 아무 소리도 없이 이 방안에만 틀어박혀 있느냐? 꼭 여자 아이 같이 말이야."

돌아가실 때에 손수 문을 닫아주시고는 혼자 말로 중얼거리며 말씀하셨다.

"우리 집안이 독서로 오래도록 효과를 보지 못했는데, 이 아이가 자라면 기대할 만하겠는가?"

얼마 안 있어 상아로 만든 홀을 하나 가지고 오셔서 말씀하셨다.

"이것은 우리 조부이신 태상공(太常公)께서 선덕(宣德 : 1426-1435) 연간에 이 홀을 손에 들고 조정에서 벼슬할 때 쓰신 것이다. 훗날 네가 마땅히 이 홀을 쓰게 되리라."

이곳에 남겨진 흔적을 돌아보니 문득 어제 일인 양 눈에 선하여, 참지 못하고 한참 동안 큰 소리로 통곡하게 하였다.

(家有老嫗, 嘗居於此. 嫗, 先大母婢也, 乳二世, 先妣撫之甚厚. 室西連於中閨, 先妣嘗一至. 嫗每謂余曰 : "某所, 而母立於茲" 嫗又曰 : "汝姊在吾懷, 呱呱而泣. 娘以指叩扉曰 : '兒寒乎? 欲食乎?' 吾從板外相爲應答." 語未畢, 余泣, 嫗亦泣. 余自束髮, 讀書軒中. 一日, 大母過余曰 : "吾兒, 久不見若影, 何竟日默默在此, 大類女郎也?" 比去, 以手闔門, 自語曰 : "吾家讀書久不效, 兒之成, 則可待乎?" 頃之, 持一象笏至, 曰 : "此吾祖太常公宣德間執此以朝, 他日汝當用之." 瞻顧遺迹, 如在昨日, 令人長號不自禁.)

귀유광의 산문은 "사람을 감동시키는 데에 뜻이 없지만, 기뻐 즐거워하고 몹시 비통해하는 생각이 언어 너머로 가득 넘쳐흐르는"(無意於感人, 而歡愉慘惻之思溢於言語之外) 가작으로 칭찬을 받았는데, 결점은 제재가 협소하고 글이 딱딱하고 어색하며 서로 간에 주고받으며 지은 작품이 많다는 점이다.

이지(李贄 : 1527-1602)는 자가 굉보(宏甫)이고 호는 탁오(卓吾)이며, 천주(泉州) 진강(晉江 : 지금 福建省에 속함) 사람이다. 그는 독특한 견해를 가진 사상가로, 문학으로는 유명하지 않았다. 여기서 그의 산문 창작을 소개하는 것은, 그가 일찍이 봉건 사대부들의 문학에 대한 전통적 편견을 예리하게 비평했기 때문이다. 이지의 산문은 전통 고문(古

文)의 틀을 타파하여, 예리하고 발랄하다. 이지는 26세에 향시(鄕試)에서 거인(擧人)에 합격한 뒤 20여 년간 하급관료를 지냈고, 51세 때 운남(雲南)의 요안지부(姚安知府)가 되었다가 54세 때 사직한 뒤에는 줄곧 출가하여 홀로 살며 학문을 강론하는 생활을 하였다. 이지는 독특한 견해를 가진 사상가로, 왕양명(王陽明 : 1472-1528)의 주관 유심주의 철학과 불교의 선종(禪宗) 사상을 숭상하고, 봉건사회의 전통적 도그마에 회의를 품어 송명(宋明) 이학(理學)을 비판하고 공자(孔子)를 우상으로 받드는 것을 반대하였다. 이지는 명나라 말기 고위 관료의 부패한 통치에 불만을 품고 있었는데, "성인을 비난하고 법도를 무시하며 과감하게 보통 사람과는 다른 논리를 펼쳤다"(非聖無法, 敢爲異論)는 이유로 모함을 받아 투옥된 뒤 자살하였다. 그는 저술이 매우 많은데, 중요한 것으로는 ≪분서(焚書)≫, ≪속분서(續焚書)≫, ≪장서(藏書)≫, ≪속장서(續藏書)≫가 있다. 학자와 사상가로서 이지의 산문은 자신의 예기와 재주를 숨김없이 다 드러내어 옛 격식에 얽매이지 않은 것으로 유명하다. 그의 저술 중에서 논쟁적인 문장은 대부분 이러한 특색을 지니고 있다. 이지는 복고(復古)를 반대하여 복고파의 주장에 대해 "시는 왜 반드시 옛 선집(選集)의 것이어야 하고, 문은 왜 반드시 선진(先秦)의 것이어야만 한단 말인가?"(詩何必古選, 文何必先秦?)라고 반박하였다. 그는 문장이란 '동심(童心)'의 발로인데 "무슨 육경을 다시 말하고, 무슨 ≪논어≫와 ≪맹자≫를 다시 말한단 말인가?"(更說什麽六經, 更說什麽≪語≫、≪孟≫?)라고 하였다. 그의 이러한 독특하고 대담한 견해는 '공안파(公安派)'의 창작 사상에 직접적인 영향을 끼쳤다.

원종도(袁宗道 : 1560-1600), 원굉도(袁宏道 : 1568-1610), 원중도(袁

中道 : 1575-1630) 삼형제는 당시에 '삼원(三袁)'으로 불리고, 그들이 호북성(湖北省) 공안(公安) 사람이었기 때문에 또 '공안파'로 불려졌다. 원씨 삼형제가 명나라의 문학에 끼친 공헌은 그들이 의고주의 사조를 물리친 문학운동을 이끈 데에 있다. '공안파'는 원굉도를 주장으로 하였고, 그들의 사상과 문학 주장은 이지의 영향을 가장 많이 받았다. 그들은 전후칠자의 의고주의를 맹렬하게 반대하였다. 그들의 산문은 통속문학과 민간문학에서 영양분을 섭취하였기 때문에, 청신(淸新)하고 준일(俊逸)하며 생기가 왕성하다. 원굉도의 <호구기(虎丘記)>와 <만정유기(滿井遊記)>와 같은 작품은 가을 경치와 봄 풍경을 잘 그린 가작이다. 그러나 공안파의 소품문은 대부분 사대부의 한가한 심정과 탈속적인 흥취를 묘사하여, 사회적 내용이 비교적 빈약하다. 호구는 소주(蘇州) 명승지의 하나로, <호구기>는 소주 사람이 추석날 밤에 호구를 마음껏 노니는 정경을 기술하고, 이를 빌어 관리가 되기를 싫어하는 감개를 토로하였다. 문장은 호구의 경물을 소개할 때, 짤막하면서도 담담한 필치로, 마치 그림처럼 생생하게 묘사하여 독자에게 매우 뚜렷한 인상을 남긴다.

> 호구는 소주성(蘇州城)에서 대략 칠팔 리쯤 떨어져 있다. 그 산은 높은 바위와 깊은 골짜기가 없고 단지 성에서 가깝기 때문에 퉁소와 북소리 울리는 유람선들이 하루도 빠짐없이 그곳에 간다.
> (虎丘去城可七八里, 其山無高巖邃壑, 獨以近城, 故簫鼓樓船, 無日無之.)

여기서는 호구의 위치, 산의 특징, 유람선이 운집한 성황을 하나하나 표현하고 있다.

검천(劍泉)은 깊이를 측량할 수 없고 날아오르는 암석은 깎아 놓은 듯하다. 천지(天池) 등 모든 산이 천경운(千頃雲) 봉우리 앞에 그 안석처럼 놓여 있고, 뫼와 골짜기는 수려함을 다투니 나그네에게 술잔 권하기에 가장 적합하다. 그러나 정오가 지나면 햇볕이 사람을 쬐어 오래 앉아 있을 수 없을 따름이다. 문창각(文昌閣) 역시 아름다운데 저녁노을에 비친 나무는 더욱 볼 만하다. 북쪽으로 평원당(平遠堂)의 옛터와 면하고 있는데, 광활하여 끝이 없고 다만 우산(虞山)만이 하나의 점으로 보일 뿐이다.

(劍泉深不可測, 飛巖如削. 千頃雲得天池諸山作案, 巒壑競秀, 最可觴客. 但過午則日光射人, 不堪久坐耳. 文昌閣亦佳, 晩樹尤可觀. 面北爲平遠堂舊址, 空曠無際, 僅虞山一點在望.)

이 단락은 호구의 몇몇 절경을 소개한 것인데, 문장이 간략하고 개괄적이지만 각 절경의 특징을 잘 나타내고 있다. <만정유기>는 명나라 때의 소품 가운데 한적한 정서를 담은 대표적인 산수(山水)소품으로, 글이 참신하고 아름다울 뿐 아니라 생기가 넘친다. 다음 단락은 북경(北京) 근교의 봄 새싹을 묘사한 글로, 사람들이 칭찬해 마지않는 작품이다.

키가 큰 버드나무가 방죽을 끼고 서 있고, 흙은 기름져 윤기마저 조금 나는데, 바라보자 광활하여 마치 내 마음이 새장을 벗어난 고니와도 같다. 이때쯤이면 얼음이 비로소 풀리고 물결도 색이 막 밝아지기 시작하는데, 물고기 비늘 같은 파문이 층층이 이니 물이 맑아서 바닥까지 보인다. 맑게 빛나는 모습이 마치 거울을 막 새로 열자 차가운 빛이 거울 상자에서 나오는 것과 같다. 산봉우리는 맑게 갠 날 녹아내리는 눈에 씻겨 닦은 듯이 자태가 수려한데, 곱고 아름다운 모습이 마치 미녀가 얼굴을 씻고 쪽머리를 틀어 올려 처음 빗질하여 다듬은 것 같다. 버드나무 가지는 펴져 나오다가 아직 다 펴지지 않은 채 부드러운 가지 끝이 바람에 흩날리고, 보리 새싹은 짧은 말갈기처럼 밭에 무성하게 한 마디쯤 자랐다.

(高柳夾堤, 土膏微潤, 一望空闊, 若脫籠之鵠. 於時冰皮始解, 波色乍明, 鱗浪層層, 淸澈見底, 晶晶然如鏡之新開而冷光乍出於匣也. 山巒爲晴雪所洗, 娟然如拭, 鮮姸明媚, 如倩女之靧面而髻鬟之始掠也. 柳條將舒未舒, 柔梢披風, 麥田淺鬣寸許.)

명나라 말기에 다량의 소품 산문이 지어진 것은 전통 산문의 발전이자, 공안파(公安派)와 경릉파(竟陵派)에 의한 문학 혁신의 직접적인 산물이기도 하다. 유명한 소품문 작가로 왕사임(王思任 : 1574?-1646)이 있는데, 자가 계중(季重)이고 산음(山陰 : 지금 浙江省 紹興) 사람으로 명나라가 망하자 식음을 전폐하고 자진하였다. 저서로는 ≪역유기(歷遊記)≫ 등이 있다. 기표가(祁彪佳 : 1602-1645)는 자가 호자(虎子)이고 역시 산음 사람인데, 명나라가 망하자 호수에 투신하여 목숨을 끊었다. 저서로는 ≪우산주(寓山注)≫와 ≪월중원림기(越中園林記)≫ 등이 있다. 두 사람의 원림(園林)이나 산수(山水)를 다룬 소품은 언어가 깨끗하고 고와서 어느 정도 성취를 이루었지만, 더 높은 성취를 거둔 작가는 장대이다.

장대(張岱 : 1597-1679)는 자가 종자(宗子)이고 호는 도암(陶庵)이며 산음 사람이다. 그는 명나라가 망한 뒤에 "자취를 감추고 산속에 살며"(避迹山居) "베옷을 입고 푸성귀를 먹으며 항상 취사를 끊어 버렸지만"(布衣蔬食, 常至斷炊), "책 저술을 좋아하였다."(好著書 : 손수 지은 <묘지(墓誌)>) 저서로는 ≪도암몽억(陶庵夢憶)≫과 ≪서호몽심(西湖

夢尋)≫ 및 ≪낭환문집(琅嬛文集)≫의 세 종이 있다. 이 소품들은 종종 지난날 번화로웠던 생활에 대한 추억이나 단편적인 기록으로, 그 속에 나라가 망하고 집안이 흩어진 데 대한 개탄과 고국을 그리워하고 고향을 열렬히 사랑하는 작자의 애국적 정서를 기탁하였다. 장대의 소품문은 널리 관찰하고 간략하게 취하여 활발하고 청신하며, 제재의 폭이 넓고 기법이 능숙하다. 세태와 인정, 산천의 명승, 희곡과 골동품들을 기록하지 않은 것이 없다. 이 소품문들은 명나라 말엽 현실 생활의 일부 측면들을 다소 반영하고 있으며, 예술적 가치도 비교적 높다. 이중 <서호칠월반(西湖七月半)>, <천경원(天鏡圓)>, <호심정간설(湖心亭看雪)> 등과 같은 작품이 명작으로 손꼽힌다. 장대는 대대로 벼슬하는 집안 출신으로 어려서부터 산과 물을 찾아 유람하기를 좋아하였으며, 문학적 소양이 깊고 예술에 대한 애호 역시 폭넓었다. 이 모든 점들이 그의 소품문을 섬세하고 깊이 있으며 감동적인 정취를 지니도록 만들었다. <서호칠월반>은 항주(杭州) 사람들이 7월 15일에 서호(西湖)를 유람하는 지방 풍속을 기술한 것인데, 그는 활발한 필치로 사회의 계층이 다른 인물들의 각기 다른 심경을 묘사하여 고상한 체하는 부귀한 사람들과 귀족 자제들을 극력 풍자하였다.

서호의 7월 15일(음력 7월 15일로, 中元節이라고도 함－옮긴이 주)은 볼 만한 것이라고는 하나도 없지만, 단지 7월 15일의 경치를 구경 나온 사람들의 모습만은 볼 만하다. 7월 15일의 경치를 구경 나온 사람들은 다섯 부류로 나누어볼 수 있다.

첫째, 망루가 있는 유람선에서 악공들이 피리 불고 북을 치는 가운데 높은 관을 쓴 사대부들이 주연을 베푸니, 휘황찬란한 등불 아래

기생과 종들이 늘어서 있고, 노래 소리와 불빛이 이리저리 뒤엉켜 있는데, 명목은 달구경 한다고 하면서 사실은 달구경하지 않는 자들을 구경하려고 하는 사람들이다.

둘째, 망루가 있는 유람선을 타고 배안에 앉거나 망루에 올라가서, 명문 집안의 미녀들과 품위 있는 귀부인들이 잘 생긴 동자들을 데리고 웃고 떠들며 뒤섞여 선상의 갑판에 둘러 앉아 좌우를 돌아보는데, 몸은 달 아래에 있으나 사실은 달구경하지 않는 자들을 구경하려고 하는 사람들이다.

셋째, 배안에 앉아서 음악을 연주하고 노래 부르면서 유명한 기생과 한가로운 중들이 천천히 술을 마시고 낮은 목소리로 읊조리며, 부드러운 관악기와 가냘픈 현악기 소리 일어나고 피리소리가 사람 목소리에 맞춰 울리는데, 역시 달 아래서 달을 구경한다고는 하지만 다른 사람들이 자기가 달구경하는 것을 구경하기를 바라는 자들을 구경하려고 하는 사람들이다.

넷째, 배도 타지 않고 수레도 타지 않고, 두루마기도 입지 않고 두건도 쓰지 않은 채, 술에 취하고 배불리 먹고 난 뒤 친구들을 불러 삼삼오오 짝을 지어 다른 사람들 무리로 섞여 들어가, 소경사(昭慶寺 : 西湖 명승의 하나－옮긴이 주)와 단교(斷橋 : 西湖 명승의 하나－옮긴이 주) 일대에서 큰 소리 외치거나 시끌벅적 떠들고, 술에 취한 척하며 곡조도 없는 노래를 마음 내키는 대로 부르며, 달도 구경하고 달구경하는 사람도 구경하고 달구경하지 않는 사람도 구경하지만, 사실상 달을 진심으로 구경하는 사람은 하나도 없는 것을 구경하려고 하는 사람들이다.

다섯째, 작은 배에 얇은 휘장을 치고서 정갈한 찻상과 따뜻한 향로를 차리고, 차 달이는 탕관에서 수시로 차를 끓여 흰색의 고상한 찻잔을 소리 없이 조용히 건네며 재자가인들이 달을 맞이하려고 함께 나란히 앉아 있는데, 어떤 이는 호숫가 나무 아래에 몸을 숨기고, 어떤 이는 왁자지껄한 소음을 피하려고 배를 타고 이호(裏湖 : 西湖는 外湖, 內湖, 裏湖, 岳湖의 넷으로 나누어지는데, 그중에서 이호는 유람객이 적고 연꽃이 가장 무성하게 핀다고 함－옮긴이 주)로 가기도 하여, 달구경을 하지만 다른 사람들이 그들이 달구경하는 모습을 보지 못하게 하거나 또한 고의로 달구경을 하지 않는 체하는 자들을 구경하려고 하는 사람들이다.

(西湖七月半, 一無可看, 只可看看七月半之人. 看七月半之人, 以五類看之. 其一, 樓船簫鼓, 峨冠盛筵, 燈火優傒, 聲光相亂, 名爲看月而實不見月者, 看之. 其一, 亦船亦樓, 名娃閨秀, 携乃童孌, 笑啼雜之, 環坐露臺, 左右盼望, 身在月下而實不看月者, 看之. 其一, 亦船亦聲歌, 名妓閑僧, 淺斟低唱, 弱管輕絲, 竹肉相發, 亦在月下, 亦看月而欲人看其看月者, 看之. 其一, 不舟不車, 不衫不幘, 酒醉飯飽, 呼群三五, 躋入人叢, 昭慶斷橋, 嘄呼嘈雜, 裝假醉, 唱無腔曲, 月亦看, 看月者亦看, 不看月者亦看, 而實無一看者, 看之. 其一, 小船輕幌, 淨几暖爐, 茶鐺旋煮, 素瓷靜遞, 好友佳人, 邀月同坐, 或匿影樹下, 或逃囂裏湖, 看月而人不見其看月之態, 亦不作意看月者, 看之.)

또 이를테면 <호심정간설>은 작가가 독창적인 작법을 발휘하여 시적 기법으로 쓴 산문으로, 서호의 설경을 우리의 눈앞에 펼쳐 놓아 한껏 독자의 마음을 끈다.

큰 눈이 사흘 동안 내리자 호수에는 사람과 새소리 모두 끊어졌다. 이 날에 초경(初更 : 저녁 7시에서 9시 사이－옮긴이 주)이 되어 인적이 끊겨 조용해진 뒤, 나는 작은 배를 저어 보드라운 새털로 지은 옷과 화롯불을 끼고서 홀로 호심정으로 가서 눈을 구경하였다. 큰 눈으로 뒤덮인 호수의 모습이 마치 겨울밤에 안개처럼 차가운 기운이 구슬 모양으로 얼어붙어 있는 것 같아, 하늘과 구름과 산과 물은 위아래 할 것 없이 온통 은백색이다. 호수가의 그림자라고는 단지 긴 둑(西湖에 있는 白堤를 가리킴 - 옮긴이 주) 흔적, 호심정 한 점, 작은 풀 같은 내 배 한 척, 낟알 같은 배안의 두세 사람뿐이다.

(大雪三日, 湖中人鳥聲俱絶. 是日, 更定矣, 余拏一小舟, 擁毳衣爐火, 獨往湖心亭看雪. 霧凇沆碭, 天與雲與山與水, 上下一白. 湖上影子, 惟長堤一痕, 湖心亭一點, 與余舟一芥, 舟中人兩三粒而已.)

호심정은 서호의 외호(外湖) 한 가운데 푸른 섬에 자리 잡고 있는데, 삼담인월(三潭印月)과 완공돈(阮公墩)과 함께 세 발 달린 솥처럼 서로 마주하고 있어서 마치 '품(品)'자 모양과 같아 보인다. 장대의 이 짤막한 글에는 고요한 가운데 움직임이 있고, 적막한 가운데 소리가 있으며, 큰 것 가운데 작은 것이 있고, 먼 것 가운데 가까운 것이 있다. 눈 내리는 밤 호심정에서 본 경치를 사람들이 빠져들도록 묘사하여 탄복하지 않을 수 없게 한다.

명나라 말의 또 다른 산문가는 복사(復社)의 창시자이자 영도자인 장부이다. 장부(張溥 : 1602-1641)는 자가 천여(天如)이고 호는 서명(西銘)이며, 태창(太倉 : 지금 江蘇省에 속함) 사람이다. 어려서부터 각고의 노력으로 공부하였는데, 읽는 책은 반드시 손으로 예닐곱 번 베껴 썼기 때문에 자신의 서재를 '칠록재(七錄齋)'라고 이름 하였다. 그는 복사의 창시자라는 연유로 사방의 선비들과 교분을 맺어 복사를 정치적 색깔이 매우 짙은 문학 단체로 만들었고, 훗날 복사는 청(淸)나라 왕조에 항거하는 애국 조직이 되었다. 장부는 정치 평론 문장도 잘 썼고, 일반 산문에도 뛰어났다. 그는 일찍이 ≪한위육조백삼명가집(漢魏六朝百三

名家集)≫을 편찬하였으며, 저서로는 ≪칠록재집(七錄齋集)≫이 있다. 장부의 <오인묘비기(五人墓碑記)>는 소주(蘇州) 사람들이 위충현(魏忠賢)의 환관 일당들과 장렬하게 투쟁한 것을 칭송한 유명한 산문 작품으로, 서술과 의론이 섞여 있고 격앙되고 비장함이 넘치는데다가 기세가 드높아 읽는 사람을 떨쳐 일어나게 한다. 명나라 천계(天啓) 6년(1626)에 위충현을 우두머리로 하는 환관 일당이 소주로 사람을 파견하여, 해직된 뒤 집에서 기거하고 있던 전직 이부문선사원외랑(吏部文選司員外郎)인 주순창(周順昌)을 체포한 것이 민란을 불러일으켰다. 응천순무(應天巡撫)인 모일로(毛一鷺)가 또 소주 시민인 안패위(顔佩韋) 등 다섯 사람을 죽였다. 위충현이 실각한 뒤 다섯 사람의 묘가 완성되어 갈 무렵에 장부가 이 비문을 지었다. 글은 소주 시민이 환관 일당에 반항하여 투쟁한 정의로움과 역사적 공적을 칭송하였는데, 다음 단락은 기세가 자못 넘친다.

> 다섯 사람이 처형을 당할 때에도 의기양양하여 중승(中丞 : 毛一鷺를 가리킴－옮긴이 주)의 이름을 부르며 그를 꾸짖고, 담소하는 모습으로 죽은 뒤에 머리가 잘려 성위에 걸리게 되어도 얼굴색이 조금도 변하지 않았다.
>
> (然五人之當刑也, 意氣揚揚, 呼中丞之名而詈之, 談笑以死, 斷頭置城上, 顔色不少變.)

이자성(李自成 : 1606-1645)을 대표 인물로 하는 농민의 대봉기가 명나라 왕조의 정권을 철저하게 흔들어 놓았다. 1644년에 청나라 군대가 산해관(山海關)으로 들어온 이듬해에 명나라는 멸망하고, 중국 봉건사회의 마지막 왕조가 건립되었다. 청나라 왕조의 강희(康熙 : 1662-1722), 옹정(雍正 : 1723-1735), 건륭(乾隆 : 1736-1795) 등 세 황제 통치 시기에는 사회가 비교적 안정되었다. 특히 강희와 건륭 두 황제는 집정 기간이 각기 60여 년에 달했는데, 이것은 봉건사회에서 보기 드문 일이다. 이러한 역사적 상황은 청대 문학 창작에 몇 가지 특색을 조성하였다. 깊고 첨예한 민족간의 갈등은 명청(明淸) 교체기의 산문에 필연적으로 반영되었다. 게다가 자본주의의 맹아를 반영한 새로운 사상의 출현은 고염무(顧炎武), 황종희(黃宗羲), 왕부지(王夫之) 등과 같은 진보적인 지식인들의 문장 속에 반영되었다.

청나라 초에 출현한 산문가들 가운데 비교적 영향력이 큰 사람으로는 왕유정, 위희, 후방역 등이 있다. 왕유정(王猷定 : 1599-1661?)은 자가 우일(于一)이고, 강서성(江西省) 남창(南昌) 사람이다. 일찍이 사가법(史可法)의 군영에서 막료로 지내다가, 청나라 군대가 산해관(山海關)으로 들어온 뒤 벼슬할 생각을 접고 "고문을 짓는 것으로 스스로를 걸출하게 하였다."(以古文自雄.) 그의 <이일족전(李一足傳)>, <탕비파전(湯琵琶傳)>, <의호기(義虎記)> 등은 모두 이야기로서의 특성이 매우 강한 전기 산문들로, 이러한 작품들은 전통 고문의 창작 방법을 융통성이 있고 풍부하게 만들었다. 위희(魏禧 : 1624-1680)는 자가 빙숙(冰叔)이고, 강서성 영도(寧都) 사람이다. 명나라가 망하자 산속에서 학생들을 가르치며 '역당(易堂)' 인사들의 영수가 되었다. 형인 위제서(魏際瑞)와 동생인 위례(魏禮)와 더불어 '삼위(三魏)'로 병칭되며 모두 문장으로 이름이 났는데, 저서로는 ≪위숙자(魏叔子集)≫이 있다. 몸소 망국의 아픔을 겪었기 때문에 그의 산문은 <강천일전(江天一傳)>과

<고사왕풍전(高士汪渢傳)> 등과 같이 적에게 항거하다 나라를 위해 목숨을 바치고 절개를 지킨 지사들을 표창하는 주제를 담은 작품이 많다. 위희의 전기 산문도 특색이 있는데, <대철추전(大鐵椎傳)>과 같은 작품은 용기와 힘이 남다른 협객의 형상을 묘사하고, 나아가 이런 인재가 끝내 세상에서 쓰이지 못하는 것을 탄식하고 있다. 위희의 문학론도 매우 깊이가 있는데, 그는 "고인들의 창작 방법에만 얽매여 변통할 줄 모르는"(株守古人之法) 것으로는 뛰어나고 독창적인 문장을 써내기 어렵다고 여겼다. 이치를 쌓고 식견을 연마하는 데 정신을 쏟아야만 내용이 충실한 좋은 작품을 써낼 수 있다는 것이다. 후방역(侯方域 : 1618-1654)은 자가 조종(朝宗)이고, 하남성(河南省) 상구현(商丘縣) 사람이다. 어려서부터 재주가 있다고 이름나 있었고, 복사(復社)의 맹주가 된 뒤에는 광범위하게 교류를 하여 명성이 자자하였다. 남명(南明) 정권 통치 하에서 그는 일찍이 환관 일당의 박해를 받다가, 청나라에 들어가 과거에 응시한 뒤에 그의 산문은 당대의 제일로 받들어졌다. 그러나 그는 문장을 지음에 있어 재기(才氣)에만 의존하고 학문적 역량이 부족하여 분명 '천박한'(淺薄) 데가 있다. 그의 명작인 <이희전(李姬傳)>과 <임원수전(任源邃傳)> 등은 엄정하고 고결한 하층 부녀자나 항청(抗淸)의 입장을 고수하는 '일반 백성'(布衣)들을 칭송의 대상으로 삼아, 어느 정도 사회 현실을 반영하고 상당한 예술 성취도 거두었다.

청나라 초기의 중요한 사상가이자 애국 작가인 고염무, 황종희, 왕부지 등 세 사람은 산문 영역에서도 상당히 볼 만한 성과를 거두었다.

고염무(顧炎武 : 1613-1682)는 자가 영인(寧人)이고 호는 정림(亭林)이며, 강소성(江蘇省) 곤산(昆山) 사람이다. 어려서부터 국가에 봉사하기에 보탬이 되는 각종 지식의 습득을 중시하여 '경세지학(經世之學)', 곧 '세상을 다스리는 학문'을 제창하였다. 청년 시기에는 일찍이 귀장(歸莊 : 1613-1673, 歸有光의 증손—옮긴이 주)과 함께 '복사(復社)'에 가담하였다. 27세부터 각종 서적을 두루 고찰하고 저술에 종사하여, 언어, 문학, 경학, 지리 등 여러 방면에서 모두 두드러진 업적을 남겼다. 명나라가 망하자 일찍이 고향 일대에서 청나라에 항거하는 투쟁에 가담하였다. 고염무는 일찍이 천하의 흥망은 필부에게도 책임이 있다고 제창하였는데, 이런 적극적이고도 진취적인 애국주의적 주장은 훗날의 사상가, 정치가, 문학가에게 모두 깊은 영향을 미쳤다. 고염무는 시가의 성취가 산문에 비하여 두드러지지만, "문장은 모름지기 천하에 유익함이 있어야 한다"(文須有益於天下)는 그의 주장은 현실성이 매우 강하다. 서사에 편중된 <오동초행장(吳同初行狀)>과 같은 글은 오항(吳沆)이 곤산(昆山)에서 의병을 일으켜 청에 항거하다가 절개를 지키며 장렬하게 죽은 것을 찬양하고, 청나라 군대가 성안의 주민들을 도륙한 죄상을 폭로하였다. 문장은 미사여구의 수식을 일삼지 않고 순박하고 자연스럽다. 이치를 설명한 고염무의 문장이 입론에 근거가 있고 시대적 병폐를 정통으로 비판하고 있는 것은, 모두 "당시의 임무"(當時之務)와 관련이 있다. <여우인논학서(與友人論學書)>와 같은 글은 "백여 년 이후"(百餘年以來)로 "심성을 논한 학문"(言心言性之學)을 부정하고, "널리 글을 배우고 몸가짐에 부끄러움을 알며"(博學於文, 行己有恥) 천하의 큰일에 관심을 가질 것을 제창하였는데, 이것은 당시에 매우 적극적인 의의가 있었다. 문장의 끝머리 두 단락이 특히 정련되고 생동감이 있으며 힘이 넘친다.

내가 이른바 성인의 도는 어떤 것인가? 나는 "≪시(詩)≫, ≪서(書)≫, ≪예(禮)≫, ≪악(樂)≫ 등의 옛 글을 널리 배우는 것이고", "자기의 몸가짐과 행동에 수치심을 가지는 것이다"라고 여긴다. 자기 한 몸에서부터 천하 국가의 학문에 이르기까지는 모두 학식과 관련 있는 일이고, 자식으로서 신하로서 아우로서 벗으로서의 도리로부터 밖으로 나가 일을 하거나 집으로 들어와 편안히 쉬고, 사회에서 다른 사람들과 왕래를 하고, 거절하거나 받아들이고, 취하거나 주는 등의 관계에 이르기까지는 모두 수치심과 관련 있는 일이다. 수치심과 사람과의 관계는 매우 크도다! 좋지 못한 옷을 입고 나쁜 음식 먹는 것을 수치로 여기지 않고, 보통 남녀들이 요순(堯舜)과 같은 은택을 입지 못함을 수치로 여겨야 하나니, 따라서 "세상 만물의 이치가 다 내 마음에 갖추어져 있으니, 스스로를 반성하면 성심으로 선을 행하게 된다"고 하는 것이다.

아아! 선비가 우선 수치를 문제 삼지 않으면 근본이 없는 사람이 되고, 옛 도리를 좋아하고 풍부한 견문을 쌓지 않으면 공허한 학문이 되고 만다. 근본이 없는 사람이 공허한 학문을 담론하게 되면, 내가 보기에 그런 사람은 날마다 성인의 도를 연구하는 데 종사하더라도 그것으로부터 더욱 멀어지게 된다. 비록 이와 같다고 하더라도 내가 감히 말하는 것이 아니라, 잠시 나의 변변치 못한 견해로 몰래 뜻이 통하는 사람들에게 일러 내 뜻을 더욱 정확하게 천명하기를 바란다.

(愚所謂聖人之道者如之何? 曰 : "博學於文", 曰 : "行己有耻." 自一身以至於天下國家, 皆學之事也 : 自子臣弟友以至出入 往來 辭受 取與之間, 皆有耻之事也. 耻之於人大矣! 不耻惡衣惡食, 而耻匹夫匹婦之不被其澤, 故曰 : "萬物皆備於我矣, 反身而誠."

嗚呼! 士而不先言耻, 則爲無本之人 ; 非好古而多聞, 則爲空虛之學. 以無本之人, 而講空虛之學, 吾見其日從事於聖人, 而去之彌遠也. 雖然, 非愚之所敢言也, 且以區區之見, 私諸同志, 而求起予.)

황종희(黃宗羲 : 1610-1695)는 자가 태충(太冲)이고 호는 이주(梨洲)이며, 절강성(浙江省) 여요(餘姚) 사람이다. 그의 부친 황존소(黃尊素)는 명나라 말 동림당(東林黨)의 유명한 인물로 환관 일당인 위충현(魏忠賢)에게 살해되었다. 황종희는 청년시절부터 환관 일당에 반대하는 활동에 가담하였고, 복사(復社)의 지도자 가운데 한 사람이다. 명나라가 망하자 절강성 동쪽에서 청나라에 항거하는 투쟁에 적극적으로 가담하다가, 실패한 뒤로는 저술과 학문 강론에 온 힘을 쏟은 명말 청초의 유명한 사상가이자 사학자이다. 저서로는 ≪명이대방록(明夷待訪錄)≫과 ≪남뢰문정(南雷文定)≫ 등 여러 종이 있다. 황종희의 ≪명이대방록≫중에서 <원군(原君)>편은 봉건사회의 전제 정치를 맹렬히 비난한 유창하고 명쾌한 정치 평론 문장이다. 이 글에서 봉건 군주는 "천하를 더 없이 큰 산업으로 간주하여"(視天下爲莫大之產業) "천하 백성들의 골수를 두드려 벗기고 천하 백성들의 자녀들을 흩어지게 하여 한 사람의 무절제한 쾌락을 받들게 하니"(敲剝天下之骨髓, 離散天下之子女, 以奉我一人之淫樂), 사실상 "천하 백성들에게 큰 해를 끼치는 자"(天下之大害者)가 되었다고 예리하게 지적함으로써, 소중한 민주주의 진보 사상을 표현하였다. 황종희는 잔학한 군주를 '원수'(寇讎)와 '민심을 잃어 따돌림을 당한 사람'(獨夫)으로 칭하였는데, 이것은 매우 예리한 논단으로 후대의 유신운동(維新運動)과 부르주아 민주혁명에 큰 영향을 미쳤다. 황종희의 정치 평론 문장은 논제가 뚜렷하고, 이치 설명이 빈틈없이 철저하며, 논리성이 강하여 이전부터 사람들의 칭찬을 받았다.

왕부지(王夫之 : 1619-1692)는 자가 이농(而農)이고 호가 강재(薑齋)이며, 호남성(湖南省) 형양(衡陽) 사람이다. 명나라 말의 애국 학자요 걸출한 사상가이다. 명나라가 망하자 군대를 일으켜 청나라에 항거하였고, 남명(南明) 계왕(桂王)에게 의지하기도 하였다. 청나라가 통일한 뒤에는 오랫동안 형양의 석선산(石船山)에 은거하였기 때문에, 사람들이 선산선생(船山先生)이라고 불렀다. 그는 학술적 업적이 탁월하고 저술이 매우 많은데, 후인들이 ≪선산유서(船山遺書)≫ 324권으로 편찬하였다. 왕부지는 글을 지을 때 내용이 충실해야 함을 강조하여, ≪강재시화(薑齋詩話)≫에서 다음과 같이 말하였다.

짧은 시가든 행이 긴 작품이든 모두 사상과 내용을 위주로 한다. 사상과 내용은 장수와 같다. 장수가 없는 병사들을 오합지졸이라고 한다. 이백(李白)과 두보(杜甫)가 대가로 불려지는 까닭은 사상과 내용이 없는 시가 열 편 중에 한둘도 안 되기 때문이다. 안개와 구름이나 샘물과 바위, 꽃과 새나 이끼와 수풀, 구리로 만든 문고리 장식과 비단 수놓은 휘장 등을 읊은 시도 작자의 사상과 감정이 깃들어지면 우수하게 된다. 제(齊)나라와 양(梁)나라 때의 시인들이 아름답게 조탁한 시어를 송(宋)나라 사람들이 모아서 시구의 출처를 이루느라, 그것들로부터 따오고 찾아내기에 고심할 뿐 자신의 감정에서 스스로 일어나는 것은 돌보지 않았는데, 이것을 일러 수준이 낮은 유파라고 하니 언제나 다른 사람이 만들어 놓은 제한된 틀이나 범위 안에서 공부를 추구하였다.

(無論詩歌與長行文字, 俱以意爲主. 意猶帥也. 無帥之兵謂之烏合. 李杜所以稱大家者, 無意之詩, 十不得一二也. 烟雲泉石, 花鳥苔林, 金鋪錦帳, 寓意則靈. 若齊梁綺語, 宋人摶合成句之出處, 役心向彼掇索, 而不恤己情之所自發, 此之謂小家數, 總在圈繢中求活計也.)

왕부지는 또 명나라 문인들이 스스로 파벌을 세우고 서로 추켜세우는 악습을 비판하여 "시문으로 문파를 세워 다른 사람들에게 자신의 시문을 배우게 하고 다른 사람들이 배워서 비슷하게 되면, 스스로 대가라 하고 재자라 하며 자랑하지만 단지 예술계의 교사일 따름이다"(詩文立門庭使人學己, 人一學卽似者, 自詡爲大家, 爲才子, 亦藝苑教師而已)라고 하였다. 왕부지는 그의 ≪황서(黃書)≫와 ≪악몽(噩夢)≫ 등의 저서에서 경세치용(經世致用)의 진보적 주장을 제기하고, 애국주의 사상을 표현하였다.

청나라 왕조의 통치자는 명나라 때에 팔고문(八股文)으로 인재를 선발하던 제도를 그대로 이어받아, 이학(理學)을 계속 고취하고 문자옥(文字獄)을 크게 일으켜 진보적인 사람들을 살육하였다. 이러한 문화적 전제 통치의 배경 아래에서 한 세대를 풍미한 '동성파(桐城派)'가 출현하였다. 동성파는 청나라 중엽의 가장 유명한 산문 유파로, 주요 작가에는 방포와 유대괴 및 요내가 있다. 그들 세 사람은 모두 안휘성(安徽省) 동성(桐城) 사람이므로, 동성파라는 이름이 붙여졌다. '동성파'의 고문 이론은 방포의 손에서 세워지기 시작하였다.

방포(方苞 : 1668-1749)는 자가 봉구(鳳九)이고 호는 영고(靈皐)이며, 안휘성 동성 사람으로 저서로는 ≪방망계선생전집(方望溪先生全集)≫이 있다. 그는 귀유광(歸有光 : 1506-1571)을 위시한 '당송파(唐宋派)'의 고문 전통을 계승하여 문장 창작에 있어 '의법(義法)'을 강구하고, 문장을 쓸 때 "말에 내용이 있고(言之有物)", "말에 질서가 있어야"(言之有序) 한다고 하여 "사상과 내용으로 날줄을 삼고, 표현 방법으로 씨줄을 삼은 뒤에야 내용과 체재가 고루 갖추어진 완전한 문장이 된다"(義以爲經, 而法緯之, 然後爲成體之文)고 하였다. '의법'은 또 방포가 문장을 논하는 기준이 되었다. 따져보면 방포가 말한 '의(義)'는 바로 '문장의 사상과 내용'이고, 이른바 '법(法)'은 곧 '문장의 표현 방법'이다. 방포는 '의법'을 중심으로 하는 문장 이론을 제기하였는데, 이는 종래의 고문가들이 '글의 구성'(章法)과 용어 등에서 이루어 놓은 성취를 한 걸음 더 나아가 개괄한 것이다. 방포가 '의법'을 제창한 것과 관련하여 다음 두 가지 점이 지적되어야 한다. 하나는 산문 창작에 관한 규정과 계율을 찾아내어 그들이 적극 옹호하고자 한 일련의 봉건 윤리 도덕을 표현한 것이라는 점이고, 다른 하나는 이러한 주장이 고문을 처음 배우는 사람들에게 고문을 정복하는 길을 모색하게 하기 위한 것이라는 점이다. 방포 자신이 비록 그의 고문 이론에 관한 주장을 완전히 실천하지는 못하였지만, 분명 비교적 특색이 있고 가치가 있는 문장을 쓰기도 했다. 이를테면 그의 <옥중잡기(獄中雜記)>와 같은 작품은 명확한 사실을 근거로 하여 청나라 때 감옥 안의 어둡고 부패하고 잔혹한 갖가지 내막을 폭로하였는데, 이것은 잔인무도한 봉건 통치에 대한 강력한 규탄이다. 강희(康熙) 50년(1711)에 ≪남산집(南山集)≫사건에 연루되어 방포는 강녕(江寧)과 경성(京城)의 감옥에 구금되었는데, 이 잡기(雜記)는 바로 그가 옥중에서 보고 들은 것을 기술한 것이다. 글은 형부(刑部)의 관리들이 뇌물을 탐내어 법을 왜곡하고 이익만을 쫓는 것을 폭로하고, 하급 관리와 간수들이 극악무도하고 사람의 목숨을 초개처럼 여기는 것을 규탄함으로써 사람들에게 봉건 사법제도의 갖가지 병폐를 알렸다. 문장은 사실을 서술하는 데에 중점을 두었는데, 전형적인 제재로 조리정연하게 짜 맞추어 글의 연결이 자연스럽고 간결하며 힘이 있다. 방포의 <좌충의공일사(左忠毅公逸事)>는 좌광두(左光斗)의 성격을 매우 성공적으로 묘사하였다. 이 글은 강직하고 충성스러우며 인재를 아끼는 좌광두의 성격적 특징을 두드러지고 생동감 있게 묘사하였다. 이 글에서 쓴 '일화'(逸事)가 비록 사소한 것이지만, 작자의 세부 묘사에서의 윤색을 통해 독자들에게 사제지간인 좌광두와 사가법(史可法)의 친밀한 교분과 나라 일을 중히 여기는 그들의 성품과 기질을 존경하는 마음이 저절로 생기도록 한다. 사제간의 만남을 묘사한 단락을 보자.

> 하루는 간수가 사가법으로 하여금 낡은 옷으로 갈아입고, 짚신을 신고, 등에는 광주리를 지고, 손에는 쇠로 만든 기다란 부삽을 들게 하여 더러운 쓰레기를 치우는 청소부로 가장하여 안으로 데리고 들어갔다. 몰래 좌공(左公)이 수감되어 있는 곳을 손가락으로 가리켜서 보니, 좌공은 땅바닥을 자리삼아 벽에 기대어 앉아 있었는데, 얼굴과 이마는 불에 지져져 문드러져 알아볼 수가 없고, 왼쪽 무릎 아래는 근육과 뼈가 다 빠져나와 있었다. 사가법은 앞으로 다가가 꿇어 앉아, 좌공의 무릎을 쓸어안고 오열하였다. 좌공은 그가 우는 소리를 알아들었지만 눈을 뜰 수조차 없자 팔을 뻗어 손가락으로 눈꺼풀을 벌렸는데, 눈빛이 마치 횃불처럼 번쩍거리며 노하여 말하였다. "바보 같은 놈! 이곳이 어디라고 감히 여기까지 왔는가! 나라 정치가 이 지경까지 썩어 빠졌는데, 나 같은 늙은 것이야 이미 다 되었지만, 너마저 다시 몸을 가벼이 여기고 국가를 위한 대의에 어둡다면 천하의 일은 누구에 의지해 지탱되어 나가겠는가? 빨리 이곳을 떠나가지 않으면, 간사한 놈들이 음모를 꾸며 너를 해치기 전에 내가 지금 당장 너를 때려죽이겠다." 그리하여 땅바닥의 형구를 더듬어 잡더니 사가법에게 던져칠 자세를 취하였다. 사가법은 입을 다문 채 감히 소리도 내지 못하고, 재빨리 뛰쳐나갔다.
>
> (一日, 使史更敝衣, 草屨背筐, 手長鑱, 爲除不潔者, 引入. 微指左公處,

則席地倚墻而坐, 面額焦爛不可辨, 左膝以下, 筋骨盡脫矣. 史前跪, 抱公膝而嗚咽. 公辨其聲而目不可開, 乃奮臂以指撥眦, 目光如炬, 怒曰 : “庸奴! 此何地也? 而汝來前! 國家之事糜爛至此, 老夫已矣, 汝復輕身而昧大義, 天下事誰可支拄者? 不速去, 無俟奸人構陷, 吾今卽撲殺汝!” 因摸地上刑械作投擊勢. 史噤不敢發聲, 趨而出.)

유대괴(劉大櫆 : 1698-1780)는 자가 경남(耕南)이고 호는 해봉(海峰)이며, 안휘성 동성 사람이다. 그는 방포의 ‘의법’설을 한 단계 더 발전시켜 보충하였는데, <논문우기(論文偶記)>에서 “문장을 짓는 법칙은 내재적 정신이 주가 되고, 기질로 보조를 삼는다”(行文之道, 神爲主而氣輔之)는 점을 강조하였다. 또 “내재적 정신과 기질을 추구하려면 마땅히 음절과 문자를 통해서 얻을 수 있다”(求神氣應於音節文字得之)라고 주장하였는데, 이것은 분명히 문장을 짓는 방법에 더욱 주의를 기울인 것이다. 요내에 이르러 동성파의 고문이론은 더욱 완비되었다.

요내(姚鼐 : 1731-1815)는 자가 희전(姬傳)이고 호는 석포(惜抱)이며, 안휘성 동성 사람이다. 그는 ‘의리(義理)’와 ‘고증’(考據)과 ‘사장(詞章)’의 세 가지를 모두 중시해야 한다고 분명하게 주장하였다. 한 걸음 더 나아가 “정신, 사리, 기질, 여운, 구조, 법도, 음절, 수사”(神理氣味格律聲色) 등을 제기하여, 문장의 ‘정묘한 본질’(精)과 ‘대략적인 지엽’(粗)을 구분하는 이론으로 삼았다. 요내의 <등태산기(登泰山記)>는 청대 유기(遊記) 가운데에서 상등에 속하는 우수작이다. 작자는 간결한 필치로 자신이 태산(泰山)을 유람한 과정을 기술하였는데, 태산의 웅장하고 기이하고 아름다운 경치를 섬세하게 묘사하였다. 특히 해가 떠오를 때의 천태만상을 생동적으로 묘사하고 있어, 독자의 마음을 끌어들인다. 이 글은 태산에서 해돋이를 보는 광경을 매우 세밀하게 묘사하고 있는데, 구름과 산과 바다와 해가 서로 비치어 혼연일체를 이루고 있다.

> 하늘 끝 저편 먼 곳에 구름 한 줄기가 기이한 색을 띠더니 순식간에 다채로운 색깔을 이룬다. 해가 떠오르니 꼭 주사(朱砂)처럼 붉고, 아래에 요동하는 붉은 빛이 해를 받쳐 들고 있는데, 어떤 이는 이곳이 동해(東海)라고 말한다. 고개를 돌려 일관정(日觀亭) 서쪽의 산봉우리를 바라보니, 어떤 곳에는 해가 비치고 어떤 곳에는 비치지 않으며, 붉은 빛과 흰 빛이 서로 뒤섞여 있고 모두 마치 곱사등처럼 굽은 모양으로 서 있다.
>
> (極天, 雲一線異色, 須臾成五彩. 日上, 正赤如丹, 下有紅光, 動搖承之. 或曰 : 此東海也. 回視日觀以西峰, 或得日, 或否, 絳皜駁色, 而皆若僂.)

사람의 굽은 허리와 등으로 비유를 하여, 뭇 봉우리를 내려다볼 때 눈에 들어온 정경을 묘사하였는데, 독특한 정취가 물씬 풍긴다.

총체적으로 말하면, 동성파 고문은 비록 문자가 속기 없이 고상하지만 필력이 밋밋하고 연약하여 이렇다 할 만한 대가가 없다. 이에 비해서 양호파(陽湖派)인 운경(惲敬 : 1757-1817)의 문장이 기세가 넓게 탁 트이어 있다. 운경은 고문가이면서 동시에 변체문도 썼다. 그러나 변문 방면에서 가장 큰 성취를 거둔 사람은 왕중이다.

왕중(汪中 : 1744-1794)은 자가 용보(容甫)이고 강소성(江蘇省) 강도(江道) 사람인데, 가난한 집안에서 태어나 일생동안 청빈한 생활을 하였다. 그는 학자였을 뿐만 아니라 문학에서도 비교적 높은 성취를 이룬 유명한 변문(騈文) 작가이기도 하다. 그는 전통 관념에 대하여 강렬한 비판적 태도를 지니고 있었기 때문에 고관과 귀족들의 박해를 자주 받았다. 그의 변문인 <조황조문(吊黃祖文)> 등에는 그의 불만과 불평이 담겨 있다. 그가 양주(揚州)의 소금운반선에서 일어난 화재로 재난을 만난 사람들을 조문하기 위해 지은 <애염선문(哀鹽船文)>은 조난자들에 대한 깊은 동정이 흘러나와 서글프도록 감동적인 서정문인데, 그의 대표작으로 손꼽힌다. 글 가운데에서 "마음을 놀라게 하고 넋을 뒤흔들어 한 자가 천금의 가치가 있는"(警心動魄, 一字千金) 것으로 칭송받는 단락의 묘사를 보자.

……땅거미가 막 밀려오자 폭풍이 갑자기 몰아쳤다. 모든 구멍이 크게 울부짖고, 강물이 요동쳐서 둑이 터졌다. 큰 소리가 끝없이 넓은 하늘에서 터져 나오고 물결이 산 같이 솟아올랐다. 바로 이때에 불이 났다. 나무가 서로 마찰하여 절로 일어나 점점이 타오르는 불꽃이 피와 같았다. 불빛이 타오르자마자 백 척의 배가 모두 붉게 변하였다. 검푸른 연기 번득이고 불꽃은 마치 끓는 물을 눈에 쏟아 부은 듯이 신속하게 타올랐다. 사나운 불꽃이 구름 기운을 쪄서 노을을 이루고 그을린 북쪽 언덕도 불타고 있었다. 애당초에 배를 서로 연결하여 닻을 내려놓았기 때문에 불에 타 함께 침몰하고 말았다. 화염 속에서 펄쩍펄쩍 뛰는데 사람의 모발이 분명하게 보였다. 너무 고통스러워 큰 소리로 울부짖다가 미친 듯이 아우성치더니 기절하고 말았다.

(……夜漏始下, 驚飆勃發. 萬竅怒號, 地脉蕩決. 大聲發於空廓, 而水波山立. 於斯時也, 有火作焉. 摩木自生, 星星如血. 炎光一灼, 百舫盡赤. 青烟睒睒, 熛若沃雪. 蒸雲氣以爲霞, 炙陰崖而爇. 始連檝以下碇, 乃焚如以俱沒. 跳躑火中, 明見毛髮. 痛譽田田, 狂呼氣竭.)

어휘 구사가 난삽함을 면하기 어렵지만, 필치가 매우 처참하고 감동적이다. 왕중 변문의 가치는 수사가 아름답고 화려한 데 있지 않고, 진실한 감정을 기탁한 데 있다. 하지만 진정으로 동성파 '의법'의 속박에서 벗어나온 사람은 만청(晩淸)의 공자진과 위원이다.

공자진(龔自珍 : 1792-1841)은 자가 슬인(瑟人)이고 호는 정암(定庵)이며, 절강성(浙江省) 항주(杭州) 사람이다. 그는 청나라 말 부르주아 개량주의의 선구자 가운데 한 사람으로, 학풍과 문풍 양면에서 한 시대의 기풍을 연 공적이 있다. 그는 외세의 침략을 반대하고, 청나라 왕조의 부패에 불만을 품고 있어서 사회개혁에 힘을 쏟았기 때문에, 훗날의 강유위(康有爲 : 1858-1927)와 양계초(梁啓超 : 1873-1929)의 변법(變法)에 중요한 영향을 끼쳤다. 공자진의 시사(詩詞)와 산문이 모두 특색이 있지만, 시가의 성취가 가장 뛰어나다. 그의 산문은 대부분 전투성이 강하고 예술성이 높은 잡문(雜文)인데, <병매관기(病梅館記)>는 역대로 칭찬을 받은 명작이다. 이 글은 기탁한 의미가 매우 깊은 잡문으로, 청나라 왕조의 엄격한 법망에 의한 통치를 타파하고 진보 사상을 전파하려는 작가의 굳은 결심을 표명하였다. 이 글이 표면적으로는 집을 지어 매화를 치료하는 것을 말하고 있지만, 사실은 그 시대의 문인들이 사상적으로 청나라 통치자의 정통 관념의 해독에 속박당하는 것에 불만을 터트린 것이다. 문장의 맨 마지막 단락은 음조가 낭랑하고 힘 있게 씌어져 있어 사람의 마음을 분발시킨다.

> 나는 삼백 개의 매화 분재를 샀는데 모두 병든 것이고 하나도 온전한 것이 없었다. 매화 때문에 사흘 동안 울고 난 뒤 마침내 매화를 치료하고 마음대로 자라도록 하고 자연 본성대로 자라도록 하고자,

그 화분을 깨뜨려 땅에 다 묻은 다음 가지를 묶고 있는 종려나무를 풀어놓아 5년을 기한으로 하여 반드시 그것들을 회복시키고 온전하게 하리라 맹세하였다. 나는 본래 문인이나 화가가 아니므로 욕설을 달게 받겠다. 병든 매화를 치료하는 집을 세워 그것을 거둬 갈무리할 것이다. 아아! 어떻게 해야 나에게 한가한 날들을 더 많이 갖고, 노는 땅을 더 많이 확보하여 강녕과 항주와 소주의 병든 매화를 널리 거둬 갈무리하여 나의 여생이 다할 때까지 그 매화들을 치료하게 할 수 있을지!

(予購三百盆, 皆病者, 無一完者. 旣泣之三日, 乃誓療之, 縱之, 順之, 毁其盆, 悉埋於地, 解其棕縛, 以五年爲期, 必復之全之. 予本非文人畵士, 甘受詬厲. 闢病梅之館以貯之. 嗚呼! 安得使予多暇日, 又多閑田, 以廣貯江寧杭州蘇州之病梅, 窮予生之光陰以療梅也哉!)

<존은(尊隱)>에서 그는 "등촉에 빛이 없고, 여운은 들리지 않고 코고는 소리만 들리며, 밤이 길지만 산박쥐도 울지 않는다"(燈燭無光, 不聞餘音, 但聞鼾聲, 夜之漫漫, 鶡旦不鳴)고 옛 중국의 침울하고 적막한 상태를 묘사하고, "산중의 백성들이 큰소리 외치며 궐기하기를"(山中之民, 有大音聲起) 기대하면서 사회에 대변혁이 올 것임을 예언하였다. 공자진의 산문은 착상이 참신하고 상상이 기발하며, 표현이 기이하여 매우 큰 특색이 있다. 이처럼 참신한 표현 형식은 예리한 안목을 지닌 사상가요 개혁가로서의 그의 역사적 지위와 긴밀하게 연관되어 있다.

위원(魏源 : 1794-1859)은 자가 묵심(默深)이고 호남성(湖南省) 소양(邵陽) 사람으로, 공자진과 이름을 나란히 한다. 그는 산문 창작에도 큰 힘을 기울였고, 서사의 상세하고 확실함, 이치 설명의 명쾌함, 용어

의 유창함에서 공자진보다 더 나은 점도 있다.

공자진과 위원은 자신들의 문장으로 진보 사상을 전파하였기 때문에, 중국사회의 개혁에 뜻을 세운 근대 사람들의 존경을 받았다. 구민주주의 혁명 시기의 도래를 따라, 산문은 기타 문학 장르와 마찬가지로 새로운 변혁에 직면하였다.

중국 고대산문의 유구한 역사 과정에서 원・명・청 산문은 그 나름의 확고한 역사적 지위를 지니고 있다. "천지간에 대대로 재주 있는 사람이 출현하여, 제각기 수백 년 동안 <국풍(國風)>과 <이소(離騷)>와 같은 시단의 새로운 기풍을 이끌었다"(江山代有才人出, 各領風騷數百年 : 아래 표 안의 내용 참고－옮긴이 주)는 말처럼, 중국 고대문학의 발전 역사는 물론 시가, 산문, 소설, 희곡 등 각종 주요 문학 장르 발전의 역사가 합쳐져 이루어진 것이지만, 시대가 다르고 사회생활과 작가가 다르고, 문학의 내적 발전 법칙이 작용한 관계로, 동시대에 나타난 서로 다른 문학 장르가 번영하고 발전하는 상황에도 틀림없이 이런 저런 차이가 있을 수 있다. 원・명・청 시기는 소설과 희곡의 성취가 가장 두드러진다. 그러나 이것이 결코 우리가 원・명・청의 시가와 산문을 경시하는 이유가 될 수는 없다. 원・명・청의 이름난 산문 작가 가운데 학풍이 엄정한 학자도 있고, 민족의 기개와 절개를 지닌 지사도 있고, 식견이 탁월한 사상가도 있고, 이로운 사업을 일으키고 폐단을 없앤 개혁가도 있고, 청렴하고 정직한 관리도 있고, 문장의 창작 방법을 전공한 문학 이론가도 있어서 …… 산문은 그들의 손에서 정치 투쟁, 학술 활동, 문학 창작을 하는 일종의 무기가 되었다. 사실상 우수한 원・명・청 산문 작품은 모두 중국 근대와 현대 및 당대(當代)의 산문가들에게 크든 작든 간에 영양분을 공급하였다.

> 이백과 두보의 시가 만인의 입으로 전해지지만
> 지금에는 이미 신선하게 느껴지지 않는다.
> 천지간에 대대로 재주 있는 사람이 출현하여
> 제각기 수백 년 동안 <국풍(國風)>과 <이소(離騷)>와 같은 시단의 새로운 기풍을 이끈다.
> (李杜詩篇萬口傳, 至今已覺不新鮮.
> 江山自有才人出, 各領風騷數百年.)
>
> 이는 청나라 때의 역사가요 시론가인 조익(趙翼 : 1727-1814)의 <논시오절(論詩五絶)>이라는 다섯 수로 이루어진 7언체 논시절구(論詩絶句)의 둘째 작품이다. 역사적 발전의 관점에서 시가(詩歌)는 반드시 시대의 흐름에 따라 변해야 함을 강조하고 있다. 이백(李白)과 두보(杜甫)와 같은 위대한 시인의 작품이라고 하더라도, 시대가 달라지면 신선감을 잃어버리게 마련이다. 시가는 모름지기 시대의 맥락을 포착하고 시대의 정신을 반영해야만, 독자의 심금을 울리는 명작이 될 수 있다는 주장이다.

위에서 소개한 것은 원·명·청 산문이다. 아래에서 다시 중국 고대 산문을 간략하게 돌이켜 보고자 한다. 중국산문은 풍부한 유산과 유구한 전통을 가지고 있다. 일찍이 선진(先秦)과 양한(兩漢) 시기에 이미 내용이 깊이 있고 풍격이 다양한 '제자산문(諸子散文)'과 '역사 전기 산문'(史傳散文)이 출현하였다. 위진(魏晉) 시기에 인구에 회자하는 일부 명작들이 나왔지만, 제량(齊梁) 이후에는 변문(駢文)이 점차 문단을 지배하기 시작하여 산문의 발전을 저해하였다. 당대(唐代)에 이르러 고문운동(古文運動)의 영향으로 문학 산문이 출현하여, 산문이 철학과 사학으로부터 독립되어 나와 전문적인 문학 장르의 하나가 되었다.

당송(唐宋) 양대에는 중국 산문이 신속한 발전과 번영을 이룩하였는데, 당송팔대가(唐宋八大家)는 그들의 이론과 창작으로서 변문의 지배를 무너뜨리고 자유롭게 표현하는 새로운 문풍을 열어 산문의 실제 응용 범위를 확대시켰다. 즉 저술을 통해 이론을 세우는 전통적인 범위를 넘어, 사람에 대해 기술하고, 사건을 서술하고, 경치를 묘사하고, 사물을 그려내고, 감정을 토로하는 데에도 쓰였다. 원・명・청 삼대의 산문은 당송 산문의 지속이자 연장으로, 시대 변화에 스스로 적응하는 특징을 갖추고 많은 작가와 서로 다른 유파가 출현하였지만, 총체적으로 말하면 성취가 그다지 높지는 못하다. 3천년에 걸친 중국 고대산문의 발전 역사는 다음 사실을 증명하고 있다. 즉 사회생활은 매우 복잡 다양하므로 산문 작가는 시대의 선두에 서서 백성들의 생활과 밀접한 관계를 유지하면서, 제재의 광범위하고 다양함에 주의하여 진실한 생활 체험을 써내고, 고상한 미학 이상을 기탁하여 독특한 예술 풍격을 배양해야만 비로소 아름답고 다채로우며 사람들에게 환영받는 우수한 작품을 창작할 수 있다.

찾아보기

[ㄷ]

[ㅂ]

[ㅅ]

[ㅈ]

옮긴이 소개

이종한 李鍾漢

-경북 영천 출생
-계명대학교 한문교육고하(문학사)
-서울대학교 대학원 중어중문학과 (문학석사, 박사)
-國立臺灣師範大學 방문교수
-University of Minnesota 방문교수
-Eastern Michigan University 객원교수
-현 계명대학교 인문국제학대학 중국어문학전공 교수 겸 동산도서관장

▷주요 논저
『歷代論詩絶句硏究』, 『韓愈 散文의 分析的 硏究』, 『한문 문법의 분석적 이해』, 『두보시선』, 『당송산문선』, 『大學初級中國語(上)』(공저), 『중국어상용한자2500』(공저), 『한유 산문의 분류와 의론산문』, 『文選 賦體 志類 作品 譯注』, 『文選 賦體 情類 作品 譯注』 외 다수

황일권 黃一權

- 경북 청송 출생
- 계명대학교 중국어문학과졸업 (문학사)
- 계명대학교 대학원 중어중문학과 졸업 (문학석사)
- 中國 復旦大學 中文系 졸업(문학박사)
- 전 계명대학교 인문국제학대학 중국어문학전공 교수

▷ 주요 논저
『歐陽修抒情散文硏究』,
『歐陽修散文硏究』,
『大學初級中國語(上)』(공저),
『중국어상용한자2500』(공저),
『歐陽修散文選譯』 외 다수

지은이 소개

이경화 李景華
중국 首都師範大學 中國系 교수
『建安文學述評』, 『建安詩傳』, 『中國散文通史』 등 저술

마소풍 馬嘯風
중국 首都師範大學 中國系 교수
『中國古代散文選』 등 편찬

왕진당 王振堂
중국 首都師範大學 中國系 교수
『大學語文』 등 편찬

이앙 李泱
중국 首都師範大學 中國系 교수
『電影藝術槪論』, 『電影美學原理』 등 저술

동흥문 董興文
베이징인민방송(RBC) 편집국
중국 고대 詩歌·戲曲·小說 관련 저술 다수 출간

중국산문간사

2007년 6월 30일 초판1쇄 발행
2020년 8월 31일 초판2쇄 발행

옮긴이 | 이종한 · 황일권
펴낸이 | 신일희
펴낸곳 | 계명대학교출판부
42601 대구 달서구 달구벌대로 1095
전화 053-580-6233 팩스 053-580-6235
등록 | 1970. 9. 1.(신고번호 제347-1998-1호)

값 16,000원
ISBN 978-89-7585-403-3 93820